J. PAUL GETTY

So sehe ich es

J. Paul Getty

SO SEHE ICH ES

BASTEI
LÜBBE

Die Originalausgabe erschien unter dem Titel
AS I SEE IT
bei Prentice-Hall, Inc.
Aus dem Amerikanischen übersetzt von Roland Nafziger

Printed in Western Germany 1978
Einbandgestaltung: Jan Buchholz/Reni Hinsch
Titelfoto: dpa
Gesamtherstellung: Ebner, Ulm
ISBN 3-404-00876-6

Der Preis dieses Bandes versteht sich einschließlich
der gesetzlichen Mehrwertsteuer

Dem Andenken meiner Eltern, George F. und Sarah Getty.
Dem Andenken meines jüngsten Sohnes Timothy Getty und meines ältesten Sohnes George F. Getty II.
Meinen drei überlebenden Söhnen: Ronald, Paul jr. und Gordon.
Und allen meinen Enkeln.
Es sind dies jene Menschen, die meinem Herzen stets am nächsten gestanden haben, und daran wird sich nichts ändern, solange ich lebe.

J. Paul Getty

Vorbemerkung

Wer wie ich 1892 geboren wurde und seit 1914 im Wirtschaftsleben steht, hat die erregendsten und anregendsten acht Jahrzehnte der Menschheitsgeschichte miterlebt, und auch die unruhigsten und schrecklichsten.

Die Umstände – auf die ich nicht immer Einfluß hatte – versetzten mich in die Lage, den immer rascheren Wandel und die heftigen Umbrüche dieser Zeit aus nächster Nähe zu sehen. Wenn ich sage, daß ich auf Ölfeldern mit Hilfsarbeitern und in Vorstandsetagen mit Aufsichtsräten gerauft, aber auch mit regierenden Herrschern in ihren Empfangsräumen geplaudert habe, so tue ich das nicht um zu prahlen, vielmehr erwähne ich so extreme Gegensätze nur um anzudeuten, auf welch breitem Spektrum der persönlichen Erfahrung meine Ansichten fußen. Ich will aber gleich hinzufügen, daß diese Ansichten einzig von mir selber ausgeformt und verfeinert wurden.

Doch zur Sache. Ich erwähnte schon, daß ich Zeuge vieler Veränderungen in der Welt war und noch bin. Manche dieser Veränderungen haben sich für die Menschheit segensreich ausgewirkt und eröffnen die schönsten Aussichten – etwa die Fortschritte der Wissenschaften und der Technik.

Im Jahre 1900 – ich war damals acht – betrug die durchschnittliche Lebenserwartung der Bevölkerung in den USA knapp 47 Jahre. Heute erreicht sie über 70 Jahre und steigt noch. Diese unglaubliche Steigerung der Lebenserwartung danken wir vor allem der Medizin, die über Krankheiten triumphiert, an denen früher unzählige Menschen starben. 1900 erlagen von 100000 in den USA noch 201,9 der Tuberkulose; 1973 noch 1,8.

Auch die Technik hat verblüffende Fortschritte gemacht. 1903 – ich war elf – absolvierten die Brüder Wright den ersten Flug mit einer propellergetriebenen ›Flugmaschine‹, die schwerer war als Luft. 59 Sekunden steuerte Wilbur Wright dieses unhandliche Gebilde knapp 300 Meter weit durch die Luft. Heute befördern Düsenmaschinen im Linienverkehr 350 und mehr Passagiere mit einer Geschwindigkeit von nahezu 1000 km/h über Erdteile und Ozeane, und das Überschallflugzeug Concorde der Engländer und Franzosen fliegt gar mehr als doppelt so schnell.

Die Eroberung des Weltraumes – immer noch ein bloßer Wunschtraum, als ich meinen Fünfzigsten feierte – ist noch wundersamer. Menschen begingen den Mond. Amerikanische Astronauten und sowjetische Kosmonauten aßen und plauderten miteinander, während ihre verbundenen Raumschiffe in 250 km Höhe mit 30000 km/h die Erde umkreisten.

Während eben dieser Jahrzehnte hat die Welt aber auch unter einer schier endlosen Folge von grausigen Ereignissen gelitten. Kriege, Revolutionen, Bürgerkriege und Völkermord haben millionenfach Opfer gefordert. Reiche wurden zerstört oder aufgelöst, und an ihre Stelle traten Staatsgebilde, die nicht unbedingt segensreicher waren. Ganze Länder wurden auf der Weltkarte gelöscht, ihr Gebiet und ihre Bevölkerungen wurden umbenannt, umgesiedelt, in alle Winde zerstreut, von anderen aufgesogen. Überkommene politische Systeme wurden zerstört – aus guten Gründen oder aus schlechten. An die Stelle von Rechtlosigkeit und Unterdrückung trat nur allzu oft größere Rechtlosigkeit und schärfere Unterdrückung. Und seit dem 6. August 1945, seit der Atombombe auf Hiroschima, ist wohl niemand mehr die nervenzermürbende Angst vor der atomaren Vernichtung ganz losgeworden.

Es ist leider durchaus denkbar, daß die Menschheit über die einmalige Fähigkeit verfügt, bei atemberaubendem Fortschritt zurückzufallen.

Doch wie dem auch sei: Zeit meines Lebens und meiner immer noch fortdauernden wirtschaftlichen Tätigkeit ist das menschliche Dasein in allen Bereichen dramatischen Veränderungen unterworfen worden. Die Art meiner Tätigkeit und auch mein Lebensstil haben zur Folge, daß ich bei manchen dieser Veränderungen im dichtesten Gewühl war, und persönliche Neigung macht mich zu einem aufmerksamen Beobachter der anderen Akteure.

Man kann dieses Buch nicht direkt eine Autobiographie nennen, doch enthält es einzig autobiographisches Material – was ich erlebt und beobachtet habe. Nur auf dieser Basis kann ich meine Anschauungen zusammenfassen, kann die Lektionen aufzeigen, die ich gelernt, die Schlüsse, die ich gezogen habe, als Individuum wie als Unternehmer. Ich möchte hier zusammenhängend und ausführlich darstellen, wie ich mich, mein Leben und mein Werk sehe, und auch die Welt: Wie sie war, wie sie ist und meiner Meinung nach sein wird. Kurzum, hier steht, was ich in 83 Jahren erlebt und gesehen habe und wie ich es jetzt sehe.

J. Paul Getty
Sutton Place
Guilford, Surrey
1975

I

Es gibt keinen Wohlstand ohne Sparsamkeit. Man hilft dem Lohnarbeiter nicht, wenn man den Arbeitgeber herabsetzt. Die Brüderlichkeit unter den Menschen wird nicht dadurch gefördert, daß man den Klassenkampf predigt. Man hilft den Armen nicht, indem man die Reichen vernichtet. Wer mehr ausgibt, als er verdient, gerät unvermeidlich in Schwierigkeiten. Charakterfestigkeit und Mut kann nicht beweisen, wer seiner Initiative beraubt wird. Man hilft auf die Dauer niemandem damit, daß man für ihn tut, was er selber für sich tun kann und soll.
Diese Grundsätze akzeptiere ich aus vollem Herzen und ohne Vorbehalt. Sie sind ein wesentlicher Teil meiner ganz privaten Philosophie. Von mir stammen sie nicht, vielmehr hat sie vor mehr als hundert Jahren einer der größten Präsidenten der USA – wenn nicht der größte – niedergeschrieben, Abraham Lincoln.
Und wie diese Zeilen meine fundamentalen Überzeugungen richtig wiedergeben, so spiegeln sich meine schlimmsten Befürchtungen für unsere Gesellschaft und unsere Zivilisation ebenfalls in Worten dieses Präsidenten.
Als er 1863, auf dem Höhepunkt des Bürgerkrieges, seine unvergeßliche Rede in Gettysburg* hielt, beschwor Lincoln die Nation, komme was wolle an einer »Regierung des Volkes, durch das Volk und für das Volk« festzuhalten. Die Gefahr, eine solche Regierung könnte »vom Angesicht der Erde getilgt werden«, ist keineswegs abgewendet, vielmehr droht sie auch heute noch, sie bedroht gerade jene Länder, die sich die freiesten in der von uns so genannten »Freien Welt« dünken.
Zwar ist die Schrift an der Wand nicht für alle sichtbar, doch stößt man überall auf warnende Vorzeichen. Wird der Leser meine eigenen Warnungen ungeprüft verwerfen, nur weil ich reich bin und es heutzutage schick ist, alles zu verurteilen und zu verhöhnen, was »die Reichen« zu sagen haben?
Das ist eine gute Frage.

---

* *Lincoln sprach gelegentlich der Einweihung eines Friedhofs für die Gefallenen in der Schlacht von Gettysburg in Pennsylvania, die im Jahr 1800 so genannt wurde nach James Getty, einem Vetter von J. Paul Gettys Urgroßvater.*

2

Mein Reichtum ist nichts, worüber ich gern spreche. Ich kann mich aber der Einsicht nicht entziehen, daß dieser Reichtum in den Medien eine morbide Neugier geweckt hat und mithin – so nehme ich an – auch in der Öffentlichkeit. Da jeder Versuch, der Erörterung dieser Dinge aus dem Wege zu gehen, mir nur den Vorwurf der Heimlichtuerei eintragen kann, ist es wohl am besten, wenn ich gleich vorweg diesen Gegenstand behandle.

Bis zum Oktober 1957 war weder von mir noch von meinem Reichtum viel die Rede, doch damals erschien ich auf Platz eins einer Liste der reichsten Männer Amerikas in der Zeitschrift *Fortune;* in dem anschließenden Artikel hieß es, ich sei »Milliardär« und »Der reichste Amerikaner«. In der Presse und anderen Medien wurde ich dann zum »Multimilliardär« und dem »Reichsten Mann der Welt« befördert.

Das sind recht handfeste Etikette. Superlative sind immer wirksam, was schon der Zirkusunternehmer P. T. Barnum wußte. Ein Zwerg ist nichts weiter als ein Zwerg, »Der kleinste Mann der Welt« ist da schon ganz was anderes. Wo der zu sehen ist, drängt sich die glotzende Menge.

»Sind Sie wirklich der reichste Mann der Welt?« hat man mich in den letzten achtzehn Jahren häufiger gefragt, als ich zählen kann – man hat mir die Frage um die Ohren geschlagen, wäre zutreffender. Und stets habe ich das gleiche erwidert: Ich weiß es nicht. Ich kann es nicht wissen, und Behauptungen mag ich nicht aufstellen.

Ich mag reich sein, doch gibt es andere vermögende Menschen. Einige von diesen kenne ich, privat oder geschäftlich, doch setzen wir uns nicht zusammen und versuchen herauszubekommen, wer von uns der Reichste ist. Das kann ich versichern. Im übrigen verfügen die regierenden Häupter alter Herrscherhäuser über schier unvorstellbare, jedenfalls nicht abzuschätzende Reichtümer. Und es ist sehr wohl denkbar, daß völlig anonyme Personen riesige Mengen von Geld, Platin, Diamanten oder was weiß ich besitzen.

Ich bin nicht prüde, aber auf die Frage, ob ich der reichste Mann der Welt sei oder wer es sonst sei, wenn nicht ich, gibt es keine Antwort. Ich kann nur sagen, mein geschätzter Wert als Unternehmer ist so groß, daß ich mich als eine – von etwa einem Dutzend – der reichsten Privatpersonen der westlichen Welt betrachten darf.

Man beachte die Wörter »geschätzt« und »Privatperson«, denn es sind Schlüsselwörter, die definieren und einschränken.

»Geschätzter Wert« ist eine theoretisch angenommene Zahl, eine Schätzung, die sachgerecht vorgenommen wird, aber eben doch eine Schätzung bleibt. Das geschätzte Vermögen eines Unternehmers wird errechnet aus dem Marktwert seiner Aktiva nach Abzug seiner Verbindlichkeiten. Doch auch die sorgsamste Berücksichtigung des Marktwertes kann nicht verhindern, daß der Schätzer sich grob irrt, daß er überbewertet oder unterbewertet.

Manch einer meiner Werte, den ich sehr zurückhaltend mit, sagen wir, einer Million bezifferte, war nicht einmal zur Hälfte dieses Betrages zu verkaufen, wenn ich mich von ihm trennen wollte, und das Umgekehrte ist ebenfalls im Wirtschaftsleben oft genug zu beobachten. Ich habe schon Aktien zum Tagespreis von zwei oder drei Dollar gekauft, deren wirklicher Wert ein Vielfaches davon betrug.

Ich möchte hier noch ein Beispiel anführen, das sich gut für ein Lehrbuch eignet. Es betrifft allerdings nicht Aktien, sondern die Nutzungsrechte für Erdöl und Erdgas. 1926 kaufte C. R. Houser – ein kalifornischer Makler – die Nutzungsrechte für Öl und Gas der sogenannten »Cleaver Property« in Alamitos Heights. Houser war ein gestandener Makler und neigte gewiß nicht dazu, den Wert seines Besitzes zu unterschätzen. Er bot die Rechte für 8000 Dollar an, weil er meinte, der Markt würde nicht mehr hergeben. Ich kaufte von ihm und fand Öl, mit dem ich im Laufe der Jahre einen Nettogewinn von beinahe 800000 Dollar machte. Hat Houser sich etwa die Haare gerauft, weil er seine Rechte so gering bewertete? Selbstverständlich nicht. Als erfahrener Makler wußte er, daß solche Dinge vorkommen.

Soviel für den Augenblick zu dem Unterschied zwischen dem geschätzten und dem tatsächlich zu erzielenden Wert des Unternehmervermögens. Was nun das zweite Wort betrifft, die Privatperson, so unterscheide ich mich damit von den Eigentümern herrscherlicher Vermögen oder solcher Vermögen,die aus halb öffentlichen Geldern bestehen. Hierfür nenne ich drei Beispiele: Den Emir von Kuwait, das niederländische Königshaus und den verstorbenen Nizzam von Haiderabad.

»Wie reich sind Sie nun wirklich?« wollen die zudringlichen Fragesteller allezeit wissen.

Auch das weiß ich nicht, kann ich nicht wissen. Jedenfalls nicht mit annähernder Genauigkeit. Ich wiederhole, daß ich als Unternehmer mein

Geld in Firmen stecken habe, die Güter und Dienstleistungen produzieren. Wie soll ich mein Vermögen berechnen – indem ich den Marktwert aller Aktien jener Firmen addiere, die mir gehören oder die ich beherrsche? Das wäre eine Möglichkeit – doch was dabei herauskäme, wäre wieder nur ein Papierwert von zweifelhafter und flüchtiger Verläßlichkeit.

Der Preis von Aktien schwankt ständig, von Monat zu Monat, oft von Tag zu Tag. Die Familie Getty kontrolliert beispielsweise die Getty Oil Company. Fast acht Millionen ihrer Aktien sind im Besitz der Sarah C. Getty Stiftung, deren einziger Vorstand ich bin. Zu Lebzeiten erhalte ich etwa 80% des Einkommens aus den Aktien der Stiftung, ich kann die Aktien aber nicht verkaufen, denn sie gehören der Stiftung.

Was sind diese Anteile wert?

Das ist eine gute Frage. Die folgende Tabelle zeigt, wie der Marktwert der Aktien im Laufe eines einzigen Jahres schwanken kann; sie zeigt höchste und geringste Notierungen der Aktien der Getty Oil Company für die Quartale des Jahres 1974, wie sie an der New Yorker Börse gehandelt wurden, Preise in Dollar.

Quartal	höchster Stand	niedrigster Stand
Erstes	175	125,50
Zweites	141	97,50
Drittes	122,75	96,00
Viertes	159,50	105,50

Daß man eine Gesellschaft beherrscht, bedeutet nicht, daß man den Preis der Aktien festsetzen kann. Dies gilt besonders für die USA, wo Überwachungsorgane wie die Börsenaufsicht alle Transaktionen von Insidern argwöhnisch beobachten. Der Preis von Getty Ölaktien – also der Wert meines eigenen Aktienbesitzes – wird von anderen festgesetzt, von Außenstehenden, den Investoren (privaten Anlegern und Banken), die Ölaktien von Getty besitzen. Diese bestimmen den Marktpreis mittels Ankaufs und Verkaufs von Aktien.

Meine Aktien können in Bargeld nur beziffert werden, wenn ich sie verkaufe. Was ich dafür bekäme, würde davon abhängen, wann ich verkaufe. Ich brauche wohl auf den enormen Unterschied nicht hinzuweisen, der sich in den Notierungen von 175 Dollar per Aktie im ersten Quartal und 96 Dollar per Aktie im dritten Quartal zeigt.

Man sieht, der Versuch, das eigene Vermögen mittels Kursnotierungen zu bewerten, ist außerordentlich schwierig. Es gibt aber auch andere Maßstäbe. Als Unternehmer in Öl könnte ich versuchen, den Wert meiner Ölgesellschaften an Hand der Rohölreserven zu ermitteln.
Nehmen wir einmal an, ich besäße sämtliche Anteile an einer Gesellschaft, die nachweislich über eine Reserve von einer Milliarde Barrel Rohöl verfügt. Nehmen wir ferner an, der Barrel erbringe ab Förderanlage zehn Dollar. Dann scheint es auf den ersten Blick, als besäße die Gesellschaft – also ich, als deren Alleineigentümer – 10 Milliarden Dollar in Form von ungeförderten Rohölvorräten. Das wäre aber selbstverständlich kein Nettovermögen. Bevor man auch nur in die Nähe einer zutreffenden Schätzung kommt, muß man Lizenzgebühren, Kosten der Erschließung, der Entwicklung und der Produktion abziehen, ferner Steuern und weitere Kosten, und selbst dann könnte das Resultat noch völlig nichtssagend sein.
Ölvorkommen sind, milde ausgedrückt, unberechenbar. Auch solche Vorkommen, die von anerkannten und sachkundigen Geologen als sicher vorhanden bezeichnet werden, sind gelegentlich unergiebiger als angenommen. Ich habe selber Bohrungen niedergebracht, die tagelang 15000 Barrel pro Tag ausspuckten und plötzlich versiegten.
Ferner kann jeder Ölmann im Schlaf die erste Faustregel der Branche zitieren, die besagt, daß der Preis für Rohöl schon morgen ein sehr, sehr anderer sein kann als heute. Derzeit wird Rohöl, wie man meint, zu hohen Preisen verkauft. (Ich werde an anderer Stelle zeigen, daß es sich hier um einen scheinbar hohen Preis handelt. Immerhin ist heute Rohöl in allen Währungen der Welt erheblich teurer als noch vor drei Jahren.)
Wird dieser Preis sich halten?
Das ist wieder eine gute Frage, und eine, die den Ölunternehmern schlaflose Nächte macht. In der Vergangenheit ist es beim Preis für Rohöl oft genug zu dramatischen Einbrüchen gekommen, und kein Ölproduzent kann darauf bauen, daß dies nicht wieder geschieht.
Lassen Sie mich einige Beispiele geben.
Im Mai 1903 zahlte man auf den Ölfeldern von Oklahoma 1,03 Dollar pro Barrel. Genau zwei Jahre später fiel der Preis auf 52 Cents pro Barrel, und 1915 wurden 40 Cent und weniger gezahlt. Im Ersten Weltkrieg und unmittelbar danach stieg der Preis wieder an. 1920 wurden im Schnitt 3,50 Dollar gezahlt, Qualitätsöle waren erheblich teurer. Meine eigenen Vorkommen lieferten Öl, das für 5,25 Dollar ab Bohrturm abzusetzen

war. Doch was da geklettert war, mußte wieder herunter. Im Januar 1920 begann der Rückgang bis auf 1,75 Dollar pro Barrel, bald darauf sank der Preis auf 1,25 Dollar. Als Anfang der 30er Jahre die großen Ölvorkommen im östlichen Texas erschlossen wurden, wirkte sich die Flut von »neuem« Öl katastrophal auf die Preise aus, und enorme Mengen Rohöl wurden für 10 Cent der Barrel verkauft.

Wer also sein Vermögen anhand von ungeförderten Rohölvorkommen zu schätzen versucht, hat es mit unberechenbaren Faktoren zu tun. Hinzu kommt noch die wechselnde Ölpolitik der Staaten. Manche Länder haben die Steuern auf gefördertes Rohöl drastisch erhöht oder die Steuerbegünstigung gekürzt. Andere beabsichtigen ähnliches. Wieder andere beschränken – oder wollen beschränken – die zulässige Fördermenge. Anderswo wurden private Ölgesellschaften verstaatlicht, und die Neigung dazu breitet sich aus. Man könnte endlos so fortfahren.

Ein Unternehmer – vor allem ein Ölunternehmer – kann bestenfalls hoffen, von seinem Buchhalter auf dem Papier eine Bewertung seines Vermögens zu erhalten, die sich auf seine Investitionen stützt. Andererseits kann heutzutage, angesichts der Tätigkeit von Behörden, Anlageberatern und Wirtschaftsjournalisten, ein aktiver, rechtschaffener Unternehmer nicht verhindern, daß sein geschätztes Vermögen bekannt wird.

Die Getty Oil Company – deren Präsident ich bin – veröffentlicht jährlich eine ausführliche Bilanz. Die 46. Jahresbilanz, die für das Jahr 1974, weist für die Gesellschaft und die Tochtergesellschaften einen Aktienbesitz in Höhe von beinahe 2 Milliarden Dollar aus. Bevor man sich an dieser Zahl festbeißt, möge man sich dessen erinnern, was ich zuvor gesagt habe: Bei der Realisierung der Aktiva eines Unternehmens kann weniger (viel weniger) oder auch mehr (sehr viel mehr) erlöst werden, als sich den Zahlen entnehmen läßt, die auf dem üblichen buchhalterischen Wege ermittelt werden. Man sollte auch nicht vergessen, daß Aktiva – ausgenommen das vorhandene Bargeld – »verfügbar« nur nach einem Verkauf sind, und da bestimmen wieder der Markt und unzählige andere Faktoren, welcher Preis sich erzielen läßt.

Damit stehe ich nun vor der Frage, wie reich ich »wirklich« bin und wieder lautet die Antwort: ich kann es nicht annähernd genau sagen, weil es einfach keine Möglichkeit gibt, das zu beziffern.

Immerhin läßt sich bestimmen, daß mein persönliches Vermögen insgesamt in diesem Moment auf mehr als eine Milliarde Dollar geschätzt

werden darf. Der Wert des Familienvermögens, eingeschlossen die Sarah Getty Stiftung – deren Vorstand ich ja nur bin – kommt gewiß noch einmal auf das doppelte.
Auf Heller und Pfennig ließe sich der Wert meines Vermögens und des Vermögens der Familie nur bestimmen, wenn die Gesellschaften aufgelöst und alle Aktiva zu Geld gemacht würden.
Ich möchte gleich darauf hinweisen, daß es närrisch wäre, die fast acht Millionen Aktien der Getty Oil Company, welche der Sarah C. Getty Stiftung gehören, auf den Markt zu werfen oder sonstwie zu veräußern. Der gängige Marktpreis wäre nicht zu halten, und ein Vorhaben dieses Umfangs würde zu seiner Ausführung mehr Jahre fordern, als mir bleiben. Ferner ist der wirkliche Wert dieser Aktien größer, als die Notierungen erkennen lassen. Sodann müßte man sich nach lohnenden neuen Investitionen umsehen. Gerade jetzt zeigt sich, wie riskant der Erwerb von steuerfreien Wertpapieren ist. Auch von anderen Wertpapieren übrigens. Und auch eine Neuinvestition würde Jahre in Anspruch nehmen; es wäre damit die Zahlung enormer Courtagen und Steuern verbunden, und die Stiftung wäre am Ende ärmer. Das Stiftungsvermögen hat sich aber, wie ein Rückblick ausweist, bislang recht wacker vermehrt. Was bei einem Verkauf herauskäme, hinge von den gegebenen wirtschaftlichen Verhältnissen, von den Marktbedingungen und vielen weiteren unvorhersagbaren Faktoren ab. Möglich ist, daß der Erlös geringer wäre als die Schätzung. In einem besonders günstigen wirtschaftlichen Klima könnte ein solcher Verkauf der Familie Getty aber auch 10 Milliarden Dollar bescheren, mag sein 20 Milliarden. (Diese würden sich aber mit dem Eintreffen der Steuereintreiber schlagartig verflüchtigen.)
Die Steuerbüttel haben jedoch keinen Anlaß, in die Startlöcher zu gehen, denn die Getty-Gruppe beabsichtigt weder, ihren Aktienbesitz zu verkaufen, noch ihre Gesellschaften aufzulösen. Diese Gesellschaften sind zu einem umfassenden, blühenden Familienunternehmen zusammengewachsen. Ich selber stehe aktiv im Wirtschaftsleben und bin als Haupt der Familie Getty befugt, als deren Sprecher aufzutreten. Gettys werden das Familienunternehmen weiterführen – energisch, tüchtig und in der Absicht, noch größer zu werden.

3

Das vorige Kapitel hat, wie ich hoffe, klargemacht, daß mein eigenes, zugegeben großes Vermögen etwas anderes ist als das erheblich größere Vermögen, das mir auf Lebenszeit anvertraut ist. Leuten, die sich dafür interessieren, was nach meinem Tode aus den in meinem Besitz befindlichen Aktien wird, sei gesagt, daß diese im wesentlichen wohltätigen Zwecken zugeführt werden. Über das Vermögen der Sarah C. Getty Stiftung werden ein oder mehrere Vorsitzende der Stiftung verfügen, wie es meine Mutter, auf deren Drängen die Stiftung gegründet wurde, bestimmt hat.

Hier ist vielleicht der Ort, von dem relativen Einfluß zu sprechen, den Geld ausüben kann. Für einen Privatmann verfüge ich wirklich über ein sehr großes Vermögen. Man muß aber auch sehen, daß zahlreiche Konzerne ein Vielfaches des Vermögens der Getty Oil Company besitzen. Die Vorstände dieser Konzerne – und das können leitende Angestellte sein, die nur wenige oder gar keine Anteile an ihren Betrieben besitzen – kontrollieren wesentlich größere Vermögen und können erheblich mehr finanziellen Einfluß ausüben.

Für jene, die mit der Organisation von Wirtschaftsbetrieben nicht vertraut sind, möchte ich sagen: Entscheidend ist, daß die Getty-Gruppe ein Familienunternehmen ist und daß die Familie mehr als zwei Drittel der Aktien aller Gesellschaften hält. Bei den Großkonzernen ist es meist anders; die Anteile sind weit gestreut, und es gibt Konzerne mit Milliardenumsätzen, deren Aktien zu nicht mehr als zwei, höchstens drei Prozent in der Hand eines einzigen Anlegers sind.

Man hat großen Teilen unserer Gesellschaft eingeredet, die Reichen könnten ihres Geldes wegen vor Gewissensqualen kein Auge zutun. Das mag auf manche Leute zutreffen, doch gewiß nicht für viele, darauf möchte ich wetten, und auf mich nun ganz gewiß nicht. Mein Reichtum schafft mir weder einen Schuldkomplex noch Gewissensbisse. Ich sehe mich auch nicht bloß deshalb in die Defensive gedrängt, weil ich viel reicher bin als die Mehrzahl der Menschen. Der Herr im Himmel hat hier möglicherweise ein Mißverhältnis zugelassen, doch so ist Er nun mal – oder die Natur, wenn man das lieber hört.

Wer das Leben mit realistischem Blick betrachtet, erkennt Ungleichheiten, die es seit eh und je gegeben hat. Aus einer Gruppe von Boxern ähn-

lichen Gewichtes und ähnlicher Kondition wird einer als Sieger hervorgehen. Die anderen bilden eine absteigende Rangfolge, und am Ende steht der Verlierer. Wie viele Künstler – Maler, Bildhauer, Pianisten, Balletteusen – zeigen sich auf ihrem jeweiligen Gebiet nicht ähnlich begabt, schuften schwer, sind gleich beharrlich, und doch kommen nur jeweils wenige zu Erfolg, Ruhm, Vermögen. Die anderen nicht.
Auch mit Autoren oder Politikern steht es so, auch hier macht sich das von der Natur beabsichtigte Mißverhältnis bemerkbar. Nicht allen wird der gleiche Lohn. So mancher Autor verfaßt vortreffliche Werke und kann sich doch kaum am Leben halten, während andere, die nicht begabter sind, Hunderttausende verdienen, ja Millionen, wenn sie die Film- und Fernsehrechte gut verkaufen.
Wer kennt nicht den begabten Politiker ohne Fehl und Tadel, beliebt bei jedermann, unermüdlich dem hehren Ziel zustrebend – und er bringt es bei allen seinen Qualitäten doch nicht weiter als bis zum Stadtverordneten, während gleichzeitig weniger begabte, weniger strebsame Individuen unaufhaltsam aufsteigen, Abgeordnete, Senatoren, Minister, Gouverneure, Präsidenten oder Premierminister werden? Man könnte behaupten, die erfolgreichen Bewerber hätten ein besonderes Charisma, das die Öffentlichkeit anspricht, und in einigen Fällen trifft dies auch zu, nicht aber in allen. Welcher Nationalität wir auch sein mögen, wir alle haben doch mit angesehen, wie überwältigende Wählermehrheiten für plattfüßige Hohlköpfe stimmten – eine Manifestation der perversen Vorliebe der Natur für das Ungerechte.
Und gleiches gilt für Unternehmer, für ihren Erfolg, ihren Lohn. Und trotzdem rümpft man über den Reichtum des Unternehmers die Nase, bezeichnet ihn als anrüchig, betrachtet jeden als anrüchig, der damit in Berührung kommt. (Besonders für jene Philosophen, die das Oberste zuunterst kehren wollen, ist das ein beliebter Zeitvertreib.)
Wer will, mag vor meinen Ketzereien zurückweichen, doch lehne ich diese Betrachtungsweise ab als unsinnig und grundlos, als eine Frucht des Neides aller Untüchtigen, Müßigen und gewohnheitsmäßigen Faulpelze.
Überdies – und man mag mich dafür auf den Schinderkarren wünschen – bin ich stolz auf meinen Reichtum, so wie er da ist, darauf, wie ich ihn verwendet habe und noch verwende.
Niemals hat mir auch nur ein einziges Prozent des mir zugeschriebenen Vermögens in barem Geld oder auf einem Girokonto zur Verfügung ge-

standen. Und die restlichen mehr als 99% habe ich nicht unter einem Baum vergraben oder als Eichhörnchen in die Matratze genäht. Dieses Geld ist investiert, es arbeitet. Es ermöglicht unter anderem die Produktion von Waren und Dienstleistungen für Millionen Verbraucher und verschafft gegen 12000 Personen in den USA, Großbritannien, Europa, dem Nahen Osten, Japan und anderswo gut bezahlte Arbeitsplätze.
Damit ist nur die unmittelbare Beschäftigung von Männern und Frauen in der Getty-Gruppe gemeint, nicht gezählt sind dabei viele tausend Arbeitsplätze, die entstehen, weil unsere Betriebe Erweiterungsbauten aufführen, Tanker bestellen, Bohrausrüstungen kaufen oder auch nur Büroklammern und Papierhandtücher.
Mehr noch: Die Getty-Gruppe riskiert enorme Summen bei der Erkundung und Erschließung neuer Ölvorkommen und anderer Energiequellen. Die Getty Oil Company zum Beispiel sucht und bohrt an vielen Stellen der USA und in anderen Weltteilen auf dem Festland wie vor den Küsten nach Öl. Diese Suche geht pausenlos vonstatten. Getty Oil war kürzlich an der Entdeckung neuer Ölvorkommen vor der spanischen Mittelmeerküste und im südchinesischen Meer beteiligt. Und bevor hier Profite gemacht werden können, braucht es Jahre und den Zufluß weiteren Kapitals. Im United Kingdom Sektor der Nordsee hat Getty Oil zusammen mit Occidental Petroleum, der Allied Chemical Corporation und Thomson Scottish Associates ein weiteres Großprojekt begonnen. 1975 und 1976 steckt Getty Oil allein 250 Millionen Dollar in dieses Vorhaben, und niemand kann vorhersagen, wie viel Zeit vergehen wird, bevor die Gesellschaft hoffen darf, auch nur einen Pfennig Profit aus diesem Viertelmilliardenwagnis zu sehen.
Ferner tragen meine Gesellschaften direkt und indirekt erheblich zum Steueraufkommen bei. Steuern werden an den Bund, Bundesstaaten und Gemeinden gezahlt, von denen man hoffen muß, daß sie zum Wohle der Bewohner weise mit diesem Geld umgehen. 1974 haben Getty Oil und Tochtergesellschaften 316 Millionen Dollar Einkommensteuer bezahlt, ferner 209 Millionen Dollar Verbrauchssteuern, Grundsteuern undsofort. Das bedeutet: Getty Oil – unter den US Ölgesellschaften die 17. – hat in einem einzigen Jahr mehr als eine halbe Milliarde Dollar in die Steuerkasse abgeführt. Daneben bezahlen unsere Arbeitnehmer Einkommensteuer und alle weiteren Steuern und Abgaben, die im täglichen Leben anfallen. Und die Aktionäre zahlen gleich doppelt Steuern.
Zum ersten Mal zahlen sie, wenn die Gewinne der Gesellschaft besteuert

werden, was den Nettoertrag verringert und mithin jene Summe, die als Dividende verteilt werden kann. Wer dann Dividende erhalten hat, darf dafür Einkommensteuer bezahlen, auf alle Fälle an die Bundesregierung, meist an die Regierung der Bundesstaaten und oft auch noch an die Gemeinde.

Man beachte doch, was dies bedeutet. Der Unternehmensgewinn wird zu 48% weggesteuert. Ein Betrieb, der im Jahr eine Million Profit macht, zahlt dafür an den Bund 480000 Dollar Steuern, es verbleiben also 520000 Dollar. Wird diese Summe als Dividende an die Anleger verteilt, so zahlen Aktionäre, die in die höchste Einkommensteuerklasse fallen, wiederum 70% darauf. Ein Alleininhaber behält also von seinem Millionengewinn ganze 156.000 Dollar (wovon sich dann noch die Bundesländer und die Kommunen bedienen).

Tatsächlich wird oft übersehen, daß die Unternehmer bei der Finanzierung der Staatsausgaben eine führende – und zahlende – Rolle spielen. Der keineswegs blinde Zufall bringt es mit sich, daß eben jene Politiker nichts davon sehen wollen, die sich in der Unternehmerbeschimpfung am lautesten hervortun. Ihnen erscheint ein Wirtschaftsunternehmen als wahre Goldgrube, aus der der Staat nach Belieben und ohne Ende Geld schröpfen kann. Und sie zögern denn auch nicht, entsprechende Gesetze einzubringen.

Mir war zwar schon lange klar, daß die Wirtschaft einen großen Teil der Staatsausgaben ermöglichen muß, doch bis zu welchem Grade dies zutrifft, machte mir erst Vizepräsident Rockefeller klar, der mich im Juli 1975 in Sutton Place besuchte. Als wir nach dem Essen im Salon plauderten, kamen wir selbstverständlich auch auf die amerikanische Wirtschaft und ihre derzeitigen Schwierigkeiten zu sprechen, und der Vizepräsident, ein bemerkenswert intelligenter, ich stehe nicht an zu sagen: brillanter Kopf mit umfassenden Kenntnissen auf dem Gebiet der Wirtschaft, der Innen- und Außenpolitik, äußerte sich frei und offen. Er beklagte, daß Politiker immer mehr dazu neigten, den Unternehmer der Öffentlichkeit zwecks Stimmenfangs als Prügelknabe zu präsentieren, und äußerte nebenher, daß der Staat für das Steueraufkommen zu 85% auf die Wirtschaft angewiesen sei. 85%!

Daß unser Anteil so groß war, hatte ich allerdings nicht gewußt, und die in dieser Feststellung enthaltenen Konsequenzen verschlugen mir zunächst die Sprache. Im Rechnungsjahr 1974 hatten die Staatsausgaben der USA mehr als 300 Milliarden Dollar betragen. Und 225 Milliarden

davon hatte also die amerikanische Wirtschaft abgeführt – ein statistisches Kuriosum, das mich nötigt, einige Abschweifungen zu machen.
Private Wirtschaftsbetriebe machen Fehler, gelegentlich sehr kostspielige Fehler, und es gibt welche, die keinen Gewinn erwirtschaften. Manche machen Pleite. Im großen und ganzen läßt sich aber sagen, daß die meisten Firmen ihre Löhne und Gehälter zahlen, ihre Rechnungen begleichen und nach Abführung der Steuern am Ende des Jahres noch einen Gewinn vorzuweisen haben. Unter der richtigen Leitung reinvestieren sie einen erheblichen Teil der Gewinne im Betrieb, benutzen sie zu Erweiterungen, Forschung, Modernisierung der Anlagen, jedenfalls im Dienste eines weiteren Wachstums. Wie Otto Eckstein, der bekannte Wirtschaftswissenschaftler, sagt: »Die freie Wirtschaft ist die bislang einzige Erfindung, welche den Menschen anregt, auf Neuerungen zu sinnen, neue Erzeugnisse und neue Herstellungsverfahren zu erdenken.«
In vielen noch »kapitalistischen« Ländern rufen mehr und mehr Politiker nach »Sozialisierung«. Ihrer Ansicht nach können alle wirtschaftlichen Krankheiten durch die Verstaatlichung so gut wie aller Betriebe geheilt werden. Dabei weiß die ganze Welt, daß verstaatlichte Industrien notorisch unfähig sind, Gewinne zu erzielen. Das wird sogar von Anhängern des Sozialismus zugegeben. Zu diesen rechnet auch der englische Professor Beckerman, der sich wie folgt äußerte: »Wir Sozialisten wissen seit je . . . daß manche Industrien nicht auf einem gesellschaftlich erwünschten Niveau arbeiten und gleichzeitig Preise verlangen können, die Gewinne ermöglichen . . . *man muß bestimmte Industrien eben darum verstaatlichen, damit man sie auch mit Verlust arbeiten lassen kann*«. (Hervorhebung von Professor Beckerman.)
In diesen Worten klingt doch das Echo jener sonderbar perversen Denkweise an, die der Äußerung zugrunde liegt, die einem amerikanischen Offizier in Vietnam zugeschrieben wird: »Man mußte das Dorf zerstören, damit es befreit werden konnte.«
Viele Menschen sind der Meinung, die amerikanische Post – ein staatlicher Monopolbetrieb und praktisch eine verstaatlichte Industrie – arbeite bei weitem nicht auf einem »gesellschaftlich erwünschten Niveau«. Seit die neue Postverwaltung 1971 an die Stelle der alten Postbehörde getreten ist, zwecks Steigerung der Effizienz und Abbau der Defizite, sind die Postgebühren raketenhaft gestiegen und die Effizienz ist ebenso rasch gefallen. Die Defizite steigen unaufhörlich. Im Rechnungsjahr 1975 hat

diese Post Verluste von 869 Millionen Dollar erwirtschaftet, und das trotz einer kräftigen Geldspritze aus Bundesmitteln in Höhe von 1,6 Milliarden Dollar. Unterdessen sind private Postbeförderer auf den Plan getreten. Diese betätigen sich auf einem durchaus »erwünschten gesellschaftlichen Niveau«, sie ersparen ihrer Kundschaft Zeit und Geld und machen nebenher befriedigende Gewinne (obwohl sie noch Geld für adrette Plastikbeutelchen ausgeben, in denen sie die Post zustellen).

Im vergangenen Sommer konnte man in der englischen Presse lesen, wie groß die von den sozialisierten Betrieben erwirtschafteten Verluste sind, ausgenommen die Kohlebehörde, der es irgendwie gelang, mehr Geld einzunehmen als auszugeben. Einer der Redakteure, Harry Fieldhouse, bemerkte treffend dazu:

»Wenn staatliche Monopolbetriebe nicht mit Gewinn arbeiten können, wird ein sozialistischer Staat zur Unmöglichkeit. Entweder macht er bankrott, oder er duldet ein Reservat der Privatwirtschaft, das groß genug ist, die Verluste der verstaatlichten Betriebe auszugleichen.«

Es ist geradezu fesselnd, sich auszumalen, was wohl die sozialistischen Politiker tun werden, falls sie ihren Willen bekommen und alles verstaatlichen dürfen. Die kapitalistische Gans, die die goldenen Eier gelegt hat, wird sodann in eine verlustbringende sozialistische Krähe verwandelt. Woher sollen dann die Gehälter für Senatoren, Abgeordnete, für die unzähligen Bürokraten samt ihren Sekretärinnen, das Geld für die Dienstwagen mit Chauffeur, für die Dienstreisen in alle Erdteile kommen? Diese Aussichten sollten alle jene erwägen, die sich als professionelle Unternehmerbeschimpfer etabliert haben, und auch alle die, die Abrahams Lincolns Mahnung zurückweisen: »Man hilft dem Lohnarbeiter nicht, wenn man den Arbeitgeber herabsetzt. Man hilft den Armen nicht, indem man die Reichen vernichtet.«

Trotz all seiner Mängel wird das System des freien Unternehmertums das leistungs- und lebensfähigste System bleiben. Niemand hat bislang ein anderes System erdacht, das ebenso, geschweige denn besser geeignet wäre, der größten Zahl von Menschen die meisten Wohltaten zukommen zu lassen. Kapitalismus führt zu Ungleichheit – darüber sind alle einig. Doch wie ich schon gesagt habe: Die Natur ist nicht gerecht, wie also könnten Systeme gerecht sein, die sich an ihrem großen Entwurf ausrichten? Otto Eckstein meint dazu denn auch richtig: »Soll das kapitalistische System funktionieren, müssen Ungerechtigkeiten in Kauf genommen werden.« Hierzu kann ich nur sagen, falls überhaupt ein Wirt-

schaftssystem oder ein politisches System in Kraft gesetzt wird, sind Ungerechtigkeiten und Mißverhältnisse nicht zu vermeiden.
Der Vorsitzende im Vorstand der verstaatlichten Kohlebehörde erhält ein viel höheres Gehalt, mehr Prämien und wohnt erheblich besser als seine Bergarbeiter, die unter Tage schuften. Der Kommissar, der in der UdSSR einem Textiltrust vorsteht, wird von seiner geräumigen Moskauer Wohnung im Dienstwagen in sein Büro chauffiert und anschließend in einer ZIS-Limousine auf seine Datscha gefahren. Sein Büropersonal – von den Arbeitern an den Webstühlen ganz zu schweigen – lebt beengt in winzigen Wohnquartieren und fährt stehend im Bus oder in der Straßenbahn zur Arbeit (wenn es nicht zu Fuß geht). Millionen Chinesen radeln von und zur Arbeit – daß Tschou En-lai auf ein solches Transportmittel angewiesen war, möchte ich aber bezweifeln.
Ob nun westliche Demokratie oder Volksdemokratie jenseits des Eisernen Vorhanges – jede Stadt hat ein bestes Hotel, und dies Hotel hat ein bestes Zimmer, und irgendwer belegt dieses Zimmer. Ebenso gilt, daß man in jeder Stadt ein schlechtes Hotel findet und daß auch dessen schlechtestes Zimmer von irgendwem bewohnt wird. Ich fühle, wie schon gesagt, meines Reichtums wegen keine Gewissensbisse, doch wenn ich überzeugt sein könnte, durch die Hergabe von 99% meines Vermögens menschliches Elend und menschliche Armut zu beenden, täte ich es auf der Stelle. Was aber wäre gewonnen, wenn alle Erdbewohner einen ganzen Dollar meines Vermögens bekämen? Welch bleibende Wohltat würde daraus resultieren? Die Antwort lautet: keine. Ich aber hätte nichts mehr in produktive Unternehmen zu investieren, die menschliche Bedürfnisse befriedigen helfen und nebenher Arbeitsplätze schaffen, Löhne und Steuern zahlen.
Ich wiederhole: Die Natur ist nicht gerecht, sie verteilt ihre Gaben nicht gleichmäßig. Und wäre sie gerecht, der Mensch würde dafür sorgen, daß rasch genug Ungleichheit und Mißverhältnisse entstehen. Bin ich ein Zyniker, weil ich so denke? Vielleicht. Lieber sehe ich mich als Realisten. Doch man mag mich nennen, wie es beliebt, ich akzeptiere jede dieser Bezeichnungen und erkläre unbeeindruckt: Würde alles Geld und Gut auf dieser Welt eines beliebigen Tages um drei Uhr nachmittags gleichmäßig unter die Erdbewohner verteilt, so könnte man bereits um halb vier erhebliche Unterschiede in den Besitzverhältnissen der Individuen feststellen. Schon innerhalb der ersten dreißig Minuten hätten einige ihren Anteil verloren, manche im Glücksspiel, andere durch die List jener,

die sich bereichern konnten. Mit jeder vergehenden Stunde würde das Tempo zunehmen, in welchem die Ungleichheit sich vergrößert. Nach, sagen wir, drei Monaten wären die Unterschiede bereits schwindelerregend. Und ich wette, was Sie wollen: Nach einem, höchstens zwei Jahren wären Geld und Gut etwa genau so verteilt, wie sie es heute sind.
Man mag das Schicksal nennen oder Zufall oder ein Naturgesetz oder wie auch immer: Manche Individuen steigen höher als andere. Eine Rebecca West, ein Robbins, Burgess, Simenon, Wallace oder Borges werden höhere Auflagen erzielen als hundert andere Schriftsteller zusammen. Dutzende von Präsidentschaftskandidaten werden abgeschmettert, während ein großer Mann wie Franklin Roosevelt oder auch ein mittelmäßiger Mensch wie Lyndon Johnson Präsident wird.
Und so wird es auch Unternehmer geben, die mehr Erfolg haben und mehr Besitz erraffen als andere. Warum sollten solche – oder auch ich – deshalb Schuldgefühle empfinden, zumal dieser angesammelte Reichtum konstruktiv und produktiv angelegt und tätig ist?
Der verstorbene Max Aitken, der Erste Baron Beaverbrook, war ein Mensch, den ich sehr bewundert habe, als Person wie als gescheiten Geschäftsmann und realistischen Philosophen mit einem scharfen Blick fürs Leben, die Natur des Menschen und die Welt, wie sie wirklich ist. Ich betrachte es als Auszeichnung, daß es mir vergönnt war, eine herzliche Freundschaft zu ihm zu knüpfen. Was ihm unter anderem eignete, war ein trockener Humor, der es ihm möglich machte, ganze Bücher in einen einzigen Satz zu komprimieren. Ich kann dieses Kapitel nicht besser abschließen als mit einem klassisch kurzen Ausspruch von Aitken: »Recht betrachtet war mir stets bewußt, daß ich im Leben einen reservierten Logenplatz innegehabt habe, Paul.«
Damit dürfte er die beste Erklärung für die Ungleichheiten und Mißverhältnisse geliefert haben, denen man im Leben begegnet. Man mag das eine geheimnisvolle Macht nennen, eine Erbanlage oder auch nur das Zusammenwirken von Umständen, fest steht, daß manche Menschen offenbar einen Logenplatz für sich reserviert bekommen haben. Und wenn das so ist, wären sie albern, wollten sie sich deshalb Gewissensbisse machen oder bescheiden auf einen Stehplatz zurückweichen.

4

Es wäre in der Tat albern, wollte ich bestreiten, daß mir ein solcher Logenplatz reserviert war. Allerdings dauerte es eine Weile, bis ich das erkannte, denn ich war beinahe zweiundzwanzig Jahre alt geworden, ehe ich anfing, am Geschäft einiges Interesse zu nehmen und mich ganz für die Wirtschaft zu entscheiden. Bis dahin schwankte ich zwischen dem Wunsch, Schriftsteller zu werden, und dem Wunsch, in den auswärtigen Dienst einzutreten.

Die ersten Schritte ins Wirtschaftsleben tat ich zögernd. Gleichwohl hatte ich mit vierundzwanzig meine erste Million verdient, und weil ich fand, dies sei für ein Menschenleben ausreichend, zog ich mich von den Geschäften wieder zurück.

Jetzt eile ich aber voraus. Die Geschichte meiner Anfänge ist anderswo ausführlich erzählt worden, ich begnüge mich daher hier mit einem kurzen Abriß, damit der Leser die nötigsten Anhaltspunkte hat und sich zurechtfindet.

Mein Vater George F. Getty sen. war in meiner Geburtsstadt Minneapolis ein sehr erfolgreicher Advokat. 1879 heiratete er meine Mutter, Sarah Mac Pherson Risher, und im Jahr darauf wurde ihnen meine Schwester geboren, Gertrude Lois, die ich aber nicht kenne, denn sie starb während einer Typhusepidemie im Jahre 1890, zwei Jahre vor meiner Geburt. Ich blieb ein Einzelkind.

1903 – ich war elf Jahre alt – belief sich das Vermögen meines Vater auf eine Viertelmillion Dollar, damals eine beträchtliche Summe, und an der Kaufkraft gemessen ohne weiteres einer heutigen Million vergleichbar. Zwar war er nun vermögend, doch nahm sein Leben noch einmal eine ganz unerwartete Wendung, und in diesem Jahr 1903 wurde jener Kurs eingeschlagen, der zu den Reichtümern der Gettys führen sollte.

Im Auftrag eines Mandanten reiste mein Vater nach Bartlesville im Indianergebiet, das im späteren Staat Oklahoma gelegen war. Bei seiner Ankunft stellte er fest, daß in jener Gegend ein neuer Ölboom ausgebrochen war. Er erledigte seine Angelegenheiten, gewann den Prozeß für seinen Mandanten und wurde vom Ölfieber angesteckt.

Er kaufte die Rechte auf Öl und Erdgas von »Lot 50«, einem rund 500 Hektar großen Gelände, das den Osage-Indianern gehörte, und gründete die Minnehoma Ölgesellschaft. Mein Vater war Hauptaktionär und Präsident der Gesellschaft, er schloß selber alle Bohrkontrakte und war an Ort und Stelle, wenn Bohrungen niedergebracht wurden. Dies alles erwähne ich mit Grund, wie sich später zeigen wird.

Es gibt Leute – allerdings nicht viele –, die für verborgene Ölvorkommen eine ausgesprochene Nase haben. Ein geheimnisvoller Instinkt sagt ihnen, wo etwas vorhanden ist, und befände sich das Vorkommen auch Tausende von Fuß unter der Oberfläche. So verschwor sich beispielsweise T. N. Barnsdall, ein märchenhaft erfolgreicher amerikanischer Ölpionier, er könne riechen, ob sich unter seinen Fußsohlen Erdöl befinde oder nicht. Auch Lyman Stewart, dem Gründer der Union Ölgesellschaft, wurde nachgesagt, dieses »wuchernde Talent« zu besitzen, wie Charles Fort es ausgedrückt hätte. Ich neige zu der Annahme, daß auch meinem Vater etwas von dieser Begabung eigen gewesen ist, denn von den 43 auf »Lot 50« niedergebrachten Bohrungen waren 42 fündig; ein einziges Loch blieb trocken. Das ist ein bemerkenswertes Ergebnis.

Als die erste Quelle auf »Lot 50« sprudelte, holte Vater meine Mutter und mich nach Bartlesville, denn wir sollten sein neues Unternehmen sehen, sollten seine Freude über den ersten Erfolg teilen und auch die Erregung, welche das Erbohren der zweiten Quelle hervorrief. Als Knabe führte ich gewissenhaft Tagebuch, und ich besitze alle meine Tagebücher noch. Hier eine Auswahl meiner Eintragungen vom Januar 1904:

»Sonntag, 17. Jan.: Dienstag reisen wir ins Indianergebiet ab.«

»Dienstag, 19. Jan.: Heute abend um 8:30 Uhr sind wir nach Kansas City aufgebrochen . . . wir benutzten die Northwestern bis Council Bluffs in Iowa«.

»Donnerstag, 21. Jan.: Abfahrt 12:15 Uhr nach Bartlesville. Kamen spät an, es war dunkel, ich sah nichts. Abgestiegen im Hotel Midway.«

Diese Eintragungen geben keinen Eindruck von dem Ruch des Abenteuers und der gespannten Erwartung, die ich empfand. Als Elfjähriger bemühte ich mich, »objektiv« zu berichten, und glaubte fest, ein Tagebuch dürfe nichts enthalten als nackte Tatsachen. Mir allerdings rufen die Eintragungen sehr deutlich meine damalige emotionale Reaktion ins Gedächtnis; ich spüre noch einmal meine Begeisterung, als ich vernahm, es gehe nunmehr ins Indianergebiet, und ich erlebe von neuem die Enttäuschung, die ich bei der Ankunft in Bartlesville verspürte – »es war dunkel, ich sah nichts . . .«

Und als dann tags darauf meine Phantasiegebilde kläglich in sich zusammenfielen, weil ich keine Indianer in Kriegsbemalung, keine Cowboys mit Revolver, keine US Kavallerie erblickte, da herrschten Ernüchterung und Entzauberung. Bei Tageslicht bot Bartlesville sich als eine öde, primitive Boomtown dar, die Häuser aus Brettern, manche mit einer Fassade, die zwei Stockwerke vorspiegelte, mit im Dreck versinkenden Bohlenwegen. Es gab zwar wirklich Männer mit Revolvern, das waren aber Ölarbeiter, nicht Cowboys, und die Indianer, die mir begegneten, waren weder bemalt noch überhaupt pittoresk. Allerdings gab es einige Tage später im Eßsaal des Hotels eine kleine Entschädigung für alle Enttäuschungen. Ich notierte:

»Sonntag, 24. Jan.: Schönes Wetter . . . gutes Essen. Nahebei saßen zehn Indianerhäuptlinge. Sie trugen Decken und Federschmuck und wollten zu Roosevelt.* Der eine hieß Two Keys und hatte tatsächlich in jedem Ohr einen goldenen Schlüssel.«

Der Betrieb auf »Lot 50«, wo die Minnehoma ihre zweite Bohrung vornahm, faszinierte mich. Ich schnappte den Jargon der Driller rasch auf und konnte bald schon sachverständig über technische Einzelheiten reden, wie ich glaubte. Mein Interesse war gewiß typisch für jeden jungen Menschen, der von technischen Apparaturen angezogen wird, seien es ein Feuerwehrauto, eine Dampfwalze, eine Dampframme; doch scheint mir im Rückblick, daß ich schon damals die Lockung des Öls verspürte. Nicht den Reiz des Profits, den die Arbeit in dieser Branche versprach, sondern die Herausforderung, das Abenteuerliche, das mit der Auffindung und Erschließung von Ölvorkommen verbunden ist.

Am 2. März 1904 erlebte ich erstmals die unvergleichliche Aufregung, die den Zuschauer überkommt, wenn die Driller auf ölführende Sandschichten stoßen und fündig werden. Immer der gleich gelassene objektive Beobachter schrieb ich in mein Tagebuch: »Wir sahen zu, wie No. 2 fündig wurde. Dies geschah in einer Tiefe von 1426 Fuß.«

Zwei Tage später traten die Eltern und ich die Rückreise nach Minneapolis an. Am 10. März saß ich wieder im Klassenzimmer der Emerson Grammar School – »die erste Stunde seit sechs Wochen«, wie ich in mein Tagebuch schrieb, ohne im geringsten meine Enttäuschung zu vermerken. Ich fügte hinzu: »Nachmittags mit Harry und William Murmeln gespielt. Ich habe eine stumpfe gewonnen.« Diese Beute verdankte ich allerdings kaum meiner Geschicklichkeit, vielmehr spielten meine Freunde Harry und William nicht sehr aufmerksam, weil sie mich uner-

* *Es handelt sich um Theodore Roosevelt, damals Präsident der USA*

müdlich nach meinen Erlebnissen im Indianergebiet ausfragten und von meinen erfindungsreichen Berichten abgelenkt wurden.
Im Oktober 1904 fuhren wir alle drei noch einmal nach Bartlesville, machten aber bei dieser Gelegenheit einen zehntägigen Abstecher nach St. Louis zur Weltausstellung. (Offiziell hieß sie damals »Ausstellung anläßlich des hundertsten Jahrestages des Erwerbs von Louisiana«, wegen eines Rechenfehlers der Bürokraten hatte man sich um ein Jahr geirrt.)* In Bartlesville blieben wir weitere zehn Tage. Auf »Lot 50« sprudelten derweil bereits drei Quellen, und eine vierte, (eigentlich Nr. 3, doch war es hier zu Verzögerungen gekommen) war beinahe betriebsbereit. Ich war zwar noch keine zwölf, kam mir aber wie ein weitgereister Mann von Welt vor, insbesondere der Ölwelt. Die Eintragung vom 17. Oktober zeigt, daß ich mich kompetent fühlte zu urteilen und dieses Urteil samt technischen Einzelheiten niederschrieb:
»Wir standen um sechs Uhr früh auf . . . und machten uns auf den Weg zur Bohrstelle. Um zehn Uhr kamen wir an und besichtigten die Bohrlöcher. Alle in Ordnung. Nr. 3, das schwächste, ist gestern abend um 10:15 Uhr mit Nitroglyzerin erschlossen worden. Die Ölfontaine stieg dreißig Meter hoch und sprudelte fünf Minuten in dieser Stärke.«
Noch einmal kehrten wir für kurze Zeit nach Minneapolis zurück. Meine Eltern hatten beschlossen, nach Südkalifornien zu übersiedeln, und Vater meinte, man sollte eine Erkundungsreise machen. Im Februar 1905 fuhren wir aus Minneapolis ab. San Diego fand mein Vater zu klein, La Jolla erschien ihm abgelegen und isoliert, Santa Monica war damals ein Dorf an der Küste, und die Wahl fiel schließlich auf Los Angeles. Dorthin zogen wir nun endgültig, nachdem ich 1906 meine Grundschulausbildung in Minneapolis abgeschlossen hatte.
Vater kaufte ein großes Haus im Tudorstil. Das wurde nun unser neues Heim.
Während der folgenden drei Jahre wuchs und gedieh Vaters Unterneh-

---

* *Zu Beginn des 19. Jahrhunderts besaß Frankreich in Nordamerika das sogenannte Louisianaterritorium, von mehr als einer Million Quadratkilometer Umfang. Die USA kauften dieses Gebiet für etwas mehr als 15 Millionen Dollar von Napoleon I., daher die Bezeichnung »Louisiana Purchase«. Teile dieses Gebietes wurden später den Bundesstaaten Louisiana, Oklahoma und Missouri zugeschlagen. Der Erwerb des Gebietes fand 1803 statt und die Ausstellung hätte mithin 1903 stattfinden sollen.*

men. Die Minnehoma Ölgesellschaft, unterdessen zu 72% im Besitz meiner Eltern, erwarb weitere Bohrrechte. Überdies besaß sie noch die Rechte an »Lot 50« in Oklahoma, und die Produktion dort nahm weiter zu, denn Vater ließ immer neue Bohrungen niederbringen. 1909 bat ich meinen Vater, er möge mir erlauben, während der Sommerferien auf »Lot 50« zu arbeiten, obschon ich noch keine 16 Jahre war. Seine Antwort ist bezeichnend für ihn: »Meinetwegen gern, aber du mußt ganz unten anfangen.«
Dies bedeutete, daß ich Hilfsarbeiter wurde, also die schwerste und schmutzigste Arbeit auf der Bohrstelle zu tun hatte. Die Arbeitsbedingungen wurden genau festgelegt. Ich bekam den damals üblichen Hilfsarbeiterlohn von 3 Dollar für den zwölfstündigen Arbeitstag. Vorzugsbehandlung als Sohn des Chefs schied aus, ich würde mich unter den Arbeitern behaupten, Anweisungen befolgen, mein Pensum erfüllen müssen. Diese Bedingungen nahm ich an, und sei es nur, um nicht dadurch die Achtung meines Vaters zu verlieren, daß ich Vorbehalte machte, nachdem dieser Vorschlag von mir gekommen war.
Obwohl ich ausgiebig die Vorrechte und Bequemlichkeiten des einzigen Sohnes eines vermögenden Mannes genossen hatte, paßte ich mich – zur Verwunderung meiner Eltern und auch zu meiner eigenen – diesem abrupten Wechsel meiner Lebensbedingungen ohne weiteres an. Nicht nur gewöhnte ich mich an das Massenquartier in der Baracke und an das Essen in der Kantine, ich genoß es sogar. Da ich für mein Alter recht groß war – fast einen Meter achtzig – und meine anderthalb Zentner wog (ohne Fett), vermochte ich die schwere Arbeit klaglos zu bewältigen, jedenfalls nach der ersten Woche, denn so lange dauerte es, bis die Blasen an meinen Händen zu Schwielen geworden waren.
Nach dieser Bewährungszeit wurde ich von den Arbeitern an der Bohrstelle als einer der ihren akzeptiert. Dies bedeutete unter anderem, daß man mich »Red« rief (meiner roten Haare wegen) oder auch Paul, nicht aber mehr »He, du da!« Es bedeutete ferner, daß man von mir die Beteiligung an den wüsten Gelagen am Zahltag erwartete, wo die Bohrmannschaften miteinander wetteiferten, angeregt nicht zum wenigsten von dem Chlorwasserstoff enthaltenden Gebräu, das die einheimischen Schwarzbrenner den Arbeitern als Whisky andrehten.*

* *Im Bundesstaat Oklahoma war der Verkauf von alkoholischen Getränken schon vor Einführung der »Prohibition« in den USA verboten.*

In den folgenden drei Jahren ging ich in Californien aufs College und verbrachte die Sommerferien auf »Lot 50«, und zwar nicht mehr nur als Hilfsarbeiter. Damals bestand die eigentliche Bohrmannschaft aus jeweils zwei Männern, dem Driller und dem »toolie«, der für das Gerät (tool) verantwortlich war. Der »toolie« leistete dem Driller in vieler Weise Hilfe, doch war es seine eigentliche Aufgabe, den Bohrer zu schärfen und zu härten und sämtliches Gerät in bestem Zustand zu erhalten.

Der »toolie« mußte ein guter Techniker sein und darüber hinaus ein erstklassiger Schmied. Die Qualität seiner Arbeit an der Feldschmiede entschied darüber, ob das wichtigste Gerät – der Bohrer – brauchbar war oder nicht, und davon hing oft genug der Erfolg der ganzen Operation ab. Ich nahm mir vor, das Handwerk des »toolie« zu lernen, eigentlich war es schon eine Kunst. Dies gelang mir auch, dank der Geduld und Mühe, die einer der alten »toolies« als mein Lehrmeister für mich aufwandte. Zu meinem Bedauern erinnere ich mich nicht mehr an seinen Vornamen, aber seinen Nachnamen, Grizzle, werde ich gewiß nie vergessen. Dieser Name paßte zu seiner Erscheinung, nicht aber zu seiner Hilfsbereitschaft und seiner entgegenkommenden, freundlichen Art. Grizzle lehrte mich alles, was er wußte, und von ihm lernte ich nicht nur die Instandhaltung des Bohrgeräts, sondern überhaupt alles, was mit der Förderung von Erdöl zusammenhängt. Sein Wissen, was diese Dinge angeht, war schier enzyklopädisch. In der Branche genoß er so großes Ansehen, daß sein Urteil, ich sei nun ein qualifizierter »toolie«, mehr Gewicht hatte als ein Dutzend Universitätsdiplome.

Im Mai und Juni 1912 bereiste ich als Tourist Japan und China, den Sommer verbrachte ich wieder bei der Arbeit auf »Lot 50«. Im November ging ich nach England und hörte in Oxford Politische Wissenschaften und Wirtschaftswissenschaften. Ich wohnte zusammen mit Studenten des Magdalen College. Nach Abschluß meiner Studien bereiste ich bis September 1914 Europa, Teile des Nahen Ostens und Nordafrika. Anschließend kehrte ich nach den USA zurück.

Mein Vater stellte nun jene Frage, welche die meisten Väter ihren Söhnen stellen, die ihre Ausbildung abgeschlossen, sich aber noch nicht für einen Beruf entschieden haben: »Was willst du nun werden?«

Die Studien in Oxford und meine Auslandsreisen hatten mich für den Diplomaten entscheiden lassen, und das sagte ich ihm. Mein Vater bewies nun eine jener trefflichen Qualitäten, derenthalben er so geschätzt und bewundert wurde: Er legte seinen Standpunkt auf eine sehr ruhige, vernünftige und tolerante Weise dar. Nachdem er mich angehört hatte, präsentierte er mir »seine Ansicht von dieser Sache«, wie er ganz offen sagte. Er stellte mir vor, daß er eine Ölgesellschaft leite, die ihm Millionen eingebracht habe, daß er sich den Sechzig nähere und ich sein einziges Kind sei. »Was ich da aufgebaut habe, sollte eigentlich ein Familienunternehmen werden«, sagte er nach einer kleinen Pause. »Du bist erst einundzwanzig, Paul, du kannst dir leisten, noch ein Jahr dranzugeben, bevor du dich für den diplomatischen Dienst bewirbst. Würdest du einen kleinen Umweg in Erwägung ziehen?«

Ich sagte, warum nicht, es komme auf den Umweg an.

»Versuch dich als unabhängiger Unternehmer auf den Ölfeldern«, drängte mein Vater. »Mißlingt es, oder fühlst du dich nach einem Jahr unglücklich dabei, dann sollst du tun, was du magst. Ich lasse dir dann freie Hand.«

Zwar wünschte ich immer noch, zum *Corps Diplomatique* zu stoßen, doch lockte es mich auch, mich auf den Ölfeldern zu versuchen, und ein Jahr konnte ich verschmerzen. Also schlug ich ein und nahm die Bedingungen meines Vaters an, die folgendes vorsahen: Während ich mich nach geeigneten Grundstücken umsah, unter denen ich instinktiv oder dank meiner geologischen Kenntnisse Öl vermuten konnte, wollte er mir für die Bestreitung meines Lebensunterhaltes monatlich 100 Dollar zahlen. Fand ich geeignetes Gelände, würde er mir das für den Erwerb der Bohrkonzession und für die Aufschließung notwendige Kapital zur Verfügung stellen. Etwaiger Profit sollte geteilt werden – 70% für ihn, 30% für mich.

Meine Erfahrung vor Ort hatte ich in Oklahoma erworben, folglich lag es nahe, dort, in vertrauter Umgebung, mit der Suche zu beginnen. Ich fuhr zunächst nach Tulsa, mietete mich für 6 Dollar die Woche in einem Hotel ein und nahm die Mahlzeiten in einer nahe gelegenen Pension. Dort wohnten andere Ölleute, die ebenfalls mit geringem Kapital große Funde zu machen hofften. Manchen gelang es auch.

Den Tag verbrachte ich mit Erkundungsfahrten im Ford T. Schön war das Ding nicht, auch bequem war es nicht, doch für die Ölsucher jener Zeit taugte dieses Gefährt als ideales Transportmittel. Abgesehen einmal von Pferde- oder Maultiergespannen war der Ford das einzige Fahrzeug, das es mit jenen primitiven, unbefestigten Wegen aufnehmen konnte, die damals in Oklahoma für Straßen galten.

Monate vergingen ergebnislos. Kurz aufeinander folgende Ölfunde hatten das klassische Boomklima erzeugt, und Grundbesitzer forderten für Nutzungsrechte irrsinnige Preise. Mehr als einmal war ich daran, aufzugeben. Daß ich es nicht tat, danke ich der warmherzigen Unterstützung und dem Rat älterer, erfahrener Ölleute wie John Markham und R. M. McFarlin.
McFarlin bin ich besonderen Dank schuldig. Damals schon mehrfacher Millionär und Miteigentümer der McMan Ölgesellschaft, einer der erfolgreichsten Ölproduzenten Amerikas, munterte er mich auf, gab unbezahlbare Ratschläge, vermittelte mir vieles von dem, was er durch eigene Erfahrung gelernt hatte. Nach meinem Vater war wohl R. M. McFarlin derjenige, der auf die Formung meines Charakters und meiner wirtschaftlichen Anschauungen den größten Einfluß gehabt hat.
Das Jahr meines Umweges näherte sich dem Ende, und noch hatte ich als Ölsucher nichts vorzuweisen. Eines Tages hörte ich, der halbe Anteil an einer Bohrkonzession im County Muskogee solle versteigert werden. Ich inspizierte das betreffende Gelände – bekannt als The Nancy Taylor Allotment – und empfand sogleich eine positive Reaktion. Leider ging es anderen Ölsuchern ebenso, darunter solchen, die gut im Geschäft waren und reichlich Kapital hinter sich hatten. An meinem Mittagstisch hieß es, auf der Auktion würden gewiß 15000 Dollar geboten werden, wenn nicht mehr.
Mein Vater hatte eine Grenze gesetzt, über die ich beim Erwerb von Bohrrechten nicht gehen sollte, und die lag erheblich unter dieser Summe. Also war es wohl nutzlos, mitzubieten. Da hatte ich einen Einfall. Würden nicht die anderen Interessenten ebenso den Mut verlieren wie ich, wenn sie sich einer unschlagbaren Opposition gegenüber glaubten?
Der Versuch mußte gewagt werden. Ich bat einen mir gut bekannten Bankier, auf der Auktion für mich zu bieten, ohne erkennen zu lassen, daß er nicht für die Bank steigerte. Dieser Trick glückte. Die Interessenten, die den Bankier auf der Auktion erblickten, nahmen sogleich an, er verträte große Ölinteressen und werde alle ihre Gebote überbieten. Sie ließen es daher gleich sein, und für die erstaunlich niedrige Summe von 500 Dollar wurde das Nancy Taylor Allotment mir zugeschlagen.
Sogleich gründete ich eine Gesellschaft zwecks Exploration und Ausbeutung meiner Konzession. Ich begann mit Bohrungen; Ungeduld, Spannung, Befürchtungen nahmen von Tag zu Tag zu, während der Derrick

errichtet, das Bohrgestänge installiert wurde und der Bohrer sich in den Boden fraß. Es verging ein ganzer Monat, bis zu Anfang des Jahres 1916 die Bohrung fündig wurde und zunächst 700 Barrel pro Tag gefördert werden konnten.

Dieser letzte Satz verdiente eigentlich ganze Batterien von Ausrufezeichen, doch auch die und auch ganze Bände könnten nicht das Hochgefühl beschreiben, das erlebt, wer zum ersten Mal ein Ölvorkommen anbohrt. Dieses Gefühl wird auch nicht schaler, wenn die zehnte oder hundertzehnte Quelle erschlossen wird. Und solche Reaktion ist keineswegs ganz oder auch nur zum größten Teil auf finanzielle Erwägungen zurückzuführen.

Alle Ölveteranen, und dazu zähle auch ich, haben Vorkommen erschlossen, als für den Barrel 25 Cent oder weniger gezahlt wurden, und wer mit einer Förderung von 500 Barrel täglich seine 125 Dollar verdiente, konnte von diesem Bruttoverdienst ganz offensichtlich die Produktionskosten nicht decken, geschweige denn das investierte Kapital verzinsen. Und trotzdem stellt das besagte Hochgefühl sich jedesmal ein. Es rührt daher, daß man die Natur überlistet, daß man eine schwer faßbare (oft auch gefährliche und bösartige) Beute erwischt hat.

Mit der Erschließung meines ersten Ölvorkommens verwandelte sich mein Pech in Glück, und es nahm mit geradezu beunruhigender Schnelligkeit zu. Es folgten rasch hintereinander mehrere günstige Konzessionsabschlüsse mit anschließenden Ölfunden. Das alles ging so schnell und in so großem Maßstab, daß ich Mitte 1916 bereits über eine Million Dollar als Ölsucher verdient hatte.

Die Zahl 1000000 und das Wort »Millionär« haben einen ganz eigenen Zauber, sie haben einen hypnotischen, beinahe mystischen Reiz. Wer mit nichts angefangen hat – auch jemand wie ich, der mit nichts angefangen, aber Familienvermögen hinter sich hat –, betrachtet diese Zahl und das Etikett leicht als Selbstzweck. Ich selbst sah, nachdem ich mit so atemberaubender Geschwindigkeit in diesen Zauberkreis gelangt war, in meiner ersten Million einen definitiven Schlußpunkt. Vielleicht fehlte mir mit 24 Jahren die Reife, hier einen – Kant möge mir verzeihen – kategorischen Imperativ zu erblicken: Reichtum, wenn er überhaupt einen Sinn haben soll, darf nur als Mittel betrachtet werden; die wahre Artung des Reichen zeigt sich darin, zu welchem Ende er seinen Reichtum verwendet.

Behaglich (und selbstzufrieden) mit meiner Million in der Tasche hörte

ich auf, zu arbeiten. Völlig. Ich ging in den Ruhestand.
Wie so oft im Leben lieferten die Umstände mir einen brauchbaren Vorwand dafür. In diesem Fall war es die Weltpolitik, die mir als Entschuldigung herhalten mußte, daß ich alle konstruktive Tätigkeit aufgab und ein müßiges Leben zu führen begann.

5

Im Sommer 1916 war der Krieg in Europa bereits zwei Jahre alt. Viele Amerikaner sahen darin etwas, was »dort drüben« vor sich ging und sie »nicht betraf«. Ich empfand anders. Menschen, die ich in Oxford und auf meinen Reisen kennengelernt hatte, standen an der Front. Mehr als einer war bereits gefallen. In der Annahme, Amerikas Eintritt in den Krieg sei nur eine Frage der Zeit, beschloß ich, mich angemessen auf meine Rolle vorzubereiten.
Schon während meiner Schulzeit in Los Angeles hatte ich eine vormilitärische Ausbildung absolviert, die sich allerdings in den Grundformen des Exerzierens erschöpfte. Dort hatte ich aber phantasiebegabte Ausbilder vorhersagen hören, Flugzeugen würde in künftigen Kriegen eine bedeutende Rolle zufallen. Ab 1916 gingen ihre Vorhersagen täglich an den Fronten in Erfüllung.
Als Passagier hatte ich das Fliegen ungeheuer genossen. (Es verging ein Vierteljahrhundert, bevor ich jenen Widerwillen gegen Luftreisen entwickelte, von dem so viel hergemacht worden ist.) Da ich zu jener Zeit keinerlei Verpflichtungen irgendwelcher Art hatte, meldete ich mich zu dem damals im Entstehen begriffenen US »Air Service« beim Heer zwecks Ausbildung. Ich erhielt ein Formschreiben, das meine Bewerbung registrierte und mir eine spätere Einberufung in Aussicht stellte, sobald die entsprechenden Ausbildungseinrichtungen vorhanden wären.
Am 6. April 1917 trat Amerika in den Krieg ein, und dieses Datum bezeichnet den Beginn einer intensiven Korrespondenz zwischen den Wehrbehörden der USA und J. Paul Getty. Meine Sammlung von amtlichen Schreiben wuchs, und alle besagten dem Sinne nach: Bewerber für den »Air Service« müssen abwarten, bis Ausbildungsplätze zur Verfügung stehen; sie sind registriert und können von anderen Truppenteilen

nicht angefordert werden, sie dürfen sich auch nicht freiwillig dort melden.
Diese Militärklamotte endete nun keineswegs mit dem Waffenstillstand, vielmehr erhielt ich Anfang 1919 auf teuerstem Bütten ein Schreiben des US Kriegsministeriums, in welchem mir der Kriegsminister für den »hervorragenden Beweis meiner patriotischen Gesinnung« dankte, der sich darin geäußert habe, daß ich mich 1916 zur Fliegerausbildung meldete. Er drückte sein Bedauern darüber aus, daß »militärische Erfordernisse« meine Einberufung zum aktiven Kriegsdienst verhindert hätten.
Solche Schreiben waren, wie ich hörte, zu Tausenden verschickt worden, und ich konnte mich damit trösten, daß ich nicht das einzige Opfer (oder der einzige glückliche Nutznießer) des bürokratischen Wirrwarrs unserer Wehrbehörden geworden war.
Es klingt wie ein schlechter Witz, daß mein Vetter Howell »Hall« Seymour, der sich nirgendwo beworben hatte, als einer der ersten mit der Feldartillerie nach Frankreich gelangte und daß ihm, der monatelang mit seinen Geschützen an der Westfront lag, kein Mensch ein Dankschreiben dafür ins Haus schickte. Der Heimatkrieger J. Paul Getty hingegen wurde mit Lob und Anerkennung vom Kriegsminister persönlich überhäuft.
»Du solltest dir das Ding eingerahmt an die Wand hängen,« knurrte Hal mit gerechtfertigtem Hohn, als ich ihm den Brief zeigte. Ich wollte erwidern, mir fiele ein viel besserer Verwendungszweck ein, doch verschluckte ich die despektierliche Bemerkung.
Mein vorzeitig begonnenes Rentnerdasein verbrachte ich in *Erwartung der Kriegstrompete* in Kalifornien, und es währte mehr als zwei Jahre. Wenn ich daran zurückdenke, überfällt mich eine gedämpfte Nostalgie, denn dies waren die Jahre meines Lebens, in denen ich buchstäblich nichts weiter tat als mich amüsieren. Seit Ende dieses vorzeitigen Pensionistendaseins hat es keine Wiederholung einer so sorglosen, spielerischen Zeit in meinem Leben gegeben. Daß es seither keine Woche – von einem Monat oder Jahr nicht zu reden – gegeben hat, in deren Verlauf ich verhindern konnte oder wollte, daß geschäftliche Fragen mich bedrängten, soll keine Klage sein; ich sage nur, wie es ist.
Der Süden Kaliforniens war 1916–1919 der ideale Ort, um sich zu amüsieren. Die endlosen Vororte, die Autobahnen, der Smog und alle übrigen wohlbekannten Heimsuchungen der Gegend lagen noch Jahrzehnte

weit in der Zukunft. Das Klima war unvergleichlich zu jeder Jahreszeit. Die Strände lagen herrlich und leer da – ich habe seit je leidenschaftlich Sonne, Meer und Sand geliebt –, die Landschaft war atemberaubend mit ihren bewaldeten Bergen, mit ihren Seen und der Wüste – und das alles ließ sich mühelos erreichen. (Meinen Ford T hatte ich unterdessen für einen blitzenden Cadillac in Zahlung gegeben.) Auch damals schon gab es hervorragende Restaurants und Nachtclubs. Der Umgangston war locker, lässig, liebenswürdig. Und vor allem wimmelte es dort damals wie heute von ungewöhnlich ansehnlichen und häufig ungebundenen jungen Damen.

Ein Mann Mitte Zwanzig, mit reichlich Zeit und Geld ausgestattet, konnte sich nichts Besseres wünschen. Er konnte sich (und ich tat das auch) mit Leib und Seele dem Lustprinzip überantworten. Was mich veranlaßte, im Jahre 1919 mit einem Satz aus diesem Sybaritendasein auszubrechen, war dann aber doch nicht ein übersättigtes Id, sondern sprudelndes Öl.

Die Ölbranche begann damals ihr besonderes Augenmerk auf den Süden von Kalifornien zu richten; Ölfelder wurden erschlossen und entwickelt, ein neuer Ölrausch stand bevor. Ich mußte mir eingestehen, daß der Erfolg von Oklahoma und die erste Million mein Ölfieber zwar gedämpft, aber nur vorübergehend eingeschläfert hatten. Als ich den Wald der Bohrtürme an der Küste wachsen sah, auf den Hängen, mitten in Orangenhainen, da flammte es wieder auf. Während ich am Badestrand faulenzte und weiter nichts zum Sprudeln brachte als Champagnerflaschen, bohrten andere Männer sich zu ölführenden Sandschichten vor, stachen Vorkommen an, ließen Öl aufschießen. Dieser Zustand war mir anfangs nur unbehaglich, dann fraß er an mir und schließlich hielt ich ihn nicht mehr aus.

Ich zog mich aus dem Rentnerdasein zurück.

Mein Vater nahm das schweigend zur Kenntnis, er verkniff sich ein »Das habe ich gewußt«, es bedurfte aber auch keiner übersinnlichen Wahrnehmungsgabe meinerseits, um zu erkennen, wie sehr es ihn freute. Ich kehrte gleich in zwei Eigenschaften zur Arbeit zurück: Zum einen setzte ich die 1916 abgebrochene gemeinsame Tätigkeit mit meinem Vater und seiner Minnehoma Ölgesellschaft fort, zum anderen unternahm ich Vorstöße auf eigene Faust, die ich mit meinem eigenen Geld finanzierte.

Der erste dieser Vorstöße ging jämmerlich daneben. Ich kaufte die Konzession auf die Didier Ranch unweit Puente in Kalifornien und engagierte einen Bohrunternehmer, der dort eine Probebohrung vornehmen sollte, weil ich selber alle Hände voll zu tun hatte mit unseren Vater-Sohn-Projekten. Leider unterließ ich, Erkundigungen über diesen Mann einzuziehen, und ich mußte sieben Monate nach Beginn der Bohrarbeiten feststellen, daß für meine guten 100000 Dollar jämmerliche 2000 Fuß tief gebohrt worden war. Das Verhältnis Zeit-Kosten-Bohrtiefe war für jene Gegend und die damalige Zeit geradezu ein negativer Rekord. Ich ließ die Arbeiten einstellen und gab die Konzession an den Grundeigentümer zurück.

Zum Glück war dieses Fiasko auf der Didier Ranch kein Vorzeichen der Dinge, die da kommen sollten. Bohrungen, die ich andernorts in Kalifornien und Oklahoma niederbrachte, waren fündig, manche davon brachten märchenhafte Mengen. Der kostspielige Reinfall mit dem Kontraktor erwies sich im Nachhinein auch noch als Gewinn, denn ich lernte meine Lektion. Seit diesem Vorfall – ich datiere N. D. = Nach Didier – habe ich stets alle Bohrarbeiten selber überwacht, ob es sich um meine Projekte handelte oder um gemeinsame mit meinem Vater. Die meiste Zeit brachte ich somit auf den Ölfeldern zu, inmitten meiner Arbeiter an der Bohrstelle. Ein 24-Stunden-Arbeitstag war nichts Seltenes, und ich erinnere mich, daß ich bei einer besonders kitzligen Bohrung 74 Stunden hintereinander an der Arbeit blieb.

Mehrere Gründe bestimmten mich, lieber mein eigener Bohraufseher zu sein, als jemand dafür zu engagieren, und nicht der geringste dieser Gründe ist eine besondere Eigenart, von der ich nicht weiß, ist sie angeboren oder erworben. Es handelt sich um einen vielleicht nicht immer lobenswerten Zug, der aber für mich bezeichnend ist und den alle kennen, die je mit mir zu tun hatten. Besonders meine nächsten Angehörigen sind mit ihm vertraut, was eine Unterhaltung verdeutlichen mag, die ich in den späten dreißiger Jahren mit June Hamilton führte, einer meiner Cousinen.

June war eng mit Roosevelt und seiner Frau Eleanor befreundet und oft bei ihnen zu Gast, entweder im Weißen Haus oder in Hyde Park im Staate New York, wo der Familiensitz war. Ich war Roosevelt einige Male begegnet, konnte ihn jedoch nicht einen Bekannten nennen. Als einer seiner Bewunderer und unerschütterlicher Anhänger lag mir aber sehr daran, Näheres über ihn zu erfahren, und June Hamilton konnte mir Eindrücke aus erster Hand vermitteln.

»Wie findest du ihn als Menschen?« fragte ich sie, »kommt man gut mit ihm aus?«
»Man kommt mit keinem Menschen besser aus als mit ihm«, erwiderte sie, »solange man genau tut, was er will.« Sie verstummte, sah mich prüfend an und fuhr fort: »Das jedenfalls hast du mit ihm gemein.«
Ich wechselte schnell das Thema und tröstete mich mit dem Gedanken, daß ich meine tyrannischen Neigungen immerhin mit einem Präsidenten der USA teilte.
Jawohl – ich beaufsichtigte die Bohrarbeiten selber, weil ich nur auf diese Weise sicherstellen konnte, daß meine Bohrmannschaften genau das taten, was ich wollte. Zugleich verlieh mir das – auch wenn es paradox klingen mag – ein einmaliges Gefühl von Unabhängigkeit und Autarkie. Kamen Fehler vor, fielen falsche Entscheidungen, brauchte ich nach dem Schuldigen nicht lange zu suchen – ich war es selber. Da ich gerade bei Präsidenten bin, möchte ich gleich noch Präsident Truman erwähnen, weil er auf seinem Schreibtisch ein Schild stehen hatte: »Hier sitzt der Alleinverantwortliche für alles.« Deutlicher kann man es nicht sagen.
Wer als Leiter einer Bonbonfabrik, eines Bohrunternehmens oder einer Staatsregierung die volle, unwiderrufliche Verantwortung auf sich nimmt, zahlt im voraus den vollen Preis für alle Belohnungen, Vorrechte, Privilegien, die ihm zufallen. Einen Anlaß, sich jemandem verpflichtet zu fühlen, hat er weiß Gott nicht.
Man darf auch nicht vergessen, daß in den ersten drei Jahrzehnten unseres Jahrhunderts der Ölunternehmer, der mit der Arbeit an der Bohrstelle vertraut war, große Vorteile daraus zog. Ölarbeiter aller Grade halten ohne Ansehen der Funktion eng zusammen und sind eine selbstbewußte Bande. Das waren sie auch damals schon.
Bevor die riesigen, unpersönlichen Konzerne das Feld beherrschten, betrachtete der Arbeiter an der Bohrstelle den Büromenschen im gestreiften Anzug nur als Außenseiter und verächtliches Subjekt. Er behauptete stets – ob nun zu Recht oder nicht –, solche Kerle könnten eine Rolle nicht von einem Block unterscheiden, sie sollten lieber mit Parfüm hausieren gehen oder Kaffeeuntersetzer häkeln.
Ein Boss hingegen, der mit dem Gerät umzugehen wußte, der notfalls selbst den Bohrer schleifen konnte, den nahmen die Ölarbeiter als Vollmitglied in die Bruderschaft auf, und es war ihnen egal, daß er eine Mil-

lion Dollar besaß oder gar hundert Millionen. Der war eben ein »richtiggehender« Ölmann, und wenn er sich dann auch noch strikt an die ungeschriebenen Gesetze hielt,die auf den Ölfeldern galten, brauchte er um die Arbeitsmoral seiner Leute nicht mehr besorgt zu sein.
Auch heute noch bin ich stolz darauf, daß Leute wie Walter Philips, Oscar Prowell und »Spot« McMurdo mich von sich aus um Arbeit angingen. Die ganze Branche kannte sie als die besten Driller, und jeder amerikanische Ölproduzent hätte sie mit Wonne eingestellt. Und mit noch mehr Stolz erfüllt mich, daß alle drei bei mir geblieben sind, trotz aller Versuche der Konkurrenz, sie abzuwerben.
Wenn ich schon mal beim Prahlen bin, will ich auch gleich zwei weitere Fälle erwähnen, die mir Grund geben, mich aufzublasen. Ernest B. Miller jr. hat 1934 als Hilfsarbeiter bei der Tidewater Ölgesellschaft angefangen (die mir damals schon zu einem guten Teil und später ganz gehörte) und er blieb dort bis zum 1. Januar 1975. Da hatte er vierzig Arbeitsjahre hinter sich und es immerhin zum geschäftsführenden Direktor der Getty Ölgesellschaft gebracht, als der er dann auch in den Ruhestand trat. Sein Nachfolger hat 1937 bei Tidewater angefangen, auch er ist ein echter Ölmann und unterdessen ein glänzender leitender Angestellter.
Die Loyalität von Leuten wie Miller, Berg, Phillips, Prowell und McMurdo, um nur einige zu nennen, kann man nicht mit Prämien, mit außertariflichen Leistungen oder Urlaub auf Firmenkosten in Miami oder Marbella gewinnen. Die muß man sich verdienen, und das gilt besonders für Tyrannen.
Im Magazine *Forbes* konnte man 1974 in einem Artikel über die Getty-Gruppe lesen:
»Gettys Leitende sind seit Jahren dabei, sie reden nicht, sie halten zusammen, sie schuften aus Leibeskräften . . . man spürt, daß sie loyal zum Unternehmen stehen, daß sie sich als Mannschaft empfinden, daß es bei ihnen heißt: ›Getty gegen die Konzerne!‹«
Meiner Ansicht nach gibt es kein schöneres Lob als eine solche Bewertung durch abgebrühte Wirtschaftsjournalisten.

1923 war ich rund drei Millionen wert, die alle in Produktionsstätten steckten. Das Vermögen meines Vaters dürfte gegen 15 Millionen betragen haben und steckte ebenfalls in der Produktion und der Exploration von Öl. Sein Bankguthaben belief sich auf weniger als 100000 Dollar, und mein eigenes war wesentlich geringer. Dafür waren unsere Gesell-

schaften stets flüssig, und wir machten nur minimalen Gebrauch von Krediten.
Die Goldenen Zwanziger Jahre waren in Amerika die Jahre eines rapid wachsenden Wohlstandes, der auf recht wackeligen, wenn überhaupt vorhandenen Fundamenten ruhte. Mein Vater und ich waren keineswegs die einzigen, die das erkannten. 1926 schrieb Bernard Baruch (den ich persönlich kannte, ohne zu ahnen, daß etwa dreizehn Jahre später eine seiner Nichten meine fünfte Ehefrau werden sollte) an Mark Sullivan: »Ich möchte die Voraussage wagen, daß das Wirtschaftsleben seinen Höhepunkt zweifellos erreicht hat . . .«
Und einige Monate später schrieb er Winston Churchill: »Die wirtschaftlichen Verhältnisse sind in den USA längst nicht so glänzend, wie sie sich in der Presse ausnehmen.«
Auf dem Papier vermehrte sich mein Vermögen während dieser Jahre um das dreifache, doch der Zusammenbruch des Aktienmarktes im Oktober 1929 machte alle Bilanzen – die der Firmen wie die der Privatpersonen – praktisch bedeutungslos. Mit dem Verfall der Aktienkurse verfiel auch der Marktpreis. Selbst konservative Bewertungen von Anlagevermögen, Grundbesitz etc. mußten scharf zurückgenommen werden, und selbst dann hatten die revidierten Zahlen nur akademische Bedeutung. Wer seine Aktiva zu Geld machen wollte, fand meist keinen Käufer, einerlei zu welchem Preis.
Trotz der schlechten und sich ständig verschlechternden Wirtschaftslage waren die Unternehmen der Gettys keinen Moment gefährdet. Weder mein Vater noch ich hatten uns zu den in den 20er Jahren üblichen irrwitzigen Aktienspekulationen verleiten lassen, und der Zusammenbruch an der Wall Street fügte uns keine Verluste zu. Unsere Gesellschaften besaßen, wie schon gesagt, ausreichende Reserven und waren praktisch schuldenfrei.
1923 hatte mein Vater einen Schlaganfall erlitten, von dem er sich erstaunlich gut erholte; im April 1930, er war fast 75 Jahre alt, erlitt er einen zweiten. Zwar rang er gegen die Folgen mit dem Mut und der Entschlossenheit, die er zeitlebens bewiesen hatte, doch nach fünf Wochen war der Kampf verloren.
Ich habe absichtlich davon abgesehen, hier über mein Verhältnis zu den Eltern und über Einzelheiten meines Privatlebens zu sprechen, dies soll an anderer Stelle des Buches geschehen. Ich möchte jedoch bemerken, daß ich grenzenlose Liebe, Achtung und Bewunderung für meinen Vater

hegte und noch hege. Sein Tod war ein Schlag, den die seither vergangenen Jahre kaum gemildert haben. Bald nach seinem Tode schrieb ich folgende Sätze, die mir damals vom Herzen kamen und auch heute noch vom Herzen kommen:

»Seine Liebe und Güte, seine Großherzigkeit zusammen mit seiner bezaubernden Schlichtheit bewirkten, daß alle, die George F. Getty kannten, ihn verehrten. Bis zuletzt war sein Geist außerordentlich klar. Als sein Sohn und Nachfolger kann ich mich nur bemühen, nach bestem Vermögen das Lebenswerk dieses fähigeren Menschen fortzusetzen. Dies ist keine verklärende Nachrede, sondern eine Feststellung von Tatsachen.«

Vor Jahren hatte mein Vater von der Hoffnung gesprochen, ein Familienunternehmen gegründet zu haben, und mich daran erinnert, daß ich das einzige Kind war. Als er starb, war ich siebenunddreißig Jahre alt, und was ich mit dem Rest meines Lebens anfangen würde, konnte nicht mehr zweifelhaft sein.

6

Im Testament meines Vaters war meine Mutter zur Vorerbin eingesetzt, sie wurde damit Hauptaktionärin seiner Gesellschaften. Unter Berücksichtigung der Kursverluste seit dem Zusammenbruch des Aktienmarktes wurde der Nachlaß meines Vaters mit 15,5 Millionen Dollar bewertet – das entsprach etwa seinem Vermögen im Jahre 1923.

Da mein Vater wußte, daß ich unterdessen selbst vermögend geworden war, hinterließ er mir 500000 Dollar, und ich wurde Präsident der Minnehoma Oil and Gas Company und der George F. Getty, Inc., Posten, auf denen ich meine Bewegungsfreiheit sehr eingeschränkt fand. Meine Mutter und die Testamentsvollstrecker waren wegen der Wirtschaftslage schrecklich besorgt; sie empfahlen drastische Einsparungen und Einschränkungen der unternehmerischen Tätigkeit. Ich selbst vertrat genau die entgegengesetzte Ansicht.

In der Überzeugung, die Wirtschaft werde sich unweigerlich erholen, und in Befolgung der Regel, daß man kaufen soll, wenn die Preise niedrig sind, drängte ich auf Expansion. Man konnte Aktien der bestausgestatteten Kapitalgesellschaften zu unglaublich niedrigen Preisen kaufen, manche kosteten ein Zwanzigstel des wirklichen Wertes. Mit jedem Dollar, den man jetzt ausgab, erwarb man tatsächlich den Gegenwert von zwanzig Dollar.

Meine eigenen und die Gesellschaften meines Vaters befaßten sich alle vorwiegend mit der Erdölsuche und Produktion. Das Rohöl mußte an Raffinerien oder die Besitzer von Rohrleitungen verkauft werden. Meiner Meinung nach boten die wirtschaftlichen Bedingungen eine einzigartige Gelegenheit, mit den uns zur Verfügung stehenden Mitteln eine integrierte Ölgesellschaft aufzubauen, die ihr eigenes Öl dem Konsumenten verkaufte. »Getty hat das Bargeld und den Kredit, und ich schlage vor, daß wir Gebrauch davon machen«, sagte ich.

Als meine Mutter und die Testamentsvollstrecker zögerten, entschied ich mich, es mit eigenem Kapital auf eigenes Risiko zu versuchen. Mein Objekt war die Tidewater Associated Oil Company, und im März 1932 machte ich den ersten Schritt in einem Feldzug, der zwei Jahrzehnte dauern sollte, bis er mir die ersehnte Aktienmehrheit einbrachte. Ich kaufte zunächst 1200 Aktien von Tidewater zu 2,20 Dollar das Stück. In den folgenden sechs Wochen kaufte ich weitere 39000 Aktien. Etwa ein Jahr später hatte ich 734000 Aktien zusammen, eine eindrucksvolle Zahl, doch immer noch nicht die Mehrheit.

Dabei fällt mir ein: Als ich 1972 in einem Werbespot des Fernsehens für die Maklerfirma E. F. Hutton & Company auftrat, machte das einen ziemlichen Wirbel beim Publikum und bei der Presse. Es wurden viele Theorien darüber aufgestellt – einige davon ganz aberwitzig –, was mich bewogen haben könnte, dieser Firma solche Publizität zu verschaffen. Die Wahrheit lautet schlicht und einfach: Ich trug damit eine lange anstehende Dankesschuld ab.

E. F. Hutton & Company sind fast seit Beginn meiner wirtschaftlichen Tätigkeit meine Börsenmakler gewesen, und innerhalb der Firma hatte ich mit Gordon Crary (ein ehemaliger Mitschüler von der Harvard Military Academy) und Ruloff Cutten zu tun. Während ich die Aktien von Tidewater an mich zu bringen suchte, war ich mehr als einmal auf die Hilfe meiner Makler angewiesen. Wäre ich in der Lage gewesen, Aktien der Standard Oil of New Jersey oder von General Motors als Sicherheit zu hinterlegen, hätten auch andere Makler mir ausgeholfen. E. F. Hutton & Company jedoch vertrauten auf den Wert der Aktien von Tidewater und in die Zukunft dieser Gesellschaft, und sie wußten auch, daß ich im Notfall alle meine Wertpapiere zu Geld machen würde, um die

Maklerfirma vor Verlusten zu schützen. So war ich ihnen in den kritischsten Phasen des Kampfes um die Mehrheit von Tidewater für viele tausend Dollar gut, und die Firma hat sich in dem halben Jahrhundert, seit ich zu ihren Kunden zähle, unveränderlich bewährt. Daß ich in der Werbesendung des Fernsehens für sie auftrat, war mithin nur eine kleine Geste der Dankbarkeit.

Im übrigen bedurfte ich bei dieser Kampagne jeder nur erdenklichen Hilfe. William »Billy« Humphrey, der Präsident und Aufsichtsratsvorsitzende von Tidewater, und die gesamte Geschäftsführung waren wild entschlossen, mich aufzuhalten. Humphrey, den erfindungsreichen Gegenspieler, mochte ich nach einer Weile geradezu gern und ich achtete ihn sehr, obschon wir uns erbittert bekämpften.

Während der Kampf im vollen Gange war, erfuhr ich überraschend, daß die Aktienmehrheit bei Tidewater von der Standard Oil von New Jersey gehalten wurde, die ihrerseits von Rockefeller beherrscht war. Hätte ich das früher gewußt, ich hätte nie angefangen, Aktien von Tidewater zu kaufen, denn ein unabhängiger Zwergunternehmer wie ich hatte gegen eine der größten und mächtigsten Ölgesellschaften der Welt nicht die geringsten Aussichten. Als ich aber die Wahrheit erfuhr, war es zu spät, sich vom Schlachtfeld zurückzuziehen.

In dieser trüben Lage trat meine Mutter im Jahre 1933 ihre Aktienmehrheit bei George F. Getty Inc. an mich ab, wofür sie unter anderem Schuldverschreibungen dieser Gesellschaft in Höhe von 3 Millionen Dollar erhielt; diese brachte sie größtenteils 1934 in die Stiftung ein, die wir gemeinsam gründeten und deren Vorstand ich wurde.

Die Mutmaßungen, die anläßlich einer so rein geschäftlichen Transaktion zwischen meiner Mutter und mir angestellt wurden, wären zum Lachen, wenn sie meiner Mutter nicht völlig falsche Beweggründe unterstellt hätten. Meine Mutter ging zwar auf die Achtzig zu, war aber bei vollem Verstand und handelte vorausschauend. Ihre starken mütterlichen Instinkte ließen sie darauf bestehen, für meine Sicherheit und die meiner Kinder und Kindeskinder zu sorgen, gleichgültig wie die Wirtschaft sich künftig entwickeln mochte. Die Schuldverschreibungen wurden in die Stiftung eingebracht, welche nur über die Erträge verfügen durfte. Danach war Sarah Getty befriedigt; sie hatte für mich, für ihre Enkel und Urenkel vorgesorgt.

Da ich nun über die George F. Getty Inc. gebot, hatte ich freie Hand, die Tätigkeit der Gesellschaft nach meinen Wünschen auszurichten und alle ihre Hilfsquellen zu nützen. Die Chancen, den »aussichtslosen« Krieg um Tidewater zu gewinnen, waren nicht mehr ganz so schlecht, und bald schon besserten sie sich erheblich dank einer gänzlich unerwarteten Entwicklung, deren Schilderung mich aber nötigt, kurz abzuschweifen.

Ich bewohnte seit einigen Jahren ein Haus am Strand von Malibu in Kalifornien. Das unvergleichlich viel prächtigere Haus nebenan gehörte dem Filmstar Marion Davies; der Verleger und Multimillionär William Randolph Hearst hatte es für sie gebaut:*

Hearst überwachte Marions Umgang zwar eifersüchtig, doch freundete ich mich mit ihr an. Ich war oft bei ihr zu Gast und begegnete Hearst viele Male. Im Dezember 1934 lud er mich über Neujahr auf seinen Landsitz in San Simeon ein, und ich nahm gerne an, weil ich sehen wollte, was für eine Wunderwelt er sich dort geschaffen hatte.

Am Tag meiner Ankunft wurde im großen Speisesaal gegessen; er war mit den unbezahlbaren Fahnen von Siena ausgehängt, die Hearst erworben hatte. Es waren noch etwa zwei Dutzend Hausgäste anwesend, dar-

---

* *Die romantische Beziehung zwischen Marion Davies und Hearst begann 1917 und endete erst mit Hearsts Tod im Jahr 1951. Sie gehörte zu den offenen und unermüdlich erörterten Geheimnissen jener Jahre. Einer der Söhne des Verlegers ist Randolph A. Hearst, Vater jener Patricia Hearst, deren Entführung 1974 samt ihren Folgen so viel Aufsehen gemacht hat.*

William Randolph Hearst, ohnehin fast zwangshaft zu Geldausgaben neigend, war besonders großzügig, was seine Geschenke an Miss Davies betrifft. Das hier erwähnte Haus Davies-Hearst hatte mehr als 100 Zimmer und wird von einem Biographen des Verlegers als ein »Koloß« bezeichnet. Die Umkleidungen der 37 offenen Kamine hatte Hearst in englischen Landsitzen aufgekauft. Speisesaal, Halle und Salon stammten von dem Adelssitz Burton Hall im County Clare. Hearst hatte sie dort abbauen, nach den USA transportieren und hier wieder zusammensetzen lassen als Teil seines Strandhauses.

In einer Eintragung in sein Tagebuch vom 4. April 1963 schätzt Paul Getty, daß Hearst das Haus Davies am Strand von Malibu »3 Millionen Dollar gekostet hat, mein eigenes kostete 100000.« Anderen Schätzungen zufolge gab Hearst für den Bau dieses Strandpalastes für Marion Davies 8 Millionen aus.

unter sehr prominente Persönlichkeiten, doch wurde ich neben Marion Davies gesetzt, die ihrerseits selbstverständlich neben Hearst saß.
Hearst kultivierte ein höchst spießiges Vorurteil gegen das, was er »exzessives Trinken« nannte. Vor dem Essen gab es in San Simeon für die Gäste nicht mehr als einen Cocktail. Auch Marion Davies, *de facto* die Hausherrin, war davon nicht ausgenommen. Als der übliche Cocktail serviert wurde, schüttete Marion ihren sehr schnell hinunter, und als sie bemerkte, daß ich meinen nicht anrührte, fragte sie mich leise: »Sie trinken doch nichts, Paul, geben Sie mir Ihr Glas?« Dabei stotterte sie in der ihr eigenen Weise, die nicht nur ich, sondern auch andere Männer, darunter Charlie Chaplin und David Niven, unwiderstehlich fanden.
Zu ihrem Pech hörte Hearst die Frage und sagte stirnrunzelnd: »Nein.«
»Bitte, geben Sie mir Ihr Glas, Paul«, flehte Marion.
Da saß ich nun in einer scheußlichen Klemme. Sollte ich meiner liebenswürdigen Freundin Marion Davies brutal ihre Bitte abschlagen? Konnte ich es riskieren, meinen Gastgeber zu vergrämen? Ich langte unentschlossen nach meinem Glas und stieß es dabei um – versehentlich, das schwöre ich. Hearst machte mir später ein Kompliment, wie glänzend ich mich aus der Affäre gezogen hätte. Als ich behauptete, dies sei unabsichtlich geschehen, glaubte er mir nicht.
Am 1. Januar wurde ich aus New York angerufen, und zwar von Jay Hopkins, der später die General Dynamics Corporation gründete. Er wünschte mir ein gutes Neues Jahr, glücklich, mich endlich aufgespürt zu haben. Dann berichtete er, die Standard Oil habe die in ihrem Besitz befindlichen Aktien von Tidewater einer Holding Gesellschaft in Nevada namens »Mission Corporation« übereignet und beabsichtige, Aktien dieser Mission Corporation anteilig ihren Aktionären anzubieten. Auf diese Weise würden die von der Standard Oil bei Tidewater gehaltenen Aktien so gestreut werden, daß ich alle Hoffnungen, jemals eine beherrschende Mehrheit zusammenzubringen, begraben müsse.
Ich war wie vom Donner gerührt, belebte mich aber gleich darauf, als Hopkins mir mitteilte, John D. Rockefeller jr. – dem offenbar niemand gesagt hatte, welche Motive dieser Transaktion zugrunde lagen – sei bereit, die auf ihn entfallenden Aktien der Mission Corporation für 10,12 Dollar pro Stück zu verkaufen. Rockefeller besaß etwa 16% der Aktien von Standard Oil, und wenn ich die auf ihn entfallenden Aktien der Mission Corporation erwerben konnte, bedeutete dies eine weitere große

Portion von Aktien der Tidewater und einen ganz erheblichen Schritt auf mein Ziel hin.
»Ich kaufe«, sagte ich entschlossen, bekam es dann aber doch mit der Angst. »Wenn die Geschäftsleitung von Standard Oil erfährt, daß Rokkefeller verkaufen will, wird man doch bestimmt versuchen, ihm das auszureden?«
»Das geht nicht«, versicherte mir Hopkins, »er sitzt nämlich gerade im Zug nach Arizona. Er ist unerreichbar, und ich habe Vollmacht zu verkaufen.«
Der Abschluß über fast 1,8 Millionen wurde auf der Stelle übers Telefon getätigt.
Jahre später erzählte mir Hopkins, als er bereits General Dynamics leitete, die amüsante Fortsetzung dieser Geschichte. Wie es scheint, wurde Rockefeller bei der Rückkehr aus Arizona in New York von den Herren Farrish und Teagle erwartet, dem Präsidenten und dem Aufsichtsratsvorsitzenden der Standard Oil of New Jersey. Diese eröffneten ihm, Strohmänner seien dabei, die Aktien von Tidewater aufzukaufen, und er solle unter keinen Umständen sein Vorkaufsrecht auf die Aktien der Mission Corporation veräußern.
»Schon verkauft«, sagte Rockefeller.
»Verkauft? An wen bitte, Mr. Rockefeller?«
»Nach Kalifornien, angeblich an einen sehr netten jungen Mann.«
»Der heißt doch wohl nicht Getty?«
»Ganz recht, ich glaube, so heißt er.«
Man kann sich die Reaktion von Farrish und Teagle leicht ausmalen.
Mit der von Rockefeller ausgestellten Überschreibung des Vorkaufsrechts wandte ich mich an weitere Aktionäre der Standard Oil, und das Ergebnis entsprach den Erwartungen. Viele meinten, klug zu handeln, wenn sie Rockefellers Beispiel folgten und sich so schnell wie möglich von ihrem Bezugsrecht auf die Aktien der Mission Corporation trennten. In jedem einzelnen Fall kaufte ich und vermehrte damit meine Aktien von Tidewater.
Die Mannschaft Humphrey – Farrish – Teagle tat noch weitere Griffe in die Trickkiste, wurde aber durch die unermüdlichen Bemühungen meines guten Freundes und brillanten Anwalts David Hecht abgeschmettert. Eine Sitzung der Direktoren der Mission Corporation in Reno löste eine ganze Serie gerichtlicher Schritte aus, David Hecht blieb

als Sieger auf der Walstatt. Die Gerichte bestätigten, daß Getty die Mehrheit bei der Mission Corporation hatte und damit auch großen Einfluß auf die Leitung von Tidewater wozu sich noch überraschend einige außerordentlich wertvolle Draufgaben gesellten, von denen später die Rede sein wird. Noch allerdings war der Feldzug um Tidewater nicht entschieden; die wirkliche Aktienmehrheit in dieser Gesellschaft erlangte ich erst 1952.

Als die Japaner am 7. Dezember 1941 Pearl Harbor angriffen, bot ich dem Stellvertretenden Marineminister James Forrestal, den ich gut kannte, telegraphisch meine Dienste an. Ich konnte nicht selbst nach Washington fahren, weil meine Mutter gerade schwer erkrankt war. Man wollte sie nicht ins Krankenhaus bringen, sagte mir jedoch, ich möchte in ihrer Nähe bleiben. Am 25. Dezember verschlechterte sich ihr Befinden, und ich notierte in mein Tagebuch: »Mamas wegen ist dies ein trauriges Fest. Sie ist sehr krank und dürfte sich kaum noch erholen. Bis heute nachmittag hatte ich Hoffnung, jetzt fürchte ich das Schlimmste. Ich habe Mama drei Tassen Wasser zu trinken gegeben. Sie küßte mich. Ich ging dann hinaus und weinte.«
Sarah Getty starb am 26. Dezember. Sie wurde beinahe 89 Jahre alt und war bis zuletzt ein liebenswerter, wunderbarer Mensch, eine große Dame. Zwei Tage später heißt es kurz in meinem Tagebuch: »Wie sie mir fehlt! Niemand hat je eine bessere Mutter gehabt.« Noch jetzt empfinde ich Kummer und Schmerz, wenn ich diese Eintragung lese – als hätte ich sie gestern geschrieben.

Am 6. Januar 1942 wurde ich von der Marine für diensttauglich erklärt und reiste nach Washington. Mein erster Weg führte zu Forrestal. Ich machte ihn darauf aufmerksam, daß ich ein erfahrener Hochseesegler war (die Neunzigmeteryacht *Warrior* mit 40 Mann Besatzung war mein größtes Schiff) und ein qualifizierter Navigator. Forrestal wies mich auf meine 49 Jahre hin. »Sie können an Land in einem Büro tätig sein«, sagte er, »Dienst zur See kommt für Sie nicht in Frage.«
Zufällig war Forrestal darüber im Bild, welche Draufgaben mir die Übernahme der Aktienmehrheit der Mission Corporation eingebracht hatte. Die Geschäftsleitung von Standard Oil hatte wie behext auf Tidewater geblickt und völlig übersehen, daß Mission Corporation die Aktienmehrheit der Skelly Oil Company hielt, eine ziemlich große amerikani-

sche Ölgesellschaft mit Sitz in Tulsa. Mit der Aktienmehrheit bei Mission besaß ich also auch die Mehrheit bei Skelly. Und Skelly wiederum kontrollierte die Spartan Aircraft Corporation.
Spartan war auf zwei Gebieten tätig. Einmal bildete sie im Auftrag des amerikanischen Heeres und der englischen und kanadischen Luftwaffe Tausende von Piloten aus, und dieser Geschäftszweig ging glänzend*. Daneben sollten Lehrflugzeuge, Teile und Zubehör für Hersteller von Kampfflugzeugen geliefert werden. Und dieser Betriebszweig war ein völliges Desaster, wie Forrestal mir düster mitteilte.
Marineminister Knox, den ich kannte, bestätigte Forrestals Meinung. Er riet mir, statt eines Bürosessels im Marineministerium die Leitung der Produktion bei Spartan in die Hand zu nehmen. Ich erbat mir Bedenkzeit. Zufällig traf ich noch am gleichen Abend im Hotel Mayflower Direktor Swerbull von Grumann Aircraft, und als ich im Gespräch mit ihm Spartan erwähnte, lief er rot an.
»Ein Sauladen!« knurrte er. »Was wir von dort geliefert bekommen, können wir wegschmeißen!«
Tags darauf ließ ich Knox und Forrestal wissen, daß ich ihrem Wunsch entsprechen würde.

Meine Ölgesellschaften waren personell so ausgestattet, daß sie gut ohne mich fertig werden konnten. Ich zog also nach Tulsa und kümmerte mich als Präsident von Spartan Aircraft an Ort und Stelle um die Produktion. Der erste Schritt bestand darin, alle Unfähigen hinauszuwerfen und sie durch tüchtige Leute zu ersetzen. Gleichzeitig wurden die Betriebsabläufe konzentriert und die Produktion ausgeweitet. Dringend benötigte Zubehörteile und Halbfertigfabrikate, allesamt genauestens den Spezifikationen entsprechend, wurden an Grumann, Douglas, Lockheed, Boeing und andere Auftraggeber geliefert. Die Produktionsanlagen nahmen bald siebenmal soviel Platz ein wie zuvor, und die Zahl der Beschäftigten erhöhte sich von einigen Hundert auf mehr als 5500.
Ich verbrachte die Kriegsjahre bei Spartan und widmete mich ganz den

* *Auf der Fliegerschule von Spartan wurden mehr als 1500 englische Flugkadetten ausgebildet. Hauptmann Balfour, Kampfflieger während des Ersten Weltkrieges, war der Ausbildungsleiter. 1946 erhielt er in Anerkennung seiner Verdienste um die RAF den Orden des British Empire.*

Geschäften und auch den Zukunftsaussichten dieser Gesellschaft. Mit der Belegschaft, die mehr als einmal von Regierungsseite und von unseren Abnehmern ihrer Tüchtigkeit wegen gelobt wurde, fühlte ich mich sehr verbunden, und auch nach dem Waffenstillstand mit Japan blieb ich bei Spartan, bis die Produktion auf zivile Erzeugnisse umgestellt war. Erst als die neuen Wohnwagen und Mobilheime von den Bändern rollten, wandte ich mich wieder dem Öl zu.

1948/49 erwarben wir die Konzession für die Saudi-Arabien zugesprochene Hälfte der sogenannten Neutralen Zone zwischen Saudi-Arabien und Kuwait. Ehe dort der erste Tropfen Rohöl gefördert werden konnte, vergingen vier Jahre, und viele Millionen Dollar wurden investiert. 1954 zeigte sich dann deutlich, daß es in der Neutralen Zone sehr große Erdölvorkommen gab.

Die Getty-Gesellschaften hatten zwar früher schon Geschäfte in internationalem Maßstab getätigt, doch die Erdölfunde in der Neutralen Zone und die Produktion dort machten endgültig ein weltweites Unternehmen aus ihnen. Um dieses Unternehmen lebensfähig zu machen, bedurfte es angestrengter Arbeit, großer Kapitalmengen und einschneidender Strukturveränderungen. Es mußten Tanker gebaut werden, später Supertanker, dazu Rohrleitungen, Vorratsbehälter und Raffinerien. Die Liste der zu erledigenden Dinge war schreckenerregend, doch erledigt wurde alles. Seither hat dieses Wirtschaftsimperium geblüht und sich weiter ausgedehnt.

Die Getty-Gruppe sucht heute auf dem Festland und vor den Küsten in vielen Teilen der Welt allein oder gemeinsam mit anderen Gesellschaften nach Öl und fördert es auch. Wir betätigen uns in mehreren Staaten der USA, im United Kingdom-Sektor der Nordsee, in Peru, vor der spanischen Küste, im südchinesischen Meer, vor Java und anderswo. Nicht ganz die Hälfte der Mitsubishi Oil Company, Ltd. gehört Getty Oil; es ist die viertgrößte japanische Ölgesellschaft. Skelly Oil ist zwischen Sharjah und dem Iran im Persischen Golf tätig. Das ist nur eine sehr oberflächliche Aufzählung des Tätigkeitsbereiches der Getty-Gruppe, die sich auch auf vielen anderen Gebieten engagiert hat, so u. a. in der Petrochemie, bei der Förderung von Uran und Ölschiefer und in der Landwirtschaft. Das Familienvermögen der Gettys ist, kurz gesagt, als investiertes Kapital unentwegt an der Arbeit und wird stets zum Zwecke noch größerer Produktivität bis aufs äußerste genutzt.

In einer amerikanischen Wirtschaftszeitung wurde kürzlich bemerkt, ich sei jetzt mehr als sechzig Jahre im Wirtschaftsleben tätig, und es hieß dann: »Immer noch führt Paul Getty selbst die Geschäfte . . . seine Hand entfernt sich niemals weit vom Gashebel.«
Ich glaube, das ist eine treffende Beschreibung und kann als passender Schluß für diese in großen Zügen abgefaßte Beschreibung meiner wirtschaftlichen Tätigkeit bis heute gelten. Jetzt will ich mich einem breiteren Thema zuwenden, nämlich wie ich mich selber, mein Privatleben, meine Mitmenschen und die sich unablässig verwandelnde Welt um mich her beurteilt habe und noch beurteile.

7

Ich lebte schon länger als ein Jahr in Sutton Place in Surrey in England, als ich, wie ein Tagebucheintrag vom 15. August 1961 zeigt, »einen Brief von Ruth Hill, meiner ersten Liebe«, erhielt. Ruth und ihr Mann waren auf einer Englandreise und fragten an, ob sie mich besuchen dürften. Ich lud sie postwendend ein und freute mich auf ihren Besuch.
Sechs Tage später heißt es in meinem Tagebuch: »Ruth Hill mit ihrem Mann Frank Leslie zum Essen. In der Grundschule in Minneapolis hatte sie neben mir auf der anderen Seite des Ganges gesessen. 1906 waren wir beide abgegangen. Kurz darauf zog ich mit den Eltern nach Kalifornien, seither habe ich Ruth nicht mehr gesehen. Wir redeten von der Schulzeit und unseren Mitschülern. Ruth hat sich seit 1906 zwar äußerlich verändert, ist aber immer noch der gleiche vortreffliche Charakter und ein wunderbarer Mensch. Es freute mich außerordentlich, sie zu sehen. 1916 hat sie Frank geheiratet. Ich denke gern an die alten Schultage.«
Ich denke jetzt überhaupt oft an meine Kindheit. Die Tagebücher, die ich als Knabe von elf und zwölf Jahren führte, sprechen deutlich von einer ruhigen und unkomplizierten Jugendzeit.
»Sonntag, 27. März 1904: Vormittags *Napoleon Bonaparte* gelesen, anschließend Sonntagsschule. Nachmittags mit Harry und Ruth« – ganz recht, eben jene Ruth Hill – »gespielt. Abends gelesen und Briefmarken gezählt. Ich besitze 300 und 200 zum Tauschen.«
»18. April: Bekam in der Schule einen Spitznamen: Hippo.«

»4. Juli: Um fünf Uhr früh aufgestanden und einige Knallkörper gezündet. Nach dem Frühstück Parade der Hunde und Ponys. Nachmittags mit Tante Nettie und Onkel Travis auf der Hunde- und Ponyausstellung. Sehr sehenswert.«
»10. September: Vormittags Fußball gespielt. Nachmittags Nüsse geschüttelt, einen halben Mehlsack voller Haselnüsse. Abends gelesen.«
Damals, im Jahr 1904 war Dr. Sigmund Freud allerdings außerhalb Wiens noch so gut wie unbekannt, und Dr. Benjamin Spock lag als Einjähriger in New Haven noch in den Windeln. Das Zeitalter des neurotischen Kindes hatte noch nicht begonnen. Kinder waren noch Kinder und nicht potentielle Krankheitsfälle, die von Kinderpsychiatern gegen ein Stundenhonorar von fünfzig Dollar verarztet werden.

Mein Vater – ich nannte ihn Papa – war ein hochgewachsener, breitschultriger Mann mit lebhaften blauen Augen, einem scharfen Verstand und einem gütigen, unverstellten Wesen. Meine Mutter – Mama – hatte große, glänzende Augen und hübsche, ausdrucksvolle Züge. Ihre Haltung war fast königlich, ihre Geduld und ihr Humor waren beinahe unerschöpflich. Meine Eltern paßten ideal zueinander und wußten sich durch eine unverbrüchliche Zuneigung verbunden. Seit sie sich im College kennengelernt und geheiratet hatten, wo beide das Lehrerexamen zu machen beabsichtigten, bestand zwischen ihnen eine Partnerschaft im besten Sinne, und als mein Vater Lehrer geworden war, drängte meine Mutter ihn dazu, diesen Beruf aufzugeben und Jura zu studieren. Dieses Studium war nur möglich, weil sie es ihm finanzierte.
Meine Eltern verstanden sich auf die heutzutage offenbar verlorengegangene Kunst, ihrem Kind Liebe und Zuneigung zu erweisen, ohne es zu verwöhnen. Meine Schulzeugnisse waren stets besonderer Gegenstand ihrer Aufmerksamkeit, und Lob wie Tadel taten ihre Wirkung auf mich, weil sie gelassen und ohne melodramatische Zutaten ausgesprochen wurden.
Der Vater befaßte sich mit der Entwicklung meines Charakters und den praktischen Aspekten meiner Bildung. Die Mutter kümmerte sich um weniger handfeste Dinge, angefangen bei den Tischmanieren bis zur Weckung und Leitung meiner kulturellen Interessen. Mein Vater sorgte dafür, daß ich Boxen lernte, meine Mutter ließ mir Klavierstunden geben. (Im Boxen brachte ich es erheblich weiter.)
Papa ging davon aus, daß bei der Erziehung des Kindes die Vernunft und

vernünftiges Zureden die größte Rolle zu spielen hätten und daß Übertretungen durch die Beschneidung von Privilegien zu ahnden seien. Hin und wieder brachte ich es aber dahin, daß er von dieser Regel abweichen und zu drastischeren Maßnahmen greifen mußte. Eines derartigen Vorfalles erinnere ich mich noch sehr genau.
Der erste Hund, den ich besaß, war ein brauner Straßenköter namens Jip, der sich mir zugesellte, als wir im Februar 1904 nach Bartlesville im Indianerterritorium fuhren. Jip und ich bestanden so manches Abenteuer, und meine Eltern gönnten mir den Hund von Herzen – mit einem Vorbehalt: Jip durfte nicht in meinem Zimmer im Hotel Midway schlafen. Eines Nachts schmuggelte ich Jip doch auf mein Zimmer, und das Zimmermädchen informierte meinen Vater. Mein Tagebuch gibt das beste Bild:
»17. Februar: Papa hat mich verprügelt, weil ich ihn einen Blödmann geschimpft und dem Zimmermädchen gesagt habe, sie soll den Kopf in Jips Rachen stecken.«
Sogar Jip begriff; er war es von nun an zufrieden, vor meiner Tür auf dem Läufer zu schlafen.
George und Sarah Getty glaubten an das Arbeitsethos, das heutzutage, wie ich fürchte, kaum noch Anhänger hat. Ihr Sohn sollte lernen, daß Geld etwas ist, das man verdienen muß:
»17. Juni 1904: Nachmittags 30 Cent mit dem Putzen von Papas Büchern verdient.« (Das war weniger leicht, als es klingt, denn auf Papas Regalen standen Hunderte juristische Handbücher, die langsam verstaubten.)
Oder: »15. Dezember 1904: Nachmittags Zeitungen verkauft und 50 Cent verdient.«
Dabei war ich keineswegs ein Tugendbold, wie sich bald herausstellte, als wir nach Los Angeles gezogen waren und ich auf die Polytechnische Oberschule ging. Die schlechten Zensuren und die Tadel, die ich meiner Führung wegen bekam, überzeugten meinen Vater davon, daß ich Disziplin brauchte. Folglich schrieb er mich bei der Harvard Military Academy ein (sie befindet sich in Los Angeles und hat mit der Universität Harvard nichts zu tun.) Solche »Militärschulen« waren etwa der Kriegsschule Westpoint mit ihrer Kadettenanstalt nachgebildet, und ich fand mich plötzlich in einer Umgebung, in welcher es strenger und geregelter zuging.
Hier war Gordon Crary mein Mitschüler, später mein Börsenmakler bei

Hutton & Company. Wir fanden uns in einer gemeinsamen Abneigung gegen das Knöpfeputzen und anderen militärischem Drill und wurden daher häufig gemeinsam zum Nachexerzieren befohlen. Unsere enge Freundschaft währte bis zu seinem Tod im Jahre 1962, und ich habe sie auf seinen Sohn Gordon Crary jr. übertragen.

Ich gewöhnte mich mit der Zeit an die Regeln dieser Anstalt und verstieß nur noch selten dagegen; eine Übertretung allerdings ist mir im Gedächtnis geblieben. Mit einem Mitschüler überschritt ich den Urlaub, weil wir beide in der Woche zuvor zwei sehr willige junge Damen bei einem streng überwachten Tanzvergnügen kennengelernt hatten. Mein Mitschüler fand, daß diese Erfahrung in jeder Beziehung allem entsprach, was man darüber hören konnte, und ich stimmte ihm von Herzen zu.

Mir fällt auf, daß der Gegensatz zwischen der gepredigten und der ausgeübten sexuellen Moral dem Gegensatz vergleichbar ist zwischen dem alten und dem modernen Griechisch. Die griechische Bevölkerung, die das moderne griechisch spricht, versteht das alte Griechisch nicht, einerlei wie gut und flüssig man es spricht. Ebenso unvereinbar war der strenge Moralkodex, den man in meiner Jugend eingebleut bekam, mit dem, was täglich vorging.

1964 sprach ich mich in diesem Sinne gegenüber Hugh Hefner aus, dem Verleger von *Playboy*, für welche Zeitschrift ich mehrere Artikel über die Wirtschaft und das Finanzwesen verfaßt hatte. Hefner, der sich viel darauf zugute tut, durch sein Magazin die öffentliche Haltung in Fragen der Sexualität duldsamer zu machen, war von meinen Bemerkungen einigermaßen betroffen. Ich mußte innerlich lächeln, denn ich begriff den Grund für seine Reaktion. Hefner war noch in den Dreißigern, ich jedoch hatte meinen 71. Geburtstag hinter mir. Die Jüngeren sind immer schockiert, wenn sie erfahren, daß die Angehörigen ihrer erleuchteten Generation doch nicht die ersten sind, die als Heranwachsende amouröse Abenteuer bestanden haben.

Mit dem Abschluß an der Havard Military Academy im Juni 1909 war meine Schulausbildung beendet. Es folgte der erste Sommer als Hilfsarbeiter auf den Ölfeldern. Anschließend nahm Vater überraschend Mutter und mich auf eine Reise nach Europa mit. Von New York fuhren wir mit der »Baltic«, in deren Laderaum ein neuer Tourenwagen Marke

Chadwick stand, denn mein Vater wollte England und Europa mit dem Automobil bereisen.
Nach der Landung in Liverpool engagierte mein Vater einen Chauffeur, dessen englische Aussprache wir erst nach einer Weile verstehen lernten.
Es war das Zeitalter Edwards VII., ein goldenes Zeitalter. Pässe und Visa waren unbekannt, Fragen des Geldumtausches spielten keine Rolle. Wohin wir auch kamen, überall erblickten wir Wohlstand. Es herrschte Frieden, und die Menschen machten einen zufriedenen Eindruck. Das Tagesgespräch war die Eroberung des Nordpols durch Admiral Peary und Louis Bleriots Flug über den Kanal von Calais nach Dover. Unter den reichen Engländern herrschte allerdings Erbitterung darüber, daß Steuern eingeführt werden sollten zwecks Finanzierung einer Sozialversicherung. Rückschauend betrachtet bedeuteten sie im Vergleich zur heutigen Steuerlast so gut wie nichts. Damals jedoch meinten die Besitzenden, darin bereits die Zeichen ihrer kommenden Verarmung zu erblicken.
In England besichtigten wir die bekannten Sehenswürdigkeiten, darunter auch Oxford, was eine entscheidende, wenn auch mit Verzögerung eintretende Wirkung auf mein Leben hatte. Gettys begaben sich sodann mitsamt ihrem Chadwick aufs Festland, wir bereisten Frankreich, Deutschland, Holland und die Schweiz, drei herrliche Monate lang.
Der Chadwick begleitete uns wieder nach New York an Bord unseres Dampfers und wurde von dort mit der Bahn nach Los Angeles befördert. Hier durfte ich tagsüber, wenn mein Vater den Wagen nicht selber brauchte, damit fahren. Nachts stellte er ihn in die Garage hinter unserem Haus, Ecke Wilshire Boulevard und Kingsley Drive.
In jener Zeit glaubten Eltern, ihren Töchtern könnte nichts geschehen, wenn diese sich jeweils zu zweit mit zwei jungen Männern verabredeten, was zur Folge hatte, daß diese jungen Männer stets zu zweit auf die Jagd gingen. Die Aussichten, bei solchen Verabredungen Eroberungen zu machen, waren sehr viel besser, wenn einer von beiden ein Automobil besaß (sollte jemand denken, ich spiele mich jetzt auf den dämonischen Liebhaber heraus, so möchte ich gleich sagen, daß es sich hier keineswegs um originelle Einsichten handelt. In der menschlichen Artung ist das Weibchen viel durchtriebener als das Männchen. Männer sind keine Verführer, man verführt sie nur zu der Annahme, sie wären es.)
Meine Eltern zogen sich gewöhnlich zeitig für die Nacht zurück. Wenn

ich mit einem Freund zusammen eine Verabredung mit zwei Mädchen getroffen hatte, wartete ich, bis die Eltern im Bett lagen, stahl mich sodann in die Garage und schob den Wagen auf die Straße, die leicht abfiel. Hinter dem Steuer sitzend rollte ich gute hundert Meter vom Hause weg, bis mein Vater nicht mehr hören konnte, daß ich den Motor anließ; dann ging es los.

Wenn ich – meist am frühen Morgen – zurückkam, stellte ich den Wagen etwas oberhalb unseres Hauses ab, ging zur Garage und öffnete die Tür. Nach kurzem Start konnte ich dann mit abgestelltem Motor lautlos in die Garage rollen. Zuvor hatte ich den Benzintank wieder aufgefüllt, nun stellte ich den Tachometer zurück, schloß die Garage und schlich auf Zehenspitzen ins Haus.

Dies klappte mehrmals, ohne daß mein Vater etwas merkte, doch ist solches Glück nicht von Dauer. Die damaligen Automobilreifen hatten eine Lebensdauer von etwa 5000 Kilometer, und meinem Vater fiel eines Tages auf, daß die Reifen fast abgefahren waren, obwohl er längst nicht so viel unterwegs gewesen war, jedenfalls nicht nach dem Tachometerstand.

»Die Reifen sind fehlerhaft«, beklagte er sich beim Reifenhändler, der seinerseits meinte, es müsse an der Spur liegen. Eine Überprüfung der Spur jedoch ergab, daß der Fehler hier nicht liegen konnte. Vater war ratlos.

Ich schlug diese Warnsignale in den Wind. Da ein Freund und ich für den folgenden Abend eine sehr vielversprechende Verabredung hatten, »borgte« ich mir wie üblich den Chadwick. Wir fuhren zu viert in einen Nachtklub und kauften, bevor wir dort weggingen, noch eine Flasche Rotwein. Im Laufe der Heimfahrt, wahrscheinlich aber während des ausgedehnten Parkierens am Straßenrand, verschüttete eine der jungen Damen Wein auf die Sitzbezüge. Es gelang mir nicht, die Flecken zu entfernen, und ich konnte nur hoffen, daß mein Vater nichts bemerken würde.

Als er am nächsten Tag nichts sagte, fühlte ich mich erleichtert. Ich hatte am gleichen Abend wiederum eine Verabredung, fand jedoch, daß mein Vater die Räder des Wagens mit einer Kette am Betonboden befestigt hatte.

Nach einer angemessenen Pause versuchte ich es auf neue Art. Ich bezweifelte, daß mein Vater mir für den Kauf eines Autos Geld geben würde, nahm aber an, daß er mir das Geld *zum Bau* eines eigenen Wagens vorstrecken mochte. Ich spielte vorsichtig darauf an, vermied vor allem jeden Hinweis, daß ich einen Rennwagen bauen wollte, und er zeigte sich gleich einverstanden.

Ich mietete mir Platz in einer Werkstatt, kaufte Motor, Kühler, Kupplung und Kardanwelle. (Kardanantrieb fand ich damals besser als den Kettenantrieb, den zu jener Zeit noch viele Automobile aufwiesen.) Die Karosserie entwarf und baute ich eigenhändig, ich schweißte und schraubte und machte sogar die Räder selbst. Was dabei herauskam, war ein schneller Zweisitzer mit sehr tiefem Schwerpunkt. Fahrer und Beifahrer saßen mit ausgestreckten Beinen praktisch auf dem Boden. Aus Gründen, die mir entfallen sind, taufte ich den Wagen »Plaza Milano«. Vater war mit dem Ergebnis sehr einverstanden, fast schien er mir sogar etwas neidisch, wie ich überrascht bemerkte.

Dank seiner Konstruktion konnte sich mein Renner auf nasser Straße wie ein Kreisel drehen, ich brauchte dazu nur bei etwa zwanzig Stundenkilometer den zweiten Gang einzulegen, das Steuer ganz herumzuziehen und aufs Gas zu treten.

Ganz in der Nähe meines Elternhauses wohnte die Familie McNair mit drei Töchtern. Edith, die Älteste, war zehn Jahre älter als ich, wurde aber meine innige Freundin. Mir kam es wie eine Auszeichnung vor, daß ich mit einer so viel älteren Frau ausgehen durfte. Sie war eine sehr welterfahrene Person, weitgereist und sprach französisch. Ihre Bekannten nannten sie im Spaß eine Kindsverderberin. Diese Edith lud ich sehr bald zu einer Ausfahrt in meinem Plaza Milano ein, sagte, sie solle sich festhalten, und demonstrierte meinen Kreiseltrick. Edith verlor irgendwie den Halt und wurde aus dem Wagen geschleudert. Sie trug zwar einen dicken Lammfellmantel, darunter jedoch ein Korsett – wie damals alle Frauen –, und den Korsettstangen verdankte sie mehrere blaue Flecken, als sie über das Pflaster rollte. Weiter passierte nichts, die Eltern verboten ihr jedoch, in meinem Auto zu fahren.

Dieses Verbot wurde am Silvesterabend 1910 endlich aufgehoben, und ich machte mit Edith eine Ausfahrt an den Strand südöstlich von Los Angeles zu dem beliebten Café Ship in Venice. Auf dem Heimweg fuhr ich sehr schnell, vergaß jedoch, obwohl ich die Straße sehr gut kannte, an eine besonders scharfe Kurve zu denken, bis sie unmittelbar vor mir auftauchte. Die Kurve zu nehmen war unmöglich. Ich hielt das Steuerrad eisern fest und fuhr geradeaus weiter. Plaza Milano übersprang geschickt einen Graben und landete in einem Sturzacker.

»Geschafft!« rief ich erleichtert, doch im gleichen Moment brach ein Vorderrad weg, und wiederum wurde Edith aus dem Wagen geschleudert und schlug auf dem Sturzacker Purzelbäume. Und wiederum blieb sie unverletzt und hatte nur einige Schrammen durch die Korsettstangen. Auch meinem Wagen geschah nichts, abgesehen von der gebrochenen Achse. Er wurde tags darauf in die Garage geschleppt und repariert. Edith und ich gingen zur Straße und wurden von Bekannten mitgenommen, die vom Café Ship zurückkamen. Als ich Edith an der Haustür ablieferte, warfen die Eltern nur einen Blick auf ihre verschmutzte Kleidung und schauten mich drohend an. Von da an durfte Edith McNair unwiderruflich nicht mehr in ein Auto steigen, wenn ich am Steuer saß.

Abgesehen von solchen Eskapaden bemühte ich mich um meine Fortbildung, anfangs an der Universität von Südkalifornien in Los Angeles, später in Berkeley. Ich gab mir große Mühe, erhielt auch gute Zensuren, fühlte mich aber enttäuscht und gelangweilt und fand, daß mir das alles nichts nützte.

Dieses Gefühl hatte seine Ursache im amerikanischen und ganz besonders im kalifornischen Bildungswesen. Die Erstsemester wurden an den Universitäten behandelt wie zurückgebliebene, unverantwortliche Kinder. Beim Betreten und Verlassen der Hörsäle wurden wir kontrolliert; wer fehlte oder zu spät kam, erhielt einen Tadel. Innerhalb und außerhalb der Universität wurden wir streng beaufsichtigt, und doch ging es zu wie auf einem Spielplatz. Wer laut genug Beifall brüllte bei den Wettkämpfen und in die richtige Verbindung eintrat, wurde akzeptiert, während das eigentliche Lernen, soweit ich sehen konnte, reine Nebensache blieb.

Mein Vorsatz, Wirtschaftswissenschaften und Politische Wissenschaften zu studieren, erschwerte meine Lage besonders. Die USA waren damals ganz insular, ganz isolationistisch. Wir hatten ungeheuere industrielle Kapazitäten, wir verkauften unsere Waren in der ganzen Welt, kümmerten uns aber kaum um das, was außerhalb unserer Grenzen geschah, höchstens zeigten wir für die westliche Hemisphäre ein geringes Interesse. Schließlich hatte George Washington persönlich Amerika davor gewarnt, sich mit fremden Mächten einzulassen.

Waren nicht überdies alle Amerikaner – mit Ausnahme der Indianer – Einwanderer und Abkömmlinge von Einwanderern? Warum hatten

diese Einwanderer denn die britischen Inseln und Europa verlassen, um nach Amerika auszuwandern? Doch nur, weil sie sich mehr Freiheit und ein besseres Leben wünschten. Das ließ logischerweise nur den Schluß zu, daß die alte Welt schlecht war, und solange das Schlechte jenseits des Ozeans lag, konnte man es ruhig ignorieren.
Die Vorlesungen in Wirtschaftswissenschaften befaßten sich entsprechend mit amerikanischer Wirtschaft und suchten im wesentlichen zu beweisen, daß die amerikanische Art des Wirtschaftens unvergleichbar gut war. Was politische Wissenschaften betrifft, so äußerten sich Lehrbücher wie Dozenten ebenso chauvinistisch und eher noch naiver. Die Weltanschauung eines typischen Professors reichte kaum über Kanada, Mexiko und unser eigenes erst kürzlich erworbenes Kolonialreich hinaus. (Unnötig zu betonen, daß wir Amerikaner scheinheilig vermieden, dieses Wort zu benutzen.)
Im April 1912 warf ich das Handtuch. Ich sagte meinen Eltern, eine Bildung der Art und Qualität, wie ich sie anstrebe sei nur im Ausland zu haben, und zwar an der Universität Oxford, damals die Hochburg der Gelehrsamkeit in der englischsprechenden Welt. Die Eltern meinten, ich könne damit recht haben.
»Erst aber möchte ich mich im Orient umsehen», fügte ich hinzu.
Im Mai ging ich für zwei Monate auf Reisen in Japan und China, wovon noch die Rede sein wird. Von Juli bis Oktober arbeitete ich wieder auf »Lot 50« in Oklahoma, im November dampfte ich ab nach England.
Bevor ich von Los Angeles nach New York aufbrach, stellte sich zu meiner Erheiterung heraus, daß Vater mich wirklich um meinen Plaza Milano beneidete. Er fragte, ob er während meiner Abwesenheit »ab und zu« damit fahren dürfe, was ich selbstverständlich erlaubte. Zur Verblüffung aller seiner Bekannten benutzte George F. Getty sen. während der nächsten zwei Jahre für die tägliche Hin- und Rückfahrt zum Büro den von mir gebauten schnieken niedrigen Renner.

8

Ich staune immer wieder darüber, daß es sogenannte Pädagogen gibt, welche die Universität Oxford als »akademische Anarchie« oder »ein Sammelsurium von Colleges auf der Suche nach einer Universität« be-

zeichnen, und ich zitiere hier, was ich mit eigenen Ohren gehört habe. Ein distinguierter amerikanischer Universitätsfunktionär, der kürzlich bei mir Zuschüsse erbat, ging sogar noch weiter.
»Wir verfügen über eine scharf kontrollierte Organisation«, prahlte er. »Die Regeln, nach denen unsere Verwaltung arbeitet, gleichen etwa denen eines leistungsfähigen Wirtschaftsbetriebes. Keine Spur von dem nachlässigen Management, das so bezeichnend ist für andere Universitäten, und hier meine ich besonders Oxford. Da haben Sie wohl Ihre eigenen Erfahrungen, Mr. Getty.«
»Das ist ja recht interessant,« sagte ich und schärfte schon die Krallen, versagte es mir dann aber doch, auf diese Sache einzugehen, denn mein innigster Wunsch war es unterdessen, diesen Besucher so rasch wie möglich loszuwerden.

Die Universität Oxford, das muß man zugeben, existiert eigentlich überhaupt nur in den sie konstituierenden Colleges, von denen jedes fast völlige Autonomie besitzt innerhalb eines Verwaltungsrahmens, der im wesentlichen aus Traditionen besteht. Es mag paradox erscheinen, aber darin äußert sich nicht Schwäche, sondern Stärke. In Oxford, so wie ich es kannte, herrschte völlige akademische Freiheit, und dem Studenten boten sich unvergleichliche Gelegenheiten und Muße zum Lernen.
Zu lernen – nicht belehrt zu werden.
Darin lag das Geheimnis.
Das in Oxford praktizierte System der Tutoren bietet dem Studenten jede Unterstützung in seinen Bemühungen, Untersuchungen anzustellen, Informationen aufzufinden, diese aufzunehmen und zu verarbeiten, seine eigene Deutung zu wagen und zu eigenen Schlußfolgerungen zu kommen. Dies führt nicht nur dazu, daß der Student sich Wissen aneignet, sondern vielmehr liegt darin die Anregung, eine umfassende Bildung zu erwerben. Dem Studenten wird, kurz gesagt, nicht beigebracht, was er zu lernen hat, sondern man hilft ihm dazu, seinen Verstand zu gebrauchen. Den zwei Semestern in Oxford habe ich viel zu verdanken.

Da meine Fächerkombination von einigen der bekanntesten Dozenten und Tutoren auf diesem Gebiet am Magdalen College gelehrt wurde, begab ich mich dorthin mit einem empfehlenden Einführungsschreiben von Präsident Taft, einem Freund meines Vaters. Ich vermute, der Präsident des Magdalen College hatte wohl noch nie einen Studenten empfangen, der mit einer Empfehlung vom Präsidenten der USA ausgestattet war. Ich glaube jedoch, dieser Umstand hatte auf die Entscheidung des brillanten, durch nichts zu erschütternden Herbert Warren keinen Einfluß. Er las den Brief, nickte höflich und legte ihn beiseite.

»Hmm, so,« sagte er. »Jetzt könnten wir ein wenig plaudern.«

Die »Plauderei« erwies sich als eine meisterhafte Prüfung meines Wissensstandes, meiner Motivation und meiner allgemeinen Ansichten. Selbstverständlich wurde dabei Tee gereicht.

Ich ließ mich als externer Student einschreiben. Mein Tutor wohnte im Magdalen College, und es ergab sich dann, daß auch ich praktisch dort lebte, obwohl ich mir über einem Antiquitätenladen eine Bude gemietet hatte.

Es scheint, daß viele Leute völlig falsche Vorstellungen von der Universität Oxford haben; sie stellen sich darunter ein Institut vor, das Snobs und dekadenten Adligen den letzten Schliff verleiht. Für die Gegenwart ist diese Einschätzung völlig falsch, und zu meiner Zeit war es auch nicht so. In gewisser Hinsicht erschien mir Oxford erheblich demokratischer als die Universität von Berkeley, eine Anstalt, die ganz von öffentlichen Geldern lebt.

In den beiden kalifornischen Universitäten, die ich besuchte, war ein ausgesprochenes Klassenbewußtsein festzustellen und deutliche soziale Schichtungen. Die Dazugehörigen und die Nicht-Dazugehörigen waren durch die Mitgliedschaft in einer Verbindung deutlich getrennt. Wer solchen Verbindungen angehörte (richtiger, wer sich leisten konnte, einer anzugehören) war gesellschaftlich akzeptiert, alle anderen nicht. Und es gab noch weitere soziale Klassifizierungen. Das gesellschaftliche Ansehen war abhängig vom Ansehen der Verbindung, der man angehörte (und deren Ansehen wiederum von ihrer Exklusivität und ihrer Kostspieligkeit.) Ich hatte übrigens keiner Verbindung angehört, war seit je kein Sammler von Mitgliedskarten.

Das gesellschaftliche Leben in Oxford war zwar viel förmlicher als das an amerikanischen Universitäten, Snobs jedoch und jede Art Snobismus erregte nur Verachtung, und unter den Studenten kursierten denn auch Spottverse, denen dies eindeutig zu entnehmen war.

Was mich selbst betrifft, so muß man bedenken, daß ich als Amerikaner mit Engländern und ihren Gebräuchen ganz unvertraut war, denn der kurze Besuch im Jahre 1909 fiel kaum ins Gewicht. Gleichwohl wurde ich von den Studenten des Magdalen College als der akzeptiert, der ich war. Daß ich einen reichen Vater hatte, spielte keine Rolle. Übrigens war mir ein knappes Budget zugeteilt worden, und viele meiner Kommilitonen stammten aus viel reicheren Familien. Und letzten Endes zählte es nicht nur als gesellschaftlicher *faux pas,* sondern als unverzeihliche Sünde, über Geld zu reden, sei es das der eigenen Familie oder das der Kommilitonen.

Der erste, mit dem ich im College Freundschaft schloß, war George Dawson-Damer, Bruder des derzeitigen Earl of Portarlington. Als George wenige Jahre später in Frankreich fiel, empfand ich das als schweren Verlust.

Daß in Oxford keine Klassenunterschiede gemacht wurden, geht deutlich aus der Art hervor, wie ich mit Seiner Königlichen Hoheit dem Prinzen von Wales bekannt wurde, der ebenfalls im Magdalen College wohnte. Wir fanden augenblicklich Gefallen aneinander und trafen uns häufig bei allen möglichen Gelegenheiten. Wir nannten einander beim Vornamen, David und Paul,und es entstand zwischen uns eine gute Freundschaft, die fast ein halbes Jahrhundert überdauerte; sie überdauerte seine Regierungszeit, die Zeit seiner Abdankung und seiner Heirat mit Wallis Simpson (mit deren Gatten Ernest Simpson ich zufälligerweise gut bekannt war), und währte bis ans Ende seines Lebens als Herzog von Windsor. In einem späteren Kapitel werde ich noch viel über den Herzog von Windsor sagen.

Ich schloß in Oxford viele Freundschaften, doch ist das lange her, und diese Freunde sind fast alle gestorben; manchem war es vorbestimmt, nach dem Verlassen der Universität im Ersten Weltkrieg zu fallen. Mit diesen Freunden genoß ich ein sehr anregendes und erfülltes Leben. Häufig fuhren wir nach London zu Theatervorstellungen, Bällen, Diners. Oft war ich bei den Eltern meiner Kommilitonen zu Gast, meist auf prächtigen Landsitzen, die damals, während der letzten Jahre dieser üppigen Ära, auf der Höhe ihrer Prachtentfaltung standen. Ich machte sogar Besuch in Schloß Blenheim.

Verliebte ich mich in diesem Abschnitt meines Lebens in England und die englische Lebensweise? So stark war meine Reaktion nicht, das darf ich versichern, es bestand aber kein Zweifel daran, daß England und seine Bevölkerung mir sehr zusagten. Am meisten gefiel mir, daß alles so zivilisiert wirkte. England ist heute längst nicht mehr das, was es 1912 war, doch verglichen mit der übrigen Welt sind die Umgangsformen hier im-

mer noch sehr korrekt. Arthur Koestler hatte ganz recht, als er kürzlich meinte: »In der englischen Atmosphäre trifft man seltener auf das Virus der Aggression und der Brutalität pro Kubikmeter in einem überfüllten Bus, einer Kneipe oder einer wartenden Menschenschlange als in irgendeinem anderen Land, in dem ich je gelebt habe.«
Für mich war Oxford jedenfalls der ideale Studienort. Hier wurden die Studenten wie erwachsene Menschen behandelt, wie voll verantwortliche Individuen, nicht wie unzurechnungsfähige Heranwachsende. Man ging davon aus, daß ein Student, der sich fortbilden wollte, dies tun würde, auch ohne daß man ihn unentwegt gängelte. Ich weiß noch, wie überrascht ich war, als die Tutoren den Besuch gewisser Vorlesungen nur empfahlen, besser gesagt, nur in Vorschlag brachten; das Erscheinen im Hörsaal war jedenfalls nicht Pflicht.
»Wenn Sie es schaffen, Ihre Prüfung abzulegen, ohne eine einzige Vorlesung zu hören, ist uns das sehr recht«, sagte mir mein eigener Tutor bei unserem ersten Gespräch. »Es wäre uns sogar mehr als recht«, setzte er trocken hinzu, »denn bislang ist das noch niemandem gelungen.«
Die Verantwortung für den guten oder schlechten Ausgang meiner Studien trug einzig und allein ich. Das war ein starker Antrieb, und wer wirklich aufs Studium versessen war, entwickelte sehr schnell die Fähigkeit zur Selbstdisziplin, die ich seither für unbezahlbar anzusehen gelernt habe.
In Oxford wurde großer Wert auf Sport gelegt, doch übte man auch in dieser Hinsicht nicht den geringsten Druck aus. Nach meiner Erfahrung auf zwei Universitäten Kaliforniens empfand ich es als große Erleichterung, nicht unentwegt an dem oder jenem teilnehmen, dieser oder jener Mannschaft beitreten zu müssen. Sport trieben die Studenten um des Vergnügens willen, und in diesem Geist machte es mir Spaß, meinen eigenen Neigungen nachzugehen: Schwimmen, Boxen und Gewichtheben.

Das britische Weltreich war auf der Höhe seiner Macht. Großbritannien beherrschte einen großen Teil unserer Welt samt ihrer Bewohner und machte seinen Einfluß auch noch außerhalb der Kolonien und Kronländer fühlbar. Großbritannien, genauer gesagt, London, war das Zentrum der Finanz, des Handels und des Warentransportes. Männer wie Palmerston, Disraeli, Gladstone sowie ihre glänzenden Vorgänger und Nachfolger hatten die Kunst der Außenpolitik in eine Höhe geführt, die es nicht nur erlaubte, ein Weltreich zu gründen, sondern auch eine Pax Britannica durchzusetzen. Hier waren die Finanziers, die Unternehmer und Wirtschaftswissenschaftler daran gewöhnt, im Weltmaßstab zu denken, und sie hatten eine klare Vorstellung von wirtschaftlichen Faktoren und Kräften.

Daraus folgte, daß die Vorlesungen und Lehrbücher in Oxford den breitesten und schärfsten Ausblick auf die internationale Politik und die Weltwirtschaft boten. Mein Interesse an diesen Fächern verwandelte sich in Faszination, und dadurch erweiterte sich meine Fähigkeit, Informationen aufzunehmen, ganz außerordentlich. Je mehr ich lernte, desto größer wurde mein Wunsch, in den amerikanischen Auswärtigen Dienst zu treten. Ich wurde dann später Unternehmer und nicht Diplomat, doch was ich in Oxford gelernt habe, ist mir im Wirtschaftsleben sehr zustatten gekommen.

Im Jahre 1913 bestand ich meine Prüfungen und erhielt ein Diplom in Wirtschaftswissenschaften und Politischen Wissenschaften. Um an Ort und Stelle zu beobachten, wie die von mir erlernten Theorien sich in der Praxis ausnahmen, schrieb ich meinem Vater, daß ich eine ausgedehnte Reise durch Europa bis nach Rußland beabsichtige, sodann auf den Balkan und in den Nahen Osten. Nicht nur wollte ich die politischen und wirtschaftlichen Kapitalen sowie die Industrie- und Handelszentren besuchen, sondern ich wollte für alle diese Länder auch »ein Gefühl« bekommen und einen Eindruck von der Bevölkerung.

Vater war einverstanden und legte eine Bankanweisung über 200 Dollar bei, von denen ich künftig meine monatlichen Ausgaben zu bestreiten hatte. Weitere Anweisungen sollte ich jeden Monat in der Geschäftsstelle des American Express in den Städten vorfinden, die meinem Reiseplan zu entnehmen waren. Bald darauf reiste ich aufs Festland. Jahre später las ich in dem Buch *Lost Horizon* von James Hilton: »Als der hohe Lama ihn fragte, ob ihm je etwas Ähnliches vorgekommen sei wie Shangri-la und ob die westliche Welt etwas aufzuweisen habe, was sich auch nur annähernd damit vergleichen lasse, antwortete er lächelnd: ›Ja, also, wenn Sie mich so fragen – es erinnert mich an Oxford.‹«

Sollte das eine Übertreibung sein?

Vielleicht.

Aber Übertreibung wird definiert als ein rhetorischer Kunstgriff zum Zwecke nicht der Täuschung, sondern der Hervorhebung.

9

Die erste Hauptstadt, die ich auf dem Festland besuchte, war Berlin, und hier lag spürbar eine verstockte Hochnäsigkeit in der Luft. Die preußischen Offiziere gaben sich herausfordernder, als es vier Jahre zuvor den Anschein gehabt hatte. Uniformierte und Zivilisten redeten unentwegt von einem bevorstehenden »Tag der Abrechnung« und davon, daß Deutschland »ein geheiligtes Anrecht auf einen Platz an der Sonne hat«. Anfangs tat ich dies ab als schlichte Nachahmung der weithin bekanntgewordenen kriegerischen Äußerungen Wilhelms II., in denen die übrige Welt nichts als lächerliche Prahlerei sah, doch stellte ich auf meinen Reisen durch das Land fest, daß es überall von Uniformen wimmelte. In Hamburg und dem Kriegshafen Kiel sah man viele neue Kriegsschiffe, und auf den Werften wurde fieberhaft an weiteren gebaut.

»Willi Hohenzollern hat vielleicht doch eine Karte im Aufschlag jenes Ärmels versteckt, den er immer auf dem Rücken hält«, schrieb ich meinem ehemaligen Tutor in Oxford. Der hielt mich wahrscheinlich für oberflächlich und vorlaut, denn wie konnte ich mir Zweifel daran erlauben, daß im aufgeklärten Zwanzigsten Jahrhundert ein Krieg unmöglich geworden war, wie man allgemein annahm?

Im heiteren, wohlhabenden Dänemark konnte einem der Pessimismus vergehen; das dänische Gesellschaftssystem war demokratisch, es funktionierte reibungslos und effizient. Die liebenswürdigen, gastfreundlichen Dänen widmeten sich fleißig friedlicher Tätigkeit.

Wer lange lebt und viel reist, wird vom Zufall verfolgt. Anfang der sechziger Jahre errichtete die Getty-Gruppe hauptsächlich auf Wunsch der dänischen Regierung in Dänemark eine Ölraffinerie, die wir anfangs auch selbst betrieben. Sie befand sich nahe Kalundborg auf der Insel Seeland, zufällig genau dort, wo ich im Sommer 1913 mit dänischen Freunden picknickte. Damals war dort eine offene, unverdorbene Strandgegend, die wegen der Bedürfnisse der dänischen Wirtschaft später zu einer Industriezone umgewandelt wurde. An diesem kleinen Beispiel zeigt sich deutlich jenes Dilemma, das zu Reibungen zwischen Umweltschützern und Unternehmern führt (die keineswegs samt und sonders trotzige Naturzerstörer sind, wie ich hier mal sagen möchte). Daß man unberührte

Landschaft für solche Zwecke benutzen muß, ist bedauerlich, man kann aber nichts daran ändern, wenn man verlangt, daß Staat und Industrie die wachsenden Wünsche der Verbraucher befriedigen. Neue Industrieanlagen – das mögen Ölraffinerien sein oder Bonbonfabriken – können nur angelegt werden, wo es Grundstücke gibt, die für Transportmittel erreichbar und zu solchen Zwecken vorgesehen sind.

In Schweden gewann ich erfrischendere Einblicke. Man liest zwar mit Gewinn Lehrbücher und Statistiken, der Anblick der dort beschriebenen Wirklichkeit ist aber doch etwas ganz anderes. Schon 1913 verfügte Schweden über eines der besten Schulsysteme der Welt, und es gab praktisch keine Analphabeten im Lande. (Man kann sich denken, mit welchem Entsetzen ich kürzlich las,daß man die Zahl der völligen Analphabeten in den USA heute auf 5% der Bevölkerung schätzt und die der praktisch des Lesens und Schreibens Unkundigen auf 15%.)
Ich bewunderte die industrielle Struktur, welche die Schweden auf der Basis ihrer drei Rohstoffvorkommen errichtet hatten, auf Holz, Eisenerz und Wasserkraft, und ich bestaunte ihren Erfindungsreichtum als Farmer. Das Land war nur zu einem Achtel kultivierbar, das Niveau der landwirtschaftlichen Leistungsfähigkeit jedoch verblüffend hoch. Und nachdem ich den berühmten schwedischen Aquavit probiert hatte, stellte ich ihn ohne zu zögern höher als selbst den stärksten »White Lightning« der Schwarzbrenner von Oklahoma.

Ich setzte über den Bottnischen Meerbusen nach Abo in Finnland über (damals ein autonomes Großherzogtum innerhalb des Zarenreiches) und sah, daß die Finnen keineswegs weniger fleißig waren als Dänen und Schweden. Nach außen hin war nichts von Unzufriedenheit zu bemerken; es herrschte völlig Ruhe, obwohl die Finnen, die leidenschaftlich an ihrer Unabhängigkeit hängen, unter dem wenn auch nur nominellen russischen Joch ächzten.
Rußland war damals das einzige Land Europas, das man als Ausländer nur mit Paß und Visum besuchen durfte. Da ich beides besaß, reiste ich nach St. Petersburg, lernte hier die Anfangsgründe der russischen Sprache und sammelte erste Eindrücke, die insgesamt nicht ermutigend waren. Man verspürte eine nationale Trägheit, die gewiß mehr von der zaristischen Bürokratie verschuldet war als von der Regierungsform. Der bürokratische Apparat übte einen lähmenden Einfluß auf alle Sphären

des russischen Lebens aus; mit seinen Vorschriften und Verordnungen seinen Formularen, Stempeln und Siegeln und der unvorstellbaren Langsamkeit seines Vollzuges sog er diesem Lande die Lebenskraft aus. Ich muß hier bekümmert anmerken, daß man auch heutigen Tages mühelos ähnliche Erscheinungen in vielen Ländern der Welt antreffen kann.

Es gab viel Unzufriedenheit in Rußland, daneben aber auch eine weitverbreitete spürbare Hinnahme des Gegebenen. Ich begriff jetzt, was so viele Beobachter meinten, wenn sie vom »brütenden Fatalismus« der Russen sprachen, von ihrer Philosophie des »Nitschewo«. Bei alledem waren die Russen unbeschreiblich großzügig.

Am einen Ende der sozialen Skala wurde mir das durch einen jungen russischen Fürsten vor Augen geführt, mit dem ich eine lange Schiffsreise auf der Wolga machte. In Baku angelangt, fand ich mich knapp bei Kasse; meine monatliche Geldanweisung war irgendwo auf dem Postweg steckengeblieben. Mein Bekannter bestand darauf, mir Geld zu leihen, damit wir unsere Reise gemeinsam fortsetzen könnten. Ich zögerte, denn es war nicht abzusehen, wann ich mein Geld bekommen würde. »Nitschewo,« sagte er achselzuckend und drückte mir ein Bündel Rubelnoten in die Hand. Erst als ich Wochen später in Wien die Anweisungen meines Vaters ausgehändigt bekam, konnte ich die Anleihe zurückzahlen.

Am anderen Ende der Skala erlebte ich die russische Großzügigkeit in den Städten und Dörfern an der Wolga. Als ausländischer Besucher wurde ich mit Einladungen überhäuft, und wenn ich die gastlichen Häuser verließ, wo ich gegessen und getrunken hatte, überschüttete man mich mit Lebensmitteln und Wodka, wobei die Begründung nur allzusehr zutraf, daß ich die langweilige, magere Speisenfolge auf dem schleichenden Wolgadampfer aufbessern müsse.

Von dieser Reise durch Rußland wurden die alten Lieder, die ich bei dieser Gelegenheit lernte, meine bleibenden Andenken. Jahre später befreundete ich mich mit Fürst Felix Jussupoff,* der über ein unbegrenztes Repertoire russischer Lieder verfügte. Ich traf ihn das letzte Mal am 28. April 1959 in Paris und mein Tagebuch sagt darüber: »Richtig rus-

---

* *Dieser gilt als Anführer einer Gruppe russischer Adliger, die am 31. Dezember 1916 den berüchtigten Mönch Gregorius Rasputin töteten.*

sisch gegessen mit Fürst Felix. Er ist 73, man sieht es ihm aber nicht an. Er spielte Balaleika, und wir sangen stundenlang alte russische Lieder.« Der Fürst war entzückt, weil ich mich sowohl an die Texte wie an die Melodien erinnerte, und ich selber staunte darüber.

Ich habe übrigens später noch einmal eine Reise nach Rußland gemacht, im Jahre 1935, da hörte man aber wenig singen. Das Land hatte den Krieg, die Revolution, Bürgerkrieg und Hungersnot durchgemacht, um sich zur Union der Sozialistischen Sowjetrepubliken zu verwandeln, und ich habe trübe Erinnerungen an die Begegnung mit diesem angeblich egalitären Paradies in einem grimmigen, unbeschreiblich deprimierenden Moskau. Eines von vielen Beispielen mag erklären, warum ich von dieser Welle der Zukunftshoffnung so schnell enttäuscht wurde.

Man sah fast überhaupt keine gewöhnlichen Personenkraftwagen, dafür aber zahlreiche Limousinen mit Chauffeur, die dank irgendwelcher abartiger Entwicklungen der egalitären Heilslehre so gut wie ausschließlich Funktionären von Partei und Staat zugeteilt waren. Immerhin konnte man durch das staatliche Büro für Touristik als Ausländer ein Fahrzeug mieten, und das tat ich auch.

Die Straßen waren von Schneematsch bedeckt, und mein russischer Chauffeur steuerte mit sadistischem Vergnügen den Wagen so, daß er möglichst viele Fußgänger von oben bis unten bespritzte. Kein einziges Opfer zuckte auch nur mit der Wimper, von Protestschreien oder Fäusteschütteln gar nicht zu reden. Über russischen Fatalismus hatte sich nun auch noch der Terror wie eine feste Schicht gelegt. Kein Moskauer wagte es, seine Wut zu zeigen; alle fürchteten, ich könnte in meiner Limousine ein Kommissar sein oder ein Funktionär der Geheimpolizei.

An den einfachen Sowjetmenschen war gleichwohl vieles zu bemerken, was Bewunderung, Achtung und Vertrauen erweckte, und als die Nazis 1941 in Rußland einfielen, sprach ich das offen aus. Wie nicht anders zu erwarten, bezeichneten einige meiner emigrierten russischen Freunde dies als pure Ketzerei. Zu diesen gehörte auch David Mdivani. Er sagte eine rasche russische Niederlage und den Zusammenbruch der kommunistischen Herrschaft voraus. Ich widersprach, und folgende Tagebucheintragungen zeigen, wie das ausging:

»13. September 1941: David Mdivani bot eine Wette um hundert Dollar an, daß die Nazis innerhalb eines Monats in Leningrad sein werden. Ich nahm die Wette an.«

»19. November 1941: Traf zufällig Mdivani. Er zahlte die verlorenen

100 Dollar. Ich weiß nicht genau, ob er enttäuscht ist, weil die Roten nicht geschlagen wurden, oder ob er insgeheim stolz ist, weil sie durchhalten.«

Baku, Yalta und schließlich Wien. Auch hier wurde deutsch gesprochen, doch ein weicheres Deutsch. Auch hier viele Uniformen, doch die Uniformträger unterschieden sich sehr von den Preußen in Berlin. Es war wohl nur passend, daß ihre Haltung den Eindruck vermittelte, sie wären Statisten in einer Operette von Johann Strauß oder Franz Lehàr. Im österreich-ungarischen Kaiserreich herrschte Gemütlichkeit vor, und nur wenige wünschten sich eine Störung.

Budapest wirkte noch sorgloser, und da alle Welt ungarische Geschichten genießt, fühle ich mich bewogen, auch einige zum besten zu geben.

Einige Tage nach meiner Ankunft in Budapest dinierte ich mit jungen ungarischen Husarenoffizieren und ihren reizenden jungen Damen; alle sprachen englisch, wenn auch mit unterschiedlicher Fertigkeit. Eine der Damen fragte plötzlich ihren Begleiter, einen Leutnant in blitzender Attila: »Was machst du, wenn es Krieg gibt, Laszlo?« Diese Frage verblüffte ihn.

»Krieg?«, ächzte er beinahe. »Aber das würde uns ja allen den Spaß verderben!«

Ein anderer Offizier hob sein Glas. »Ich weiß, was ich tue, wenn es je zum Krieg kommen sollte«, erklärte er feierlich. »Ich werde ein Beispiel geben, indem ich mich mutig zu Tode trinke.«

Meine junge Begleiterin lachte. »Da sehen Sie es selbst«, sagte sie. »Wir Ungarn sind alle verrückt.«

Vor nicht allzu langer Zeit erzählte ich dieses Erlebnis ZsaZsa Gabor.

»Aber selbstverständlich, Schatz«, nickte ZsaZsa, ohne ihr schönes Gesicht zu verziehen, »auf ihre Verrücktheit sind die Ungarn stolz.«

Dabei fällt mir noch eine ungarische Geschichte ein. Bela Lugosi, der in Ungarn geborene Schauspieler, und ich waren, wenn ich mich recht erinnere, im Jahre 1939 bei meinem Freund Igor Strawinsky eingeladen.

»Wie gehts, wie stets?« wollte Igor von Lugosi wissen.

Lugosi sah ihn mürrisch an. »Grauenhaft«, antwortete er in seinem berühmten Drakulaton. »Es reicht den Studios nicht, daß ich Ungar und ein Genie bin, ich soll auch noch in ihren Filmen mitspielen.«

Ich kenne aber auch einen anderen Bela, der sich rund heraus als einen

»Berufsungarn« bezeichnet und behauptet, dies sei eine einträgliche Beschäftigung.

Belgrad, Bukarest und dann der Schwarzmeerhafen Constanza, wo ich Passage nach Konstantinopel nahm. Hier, im Zentrum des otomanischen Reiches, zu dem Syrien, der Libanon, der Irak, Jordanien, Palästina, Arabien und der Yemen gehörten, verbrachte ich mehrere Wochen. Auf dem Thron saß Sultan Mehmed V., doch das Reich wackelte, aufrechterhalten wurde es in der Hauptsache von der Erinnerung an vergangenen Ruhm.

Wieder ein Zufall. In den fünfziger Jahren bildete sich zwischen Aristoteles Onassis und mir eine enge Freundschaft, und wir taten uns geschäftehalber zusammen. Als ich ihm erzählte, ich sei im Dezember 1913 in Smyrna gewesen, einer türkischen Stadt, in der viele Griechen lebten, und ihm das Café beschrieb, wo ich am liebsten gesessen hatte, da sagte er, bis 1922 habe er selbst in Smyrna gewohnt, »und als Junge bin ich täglich mehrmals an diesem Café vorbeigekommen, jawohl, auch im Dezember 1913«.

So ist höchst wahrscheinlich der junge Aristoteles Onassis mehr als einmal unmittelbar vor meinem Tisch am Fenster vorübergegangen, wo ich meinen türkischen Mocca oder meinen Raki trank.

Von Smyrna nach Griechenland, einem Land der unaufhörlichen politischen Unrast. Meine Aufmerksamkeit wurde jedoch völlig von den atemberaubenden Schönheiten der Antike, insbesondere der antiken Skulpturen gefesselt. Hier begann eine lebenslange Leidenschaft. Als ich mich als Unternehmer etabliert hatte, durfte ich mir leisten, griechische Skulpturen zu sammeln, darunter einige der *Elgin marbles*. Dazu gehört Myttion, eine einzigartige, ganz köstliche Grabstele aus dem vierten Jahrhundert vor Christus und eines der wenigen Kunstwerke, von dem feststeht, daß jener Altmeister der Kunstgeschichte und der Kunstkritik Bernhard Berenson zutiefst davon beeindruckt wurde.

Als Gast in »I Tatti« unweit Florenz im Jahr 1953 zeigte ich Berenson eine Fotografie der Myttion, die er fasziniert betrachtete. »He, kommen Sie mal her!« rief er einen seiner Gehilfen. »Sehen Sie das herrliche Stück hier! Ich wollte, es gehörte mir!«

Den 15. Dezember 1913 – meinen einundzwanzigsten Geburtstag – verbrachte ich an Bord eines ausgedienten rumänischen Dampfers von 3000 Tonnen auf der Fahrt nach Alexandria in Ägypten. Das Schiff geriet in einen jener besonders heftigen Stürme, die ohne vorherige Warnung während der Wintermonate das Mittelmeer heimsuchen. Kapitän und Mannschaft waren absolut unfähig, der Dampfer drohte ständig unterzugehen, doch irgendwie hielt er sich, obwohl die Rettungsboote weggerissen wurden und der Laderaum voll Wasser stand.
Zwei Monate reichten kaum aus, die ehrfurchtgebietenden Denkmäler und Überreste der altägyptischen Zivilisationen gründlich zu betrachten, doch schiffte ich mich nach Gibraltar ein.
Weil die Erinnerung an den rumänischen Dampfer noch frisch war, wollte ich auf Nummer Sicher gehen und nahm den großen, vortrefflich ausgestatteten und bemannten Dampfer *Franconia* der Cunard Linie. Von Gibraltar aus reiste ich ins Landesinnere Spaniens, ein Abstecher, der zu meiner eigenen Überraschung bis in den April währte.
Als Schuljunge hatte ich von der Inquisition gehört, von der Armada, von den Conquistadores und wie sie Azteken und Inkas ausgerottet hatten. Ferner war ich der heftigen antispanischen Propaganda ausgesetzt gewesen, die 1898 während des spanisch-amerikanischen Krieges und Jahre danach virulent war. Noch im Jahre 1905 zitierte einer meiner Lehrer in Minneapolis bei jeder Gelegenheit aus Tennysons *Revenge:* »Ich müßte mich einen Feigling nennen, Lord Howard, wenn ich Sie diesen Hunden der Inquisition überließe, diesen spanischen Teufeln.«
Vielleicht war es die Reaktion auf solche Verhetzung oder auch die Abneigung gegen Tennysons Verse, wie auch immer, ich verliebte mich in Spanien und seine Menschen – wie viele vor mir. Das Land hat etwas, das einen gefangennimmt und fasziniert, das ist häufig bemerkt worden. Daß die Landschaften vielerorts streng und karg wirken, tut ihrer Schönheit keinen Abbruch. Die Menschen verfügen über eine innere Kraft; Spanier aller sozialer Schichten besitzen Stolz und Würde und ein ausgeprägtes Ehrgefühl. In dieser Hinsicht gleichen sie, glaube ich, den alten Römern mehr als andere mediterrane Völker.

Der April 1914 in Paris erfüllte alle Erwartungen. Der einzige Gesprächsgegenstand war *l'affaire* Caillaux, der saftigste Skandal seit Jahrzehnten.
Gaston Calmette, der Herausgeber von *Le Figaro*, hatte öffentlich den

französischen Finanzminister Joseph Caillaux finanzieller Unregelmäßigkeiten im Amte beschuldigt. Caillaux wehrte sich dagegen durch gerichtliche Schritte. Calmette, dem offenbar die nötigen Beweise fehlten, um seine Vorwürfe zu stützen, fühlte sich in die Enge getrieben und griff in seiner Verzweiflung zur Erpressung. Er besaß kompromittierende Briefe von der Hand der Gattin Caillaux' und ließ diese wissen, daß er sie publizieren werde, wenn sie ihren Gatten nicht dazu bewege, die Anzeige gegen ihn zurückzuziehen. Am 16. März 1914 begab sich Mme. Caillaux in das Büro von Gaston Calmette im *Figaro*, entnahm ihrer Handtasche eine Pistole und schoß ihn tot.

Nun wurde sie als Mörderin verhaftet, und ganz Paris erwartete atemlos Neuigkeiten der Untersuchung; gab es keine, wurden sie erfunden. Wie jeder, der mit der gallischen Mentalität und dem gallischen Temperament vertraut ist, erwarten konnte, wurde Mme. Caillaux unter dem Beifall der Menge freigesprochen.

Abgesehen von diesem Fall trübte kein Wölkchen den Frühsommer, denn das Wetter war seit Menschengedenken das schönste. Ich ließ mich bereitwillig von dieser allgemeinen Euphorie anstecken und genoß nach Kräften das Pariser Leben.

In der dritten Juniwoche trafen meine Eltern ein. Sie wollten noch einmal Europa bereisen, und ich sollte ihnen einiges von dem zeigen, was ich im Laufe meines Wanderjahres gesehen hatte. Da sie für Paris viel Zeit vorgesehen hatten, führte ich sie in Theater, Kunstgalerien und Museen. Sonntag, den 28. Juni, überließ ich sie sich selber und begab mich mit einigen Freunden auf die Rennbahn im Bois de Boulogne zum Grand Prix.

Wir hatten eine Loge, keine 20 Meter entfernt von der des Staatspräsidenten Poincaré und seiner Begleitung. Das dritte Rennen war gerade vorüber, als in Poincarés Loge erhebliche Bewegung entstand. Meine Freunde und ich beobachteten sehr interessiert, daß ein von Gendarmen begleiteter Kurier dem Präsidenten einen mit Wachssiegeln versehenen Umschlag überreichte, den Poincaré öffnete. Er las, erbleichte, verließ eilig die Loge.

Die damalige Stimmung war so, daß meine Freunde und ich – und alle, die diesen Auftritt bemerkt hatten – auf spektakuläre Neuigkeiten im Falle Caillaux tippten, denn was sonst hätte so wichtig sein können?

»Mme. Caillaux hat gewiß Selbstmord begangen!« mutmaßte eine unserer jungen Begleiterinnen.

»Unsinn!« widersprach ein anderer. »Wahrscheinlich hat sich herausgestellt, daß Caillaux wirklich schuldig ist, wie Calmette behauptete.« Diese Spekulationen dauerten bis zum Beginn des nächsten Rennens, dann wandte sich die Aufmerksamkeit den Pferden und der Rennbahn zu, und wir vergaßen das Vorkommnis. Erst als wir die Schlagzeilen der Spätausgaben lasen, wurde uns klar, welche Botschaft Poincaré erhalten hatte: Erzherzog Franz-Ferdinand und seine Frau waren in Sarajewo von serbischen Terroristen erschossen worden.

Doch selbst jetzt noch verlief das Leben in Paris normal und behaglich, und in den folgenden Wochen wurde die Affäre Caillaux samt der Gerichtsverhandlung ernster genommen als Vermutungen über eine Kriegsgefahr.

»La guerre? C'est impossible!«

Genau einen Monat nach dem Attentat von Sarajewo erklärte Österreich den Krieg an Serbien. Am 1. August erklärte Deutschland den Krieg an Rußland, zwei Tage später an Frankreich. Als Deutschland tags darauf die belgische Neutralität nicht garantieren wollte, erklärte die englische Regierung widerstrebend Deutschland den Krieg.

Das Unmögliche war passiert. Europa befand sich im Kriegszustand. Jetzt gab es eine neue Übereinstimmung, die gleiche auf jeder Seite. Der Krieg hatte zwar begonnen, doch könne er unmöglich länger als ein halbes Jahr dauern. In dieser Zeit würde man den Feind völlig vernichten, wenn nicht schon früher.

Die Eltern und ich fuhren nach England, und dort blieben wir in jenen unwahrscheinlichen Tagen, da die deutschen Heere durch Belgien tief nach Frankreich drangen. Erst am 12. September 1914 schifften wir uns nach den USA ein, und da war die erste Marneschlacht geschlagen. Offenkundig würde der Krieg nicht in einem halben Jahr vorüber sein, daß er aber länger als vier Jahre dauern würde, ließ sich niemand träumen.

10

Kein vernünftiger Mensch zweifelt heute daran, daß die Verantwortung für die Entfesselung des Ersten Weltkrieges Wilhelm II., seine Minister und Ratgeber trifft. Das geben so hervorragende deutsche Historiker wie

Fritz Fischer zu, und die erdrückende Masse der Beweise wurde erst kürzlich von Hugh Trevor-Roper folgendermaßen zusammengefaßt: »1914 zeigte allein Deutschland den konsequenten Willen, einen Aggressionskrieg zu führen, und hatte konsequente Eroberungspläne.« Bedauerlicherweise bewiesen die Alliierten, als der Krieg gewonnen war, einen ebenso konsequenten Mangel an Entschlossenheit, einen gerechten, dauerhaften Frieden herbeizuführen, und eben diese Politik war es, die den Zweiten Weltkrieg unvermeidlich machte. Zugegeben, es war Hitlers Wehrmacht, die Polen überfiel, die ein Land um das andere verheerte und zerstörte, und in diesem engeren Sinne trifft die Schuld am Zweiten Weltkrieg Nazideutschland. Der eigentliche Sündenfall jedoch fand in Paris statt, in Versailles und Genf, und die Sünder waren die Regierungen Frankreichs, Italiens, Großbritanniens und der USA, genauer gesagt die Menschen, welche diese Regierungen führten.

Der amerikanische Präsident Woodrow Wilson betrachtete seine Vierzehn Punkte als Fundament für den Frieden. Wilson, ein Akademiker aus dem Elfenbeinturm, praktisch ohne Verständnis politischer Realitäten, begab sich nach dem Waffenstillstand mit großen Hoffnungen und Idealen zur Friedenskonferenz nach Paris. Harten, zynischen Männern wie Clemenceau und Lloyd George war er nicht gewachsen. Clemenceau, Lloyd George und Orlando, der italienische Ministerpräsident, wollten an Deutschland Rache nehmen und sich damit in ihren Ländern politischen Kredit verschaffen. Wilson war für sie nichts weiter als ein umnachteter Amateur, den man mühelos um den Finger wickeln konnte.

Vor Wilsons Eintreffen fragte Lloyd George die Herren Clemenceau und Orlando: »Sollten wir der deutschen Regierung nicht klarmachen, daß wir nicht auf der Grundlage der Vierzehn Punkte verhandeln wollen?«

Wie das Protokoll ausweist, erwiderte Clemenceau: »Wir werden Deutschland auspressen, daß die Schwarte kracht.«

Wilson kam mit solchen »Verbündeten« nicht zurecht, um so weniger, als er unter dem Einfluß von »Oberst« House stand. Selbst Bernie Baruch, einer der unermüdlichsten Verteidiger von Wilson (Baruch gehörte der amerikanischen Delegation bei der Friedenskonferenz an), mußte zugeben, daß House »eine geheimnisvolle, höchst umstrittene Figur war ... die graue Eminenz der Regierung Wilson«.

Als die Friedenskonferenz in Paris begann, hatten die Deutschen erste zaghafte Schritte auf dem Weg zur Demokratie zurückgelegt. Der erste Reichspräsident der Weimarer Republik, Friedrich Ebert, war Sozialdemokrat und Pazifist. Rein praktische Erwägungen hätten die Alliierten veranlassen müssen, Ebert zu stützen, ihm die Möglichkeit zu geben, in dem Chaos der Nachkriegszeit eine gewisse Ordnung herzustellen und dafür zu sorgen, daß eine echte, starke Demokratie entstehen konnte. Man muß es als Tragik bezeichnen, daß dies »bis die Schwarte kracht« die Richtschnur der Alliierten blieb. Der von Clemenceau übertölpelte, von Lloyd George beschwatzte und von Oberst House angestachelte Wilson ließ es zu, daß seine Vierzehn Punkte im wesentlichen unbeachtet blieben.

Die Friedenskonferenz endete mit dem Vertrag von Versailles, den Ebert entweder ablehnen oder annehmen durfte. Lehnte er ihn ab, würden die Alliierten die Feindseligkeiten von neuem eröffnen. Deutschland unterschrieb.

Dieser Vertrag war rachsüchtig, er erlegte Deutschland unbezahlbare Reparationen auf. Die festgelegte Summe ging in die Milliarden Goldmark, und der dümmste Student der Wirtschaftswissenschaften sah sogleich, daß eine nur notdürftig funktionierende deutsche Wirtschaft auf diese Weise total zerrüttet werden mußte. Schlimmer noch: Die als Strafe gedachten Artikel des Vertrages mußten innerhalb Deutschlands eine heftige nationalistische Reaktion in Gang setzen. Es gelang Ebert, deren früheste Manifestationen im Keim zu ersticken, so den Kapp-Putsch und Hitlers ersten Versuch, die Macht in Bayern zu ergreifen.

Solche Geschwüre konnte Ebert aufstechen, gegen das Gift, das sie hervorrief, war er machtlos. Dieses Gift wurde vom Versailler Vertrag in den deutschen Blutkreislauf geträufelt, und die Radikalen aller Schattierungen machten sich das weidlich zunutze. Hitler ging zwar für Monate hinter Gitter, doch sammelte er nach seiner Entlassung mehr und mehr Mitglieder in seiner NSDAP.

1932 verfügten die Nazis über eine erhebliche Stärke, erreichten aber nicht die Mehrheit im Deutschen Reichstag. Viele deutsche Politiker und auswärtige Beobachter erkannten sehr wohl die Bedrohung durch die Nazis. Kamen sie an die Macht, würde Deutschland den Weltfrieden noch mehr gefährden als unter Wilhelm II. Besonders besorgt war der damalige Reichskanzler Heinrich Brüning, wie Ebert ein gemäßigter Pazifist und Anhänger demokratischer Prinzipien.

1932 wurde eine Abrüstungskonferenz nach Genf einberufen. Hier sollte sich die Geschichte wiederholen, wenn auch mit anderen Darstellern. Die Hauptrollen besetzten für Frankreich Tardieu, für England MacDonald

und für Italien Grandi. Die Kriegsverbündeten hatten noch einmal Gelegenheit, im Rahmen des Völkerbunds den Frieden zu sichern.
Brüning wußte, daß er Hitler zu Fall bringen konnte, wenn er in Genf einige wenige Konzessionen aushandeln würde. Aus diesem Grunde machte er absichtlich nur bescheidene Vorschläge, deren Annahme aber ausgereicht hätte, die Richtung der politischen Entwicklung in Deutschland zu ändern. Die Deutschen hätten das als Erfolg einer demokratischen Regierung unter Brüning honoriert, und wenn die Demokratie solche Erfolge vorweisen konnte, bedurfte es nicht des Nazismus.
Diese letzte Gelegenheit wurde von den Alliierten vertan. Die Delegierten, insbesondere Tardieu, wiesen die deutschen Vorschläge zurück, und Brüning kam mit leeren Händen nach Hause. Hitler und seine Anhänger schlugen großes politisches Kapital aus Brünings »Versagen«. Man verhöhnte ihn als unfähig, als impotent und behauptete, selbst viel mehr erreichen zu können. Bevor man ihn entließ, reichte Brüning seinen Rücktritt ein.
Franz von Papen und General von Schleicher wurden Übergangskanzler, bis Hitler die Macht ergriff. Dieser steckte alsbald den Alliierten und der ganzen Welt die Zunge heraus und nahm sich unendlich viel mehr aus eigener Machtvollkommenheit, als Brüning je zu erhalten gehofft hatte. Was folgte, braucht hier nicht im einzelnen geschildert zu werden. Hitler schritt von Eroberung zu Eroberung, von Schrecken zu Schrecken, bis er endlich die Welt in einen diesmal wirklich umfassenden Krieg gestürzt hatte.
Ich behaupte, ein vernünftigerer und gerechterer Friede an Stelle des Vertrags von Versailles hätte zwischen 1919 und 1932 in Deutschland ein demokratisches System befestigt, mindestens hätte er das Heraufkommen Hitlers und seiner Partei unwahrscheinlich gemacht, wenn nicht unmöglich. Ich behaupte ferner, daß die Alliierten große Chancen verpaßt haben, zuletzt in Genf, die alles zum Guten hätten wenden können.
Ich drücke hier persönliche Überzeugungen aus, doch leite ich damit zu einigen sehr dezidierten Bemerkungen über, die ich schon längst einmal im Hinblick auf meinen guten Freund, den Herzog von Windsor, habe machen wollen. Man wird gleich verstehen, worin der Zusammenhang besteht.
Über den Herzog von Windsor ist unendlich viel geschrieben worden, meist von Autoren, die ihn nicht kannten, ihm weder begegnet sind, ge-

schweige denn mit ihm gesprochen haben. Seit kurzem ist es Mode geworden, seinen Charakter und seine Persönlichkeit in ein schiefes Licht zu setzen. Insbesondere gewisse Leute, denen man bestenfalls pekuniäre Motive unterstellen kann, gefallen sich in Andeutungen, denen zufolge der Herzog nicht nur ein schlechter Patriot gewesen wäre, sondern ein Parteigänger der Nazis.

Man vergißt gern, daß David als Prinz von Wales im Ersten Weltkrieg in Flandern, in Frankreich und an der italienischen Front gekämpft hat, man vergißt ebenso gern, daß er von 1919 bis 1925 als Abgesandter seines Landes die Welt bereiste und in nahezu 50 Ländern das Bild Großbritanniens aufpolierte und seinem Land viele Millionen Freunde gewann. Die, welche ihn jetzt schmähen, übersehen auch geflissentlich jene schmutzigen Intrigen, die ihn zwangen abzudanken; unmöglich könne er Wallis Warfield Simpson heiraten, eine geschiedene Frau! Es gibt genügend Beweise dafür, daß man ihn als König Edward VIII. nicht wollte, denn für die Zwecke gewisser politischer Drahtzieher wäre er ein zu populärer Monarch gewesen. Mein Freund Max Aitken – jetzt Lord Beaverbrook – hat sich gegen die Abdankung gewehrt, und von ihm hörte ich:

»Die übelsten Gestalten in der englischen Politik wollten David unbedingt loswerden, denn sie fürchteten das Ansehen, das er in allen Schichten des Landes und auch in den Kolonien genoß. Churchill und ich haben getan, was wir konnten, doch die damalige politische Führung war nicht zu bremsen.«

Ich habe schon erwähnt, daß ich mich mit David, als er noch Prinz von Wales war, in Oxford anfreundete, und bei dieser Gelegenheit läßt es sich nicht vermeiden, daß ich mich mit manchen anlege, die sich für Experten halten, wenn es sich um den Herzog von Windsor handelt. Man behauptet, er habe sich in Oxford hochnäsig betragen und darauf bestanden, mit »Sir« angeredet zu werden. Dafür habe ich Anhaltspunkte weder gesehen noch gehört, dabei hätten sich die Studenten doch darüber unterhalten, wäre dem so gewesen. Was Davids nicht gerade brillanten Studienerfolge betrifft, so muß man andererseits anerkennen, daß er schon damals einen geradezu unheimlich scharfen Blick für weltpolitische Zusammenhänge hatte.

In unseren Gesprächen, die oft bis in die frühen Morgenstunden dauerten, erwies David sich als beachtlicher, wenn auch in seinem eigenen Lande verkannter Prophet. Von allen mir bekannten Engländern erkannte in den Jahren 1912 und 1913 einzig er, wie gefährlich sein Vetter Wilhelm II. wirklich war. David nannte ihn »einen Prahlhans, der vor nichts zurückschreckt, um sein Selbstgefühl und sein Prestige zu stärken«.

Zu meiner Verblüffung prophezeite David eines Abends im Jahre 1912 düster: »Ich fürchte, wir bekommen Krieg. Europa bewegt sich stetig darauf zu. Die Politiker wollen nicht sehen, was auf der Hand liegt.« Später erinnerte ich mich dieser Worte, damals jedoch hielt ich sie für das Ergebnis einer überaktiven Fantasie. Davids Auffassungen paßten nicht in das allseits verbreitete Klischee, und während man exzentrischen Studenten so etwas nachsah, war es bei einem Prinzen von Wales unverzeihlich, der die ideale Verkörperung des Establishments zu sein hatte.

Zur Zeit des Waffenstillstandes im Jahre 1918 sah David ebenso scharf. Er verwandte sich für einen gerechten Frieden mit dem neuen demokratischen Deutschland, doch in der konstitutionellen Monarchie konnte er nichts weiter tun als eben dies: sich verwenden, und in manchen Bereichen galt das bereits als unzulässige Einmischung. Es gibt sogar Grund für die Annahme, der Prinz von Wales sei ursprünglich auf seine Weltreise geschickt worden, um zu verhindern, daß er seine ketzerischen Ansichten in Lloyd Georges England verbreitete. Diese List zeitigte die entgegengesetzte Wirkung, denn die Reise brachte dem Prinzen von Wales größte persönliche Beliebtheit daheim und im Ausland ein. Leider vergrößerte das nur die Abneigung der zynischen und egoistischen Politiker.

David begriff nur zu gut die Folgen solch starrer Haltung der Alliierten auf der Pariser Friedenskonferenz und auf der Abrüstungskonferenz in Genf. Als wir Jahre später in Südfrankreich einige Zeit miteinander verbrachten, standen ihm diese Dinge noch immer deutlich vor Augen.

»Wir haben furchtbare Fehler gemacht, wir haben in Paris und Genf grauenhaft gepfuscht. Als ich König geworden war, konnte ich nichts mehr daran ändern, denn das alles war von der gewählten Regierung gemacht worden, und sobald ich eine Andeutung hören ließ, stellte Baldwin* sich auf die Hinterbeine. Als ich dann abgedankt hatte, nahm ich mir vor, als Privatperson zu tun, was ich konnte.«

---

* *Stanley Baldwin (erster Earl Baldwin of Bewley), Premierminister von 1935–37. Nach allgemeiner Ansicht einer der Hauptdrahtzieher bei der Abdankung Edwards VIII.*

Hier ist der Ort deutlich zu machen, daß David eine starke Neigung zu Österreich hatte, nicht zu Deutschland, wie fälschlich behauptet wird. Er liebte die Musik Österreichs und das Essen, und er sprach fließend deutsch mit perfekter österreichischer Aussprache. Man muß sich in Erinnerung rufen, daß Hitler Österreicher war und nicht Deutscher und daß man von ihm wußte, wie er für Leute zugänglich war, die österreichisch sprachen und sich in den Sitten und Gebräuchen dieses Landes auskannten. Die Dokumente zeigen auch, daß Hitler bis etwa 1938 eine geradezu ehrfürchtige Achtung vor dem englischen Königshaus hatte. David nahm sich vor, aus diesen Gegebenheiten Nutzen zu ziehen.

»Im Oktober 1937 reiste ich nach Deutschland in der Absicht, eine Verbindung zu Hitler selbst herzustellen, weil ich hoffte, man könne ihn möglicherweise zur Vernunft bringen. Mindestens glaubte ich, durch ein solches Gespräch den Zeitpunkt hinausschieben zu können, an dem Hitler über Europa und England herfallen würde, was er, wie mein Instinkt mir sagte, zweifellos beabsichtigte.«

Es ist bezeichnend, daß Mitglieder seiner Partei Baldwin ebenfalls drängten, mit Hitler zu sprechen. Baldwin jedoch hatte eine Abneigung gegen Auslandsreisen. Lord Beaverbrook äußerte mir gegenüber seine Meinung zu diesen Dingen.

»Baldwin fürchtete, seine Spielkameraden könnten ihm die politische Suppe versalzen, die er unentwegt auf dem Herd hatte, wenn er England auch nur für wenige Tage verließ.«

Der Herzog von Windsor fuhr fort: »Ein weiterer Punkt, der mir am Herzen lag, war das Los der deutschen Juden. Ich fand, es war damals höchste Zeit, etwas zu unternehmen, um sie vor den Verfolgungen durch die Nazis zu schützen, allerdings wurde diese meine Meinung in Whitehall nicht geteilt.«

Wieder möchte ich hier einige Bemerkungen einfügen. Der unflätigste aller gegen den Herzog und die Herzogin erhobenen Vorwürfe lautete, sie wären Antisemiten gewesen. Dieser Vorwurf ist zu ernst, als daß man darüber lachen könnte, wie er es eigentlich verdient. David war eng mit den Rothschilds in England, Frankreich und Österreich befreundet. Und auch mit vielen anderen Juden. Rassische und religiöse Vorurteile kannte er überhaupt nicht. Und aus zuverlässiger Quelle habe ich erfahren, daß gerade seine Vorurteilslosigkeit ihn beim damaligen Erzbischof von Canterbury unbeliebt gemacht hat, der sich als Verkünder des einzig wahren Glaubens empfand.

Was die Herzogin von Windsor angeht, so lernte ich sie erst nach der Vermählung mit David kennen. Allerdings war ich mit ihrem geschiedenen Gatten, Ernest Simpson, gut bekannt. Simpson, dem fair play für alle oberstes Gebot war, hätte rassische oder religiöse Vorurteile als schwerwiegenden Charakterfehler aufgefaßt, und tatsächlich war denn auch an Wallis nichts derartiges zu bemerken, als ich sie kennenlernte.
»Hat Hitler Ihnen zugehört?« fragte ich David.
»Ich glaube schon. Es bestand eine Chance, weitere Fortschritte zu erzielen, und wenn London oder Paris davon Gebrauch gemacht hätten, wären vielleicht Millionen Menschen am Leben geblieben.«
David hat das zwar nie angedeutet, ich habe aber Grund für die Annahme, daß er nicht nur aus eigener Initiative die Verbindung zu Hitler und dessen Trabanten aufnahm. Es würde mich nicht überraschen, wenn eines Tages geheime Dokumente zum Vorschein kämen, die neues Licht auf diese Episode werfen. Meine Ahnung sagt mir, daß der Herzog von Windsor mit Billigung von Politikern handelte, die für die hitlerische Bedrohung weniger blind waren als die damaligen Machthaber in England und Frankreich.
»In den Zeitungen hieß es damals, Sie hätten den Hitlergruß ausgeführt und Hitler große Komplimente gemacht«, sagte ich. »Waren das Enten?«
»Nein«, sagte David ohne zu zögern, »das stimmt.« Er sah mich eindringlich an. »Es ist zu Zeiten notwendig, gewisse Dinge zu tun oder zu sagen, auch wenn man weiß, daß sie zu Protokoll genommen werden.« Er lächelte. »Wallis und ich haben einen breiten Rücken. Wir können das ertragen.«
Wie gesagt, David hoffte in Deutschland wenigstens einen Aufschub für England und Europa zu erreichen, doch selbst wenn ihm das geglückt war, so wurde dieser Aufschub doch nicht von jenen genutzt, denen er zugute kam. Die politische Führung Frankreichs und Englands hatte bei zwei Gelegenheiten versäumt, die Wiedergeburt eines aggressiven Militarismus in Deutschland zu verhindern, und als es jetzt darum ging, den Krieg zu vermeiden und ungezählte Menschenleben zu retten, rührten sie sich nicht von der Stelle. Stattdessen versuchten sie sich freizukaufen, indem sie Hitler erst Österreich und dann das Sudetenland hinwarfen.
Noch ein Hinweis, der dazu dienen mag, den Herzog von Windsor richtiger zu beurteilen: Bei Kriegsausbruch im Jahre 1939 ersuchte er darum,

im englischen Heer Verwendung zu finden, denn er wollte die Nazis bekämpfen, eben jene, mit denen zu sympathisieren man ihn beschuldigt hatte. Wieder rührten sich geheimnisvolle politische Kräfte. Man lehnte seine Bitte ab, bot ihm eine Stabsstelle in der Etappe und ernannte ihn dann zum Gouverneur und Oberkommandierenden der Bahamas.

Für den 28. November 1963 vermerkt mein Tagebuch: »David besucht mich in Sutton Place. Zwischen 1919 und 1936 ist er oft hier gewesen, seither nicht mehr.«

Der Raum für die tägliche Eintragung war längst nicht ausreichend. David genoß es, wieder in Sutton zu sein. Als das Haus noch dem Herzog von Sutherland gehörte, hatten er und sein Bruder König George VI. häufig auf dem gedeckten Platz Tennis gespielt. Jetzt saßen wir in meinem Arbeitszimmer, gedachten der Tage von Oxford, der großen und kleinen Ereignisse, die seither vorgefallen waren, und spekulierten über den künftigen Lauf der Welt. Eines Abends kam die Rede wieder auf Deutschland und Hitler. David wurde nachdenklich.

»Sie wissen ja, Paul, daß Hitler und seine Mordbuben den Plan hatten, Wallis und mich zu entführen«, sagte er. »Es ist oft genug davon die Rede gewesen, das weiß der Himmel, und meist in entstellender Form, wie nicht anders zu erwarten. Hin und wieder wünsche ich mir, es wäre so gekommen. Es macht mir Spaß, mir auszumalen, daß ich wieder mit ihm allein gewesen wäre und vielleicht die Möglichkeit gefunden hätte, den Schuft umzubringen.«

Schon seit langem hatte ich David etwas fragen wollen, jetzt tat ich es: »Glauben Sie, daß Hitler verrückt war?«

»Vom medizinischen Standpunkt aus gewiß. Daran habe ich nie gezweifelt. Es gibt aber unterschiedliche Grade der Verrücktheit, Paul. Denken Sie nur an den Frieden von Versailles und an Genf . . .«

Damit schließt sich der Ring. Ich habe kaum noch etwas hinzuzufügen, außer vielleicht, daß Winston Churchill im Jahre 1936 seine Zukunft als Politiker aufs Spiel setzte, indem er sich heftig der Abdankung Edwards VIII. widersetzte: »Meine persönliche Loyalität gehört ihm.« Und später: »Lieber reden als Krieg führen.« Meine zugegeben parteiliche Meinung geht dahin, daß mein Freund David ein außergewöhnlich kluger und mutiger Herrscher gewesen wäre und daß seine Bemühungen, mit Adolf Hitler zu verhandeln, niemals den Dank und die Anerkennung gefunden haben, die sie verdienen.

II

Erwähnt man den Herzog von Windsor, so kommt man unweigerlich auch auf seinen Roman mit Wallis Simpson. Am 11. Dezember 1936 heißt es in Davids Rede bei Gelegenheit seiner Abdankung:
». . . und es ist mir einfach unmöglich, die Last der Verantwortung zu tragen und meine Pflicht als König zu erfüllen . . . ohne die Hilfe und Unterstützung der Frau, die ich liebe . . .«
Im Juni darauf wurden er und Wallis Simpson getraut. Viele Leute nahmen an, die Ehe würde nur von kurzer Dauer sein und nach einem halben Jahr, längstens einem Jahr geschieden werden. Noch nach einem Jahrzehnt blieben diese Unheilspropheten unbeeindruckt, und jahrelang lebten die Klatschspalten der Zeitungen von der Vorhersage des unmittelbar bevorstehenden Bruchs zwischen dem Herzogspaar. Ich und andere, die mit ihnen bekannt waren, glaubten nichts dergleichen, wie sich einer Tagebucheintragung von 1952 in Paris entnehmen läßt.
»1. November: Zum Diner in Dorothy Spreckels reizender Wohnung Rue Murillo 12. Die schlanke, blonde, große Dorothy wirkt höchst reizvoll, doch die Aufmerksamkeit gilt ausschließlich dem Herzog und der Herzogin von Windsor. Sie hängen sehr aneinander und man wird noch in hundert Jahren von der idealen Ehe dieser faszinierenden Menschen reden, wenn die anderen Zelebritäten des Tages längst vergessen sind. Die Herzogin betrachtete David liebevoll, als er mir von der Elefantenjagd in Kenia erzählte und davon, wieviel Spaß das Golfspiel ihm macht . . .«
Die Ehe des Herzogs und der Herzogin von Windsor währte bis zum Tode des Herzogs am 28. Mai 1972, fünfunddreißig Jahre lang.

Ich habe Fehler und Schwächen, Neid gehört aber nicht dazu, abgesehen davon, daß ich Menschen beneide, denen es gelingt, glücklich verheiratet zu sein. Diese Kunst habe ich nie erlernt.
Ich war fünf Mal verheiratet, wurde fünf Mal geschieden und das bedeutet kurz und knapp fünf Mißerfolge.
Es liegt in meinem Wesen, Mißerfolge zu verabscheuen, und dieser Abscheu ist wohl auch einer der Antriebe meiner Existenz. Dies bedeutet

nicht, daß ich den Erfolg um seiner selbst willen liebe, doch wenn ich mir etwas vorgesetzt habe, dann übernimmt ein mächtiger innerer Antrieb die Führung, und ich verbeiße mich darein, den Vorsatz in befriedigender Weise zu verwirklichen. Das ist mir in den meisten Fällen und auf den meisten Gebieten auch gelungen. Kam es zu Fehlschlägen, gab ich mir die größte Mühe, deren Wiederholung zu verhindern.
Für meine Ehen gilt dies aber augenscheinlich nicht.
Wie kommt es, daß ich mein eigenes Auto bauen, Öl fördern, eine Flugzeugfabrik leiten, ein Wirtschaftsimperium aufbauen und lenken kann, zugleich aber unfähig bin, eine zufriedenstellende Ehe zu führen?
Das ist wirklich eine teuflische Frage. Ich habe oft und eingehend darüber nachgedacht, habe endlos darüber mit meinen Ehefrauen, mit Freunden und Eltern geredet (und mit nicht wenigen Anwälten und Scheidungsrichtern).
Mein Vater war gegen die Ehescheidung. Zu seinen Lebzeiten war ich dreimal verheiratet, wurde zweimal geschieden, und noch vor seinem Tod war meine dritte Ehe schon kaputt. Er hielt mich in dieser Hinsicht für verantwortungslos.
Meine Mutter hat vier meiner Scheidungen und meine fünfte Heirat erlebt. Sie war der Meinung, der Fehler liege darin, daß ich Frauen freite, die zu jung waren für mich – alle meine Frauen waren zwischen zehn und zwanzig Jahren jünger als ich. (Selbstverständlich konnte sich meine Mutter nie davon überzeugen, daß irgendeine Frau »gut genug« für ihren einzigen Sohn sei, da ging es ihr wie fast allen Müttern einziger Söhne.)
Gewiß spricht manches für die Ansicht meiner Mutter, doch sah ich auch gute Gründe dafür, so viel jüngere Frauen zu heiraten. Bis zu meinem 31. Lebensjahr blieb ich Junggeselle. Fast alle Frauen meines Alters waren damals verheiratet. Eine Mittzwanzigerin, die noch ledig war, wies in der Regel Mängel im Charakter auf, sonst wäre sie verheiratet gewesen. Man darf nicht vergessen, daß meine Ehen sämtlich in den 20er und 30er Jahren zustandekamen, als sich der Ehrgeiz der Frauen, als Folge ihrer sozialen Prägung, darauf richtete zu heiraten. Die Männer waren ohnehin darauf gedrillt, zu argwöhnen, daß Frauen, die mit 25 noch unverheiratet waren, zum Ausschuß gehörten. Diese Vorstellungen mögen unfair gewesen sein und überdies völlig falsch, sie galten aber, unumstößlich.
Ferner wußte ich aus Erfahrung, daß ältere unverheiratete Frauen launi-

scher und herrschsüchtiger waren als jüngere. Ich möchte als Beispiel das Verhalten einer Dame anführen, die ich Ellen nennen will. Sie war 26, ich 29, zwei Monate gingen wir regelmäßig miteinander aus. Ich war kurz davor, ihr einen Heiratsantrag zu machen. Eines Abends fuhren wir in meinem Cadillac zu einem Nachtklub. Für damalige Verhältnisse war der Wagen vorzüglich gefedert, doch als ich über eine Unebenheit fuhr, wurde Ellen nach vorn geschleudert und stieß mit dem Kopf leicht gegen die Windschutzscheibe. »Kannst du nicht besser aufpassen!« giftete sie mich an. »Du bringst mich ja um!«
Da läutete die Alarmglocke. Das Mißgeschick war im Grunde nicht der Rede wert, und eine jüngere Frau hätte darüber gelacht. In der folgenden Woche betrachtete ich mir Ellen genauer und sah die herrischen, kleinlichen Risse in der reizvollen Fassade, die sie mir vorwies. Ich brach die Beziehung zu ihr ab. Später hat sie dann geheiratet, ihre Fassade wurde nicht mehr instand gehalten, sie entwickelte sich zu sich selber, eine nörgelnde, verschrobene Person.
Meine geschiedenen Frauen führen meist ins Feld, die Ehe sei hauptsächlich wegen meiner Inanspruchnahme durch die Geschäfte gescheitert. Zugegeben, es ist etwas daran, und ich streite es nicht ab. Doch jedes Ding hat wenigstens zwei Seiten,und das Rashomon-Prinzip sollte vor allem in Fällen angewandt werden, wo Ehen in die Brüche gehen und vor dem Kadi enden.
Ich scheue mich nicht, die Geschichte meines Versagens als Ehemann hier auszubreiten. Allgemein läßt sich sagen, daß die in der Presse dazu erschienenen Berichte weder mir noch meinen geschiedenen Frauen einleuchteten. Vielleicht kann ich die gröbsten Entstellungen berichtigen, allerdings nur durch eine parteiische Version, in der sich meine eigenen Vorstellungen und Urteile niederschlagen.
Meine erste Frau war Jeanette Demont, eine wunderschöne Brünette mit einer magnetischen Persönlichkeit von außerordentlicher Intelligenz. Sie war achtzehn, also dreizehn Jahre jünger als ich. Ich kannte sie einige Monate, bevor wir im Oktober 1923 in Ventura heirateten.
Was brachte mich überhaupt dazu, eine Ehe zu schließen? Es mag sein, daß ich tief innerlich vom Junggesellendasein genug hatte. Wahrscheinlich sehnte ich mich seit langem nach weiblicher Gesellschaft, die mehr von Dauer geprägt und auch erfüllter sein sollte als die, die der lebenslustige Junggeselle im allgemeinen hat. Vielleicht spielte auch eine Rolle, daß mein Vater kurz zuvor vom Schlaganfall getroffen worden war. Va-

ter erholte sich davon, doch mag mir der Vorfall vor Augen geführt haben, daß der Mensch sterblich ist und daß er sein Werk und sich selbst nur fortsetzen kann in seinen Kindern.
Bei alledem hat mir immer geschienen, als habe nicht ich meine Frauen geheiratet, sondern sie mich – eine keineswegs originelle Einsicht. Ich glaube nicht, daß ich je versucht habe, mir klarzumachen, ob die Frauen, die ich da heiraten würde, anderen Frauen, die ich nicht heiratete, überlegen wären. Ich war schließlich Junggeselle, ich verkehrte mit vielen Frauen, und damals wollten eigentlich alle geheiratet werden.
Selbstverständlich war der ausschlaggebende Faktor Liebe – oder was man im gegebenen Moment dafür hielt. Ganz gewiß war sie der Grund, der mich trieb, Jeanette Demont zu heiraten.
Wir mieteten auf dem Wilshire Boulevard in Los Angeles ein bequemes Haus, und anfangs schien unsere Ehe ein Erfolg zu werden. Ein Höhepunkt war erreicht, als sich Jeanette sieben oder acht Wochen nach der Heirat schwanger fühlte. Es war unser erster Sohn, den wir nach meinem Vater George Franklin Getty II nannten.
Das Idyll war allerdings von kurzer Dauer, und schon vor der Geburt von George zeigten sich Risse im Gemäuer unserer Ehe. Allerdings stellten sie sich nicht von selber ein, sondern wurden verursacht – von uns beiden.
Meine Tätigkeit warf Probleme auf; damals ließ ich im Süden Kaliforniens an mehreren Stellen nach Öl bohren, und dort blieb ich häufig auch über Nacht, manchmal ganze Tage hintereinander. Ich inspizierte auch oft die Bohrstellen in Oklahoma und in New Mexico, und auf diese Reisen wollte ich meine schwangere Frau nicht mitnehmen. Kommt hinzu, daß ein Mann, der bis zum 31. Lebensjahr Junggeselle geblieben ist, seine Gewohnheiten nicht über Nacht ändern mag, bloß weil ein Papier unterschrieben und gesiegelt worden ist.
Jeanette besaß einen starken, vortrefflichen Charakter und überdies eine idealisierende Auffassung von der Ehe und den ehelichen Beziehungen. Auch war sie merkbar eifersüchtig und machte kein Hehl daraus. Wenn wir ausgingen, begegneten wir selbstverständlich häufig Leuten, die ich kannte, darunter vielen Frauen.
»Wie kannst du bloß diese Schlampe grüßen!« sagte dann Jeanette etwa, oder: »Mit der Blondine, der du eben zugewinkt hast, hast du bestimmt was gehabt, oder?«
Proteste und Verneinungen bewirkten wenig, und getreu jenem sonder-

baren, allen Männern bekannten Paradoxon um so weniger, je weniger berechtigt die Vorwürfe waren. Unser Sohn George war noch keine zwei Monate alt, als Jeanette mir eröffnete, sie finde unsere Ehe unerträglich. Am 15. Februar 1925 wurde der von ihr eingereichten Ehescheidungsklage stattgegeben. Die Ehe hatte achtzehn Monate gewährt. Anfangs war ich wie vor den Kopf geschlagen, doch erholte ich mich schnell genug und begriff, daß die Verantwortung für den Fehlschlag überwiegend bei mir lag. Als die Bitterkeit, die jede Scheidung begleitet, sich gelegt hatte, stellten Jeanette und ich uns wieder auf freundschaftlichen Fuß, und daran hat sich nichts geändert. Sie hat schon vor vielen, vielen Jahren wieder geheiratet, und es freut mich innig, daß ihre Ehe glücklich und von Dauer ist. Wenn ich das doch nur auch von meinem eigenen zweiten Versuch behaupten könnte!

1926 machte sich eine besonders lange, anstrengende Arbeitsphase für mich bezahlt. Mehrere Bohrungen wurden fündig und produzierten Öl in reichlicher Menge. Die Geschäfte waren in gutem Zug, so gut, daß ich sie mittels postalischen, telefonischen, telegrafischen Anweisungen an meine Mitarbeiter leiten konnte. Da ich stets eine Neigung für Mexiko verspürte und seit meiner Spanienreise im Jahre 1915 Lust hatte, spanisch zu lernen, reiste ich nach Mexico City. Hier schrieb ich mich für einen Sprachkurs ein und hörte an der Universität von Mexiko mexikanische Geschichte.

Wie soll ich erklären, was nun geschah?

Man könnte sagen, es erfolgte eine verspätete Reaktion auf meine Ehe mit Jeanette und die Scheidung. Vielleicht hatte mich aber auch bloß das Heiratsfieber gepackt. Beides mag zutreffen, doch erklärt ist damit eigentlich nicht viel.

Unter den Studentinnen befand sich eine schlanke, große, hoch intelligente junge Dame, Allene Ashby mit Namen. Sie war siebzehn und die Tochter eines Ranchers aus Texas. Da sie stets viel im Freien gelebt hatte, war sie eine glänzende Reiterin. Und auf gemeinsamen Ausritten entstand eine plötzlich aufflammende Romanze. Da sie jung und unerfahren, ich hingegen völlig von ihr bezaubert war, erkannte keiner von uns, daß es sich hier in Wirklichkeit um eine sommerliche Verliebtheit handelte.

Eines Morgens fuhren wir nach Cuernavaca und ließen uns trauen.

Das war eine impulsive Handlung und ein schwerer Fehler, wie uns beiden schon nach wenigen Wochen klar wurde. Außerhalb der Universität von Mexiko und der romantischen mexikanischen Umgebung hatten wir kaum noch etwas gemeinsam. Wir trennten uns, und nicht lange danach reichte Allene die Scheidung ein. Ausgesprochen wurde die Scheidung erst 1928, und da war ich schon bis über beide Ohren in ein weiteres Abenteuer verstrickt, das mit meiner dritten Heirat endete.

1927 faßte ich den Entschluß, künftig sieben Monate des Jahres in den USA zu verbringen und fünf Monate in Europa; an dieser Regelung hielt ich bis 1939 fest. Die Monate in Europa sollten kein Urlaub sein, wenn sie auch dazu dienen würden, die Last meiner geschäftlichen Interessen zu erleichtern. Auch in jenen Monaten arbeitete ich, blieb ständig in Verbindung mit meiner Gesellschaft durch Briefe, Telegramme und das transatlantische Telefon. Zugleich begann ich in europäischen Ländern mit einer wirtschaftlichen Tätigkeit.
1927 machte ich die Reise mit meinen Eltern. Wir waren alle drei entsetzt über die Veränderungen, die seit unseren Besuchen 1909 und 1914 eingetreten waren, und meine geliebten Eltern sahen Europa bei dieser Gelegenheit zum letzten Mal. Begleitet wurden wir von Vaters treuem japanischem Diener, Frank Komai. Frank war wortkarg und ließ kaum etwas über die Eindrücke verlauten, die er während der 14 Tage in London, der Woche in Paris, dann in Straßburg, Baden-Baden und Innsbruck empfing. Erst als wir in Venedig ankamen und in der Gondel zum Hotel Danieli unterwegs waren, blickte er staunend auf die Kanäle Venedigs und sagte: »Ein sehr ulkiger Ort, in Japan gibt es so was nicht.«
Im August fuhren die Eltern mit Frank Komai nach Amerika zurück, während ich in Paris blieb, in meiner kleinen möblierten Wohnung in der Rue St. Didier. Die perfekte Wohnung für einen zweimal geschiedenen Junggesellen. Ich behielt sie auch bei, als ich meine nächste Reise antrat, die nach Wien führte . . .

12

In vieler Hinsicht glich das Wien von 1928 kaum noch der Stadt, die ich im Jahr 1913 kennengelernt hatte. Von dem Wohlstand und der überschäumenden Lebensfreude, welche die ehemalige Hauptstadt des Habsburger Reichs ausgezeichnet hatten, war wenig geblieben. Von meinen Bekannten dort lebten viele nicht mehr, wie ich ja auch in England und Frankreich viele meiner Freunde vermißte; die meisten waren im Krieg gefallen, andere unauffindbar. Immerhin gab es doch noch Reste der alten Lebensfreude in Wien, und im Grand Hotel, wo ich abstieg, waren Bedienung, Speisenfolge und Weine ebenso erlesen wie vor dem Krieg.

Als ich eines Abends im Restaurant des Hotels speiste, bemerkte ich an einem Tisch zwei junge Damen und ein älteres Paar. Die jungen Damen waren beide attraktiv, eine von ihnen, mit flachsblondem Haar, war hinreißend. Ich konnte die Blicke nicht von ihr losreißen und erfuhr später vom Kellner, daß es sich um Fräulein Adolphine Helmle handelte. Das ältliche Paar waren ihre Eltern, die andere junge Dame eine Freundin auf Besuch. Dr. Otto Helmle, der Vater von Fräulein Adolphine, war leitender Ingenieur der Zweigwerke des Badenwerks in Karlsruhe und hielt sich einer Ingenieurstagung wegen in Wien auf.

Ich folgte diesen vier Personen mit den Blicken zum Fahrstuhl; Adolphine war eine auffallende Schönheit. Etwa 1.70 Meter groß, war sie nicht nur sehr ansehnlich, sondern das lebhafte Gesicht und ihre Bewegung zeugten von Lebensfreude und Vitalität. Was zwei Abende später geschah, soll in Adolphines eigenen Worten erzählt werden, oder besser in »Finis«, wie sie sich gern nennen ließ.

»Ich hatte mit meiner Freundin zusammen ein Zimmer, und eines Abends brachte der Kellner eine Visitenkarte, auf der ein gewisser Herr J. Paul Getty ›die jungen Damen‹ ins Restaurant einlud. Wir beide waren erst achtzehn, reisten zum ersten Mal im Ausland und waren entsprechend aufgeregt. Den Eltern sagten wir, wir hätten Kopfschmerzen und wollten ruhen, gingen aber zu diesem Herrn Getty ins Schreibzimmer.

Er lud uns zum Abendessen ein. Ich nahm an, wagte dabei aber meine Freundin nicht anzusehen, denn wir hatten eben erst gegessen. Er bestellte das teuerste Essen samt Wein, und als ich damit fertig war, hatte ich wirklich Kopfschmerzen und ging mit meiner Freundin zurück aufs Zimmer. Kaum waren wir oben, klopfte es, der Kellner kam herein und sagte: ›Pardon, Fräulein, hier die Rechnung.‹

Ich war außer mir, bezahlte dann aber mit dem Geld, das meine Eltern mir kürzlich gegeben haben, damit ich Kleider kaufen sollte. Als Paul mich am nächsten Nachmittag in der Halle ansprach, ließ ich ihn stehen, weil ich ihn für einen Schwindler hielt. Er brachte dann heraus, daß der Kellner mir die Rechnung gegeben hatte, die in Wahrheit schon wie gewünscht auf seine Hotelrechnung gesetzt worden war. Man gab mir unter großen Entschuldigungen das Geld zurück, und nachdem dieser Wirrwarr ausgestanden war, fand ich die Sache höchst komisch.«

Ich war hingerissen von Fini. Als sie mich kurz darauf ihren Eltern vorstellte und wir unseren Wunsch vortrugen, zu heiraten, stieß das auf heftige Ablehnung. Dr. Helmle bemerkte böse, ich sei schon 36, also doppelt so alt wie seine Tochter, und er erwies sich im übrigen als Chauvinist. Er wollte seine Tochter nicht an einen Amerikaner verheiraten und sie nicht ins Ausland lassen.

Fini lehnte sich gegen das Diktat ihres Vaters auf. Im Oktober 1928 wurde meine Scheidung von Allene rechtskräftig, und trotz des Widerspruchs der Eltern Helmle kam Fini nach Havanna; dort heirateten wir. Nach der Hochzeitsreise ließen wir uns in Kalifornien nieder.

Fini sprach nur wenig Englisch, und da ich dringende Geschäfte hatte, sie in einer neuen und für sie fremden Umgebung aber nicht allein lassen wollte, wohnten wir anfangs bei meinen Eltern. Mutter und Vater waren von Fini entzückt, und Mutter kam sogar zu der Einsicht, daß ich endlich die Frau gefunden habe, die gut genug sei für mich; sie war sogar geneigt, den Altersunterschied zu übersehen.

»Pauls Eltern haben mich wie eine Tochter behandelt, ich habe sie geliebt, und ich glaube, auch sie haben mich geliebt«, hat Fini öffentlich erklärt.

Daß Finis Eltern ihrerseits mir gegenüber ähnliche Gefühle hegten, war nicht zu bemerken. Es nagte an ihnen, daß die Tochter gegen den Wunsch der Eltern geheiratet hatte, und sie bombardierten Fini mit Briefen. Man muß hier bedenken, daß sie in Deutschland aufgewachsen war, wo alle Kinder, insbesondere die Töchter, eingeschärft bekommen, daß das Wort des Vaters Gesetz ist. Ich bin überzeugt, daß der Einfluß der Eltern Helmle meine Ehe mit Fini scheitern ließ. Fini wurde 1929 schwanger, und Dr. Helmle bestand darauf, daß seine Tochter – nicht etwa meine Frau, sondern seine Tochter! – das Kind in Deutschland zur Welt bringe. Finis Loyalität mir gegenüber und ihre Nerven waren unterdessen angegriffen. Überzeugt, an ihren Eltern Verrat begangen zu haben, forderte sie mich auf, mit ihr zusammen nach Deutschland zu übersiedeln.

Gerade damals waren meine Geschäfte in einer kritischen Phase, und ich konnte nicht weg, bis einige sehr wichtige Angelegenheiten geregelt waren. Fini erklärte, sie wolle alleine voranreisen, ich sollte so bald wie möglich folgen. Sie fuhr im Spätsommer 1929 und es wurde Mitte Oktober, bis ich die dringendsten Probleme erledigt hatte und nach New York fahren konnte. Ich kam dort gerade rechtzeitig am 23. Oktober an, als der Zusammenbruch in Wall Street begann. Nun galt es, mit meinen Maklern und Anwälten Vorkehrungen zu treffen, und erst danach konnte ich abreisen.

Als Fini unser Kind in Berlin zur Welt brachte, war ich bei ihr. Es war ein Junge, den wir Ronald tauften, aber bald schon Ronnie nannten. Meine Freude darüber, zum zweiten Mal Vater geworden zu sein, trübte ein Ultimatum, das mir Dr. Helmle stellte. Entweder sollte ich ständig mit Fini und unserem Sohn in Deutschland leben, oder er würde auf einer Scheidung bestehen. Ich bemühte mich verzweifelt um einen Kompromiß und verhandelte noch darüber, als mich am 22. April 1930 telegrafisch die Nachricht erreichte, daß mein Vater einen zweiten Schlaganfall erlitten hatte und sein Befinden besorgniserregend war.

1930 konnte man noch nicht über den Ozean fliegen, also nahm ich das nächste Schiff und ließ mich unterwegs über Funk vom Zustand meines Vaters unterrichten, der täglich schlechter wurde. Als ich in New York ankam, verhinderte die Wetterlage einen Inlandflug, und ich nahm den schnellsten Zug nach Los Angeles. Mein Vater lebte noch dreißig Tage. Sein Tod war der schwerste Schlag, der größte Verlust, den ich bis dahin in meinem Leben erlitten hatte. Trotz meines eigenen Kummers und meiner Bemühungen, die Mutter zu trösten, mußte ich mich gleichzeitig mit den Finanzbehörden herumschlagen. Ob wohl einer dieser Leute empfunden hat, wie hyänenhaft sie wirkten, als sie gleich nach Vaters Beerdigung bei uns einfielen, um Bewertungen für die Festsetzung der Erbschaftssteuer vorzunehmen?

Als das Jahr 1930 sich dem Ende zuneigte, wurde klar, daß meine dritte Ehe nicht zu retten war. Helmle dirigierte persönlich das Vorgehen der Advokaten, welche Finis Scheidungsklage betrieben. Zwar war er korrekt, wie nur ein Deutscher sein kann, dabei aber ein harter, abgebrühter Händler. Er bestand auf einer großen Abfindung für seine Tochter. Im August 1932 war die Scheidung rechtskräftig.

Fini hat nicht wieder geheiratet, und wir stehen als gute Freunde in enger Verbindung miteinander. Sie besucht mich häufig, in Sutton Place war sie 1974 zum letzten Mal. Eine gewisse Ironie liegt darin, daß Fini seit langem schon ständig in Kalifornien lebt. Ich bin überzeugt, hätte ihr Vater sich herausgehalten, unsere Ehe wäre sicher anders verlaufen.

Nach seiner sechsten Ehe sagte Cornelius Vanderbilt jr.: »Meiner Ansicht nach sind wir, die oft heiraten, die wahren Idealisten, die Romantiker, die Sucher nach dem Ideal des Glückes, das uns in diesem Leben stets entwischt.«
Das mag sein, doch finde ich diesen Ausspruch etwas prätentiös und reichlich defensiv. Das Muster, nach dem meine eigenen Ehen verlaufen sind, stellt sich mir als ein Verstoß gegen den Grundsatz Ciceros dar: »Zweimal über den gleichen Stein zu stolpern ist der Inbegriff der Schande.« Ich beharrte darauf, immer von neuem über den gleichen Stein zu stolpern.
Am 2. Dezember 1932 heiratete ich in Mexiko Ann Rork. Ich war vierzig, Ann genau halb so alt. Ihren Vater, Sam Rork, kannte man in Hollywood als Produzenten und Regisseur; seine Tochter war eine liebliche, lebenssprühende Brünette, die selbst gern Schauspielerin werden wollte.
Wir bezogen das Haus am Strand von Malibu, das ich vor Jahren gebaut hatte, und zunächst ging alles gut. Ann gebar mir meinen dritten Sohn, Eugene Paul (der seinen Namen später in Paul Getty jr. änderte). Unser häusliches Leben verlief angenehm. Dann aber stellten die Geschäfte neuerlich ihre Forderungen an mich, und Ann beklagte sich, weil ich so oft weg war. Ich sei schließlich reich, meinte sie, warum müsse ich da arbeiten? Unser zweiter Sohn kam zur Welt. Nach dessen Geburt wurde Ann unruhig. Sie wollte eine Laufbahn beim Film einschlagen, die Reibungen zwischen uns nahmen zu, und unser Verhältnis zueinander verschlechterte sich rapide.
Ann reichte die Scheidungsklage ein, und der Prozeß machte, wie sie später selber zugab, großes Aufsehen. Fragte man mich nach meinem eigenen Eindruck, so würde ich mich sehr viel kräftiger ausdrücken, doch das ist alles lange her. Es mag genügen, wenn ich sage, daß diese Scheidung mir mehr Ärger bereitete als alle anderen. Rückblickend habe ich den Eindruck, daß der Wirbel, die Behauptungen und Vorwürfe, die in alle Welt hinausposaunt wurden, weniger auf Ann selber zurückgehen als auf die Rechtsvertreter, die ihr aufgenötigt worden waren. Angehende Schauspieler und Schauspielerinnen hatten sie zu diesen »Helfern« überredet, weil sie in jedem aufsehenerregenden Ereignis – und sei

es eine Scheidung – die Gelegenheit erblickten, sich dramatisch zu produzieren und für Eigenreklame zu sorgen.
1935 war ich also wieder Junggeselle, ein viermal geschiedener Junggeselle. Das Heiratsfieber hätte damit kuriert sein sollen, ein für alle Mal. Das war es aber nicht. Aus geschäftlichen Gründen übersiedelte ich für längere Zeit nach New York und mietete dort von Mrs. Frederick A. Guest eine Penthousewohnung.
Betsy Beaton war damals in New York eine erfolgreiche Schauspielerin. Solange sie noch in Hollywood wohnte, einige Jahre früher, war ich häufig mit ihr ausgegangen. (Ihr Vater war K. C. Beaton, der bekannte Autor und Kommentator.) Als ich meine neue Wohnung bezog, spielte Betsy die Hauptrolle in einem Theaterstück. Ich forderte sie telefonisch auf, nach Belieben bei mir hereinzuschauen und die Wohnung zu bewundern, die von Mrs. Guest mit den prachtvollsten Antiquitäten ausgestattet worden war.
Betsy besuchte mich eines Nachmittags und brachte eine gute Freundin mit, Louise Dudley Lynch, eine Nichte von Bernhard Baruch. Mein erster Gedanke bei ihrem Anblick war: »Das ist die Frau für dich.« Eine junoeske Schönheit mit kastanienbraunem Haar zeichnete sie sich durch immensen Charm und Geist aus. Ich erfuhr auch bald, daß sie sehr begabt war. Louise gehörte zu den ersten sogenannten »Society Chanteuses« – begabte junge Damen aus der besten Gesellschaft, die in ganz exklusiven Klubs auftraten.
Ihre Stimme hatte einen bemerkenswerten Umfang, von Kontraalt bis zum Koloratursopran, und Louise wäre für ihr Leben gern zur Oper gegangen. Eugenie Leontovich und Amelita Galli-Curci, erfahrene Beurteiler von Stimmaterial, standen nicht an, ihr zum Gesangstudium zu raten.
Louises Verwandtschaft mit dem Multimillionär Bernie Baruch hieß keineswegs, daß sie selbst reich war. Baruch hatte jenen Zweig der Familie sich selber überlassen, und sie verfügte nur über ihre – immerhin vierstellige – Wochengage als Sängerin. Ich erbot mich, ihr Studium zu finanzieren, indem ich ihr das Geld vorstreckte, das sie mir aus künftigen Einnahmen zurückzahlen sollte.
Bedauerlicherweise redete ihr ein »Kenner« ein, der Name Louise Lynch sei für eine Opernlaufbahn nicht fein genug, sie sollte sich Theodora Lynch nennen. Angeblich klang das klassischer, und als Beispiel wurde angeführt, daß Enrico Caruso ursprünglich Errico und Rosa Ponsell Rosa

Ponzillo geheißen hätten. Louise ließ sich überzeugen, verlangte aber, daß sie für den Hausgebrauch »Teddy« genannt wurde. Unter diesem Spitznamen kennen sie ihre Freunde, und so will ich sie im folgenden auch nennen.

Teddy studierte zunächst in London bei Blanche Marchesi. Danach ging sie nach Rom zur weiteren Ausbildung und betätigte sich hier als Korrespondentin der *New York Herald Tribune.*

Ich war unterdessen völlig vernarrt in sie und folgte ihr nach Rom. Unter dem 14. November 1939 steht in meinem Tagebuch: »Mittags haben Teddy und ich sehr romantisch im Campidoglio geheiratet.«

Der Zweite Weltkrieg hatte zwar schon begonnen, doch war Italien ja anfangs neutral. Ich fuhr zurück nach Amerika, Teddy blieb und setzte ihr Studium fort. Erst am 1. Juni 1942 traf sie in den USA ein, denn sie war unterdessen als Spionin von den Faschisten festgenommen und vorübergehend eingesperrt worden. Sie kehrte an Bord des schwedischen Schiffes *Gripsholm* mit den amerikanischen Diplomaten zurück, die interniert worden waren, als Italien den Krieg an Amerika erklärte.

Als wir heirateten, war Teddy dreiundzwanzig, ich dreiundvierzig, also wieder zwanzig Jahre Unterschied. Jedenfalls war ich in dieser Hinsicht konsequent, wie mein Vetter Hal Seymour richtig bemerkte.

Am 6. Juni 1946 kam unser Kind Timothy zur Welt, Timmy genannt. Ich war damals 53, hatte von meinen anderen Frauen vier Söhne und war doch wieder ein stolzer Vater. Teddy hat allerdings behauptet: »Ein wirklicher Vater wurde Paul erst, als Timmy geboren war.« So mag es ihr vorgekommen sein, und ich will nicht bestreiten, daß ich mich mit Timmy mehr abgegeben habe als mit meinen anderen Söhnen, solange sie noch klein waren.

Teddy und ich waren glücklich. Endlich eine Ehe, die von Dauer sein wird, dachte ich. Doch es kam anders. Erste Schwierigkeiten ergaben sich, als ich darauf beharrte, noch in Tulsa zu bleiben, bis die Flugzeugfabrik Spartan auf Friedensproduktion umgestellt war.

Angeblich hat Teddy geäußert: »Paul war ein braver Gatte und Vater, seine Liebe aber gilt den Geschäften. Zeigte sich eine neue Gelegenheit, dann konnte er nicht widerstehen.«

Dies paßt nun keineswegs auf Spartan. Hier mußte ich dafür sorgen, daß auch im Frieden gedieh, was ich während des Krieges aufgebaut hatte; ich fühlte mich den Menschen verpflichtet, die mir dabei geholfen hatten. Solche Dinge lassen sich kaum einer Frau zufriedenstellend erklä-

ren, mit der man verheiratet ist und Kinder hat.
Kam hinzu, daß Teddy selbst darauf brannte, ihre Laufbahn zu beginnen. Sie trat nun in Konzerten auf, gab Liederabende, sang an der Oper und filmte. Daß unser Eheleben immer schwieriger wurde, hatte sicher seinen Grund darin, daß unsere beruflichen Interessen nicht harmonierten.
Als die Getty-Gruppe in der neutralen Zone nach Öl suchte und schließlich welches fand, versetzte das meiner Ehe den Todesstoß. Ich betrieb meine Geschäfte nun im Weltmaßstab, und wenn ich sie ordentlich führen wollte, mußte ich an zentraler Stelle wohnen, irgendwo zwischen den Vereinigten Staaten und dem Nahen Osten. Als ich 1951 nach Europa reiste, wußte ich, daß ich eine Weile würde bleiben müssen. Anfangs begleiteten mich Teddy und Timmy, bis Teddy mir schließlich ein Ultimatum stellte, das ihrer Ansicht nach nur vernünftig war.
»Timmy ist Amerikaner, er soll in Amerika aufwachsen, und auch ich möchte wieder in Amerika leben. Komm mit uns heim.«
»Ist dies ein Entweder-Oder?« fragte ich.
»Ich fürchte ja, Paul.«
Teddy reichte die Scheidungsklage ein, die im Jahr darauf rechtswirksam wurde, und damit war meine fünfte Ehe wie alle anderen vorüber – wieder ein Fehlschlag.
Nichtsdestoweniger verbindet mich mit Teddy große Freundschaft, und wir halten enge Verbindung. Während ich hier sitze und schreibe, erwarte ich ihren Besuch in Sutton Place in den allernächsten Wochen.

Zu meiner Rechtfertigung kann ich nur sagen: Ich habe mich von keiner meiner Frauen scheiden lassen, ich habe keine Scheidung verlangt, habe keine Klage eingereicht. Der Heiratskontrakt ist in meinen Augen ebenso bindend wie jeder andere Vertrag, und ich bin stets für Vertragstreue eingetreten. Immer waren es die Frauen, die sich der Möglichkeit einer Vertragsauflösung bedient haben.
Es scheint leider wahr zu sein, daß die Heiratsurkunde die Beziehung zwischen einem Mann und einer Fau rascher zerstören kann als irgend etwas anderes. Viele Paare gleichen vor der Heirat Leuten, die mit wehenden Rockschößen das Flugzeug zu erreichen suchen; einmal an Bord, verwandeln sie sich in Passagiere. Sie sitzen bloß noch da.
Ein Freund sagte mir einmal: »Paul, im Grunde bist du ein Moralist, sonst hättest du nicht fünfmal geheiratet.« Darin mag ein Körnchen

Wahrheit liegen, aber was ist mit all den Frauen, die ich nicht geheiratet habe?
Immerhin: fünf Frauen können sich nicht völlig irren. Eine von ihnen sagte mir nach der Scheidung: »Als Freund bist du großartig, Paul, als Ehemann unmöglich.«
In einer Hinsicht halte ich mich für vom Glück begünstigt, mehr begünstigt jedenfalls als die meisten mir bekannten geschiedenen Männer. War die Heiratsurkunde erst mal wertlos, wurden meine geschiedenen Frauen und ich wieder Freunde.

13

Ich, J. Paul Getty, erkläre hiermit feierlich:
Ich bin weder homosexuell noch ein Eunuche, ich habe auch niemals ein Keuschheitsgelübde abgelegt.
Die Gesellschaft von Frauen ist mir stets angenehm gewesen, und ich unterhalte enge, jahrelange Beziehungen zu vielen Frauen.
Falls nötig, bin ich bereit, mit dem Leben dafür einzutreten, daß Frauen als Bürgerinnen dieses Landes die gleichen Rechte genießen sollen wie die Männer.
ABER . . .

In jüngster Zeit ist es weltweit zu einem Aufflammen des Feminismus gekommen, ein Phänomen, das wohl am besten mit dem Etikett »Frauenbefreiungsbewegung« versehen werden kann. Diese Bewegung hat Millionen Anhängerinnen gefunden, angefangen von irre blickenden Extremisten bis zu Frauen von höchster Intelligenz und größter Vernunft wie die Prinzessin Ashraf Pahlavi, die Zwillingsschwester des Schahs von Persien. Ich bin mit Prinzessin Ashraf eng befreundet und kann daher bezeugen, daß sie nicht nur eine ganz und gar weibliche Frau ist, sondern auch bemerkenswert klug.
Prinzessin Ashraf also spielt in der Frauenbewegung eine aktive Rolle, sie saß mit beratender Stimme im Vorstand jenes Komitees, das das Jahr 1975 zum Jahr der Frau machte. Sie führte die iranische Delegation auf der von den Vereinten Nationen geförderten Konferenz, welche die Rolle der Frau in der Gesellschaft untersuchte, und gab im Juni 1975 dem Ma-

gazin *Newsweek* ein Interview, das einen Satz enthielt, der mich einigermaßen umwarf, so sehr ich die Prinzessin bewundere. Angeblich sagte sie: »In diesem Zeitalter der Entkolonisierung sind wir Frauen die letzte Kolonie des männlichen Imperialismus.«

Gütiger Gott, dachte ich und sah schon vor meinem inneren Auge weibliche Friedenskämpferinnen Barrikaden bemannen – oder sage ich besser, befrauen? Ich warf ängstliche Blicke zur Tür und erwog flüchtig die Möglichkeit, meine unersetzlichen Gehilfinnen, denen ich völlig vertraue, Mrs. Barbara Wallace und Mrs. Elaine Mellish könnten plötzlich im Kampfanzug mit Maschinenpistolen hereinstürmen. Ich rief mich aber zur Ordnung und setzte die Lektüre fort.

»Ich bin nicht für einen Krieg zwischen den Geschlechtern«, war die Prinzessin angeblich fortgefahren. »Im Kampf um unsere Gleichberechtigung brauchen wir die Hilfe der Männer, und überhaupt kann einer ohne den anderen nicht auskommen.«

Ich war unbeschreiblich erleichtert. Der Gedanke, meine Freundin, die liebliche, charmante Prinzessin Ashraf könnte sich bei einem Krieg zwischen den Geschlechtern an die Spitze der gegnerischen Armee stellen, muß jedes Männerherz zittern lassen. Noch fürchterlicher allerdings ist die Vision einer Welt, in der ein Geschlecht versucht, ohne das andere auszukommen. Vorsichtshalber beschloß ich, Mrs. Wallace und Mrs. Mellish künftig ihre förmliche Anrede zukommen zu lassen, doch dann verflüchtigte sich meine Angst allmählich und mir fiel ein, daß ich beide seit Jahren beim Vornamen nenne.

Ich muß gestehen, in vieler Hinsicht bin ich ein Mensch, der ins vorige Jahrhundert gehört, was übrigens ebenfalls sehr zum Scheitern meiner Ehen beigetragen hat. Alle meine Frauen stammten nämlich definitiv aus dem zwanzigsten Jahrhundert, und solche anachronistischen Mischsuppen sind unbekömmlich. Im großen und ganzen möchte ich Henry Alfred Litton beistimmen, der, schon über 100 Jahre alt, einmal auf meine Frage »Was halten Sie von der modernen Frau?« antwortete: »Ich bewundere sie, fürchte aber, es ist ihr etwas verloren gegangen. Als ich jung war, wußte man immer, wann man es mit einer Dame zu tun hatte, und vor einer Dame nahm jeder Herr den Hut ab. Damals wurden die Frauen viel mehr geachtet als heute, und das ist der damaligen Gesellschaft gut bekommen.«

Auch ich glaube, daß die Stellung der Frau, was die Stärke ihres Einflusses, die Bedeutung ihrer Rolle, das Gefühl der eigenen Identität und das Maß der ihr entgegengebrachten Achtung angeht, damals besser war als heute. Selbstverständlich gab es Klassenunterschiede; nicht alle Frauen waren »Damen«. Aber auch längst nicht alle Männer waren Herren. Die damaligen Ungleichheiten und Ungerechtigkeiten beruhten im wesentlichen auf der gesellschaftlichen Schichtung und den wirtschaftlichen Gegebenheiten und viel weniger auf der Zugehörigkeit zum einen oder anderen Geschlecht.

Gleichwohl unterscheiden sich Männer von Frauen im Temperament, in den Emotionen und der emotionalen Reaktion, ob uns das nun paßt oder nicht. Nebenbei bemerkt: Was Körperkraft und Ausdauer betrifft, sehe ich keinen großen Unterschied. Ich habe in Rußland und anderswo gesehen, wie Frauen die beschwerlichsten Arbeiten ausführen, und kann mir vorstellen, daß es in Rußland und anderen Ländern viele Frauen gibt, die an Körperkraft den bulligsten Polizisten in London, New York, München oder Paris überlegen sind.

Die für meine Begriffe fundamentalen und ausschlaggebenden Unterschiede liegen anderswo. Mir ist aufgefallen, daß im großen und ganzen Männer mehr zur Objektivität neigen, Frauen hingegen zur Subjektivität, insbesondere in Situationen, wo Personalfragen eine Rolle spielen. Nehmen wir an, die Arbeitskollegen John und Mary beobachten Tom, einen neuen Mitarbeiter.

John wird vermutlich sagen: »Offenbar versteht Tom was von seiner Arbeit.«

Mary hingegen wird vermutlich sagen: »Ein netter Kerl.«

Stellt man einem Mann eine Frage, wird er sich vermutlich mit der Frage beschäftigen. Diese Einsicht läßt sich am besten durch einen uralten Scherz erläutern: »Wenn man einen Mann fragt, wo er den Braten gekauft hat, der auf den Tisch kommt, antwortet er: ›Beim Schlachter an der Ecke.‹ Auf die gleiche Frage antwortet eine Frau: ›Wieso, schmeckt er nicht?‹«

Ich selbst bin so gemacht, daß ich mich auf alles konzentrieren kann, was ich mir vornehme, und nicht leicht abzulenken bin. Vor einigen Jahren bat mich eine ganz reizende junge Dame, die wußte, daß ich einen Nachmittag in der Wallace Collection verbringen wollte, sie dorthin mitzunehmen. Ich lehnte höflich, aber entschieden ab. Sie schmollte. »Warum nicht?«

»Weil Sie, offengestanden, verwöhnt sind«, erklärte ich ihr. »Wenn ich

Sie mitnehme, erwarten Sie, daß ich meine Aufmerksamkeit Ihnen widme und nicht den Bildern. Sie würden mit den Bildern konkurrieren wollen, und wenn die Bilder Sieger blieben, würden Sie sich ärgern. Hingegen wenn Sie Siegerin blieben, würde ich mich ärgern und der Nachmittag wäre mir verdorben.«

Darauf hat sie mir wochenlang kein Wort mehr gegönnt, und das führt mich gleich zu einer anderen Eigenschaft, die mir an Frauen häufig auffällt. Sie haben ein phänomenales Gedächtnis. Eine echte oder auch nur eine eingebildete Kränkung vergessen sie weder, noch vergeben sie sie ganz, und das gleiche gilt für ein nicht eingehaltenes Versprechen oder was Frauen dafür halten. Der kluge Mann wählt daher seine Worte mit Bedacht, allerdings wird es ihm nicht viel nützen.

Ich kenne ein Paar, nennen wir es Bob und Helen, die seit Jahren zufrieden zusammenleben, ohne verheiratet zu sein. Als sie mich kürzlich besuchten, kamen wir auch auf diesen Gegenstand zu sprechen, und Bob sagte schmunzelnd mit einem Blick auf Helen: »Da können wir Ihnen ein schönes Beispiel liefern. Es ist jetzt etwa vier Jahre her, da habe ich Helen einmal am Samstagabend, als ich in besonders guter Stimmung war, vorgeschlagen, wir sollten am nächsten Vormittag in ihrem Lieblingslokal ein spätes Frühstück essen. An jenem Sonntag schliefen wir lange, dazu regnete es, und ich sagte, dann bleiben wir doch lieber zu Hause. Helen nahm es mir monatelang krumm . . .«

»Noch immer«, sagte Helen scharf, und man sah, daß sie es ernst meinte. »Schließlich hast du es versprochen . . .«

Da ächzte Bob nur.

Als ich in Person die Flugzeugfabrik Spartan leitete, waren mindestens ein Drittel der 5500 Arbeitnehmer Frauen, und ich möchte hier ausdrücklich sagen, daß sie tüchtig, gewissenhaft und pflichtbewußt waren. Ich habe damals viel Zeit in der Fertigung zugebracht, habe persönlich die Arbeitsabläufe überwacht und reichlich Gelegenheit gehabt, die Unterschiede im Verhalten männlicher und weiblicher Arbeitnehmer zu erkennen.

Was mich am meisten überraschte, war, daß Frauen völlig aufrichtig und ehrlich ihre Fähigkeiten und ihre Grenzen eingestanden. Verlangte man von ihnen eine Arbeit, mit der sie keine Erfahrung hatten, gaben sie es offen zu und baten um Anweisung. Anders die Männer. Die brachten es nicht über sich, Unfähigkeit oder Unwissen einzugestehen, sondern

mimten Verständnis und versuchten dann, sich durchzumogeln, was kostspielige Fehler zur Folge hatte.
Handelte es sich darum, Kritik zu ertragen,waren die Reaktionen genau umgekehrt. Arbeiter nahmen Tadel gelassen hin und fühlten sich davon nicht persönlich gekränkt, Arbeiterinnen hingegen reagierten auf Tadel, als handelte es sich um einen Angriff auf ihre Individualität. Gleich fingen sie an zu weinen und rannten aufs Klosett. Anschließend schmollten sie stunden- oder auch tagelang, manche warfen die Arbeit überhaupt hin.

Die befreiten Frauen halten mich unterdessen gewiß schon für einen männlichen Chauvinisten schlimmster Sorte, doch so sind meine Erfahrungen. Rhetorik und Dialektik ändern nichts an dem, was ich beobachtet und erkannt habe; zugleich möchte ich aber deutlich machen, daß ich nie und nimmer die Frauen herabsetzen wollte und sie auch nicht für minderwertiger als Männer halte. Ich wende mich nur an die Vernunft, ich leiste meinen kleinen Beitrag dazu, daß man die Rollen und Beziehungen zwischen den Geschlechtern aus einer realistischen Perspektive sehen lernt.
Männer haben männliche Fehler, Schwächen, faule Stellen. Frauen ebenso in weiblicher Ausführung. Die Summe dieser Schwächen macht keines der beiden Geschlechter besser oder schlechter, keines von beiden ist perfekt, im Vergleich miteinander tut sich keines besonders hervor, und in diesem Sinne jedenfalls sind sie einander ebenbürtig.

Meine Ehen könnten als Beispiele in ein Lehrbuch aufgenommen werden. Ich war längst kein idealer Gatte, ich hatte die männlichen Schwächen in hohem Grade. Ich glaube, Ölbohrungen und der Erwerb von Aktien fesselten mich mehr als Heim und Herd. Privat war ich nicht weniger autokratisch als im Geschäftsleben. Häufig überfiel mich Jähzorn; Geburtstage, Jahrestage und gesellschaftliche Verabredungen vergaß ich ganz einfach, und wenn ich es auch nicht darauf anlegte, mit anderen Frauen zu flirten, so hing ich doch jenem laissez-faire an, das unter Männern verbreitet, für ihre Frauen aber das rote Tuch ist. Schließlich war ich mit vielen Frauen befreundet und sah nicht ein, daß ich diesen nun aus dem Wege gehen müsse, nur weil ich verheiratet war.
Auf diese Geständnisse hin dürfte mich ein aus Frauen zusammengesetztes Geschworenengericht wohl auf der Stelle schuldig sprechen (und

zum Tod auf dem Scheiterhaufen verurteilen). Ist es dem Verurteilten gestattet, mildernde Umstände vorzutragen?
Meine Frauen waren ausnahmslos eifersüchtig auf meine Arbeit und verabscheuten es, daß ich ihr so viel Zeit widmete. Keine einzige jedoch verschmähte, an den Früchten dieser Tätigkeit teilzuhaben. Vielleicht bin ich in den Jahren meiner Ehen stocktaub gewesen; das würde erklären, weshalb ich niemals einen Vorschlag zu hören bekommen habe wie: »Hör doch auf zu arbeiten, Paul, was brauchen wir Autos und Personal, laß uns in eine kleine Wohnung ziehen und bescheiden leben.«
Als nächstes folgt die Abfindung – nicht die Unterhaltszahlung für die Kinder, sondern die Abfindung der geschiedenen Frau.
John Barrimore, mit dem ich in Hollywood bekannt war, hat ebenfalls sein Schock Scheidungen hinter sich, und als er einmal die astronomischen Summen addierte, die ihn seine Ex-Frauen kosteten, machte er zu Gene Fowler die bittere, aber klassische Bemerkung: »Ich sehe ja ein, daß man die Primaballerina bezahlen muß, aber ich unterhalte ein ganzes Ballett.«
Im Rückblick auf die Vergangenheit und auf fünf Scheidungen fallen mir Millionen Gründe dafür ein, daß mein Mitgefühl ganz und gar John Barrimore gilt.
Dabei kommt mir Aristoteles Onassis in den Sinn. 1954 erzählte er mir, seine berühmte Yacht *Christina* kostete ihn monatlich 30000 Dollar, also 360000 im Jahr. Man darf annehmen, daß diese Kosten 1975 auf mindestens das doppelte angestiegen waren, also etwa auf 750000 Dollar jährlich. Nun konnte man lesen, daß Onassis seiner Witwe Jacqueline ein Einkommen von jährlich 250000 Dollar hinterlassen hat und dazu den halben Anteil an der *Christina*. Er hatte schon einen ausgeprägten Sinn für Humor, dieser Ari.
Zusammenfassend läßt sich sagen, daß der erfolgreiche oder der erfolgsorientierte Unternehmer in Bezug auf seine Ehefrauen und sein Sexualleben Verhaltensmuster eigener Art an den Tag legt. Darüber ist endlos gestritten und spekuliert worden. Die Erfahrung von mehr als 60 Jahren gibt mir wohl das Recht, meine eigenen Ansichten beisteuern.

14

Anhänger des berühmten Traumhändlers Dr. Sigmund Freud bezeichnen einen Unternehmer und Geschäftsmann leicht schaudernd als »Homo Economicus« und als Geschöpf eigener Art. Die Freudianer behaupten, der Homo Economicus sei vom »Geist des Kapitalismus« ergriffen und dieser verdränge die normalen erotischen Impulse, wodurch eine Sublimierung des Sexualtriebes stattfinde.

Ich selbst habe nie den Drang verspürt, mich auf das Sofa eines Psychoanalytikers zu legen, und weiß daher nicht aus erster Hand, nach welchen Erkenntnissen die Freudianer im Unterbewußtsein des Unternehmers angeln, um zu ihren Schlußfolgerungen zu kommen. Ich bin jedoch überzeugt, daß zwischen meiner eigenen kapitalistischen Artung und meinen erotischen Impulsen kein Zusammenhang besteht. Auch ist mir, der ich mein Leben in Gesellschaft von Wirtschaftlern aller Spielarten verbracht habe, nie eine Entsprechung zwischen ihrem Sexualtrieb und ihrem Drang nach Erfolg aufgefallen. Es gibt sexbesessene Unternehmer und solche, die man in die Kategorie des Durchschnitts einordnen könnte, und wieder andere, die bei einer Einstufung nach der Stärke des Sexualtriebes ganz am Ende rangieren würden.

Theodore Reik übrigens weist den freudianischen Standpunkt rund heraus zurück, wenn er erklärt: »Der ursprüngliche Sexualtrieb kann überhaupt nicht sublimiert werden.« Und die Adlersche Schule behauptet: Die stärkste Lebenskraft sei überhaupt nicht die Sexualität, sondern »der Wille zur Macht«. Dr. Sophie Lazarsfeld, eine führende Adlerianerin, meint: »Ob das Individuum sein persönliches Schicksal den Forderungen der Gemeinschaft anpaßt oder nicht, hängt davon ab, wie mutig es ist. Paßt es sich an, erlangt es psychische Gesundheit und inneres Gleichgewicht und beteiligt sich nach besten Kräften an den drei großen Lebensaufgaben: der Gemeinschaft, der Sexualität und der Berufsausübung.« Lazarsfeld fügt hinzu, bei aller menschlichen Tätigkeit »kommt es zu einem erheblichen Teil darauf an, ob das Individuum bereit ist, solche Tätigkeit zu verantworten, oder ob es unter Ängsten leidet und die Verantwortung auf andere abwälzt oder auch auf äußere Faktoren, die es angeblich nicht beeinflussen kann.«

Ich behaupte, der erfolgreiche Unternehmer muß die Verantwortung für seine Handlungen tragen und tut dies auch. Nur die Mittelmäßigen und die Versager schieben die Schuld auf andere, wenn etwas schiefgeht, und gerade das macht sie ja zu Mittelmäßigen und Versagern.
Meine eigene Erfahrung läßt mich nur lachen, wenn ich von Sexualtheorien der Verdrängung, Sublimierung und Kompensierung höre, mit denen der Drang des Individuums erklärt werden soll, etwas zu leisten, etwas zu erreichen und zu verwirklichen. Diese wirren psychologischen Hypothesen erinnern mich an eine altmodische Vaudeville-Nummer. Da hebt sich der Vorhang und man sieht zwei Ingenieure und eine große Kiste auf der Bühne. Die beiden machen viel Umstände mit Hebelgesetzen und Berechnungen, wie man die Kiste am besten befördern könnte. Der eine schlägt vor, eine Rampe zu errichten, die Kiste mittels Rollen auf einen Lastwagen zu schieben, während der andere überzeugt ist, man brauche einen Kran. Der Streit wird heftiger, Newton und komplizierte arithmetische Gleichungen werden bemüht, dann nähert sich ein Mann im Arbeitsanzug, wirft den Ingenieuren verächtliche Blicke zu, hebt mühelos die Kiste und trollt sich mit ihr in die Kulissen. »Leergut«, sagt er dabei über die Schulter.
Dieser Auftritt mag nicht gerade brüllend belacht werden, enthält aber eine Moral, die auf unser Thema angewandt werden kann. Psychiater, hochspezialisiert und ganz in ihre doktrinären Theorien versponnen, sehen oft nicht, was auf der Hand liegt. Der Anteil von erotischer Motivierung am Drang eines Mannes, etwas zu erreichen, ist leicht genug zu erkennen.
Männliche Pinguine legen dem Weibchen glänzende Kiesel zu Füßen; Evas wegen hat Adam in den Apfel gebissen. Bis zu einem bestimmten Grade spielt bei männlichem Verhalten immer der Wunsch mit, Frauen zu besitzen, ihnen zu gefallen, sich im Lob, der Liebe und der Hingabe von Frauen zu sonnen.
Die moderne Eva freilich bietet keine Äpfel mehr an, sondern konsumiert stattdessen ganze Berge von Hummer, Filet mignon und Crêpe suzette und leert Ozeane des teuersten Champagners. Auch begnügt sie sich nicht damit, bei St. Laurent und Cartier die Auslagen zu betrachten. Der Geist des Kapitalismus ist nicht nur nicht sublimiert, vielmehr macht er einen Teil des unmittelbaren erotischen Antriebes bei jenem Männchen aus, das die Launen und Wünsche des Weibchens zu befriedigen sucht.

Wie auch immer, die abschätzige Betrachtungsweise des sexuellen Verhaltens von Homo Economicus seitens der Freudianer ist einfach zum Lachen. Glänzende Beispiele für »psychosexuelle Komplikationen«, wie das von einigen psychiatrischen Schulen genannt wird, finden sich gerade bei den geschworenen Feinden des Kapitalismus. Die drei zufällig herausgegriffenen Personen mögen das zeigen.
Friedrich Engels hielt streng darauf, daß seine Mätressen aus dem Proletariat stammten: ein innerlich unsicherer Snob, der in seinem Sexualleben ein Emporkömmling war. Zum Liebhaber der Mary Burns geworden (nach Marys Tod nahm er deren Schwester Lizzy ins Bett), versuchte er mit geradezu lächerlichen Anstrengungen nachzuweisen, daß Mary und später auch Lizzy mit dem Dichter Robert Burns verwandt gewesen wären.
Thorstein Veblen, dieser unermüdliche Feind des Unternehmers und Industriellen, war ein zwangshafter Schürzenjäger. Der Wirtschaftswissenschaftler Joseph Schumpeter sagt von ihm, er habe im Leben drei Ziele gehabt: »Ein großer Liebhaber, ein großer Reitersmann und ein großer Wirtschaftswissenschaftler zu sein.«
Ich vermute: Wäre Friedrich Engels nicht ein Theoretiker der Revolution gewesen, sondern ein Unternehmer, die Freudianer würden ihn tadeln, weil er »tief sitzende Ängste sexueller Inferiorität und Unzulänglichkeit« gezeigt habe. Einen Kapitalisten Veblen hätte man zweifellos einen latenten Homosexuellen genannt, der seine Männlichkeit überkompensierend zu beweisen suchte. Ich mag gar nicht daran denken, wie die Kopfschrumpfer über einen Kapitalisten Ford, Rockefeller oder Getty urteilen würden, für deren größten Ehrgeiz man es hielte, gute Liebhaber zu sein.
Ich überlasse die Hüter der analytischen Couch ihren Hypothesen, von denen keine an die echten Probleme und Schwierigkeiten rührt, die der Erfolg im sexuellen und ehelichen Leben des Unternehmers hervorrufen kann.
Tatsächlich bildet die tägliche Sorge um das Unternehmen eine Beeinträchtigung des häuslichen Lebens für den Geschäftsmann, und sie bleibt häufig nicht ohne Wirkung. Frauen, insbesondere Ehefrauen, wünschen im Leben ihrer Männer Gewicht zu haben und leiden es nicht, wenn sie zugunsten einer anderen Person oder einer Sache auf den zweiten Platz verwiesen werden. Frauen, die mit erfolgreichen Unternehmern verheiratet sind, stillen nicht leicht ihren emotionalen Drang, sich benötigt zu

fühlen, denn ihre Ehemänner machen den Eindruck, autark und unabhängig zu sein und in einer ganz eigenen Welt zu leben. Unter solchen Voraussetzungen stellen sich schnell Unverträglichkeit und Zwietracht ein.

Mir ist die Gewagtheit der Behauptung klar, Frauen hielten länger an einem Versager fest als an einem erfolgreichen Mann. Dies ist ihnen in mancher Hinsicht hoch anzurechnen. Gewiß spielt der Mutterinstinkt dabei eine Rolle, auch sieht sich in beengten Verhältnissen die Frau leichter als gleichberechtigt teilnehmende Partnerin. Sie weiß, daß sie teilt und mithin einen Beitrag von Wert leistet. Mit einem erfolgreichen Mann verheiratet, muß sie sich oft ausschließlich als schmückendes Beiwerk fühlen.

Meine Jahre und Erfahrungen innerhalb und außerhalb der Ehe haben mich viele Lektionen gelehrt – leider zu spät. Ich habe, so glaube ich, gelernt, wie der verheiratete Geschäftsmann oder auch Junggeselle in seiner Beziehung mit Frauen verhindern kann, daß der Erfolg zu einer zerstörerischen Kraft wird. Die Formel , die ich anzubieten habe, deutet in zwei Richtungen; das Grundprinzip ist leicht zu verstehen, die Anwendung jedoch verlangt von beiden Beteiligten aufrichtige Mühe. Ich lasse jetzt sieben Punkte folgen, die jeder Geschäftsmann und Unternehmer wissen und praktizieren sollte.

1. Frauen bleiben immer Frauen, einerlei für wie aufgeklärt oder befreit sie sich halten. Wärme und Zuneigung sind ihnen hoch willkommen, und die meisten schätzen es, wenn man sie wie ein Kavalier der alten Schule behandelt. Barschheit, Gebrüll und Zähnefletschen gefällt nur Masochistinnen, bei allen anderen erweckt das Abneigung.

2. Man darf eine Frau nie fühlen lassen, daß sie nichts ist als ein Stück Besitz, eine Verzierung. Man darf nicht vergessen, daß Frauen gebraucht sein und ihrerseits positive Beiträge zu einer gemeinsamen Anstrengung leisten wollen. Wer den Kopf voller Zahlen und geschäftlicher Details hat, übersieht dies leicht, was das Ende seiner Ehe bedeuten kann.

3. Viele Unternehmer, und da schließe ich mich ein, beklagen häufig, daß der Tag nicht genug Stunden hat. Das stimmt. Der aktive Geschäftsmann findet selten Zeit, alles zu erledigen, was er könnte oder sollte. Doch auch die dringlichsten Geschäfte müssen ihm Zeit für Frau und Kinder lassen. Dies kommt nicht nur seiner Ehe zugute, sondern ermöglicht ihm, seine Kinder zu verstehen und zu lenken; auch sein eigenes Wesen und sein Charakter werden davon profitieren.

4. Intimitäten aus Ehehandbüchern möchte ich hier nicht erörtern; es mag genügen, daß der Geschlechtsverkehr zu gegenseitiger Freude und Befriedigung führen soll. Der körperlich und geistig erschöpfte Unternehmer, der nach der Arbeit brüsk nach »Lust« verlangt, ist ein Tor. Frauen verlangen Aufmerksamkeit, Zuneigung, Geduld und Phantasie von ihren Partnern, und darauf haben sie auch ein Recht. Das soll sich der Geschäftsmann stets vor Augen führen, auch wenn ihm nachmittags ein Millionenauftrag entgangen ist und am nächsten Vormittag komplizierte Fusionsverhandlungen bevorstehen.

5. Wer an der Spitze eines Unternehmens steht, ist gewöhnt, daß Untergebene sich seinen wechselnden Stimmungen anpassen. Eine ebenso sanfte Reaktion im häuslichen Leben erwarten, heißt eine Enttäuschung erleiden. Eine Ehefrau ist keine Untergebene, sondern ihr eigener Betriebsrat. Wird sie als Sklavin behandelt, kann es sein, daß sie in Streik tritt oder die Arbeit hinschmeißt.

6. Frauen mögen es vorziehen, daß der Mann in der Beziehung dominiert, doch auch der dynamischste Mann kann nicht auf Liebe und Achtung einer Frau zählen, die er terrorisiert und ihrer Individualität beraubt. Dominierender Partner sein ist eines, dominierendes Verhalten ist etwas anderes und bekommt einer Beziehung nicht.

7. Wohl jeder Mann macht eine Phase durch, in welcher er Sexualität rein quantitativ betrachtet, seine Eroberungen zusammenrechnet und sich mit jeder neuen ein bißchen mehr aufbläht. Diese Einstellung ändert sich mit der Zeit durch bessere Einsicht und wachsendes Feingefühl – jedenfalls ist das zu hoffen. An die Stelle der Quantität tritt nun die Qualität als Kriterium, man sucht in einer Beziehung nicht mehr nur das körperliche Vergnügen, sondern emotionalen und intellektuellen Gewinn.

So sehe ich die eine Seite, ich habe aber auch reichlich Gelegenheit gehabt, die andere Seite zu erleben. Einer alten Spruchweisheit zufolge profitieren die Ehepartner im Verhältnis 60 : 40, wobei jeder Partner 60 gibt und 40 nimmt, der Rest ist sozusagen die Garantiesumme. Dies gilt nach meiner Erfahrung besonders in Fällen, wo der Ehemann ein erfolgreicher oder erfolgsorientierter Geschäftsmann ist. Es kann nicht dem Mann allein überlassen bleiben, dafür zu sorgen, daß die Ehe funktioniert und von Dauer ist, er braucht dazu die Unterstützung und die Mitarbeit seiner Frau. Hier einige Hinweise für alle Frauen, die mit einem erfolgreichen Mann zusammenleben wollen.

1. Die Frau sollte sich nicht täuschen lassen, wenn der Mann scheinbar ohne jede Hilfe auskommt. Eine andere Binsenwahrheit besagt nämlich, je höher der Mann steigt, desto einsamer wird er, und das stimmt leider. Seine Geschäftsfreunde und seine Mitarbeiter können ihm nicht die menschliche Wärme bieten, die er braucht, diese muß von der Frau kommen, der seine Zuneigung und Liebe gilt.

2. Im Zusammenleben mit einem erfolgreichen Mann ist Geduld unerläßlich. Von Zeit zu Zeit wird er vergessen, wo er sich befindet, und auch zuhause Befehle erteilen und erwarten, daß sie so widerspruchslos ausgeführt werden wie in seinem Büro. Das tut ihm hinterher wahrscheinlich leid, doch weil er mit seinen Gedanken woanders ist und jene Haltung und Miene nicht gleich ablegen kann, die er täglich zehn Stunden und länger zur Schau tragen muß, vergißt er vielleicht, sich zu entschuldigen.

3. Die Frau sollte nicht glauben, daß sie keine konstruktive Rolle zu spielen hat, nur weil sie nicht im Aufsichtsrat sitzt. Liebe, Zuneigung, Verständnis und Geduld sind lebenswichtige Beiträge, ebenso gelassen vorgetragene konstruktive und vernünftige Anregungen. Frauen besitzen eine bemerkenswerte Intuition und oft sehen sie Dinge, die einem Mann entgehen; manchmal sehen sie sie auch früher. Sehr wichtig ist, *wie* solche Anregungen vorgetragen werden; nörgeln schadet.

4. Daß die Frau eines Unternehmers gelangweilt und blasiert sei, ist ein übles Klischee. Eine intelligente Frau, der es heutzutage nicht gelingt, ihre Zeit sinnvoll zu verwenden, sucht nur Rechtfertigung für die eigene Faulheit. Die wiederholte Klage »Ich sterbe vor Langerweile« kommt bei einem Mann schlecht an, dessen Geist und dessen Kräfte unentwegt bis aufs äußerste beansprucht werden.

5. Nur eine engstirnige Frau mault, weil ihr von Geschäften geplagter Mann nicht pünktlich zum Essen heimkommt und weniger Zeit für sie erübrigt, als sie gerne möchte. Man darf mir glauben, daß späte geschäftliche Besprechungen nichts weiter sind als das und daß der Geschäftsmann nur daran teilnimmt, weil ihm nichts anderes übrigbleibt. Lieber erholte er sich zuhause oder führte seine Frau zum Essen aus. Selbstverständlich hat jeder eine andere Toleranzgrenze, und wer unentwegt beschuldigt und verleumdet wird, mag die Seitensprünge, die man ihm vorwirft, schließlich auch begehen.

6. Frauen sollten begreifen, daß der erfolgreiche Geschäftsmann in seiner

Art kreativ ist und wie alle kreativen Menschen gelegentlich launisch. In diesem Zusammenhang habe ich mich oft gefragt, warum manche Frauen das unerträgliche Benehmen irgendeines hergelaufenen Malers anbetend hinnehmen, hingegen eine fürchterliche Szene machen, wenn ein Bankier oder ein Bauunternehmer seinen Stimmungen auch nur im geringsten nachgibt.

15

Randolph Churchill galt als schroffe, unzugängliche Person. Ich war mit ihm befreundet und habe das nie empfunden. Sooft ich mit ihm zusammen war, immer betrug er sich liebenswürdig und umgänglich. Er selbst hat allerdings zugegeben, daß die Tatsache, der Sohn eines großen und berühmten Mannes, nämlich Sir Winston Churchills, zu sein, ihm das Leben schwer gemacht und manchmal auch verbittert hat.

»Soweit ich weiß, hat Enrico Caruso einen Sohn, der ebenfalls Tenor wurde«, bemerkte Randolph einmal düster. »Alle Welt hielt Caruso für den größten Tenor aller Zeiten, und selbstverständlich wurde die Begabung des Sohnes an dem Genie des Vaters gemessen. Der Sohn mochte singen so gut er konnte, es war nie gut genug. So ist es mir auch immer gegangen.«

Ich selber hatte mich einem ähnlichen Problem gegenübergesehen, wenn auch in kleinerem Maßstab. Mein Vater George F. Getty sen. war nie ein berühmter Mann und bekleidete auch kein hohes Amt; er erstrebte es übrigens auch nicht. Immerhin erfreute er sich in der amerikanischen Erdölbranche größter Achtung und eines beneidenswerten Rufes. Während der beiden ersten Jahrzehnte meiner eigenen wirtschaftlichen Tätigkeit mußte ich bemerken, daß man in der Branche meine Leistungen nicht um ihrer selbst willen schätze, sondern sie mit denen meines Vaters verglich.

Es stimmt, daß dies mich besonders anspornte, daß es mein Ziel wurde, dem Standard zu entsprechen, den mein Vater gesetzt hatte, und nach dem Tode meiner Mutter vermerkte ich in meinem Tagebuch: »Es ist eine schwere Aufgabe, zwei so großartigen Eltern gerecht zu werden. Ich habe mich bemüht, ihrer wert zu sein, muß mir aber noch größere Mühe geben.«

Einfluß und Vorbild meines Vaters waren, wie gesagt, die wesentlichen Kräfte, die meinen Charakter formten. Unseligerweise hatte ich auf das Leben meiner eigenen Söhne keine vergleichbare Einwirkung. Der Grund dafür waren selbstverständlich meine gescheiterten Ehen. Scheidungskammern ähneln sich auf der ganzen Welt. In allen fünf Scheidungsprozessen haben meine Frauen die Klage eingereicht und mir die Schuld zugeschoben. Das Sorgerecht für meine Söhne wurde deshalb ihren Müttern zuerkannt. Ich muß allerdings den vier geschiedenen Frauen, von denen ich Kinder hatte, Gerechtigkeit widerfahren lassen: sie legten mir nie etwas in den Weg, wenn ich meine Kinder besuchen wollte. Der Besuch bei einem heranwachsenden Kind, und dauere er auch einige Tage, ersetzt aber nicht annähernd den Einfluß des ständig anwesenden Vaters.

Wäre es mir gelungen, zu meinen Söhnen eine Beziehung zu unterhalten, wie sie zwischen meinem Vater und mir bestand, hätten sich die Dinge vielleicht anders entwickelt. So aber enthält die Geschichte von mir und meinen Söhnen vieles, dessen ich mich nur unter Schmerzen erinnere. Warum gehe ich dann daran, diese Geschichte aufzuschreiben? Weil ich dazu beitragen möchte, Mißverständnisse aufzuklären und die gröbsten Entstellungen zu berichtigen, die darüber in der Presse verbreitet wurden.

Mein ältester Sohn George F. Getty II wurde mir ein knappes Jahr nach unserer Heirat von meiner ersten Frau Jeanette Demont geboren. Bei unserer Trennung mit anschließender Scheidung war George noch ein Kleinkind.

Allene Ashby, meine zweite Frau, hatte von mir keine Kinder.

Meine dritte Frau, Adolphine »Fini« Helmle, gebar mir meinen zweiten Sohn, Ronald F. »Ronny« Getty.

Nach der Scheidung von Fini heiratete ich Ann Rork. Von Ann habe ich zwei Söhne, Eugene Paul »Pabby« und Gordon Getty.

Meine fünfte Ehe – mit Louise »Teddy« Lynch – währte länger als jede der anderen, und etwa sieben Jahre nach unserer Heirat wurde mein fünfter Sohn Timothy »Timmy« geboren. Damals war ich 53 Jahre alt.

Vom ersten Tage an habe ich jeden meiner Söhne innig geliebt. Man mag diese Aussage eines fünf Mal geschiedenen, 83 Jahre alten Mannes für salbungsvolle Selbstrechtfertigung halten, dieses Wagnis gehe ich bewußt sein. Eine solche Einschätzung ändert nichts daran, daß meine Aussage aufrichtig gemeint ist und daß meine Gefühle stark und echt sind. In der Natur gleicht sich alles aus, jedes Plus wird irgendwo durch ein Minus aufgewogen. Seit langem bin ich imstande, meine Gefühle zu beherrschen. In meinen Geschäften und auch auf manchen anderen Gebieten ist mir das sehr zustatten gekommen, in meinem Privatleben war es mir oft hinderlich, und dies gilt vor allem für meine Beziehung zu den ersten vier Söhnen. Es fiel mir außerordentlich schwer, ihnen meine Zuneigung offen zu zeigen, zum Teil weil ich wußte, daß sie nach Ende meines Besuches wieder ganz in die Obhut der Mutter zurückkehren würden.

Hingegen ist es mir immer leichtgefallen, meine Emotionen in Tagebucheintragungen festzuhalten. Die Auszüge, die ich im folgenden wiedergebe, wurden ohne jene hemmende Zurückhaltung niedergeschrieben, die der Furcht entstammt, zu gefühlsbetont zu wirken. Insgesamt gesehen läßt sich ihnen vielleicht entnehmen, wie ich wirklich hinsichtlich meiner Söhne empfand.

1939

Los Angeles:

»20. Mai: Besuch von George, ein bemerkenswerter Junge, fast schon ein Mann. Er ist 1.75 m groß und wiegt gute 130 Pfund.«

Genf, Schweiz:

»8. Juli: Besuch in Ronnys Schule bei Coppet, etwa 20 Kilometer von Genf entfernt. Ronny ist gesund und fühlt sich in seiner Schule sehr wohl. Seine Lehrer sind mit ihm zufrieden. Sie sagen, er sei klug und habe einen guten Charakter. Mit Ronny und Fini zu Mittag im Hotel Bergues, anschließend nach Chamonix.«

(Dieser Besuch bei Ronny und seiner Mutter dauerte bis zum 14. Juli. Zu Beginn des Zweiten Weltkrieges fuhren sie nach Amerika und bezogen im südlichen Kalifornien ein eigenes Haus.)

Los Angeles:

»10. Dezember: Besuch bei Ann (meine vierte Frau, die sich 1935 hatte scheiden lassen), sah Pabby und Gordon, Gott segne sie. Beides sehr reizende Knaben.«

»23. Dezember: Traf Ann und die Kinder bei Robinson in der Spielzeugabteilung. Ein als Donald Duck verkleideter Pinguin marschierte umher. Pabby und Gordon entzückt. Kaufte beiden Spielzeug.«

»25. Dezember: In Mutters Wohnzimmer ein sehr schöner Baum und haufenweise Geschenke. Meine vier Söhne kamen zu Besuch. Wir sind sehr stolz auf sie.«

1940

Los Angeles:

»6. September: Besuch bei Fini und Ronny. Der Junge ist so gescheit und liebenswert wie eh und je.«

»7. September: 18.00 Uhr Besuch bei Pabby. Er feierte seinen achten Geburtstag und ist ein lieber, lieber Junge.«

Mexico City:

»1. Dezember: Mit Los Angeles telefoniert. Meinen vier geliebten Söhnen geht es gut.«

1941

Los Angeles:

»29. Mai: Besuchte die California Military Academy, aß mit Pabby und Gordon und brachte sie nach Hause. Major Metzger, der Schulleiter, lobte sie sehr, und das tat mir wohl.«

San Francisco:

27. Juni: War plötzlich besorgt wegen Ronny und telefonierte mit Fini. Sprach mit beiden. Gott sei dank alles in Ordnung.«

Los Angeles:

»15. September: George über Nacht bei mir. Er sagt, er möchte Rechtsanwalt werden. Ich billige das. George ist sehr reif, hat einen ausgezeichneten Verstand und vorzüglichen Charakter. Ein großartiger junger Mann. Hoffentlich tritt er in das Familienunternehmen ein.«

»20. Dezember: Mit George auf dem Ölfeld bei Athen, wo meine Bohrungen überraschend gut fündig wurden. Wahrscheinlich eine Fortsetzung meiner Bemühungen vom September, als ich mir vornahm, sein Interesse für das Ölgeschäft zu wecken.«

1943

Tulsa, Oklahoma:

»25. Januar: Ausgedehntes Zusammensein mit George. Er ist allen meinen Erwartungen gerecht geworden, doch fällt es mir schwer zu begreifen, daß er 20 Jahre alt ist. Er brennt darauf, gegen die Achsenmächte zu kämpfen. Er gehört bereits zur Reserve und wird nach dem 8. Februar eingezogen. Vermutlich wird er 13 Wochen ausgebildet und muß dann für weitere 13 Wochen zum Offizierslehrgang. Englisch, Geschichte und Sprachen sind seine Stärke. Ich bete für seine Sicherheit.«

»16. April: Paul und Gordon gesehen. Gordon sagte ein Gedicht auf, das er selbst verfaßt hat und das von den Tugenden der Neger handelt. Er ist elf Jahre alt und wiegt 70 Pfund. Paul ist zehn und wiegt 60 Pfund. Meine Söhne sind allesamt ein wahres Labsaal für mich.«

George wurde wirklich im Februar 1943 eingezogen und diente als Infanterieoffizier in Übersee. Nach Kriegsende blieb er noch fast zwei Jahre beim Militär, denn er war unterdessen mit der Strafverfolgung von Kriegsverbrechern befaßt worden.
»Die Leute, die für die unbeschreiblichen Grausamkeiten des Krieges verantwortlich sind, müssen aufgespürt und bestraft werden«, schrieb er mir, »ich kann unmöglich ins Zivilleben zurückkehren, ohne mein Teil dazu beigetragen zu haben, daß sie abgeurteilt werden.«

Meine fünfte Frau, Teddy Lynch, heiratete ich 1939 in Rom. Ich habe schon erwähnt, daß sie von den Faschisten unter Spionageverdacht verhaftet wurde und erst im Frühjahr 1942 nach Amerika zurückkam. Am 15. Juni 1946 gebar sie mir meinen fünften Sohn Timothy. Damals wohnte sie in unserem Haus in Malibu Beach, und ich war in Tulsa, denn gerade damals stellte Spartan auf Friedensproduktion um. Mein Tagebucheintrag lautet:
»Gestern um 9.00 Uhr früh hat meine geliebte Teddy einen Sohn geboren. Er wiegt etwas mehr als vier Pfund, ein Siebenmonatskind. Ich kann nicht sagen, wie weh es mir tut, daß ich nicht bei ihr war; das Kind sollte erst im August kommen. Die Unterhaltung mit ihr hat mich aufgeregt. Ich habe Berge von Rosen geschickt.«
So schnell wie möglich eilte ich nach Los Angeles – mit dem Zug. Meine vernunftwidrige Furcht vor dem Fliegen war unterdessen nicht mehr zu überwinden. Sie hatte ihren Ursprung in einem angsterregenden Flug von St. Louis nach Tulsa vier Jahre zuvor; seither bin ich nicht mehr geflogen.
In Los Angeles angelangt, hörte ich von den Ärzten bestürzende Neuigkeiten. Mein neugeborener Sohn war außerordentlich schwach, weitere Komplikationen kamen hinzu, wie aus den Tagebucheintragungen hervorgeht.
»8. Juli: Besuch im Krankenhaus. Timothy wiegt jetzt fünfeinhalb Pfund, ist aber blutarm; die Zählung der roten Blutkörperchen ergab 65. Armer kleiner Mann, es geht ihm schlecht.«

»10. Juli: Timothy heute zuhause. Er hat zwei Pflegerinnen.«
»13. Juli: Mit Teddy und Timothy im Krankenhaus, wo man ihm Blut übertrug. Die roten Blutkörperchen waren nur noch 47. Viel Sorge und Angst, bis die Gefahr nach der Transfusion behoben war.«
Wenn ein Mann mit 53 Jahren noch einen Sohn bekommt, dessen Gesundheit bedroht ist, so weckt das alle seine väterlichen und beschützerischen Instinkte. Es mindert nicht die Liebe zu meinen anderen Söhnen, wenn ich jenen zustimme, die Timmy für meinen Augapfel hielten. Teddy hatte vielleicht recht, als sie sagte: »Ein richtiger Vater ist Paul erst geworden, als Timmy geboren war.« Wir machten uns beide größte Sorgen um Timmys Gesundheit, doch konnte selbstverständlich keiner von uns vorhersehen, welche Tragödie sich zwölf Jahre später abspielen sollte.
Wirklich, viele der wichtigen Lektionen des Lebens habe ich mit Verspätung gelernt. Dazu gehört auch, was ich schon längst als fundamentale Wahrheit hätte erkennen sollen, daß nämlich ein Vater einen Sohn niemals überschätzen oder verherrlichen soll, bloß weil er ein Sohn ist. Mehr noch, er darf nie voraussetzen, daß die Söhne sich nach demselben Muster entwickeln wie er selber.
Ein Vater sollte unbedingt realistisch und objektiv in der Beurteilung seiner Söhne sein, und wenn sie seinen Kriterien nicht entsprechen, sich damit abfinden , so gut er kann. Ich habe wohl die Augen vor diesen Wahrheiten verschlossen. Ich hoffte und wünschte, alle meine Söhne würden in das Familienunternehmen eintreten und mich schließlich ablösen, so wie ich an die Stelle meines Vaters getreten war, der das Unternehmen gegründet hatte. Man mag darin ruhig den Wunsch nach dynastischer Erbfolge sehen, ich habe jedenfalls stets gewünscht, meinen Söhnen weiterzugeben, was ich aufgebaut habe. Es brauchte seine Zeit, und ich mußte viele Enttäuschungen hinnehmen, bis ich begriff, daß ich ihre Laufbahn und ihren Lebensweg nicht vorplanen und festlegen konnte.
Ich komme noch einmal auf den Ausgangspunkt zurück: Wäre es mir gelungen, eine engere Beziehung zu meinen Söhnen zu unterhalten, die Dinge wären vielleicht anders gelaufen.
Stimmt das wirklich?
Es ist mir der Gedanke gekommen, daß meine geschiedenen Frauen vielleicht hin und wieder sehr menschlichen und sehr verständlichen Impulsen nachgegeben haben. Natürlich weiß ich nicht genau, von welchen

Empfindungen die Mütter meiner Söhne nach der Scheidung geleitet wurden, die Vermutung scheint aber nicht abwegig, daß sie etwa folgendermaßen gedacht haben können:
»Ich habe erlebt, was die Geschäfte für Paul bedeuten, was diese Geschäfte aus ihm, aus uns und unserer Ehe gemacht haben. Mein Kind soll ihm darin nicht ähnlich werden.«
Ich will damit keine Vorwürfe und keine Anschuldigungen erheben. Andererseits setzen eben geschiedene Frauen oft alles daran, Kinder aus der gescheiterten Ehe so aufwachsen zu lassen, daß sie ihrem Vater in nichts gleichen. Solche Spekulationen führen aber nirgendwohin, also halte ich mich lieber an die mir bekannten Fakten und stelle nur Behauptungen auf, für die ich Beweise erbringen kann.

16

Dank der umsichtigen Dispositionen meiner Mutter waren meine Söhne gut versorgt, auch ungeachtet der großen Summen, die ich zu ihrem Unterhalt beisteuerte. Meine Söhne hatten mithin die Möglichkeit, bei der Wahl des Berufes ihrer Neigung nachzugehen.
Von den vier älteren hat jeder irgendwann einmal versucht, Geschmack an unserem Familienunternehmen zu finden. Zwei von ihnen stiegen nach kurzer Zeit wieder aus. Ronny, der Begabung für die Geschäfte hat und das als Leiter unserer Unternehmen in Deutschland bewies, entschloß sich dann doch, in die Filmindustrie zu gehen. Seit einigen Jahren macht er in Hollywood Spielfilme. Gordon erkannte nach ehrlichen Bemühungen, sich im Ölgeschäft einzugewöhnen, daß er sich dort nicht wohl fühlte, und widmete sich einer mehr intellektuellen und künstlerischen Tätigkeit. Er komponiert, ist ein guter Pianist und arbeitet derzeit an einem Buch über Wirtschaftstheorie. Ich gestehe offen meine Enttäuschung, daß weder Ronny noch Gordon sich aktiv im Familienunternehmen betätigen, doch haben sich meine Gefühle ihnen gegenüber deshalb nicht geändert. Sie haben Tätigkeitsgebiete gefunden, für die sie Talent besitzen und auf denen sie zufriedenstellend arbeiten können. Ich gebe mich damit zufrieden.
Schwieriger wird es für mich, über meine drei anderen Söhne zu schreiben, über George, Timothy und Eugene Paul. Ihre Namen wecken

schmerzliche Erinnerungen und Gefühle, doch darf ich sie hier nicht auslassen, um keinen Mißdeutungen, grundlosen Mutmaßungen und abwegigen Gerüchten Vorschub zu leisten.

Als mein ältester Sohn, George F. Getty II, seinen Abschied vom Militär genommen hatte, absolvierte er an der Universität Princeton einen Kursus und bat sodann zu meiner großen Freude, in das Familienunternehmen eintreten zu dürfen. Er fing ganz unten an,bewies aber rasch, daß er Sinn für die Geschäfte und ganz besonders eine Nase für Erdöl hatte. Kurz nachdem wir die Bohrkonzession in der Neutralen Zone Saudi-Arabiens erworben hatten, reiste George als mein persönlicher Beauftragter dorthin, und als ich 1954 die Neutrale Zone besuchte, konnte ich mit beträchtlichem Stolz meinem Tagebuch anvertrauen:
»9. März (Riad): Es scheint, daß mein Sohn George hier recht beliebt ist.«
Es stellte sich heraus, daß George ein dynamischer Typ war, der sich als belebende, konstruktive Kraft in der Branche bemerkbar machen konnte und wollte. Da die besondere Stellung der Erstgeborenen im kollektiven Unterbewußtsein verankert ist, wird niemand überraschen, daß ich mich mit dem Gedanken vertraut machte, George als meinen natürlichen Nachfolger in der Oberleitung des Familienunternehmens zu betrachten, seit ich über seine Fähigkeiten und sein Potential im Bilde war.

Der Erwerb der Konzession für die Neutrale Zone von König Saud brachte die einschneidendste Veränderung sowohl in meiner geschäftlichen Tätigkeit als auch in meinem Privatleben mit sich. Die Getty-Gruppe war nun weltweit etabliert. Als ich 1951 nach Europa fuhr – für einige Monate, wie ich damals glaubte, oder höchstens für ein Jahr – wurden daraus fast fünfundzwanzig Jahre, beinahe ein Vierteljahrhundert, ein Drittel meines Lebens.
Es handelt sich bei den Unternehmen unserer Gruppe nicht um selbständige Kapitalgesellschaften im üblichen Sinne, die von den Aktionären kontrolliert werden, wobei der entscheidende Einfluß häufig bei Personen liegt, die nur 10 Prozent, vielleicht auch nur zwei Prozent des Aktienkapitals besitzen, vielmehr befindet sich die wirkliche Aktienmehrheit jeder unserer Gesellschaften bei der Familie, und ich als Familienoberhaupt bezeichne mich ohne Bedenken als Unternehmer.
Europa, seine Hauptstädte Paris, Rom und London, boten sich für einen

Unternehmer, dessen geschäftliche Interessen sich in beiden Hemisphären ständig ausweiteten, als Wohnsitz an. In Amerika waren erprobte Veteranen, denen ich rückhaltlos vertrauen konnte, mit der Wahrnehmung meiner Interessen befaßt, in Europa hingegen und im Nahen Osten sollten jetzt Rohrleitungen, Tanker, Raffinerien gebaut oder gekauft werden, und wir mußten einen Zugang zum Markt finden. Diese und tausend andere Projekte verlangten meine persönliche Anwesenheit und Aufsicht.

Meine Frau Teddy und unser Sohn Timmy begleiteten mich 1951 nach London, fuhren aber schon bald nach Amerika zurück. Das letzte Vierteljahr 1952 verbrachte ich in Paris, krank vor Heimweh, aber nicht in der Lage, Frankreich zu verlassen, denn ich und meine Associés waren dabei, den Bau einer Tankerflotte auf französischen Werften auszuhandeln.

»25. Dezember 1952: Weihnachten. Geschenke von Freunden. Lieber wäre ich zum Fest mit meinen Söhnen daheim zusammen.«

Im folgenden Jahr wurde Eugene Paul »Pabby« eingezogen und im September nach Japan versetzt.

»7. September 1953: Pabbys 21. Geburtstag. Er ist als Soldat auf einem Truppentransporter unterwegs nach Japan. Ich erinnere mich meines eigenen 21. Geburtstages am 15. Dezember 1913. Merkwürdiger Zufall, daß ich damals auch auf See war, an Bord des rumänischen Dreitausendtonners von Athen nach Alexandria. Es wehte ein grauenhafter Sturm, und ich zweifelte daran, daß das Schiff überleben könnte.Heute jedoch gelten meine Gedanken und Gebete meinem Sohn.«

Teddy und Timmy kamen 1955 nach Europa und leisteten mir in London und Paris Gesellschaft. Ich bin überzeugt, daß wir beide, Teddy und ich, unsere Ehe zu erhalten wünschten, auch wenn sie mich zur Rückkehr nach Amerika bewegen wollte und ich mir nicht erlauben konnte, Europa zu verlassen. So reiste sie denn mit Timmy ab und reichte zwei Jahre später die Scheidung ein, nun endgültig davon überzeugt, daß es in absehbarer Zukunft für uns beide in Amerika kein Zusammenleben geben konnte.

George F. Getty II kletterte unterdessen rasch die Leiter im Familienunternehmen empor, nicht etwa weil er mein Sohn war, sondern dank der von ihm an den Tag gelegten Fähigkeiten. Aus der Neutralen Zone ins Heimatgebiet versetzt, stieg er mit schöner Regelmäßigkeit auf, und zwar erst bei Spartan, dann bei Skelly und in der Tidewater Oil Company. Schließlich war er so weit, daß die Direktoren von Tidewater ihn für fähig hielten, den Vorsitz im Vorstand der Gesellschaft einzunehmen.

George war in dieser Stellung keineswegs mein verlängerter Arm. Für gewöhnlich stimmten unsere Meinungen überein, gab es aber Meinungsverschiedenheiten, so zögerte er nie, seine Ansicht mit Nachdruck vorzutragen. Und damit setzte er sich ebenso oft durch wie nicht. Meinen Tagebucheintragungen in Paris läßt sich entnehmen, welcher Art unsere Beziehung war.

»24. Februar 1958: George kommt, um mit mir Geschäfte zu besprechen.«

In den nächsten drei Tagen heißt es jedesmal: »Den ganzen Tag mit George über Geschäfte gesprochen.« Das dauerte jedes Mal zwölf bis vierzehn Stunden.

»28. Februar: Fast den ganzen Tag mit George zusammen. Ich riet ihm, Tidewaters führende Stellung im Wettrennen um die Oktanzahlen herauszustellen. Abends flog er nach New York zurück.«

Man beachte die Ausdrucksweise »ich riet ihm«. Ich begnügte mich mit einem Rat – die Entscheidung blieb George überlassen. Ich wußte, er würde klug entscheiden und die Entscheidung durchsetzen. Er war ein glänzender Administrator und hatte viele unbezahlbare Eigenschaften von seinem Großvater George F. Getty sen. geerbt. Leitende Angestellte schätzten ihn ebenso wie die Arbeiter.

1958 wurde mein dritter Sohn, Eugene Paul »Pabby«, 26 Jahre alt. Während seiner Ausbildung absolvierte er im Familienunternehmen mehrere Lehren. Er war mit Gail Harris verheiratet, der Tochter eines Richters aus San Francisco. Pabby und Gail hatten einen kleinen Sohn, Paul, meinen ersten Enkelsohn, der aber nicht mein erster Enkel war; George und seine Frau Gloria hatten drei Töchter.

Pabby, Gail und das Baby waren gerade in Europa und begleiteten mich auf die Weltausstellung nach Brüssel. Etwa zu dieser Zeit wurde in der Neutralen Zone Öl in solcher Menge gefunden, daß ich mich auf dem europäischen Festland um weitere Raffineriekapazitäten kümmern mußte. Ich hörte, eine von Italienern und Schweizern unlängst errichtete Raffinerie bei Gaeta südlich von Neapel, die bislang keine Gewinne er-

wirtschaften konnte, stehe zum Verkauf; ich eröffnete die Verhandlungen zwecks Übernahme dieser Gesellschaft mit dem Namen Golfo. Anfang Juni äußerte Eugene Paul einen Wunsch.
»6. Juni: Pabby machte mir vorgestern die Freude, mein Einverständnis zur Änderung seines Namens von Eugene in Jean zu erbitten, und heißt jetzt J. Paul Getty jr. Diese Namensänderung wurde amtlich in die Papiere eingetragen, und von nun an will ich ihn Paul Getty jr. nennen und seinen Sohn Paul Getty III.«
Da es Paul jr. und Gail in Italien gefiel und sich Paul an der Mitarbeit bei Golfo interessiert zeigte, vorausgesetzt daß wir die Gesellschaft erwarben, zogen sie mit dem Kind nach Mailand, dem Verwaltungssitz von Golfo, und nahmen sich dort eine Wohnung.
Ende Juli brachte ich die komplizierten Verhandlungen mit Golfo zum Abschluß, häufig unterwegs zwischen Mailand und Lugano.
»1. August (Mailand): Bei Paul und Gail auf der Piazza Duse 1. Gail hieß uns willkommen. Der kleine Paul lag schlafend auf dem Bauch, Paul kam um acht Uhr aus dem Büro. Ich bin stolz auf meine kleine Familie. Die hiesigen Zeitungen berichten von einer unerträglichen Hitzewelle, Paul und Gail beklagten sich aber nicht, sondern waren heiter, obwohl sie keine Klimaanlage in der Wohnung haben.«
»3. August: Mit dem kleinen Paul gespielt . . .«

Geschäfte zwangen mich, nach Lugano zu fahren, wo ich im Hotel Splendide wohnte. Viel Arbeit erwartete mich. Sonntag, den 10. August, vermerkte ich: »Den ganzen Tag am Schreibtisch. Um sieben Uhr abends ist endlich alles erledigt. Zwar bin ich sieben Jahre älter als das Jahrhundert, arbeite aber nach wie vor schwer.«
In den folgenden sechs Tagen verringerte die Arbeitslast sich nicht; dann – jetzt muß ich aber noch einmal zurückgehen.
Mein jüngster Sohn Timothy hatte eines Hirntumors wegen mehrere Operationen über sich ergehen lassen müssen und dies tapfer und klaglos getan. Einige Monate zuvor hatte der hervorragende Hirnchirurg Dr. Hoen aus New York Timmy für gesund erklärt, doch waren auf dessen Stirn mehrere Narben und eine eingedrückte Stelle zurückgeblieben. Dr. Hoen und zugezogene Ärzte empfahlen dafür eine Schönheitsoperation und sagten Teddy – die selbstverständlich bei Timmy in New York war – und mir (übers Telefon), es handele sich um einen geringfügigen, gefahrlosen Eingriff. Weder Teddy noch ich vermuteten, diese Operation

könnte Komplikationen verursachen.
Timmy, der die vorangegangenen Operationen geduldig ertragen hatte, wurde am 14. August im Krankenhaus aufgenommen und drei Tage später brach für mich wirklich ein Teil meiner Welt zusammen.
»17. August: Anruf von Teddy aus New York gegen drei Uhr früh. Am Donnerstag war unser geliebter Timmy an der Stirn operiert worden, er fühlte sich gut, war munter und zufrieden bis Samstag früh, als er plötzlich kollabierte. Er ist noch sehr krank. Ich bin tief betrübt. Bat Teddy, mich anzurufen, wenn sein Befinden sich ändert. Sprach ein Gebet, konnte nicht wieder einschlafen. Um mich abzulenken, arbeitete ich Geschäftliches auf.«
»18. August: Teddy telefoniert vier Uhr früh. Örtliches Gewitter erschwerte die Verständigung, Teddy sprach vor Kummer unverständlich. Der liebe Timmy ist vor zwei Stunden gestorben, mein bester und tapferster Sohn, ein wirklich edles Menschenwesen. Worte sagen hier nichts. Hätte man mir nicht versichert, der Eingriff wäre leicht, wäre ich selbst nach New York gefahren, um dabeizusein, um so mehr als es mit dieser Operation keine Eile hatte. Liebe Teddy! Wie tapfer sie ist! Liebster Timmy, dein Verlust ist ein Verlust für die ganze Welt, und ich bin verzweifelt.«
Timmy war zwölf, als er starb – ein besonders liebenswertes und warmherziges Kind, ungemein intelligent und an allem um sich her lebhaft interessiert. In seinen vielen Briefen an mich drückt sich ein tiefes Gefühl aus und eine Reife, die weit über das hinausgeht, was man von einem Kind dieses Alters erwarten durfte; zudem hatte er einen starken Glauben an Gott gefaßt. Ich bewahre wie einen Schatz ein rührendes kleines Gedicht auf, das er im Juli 1957 schrieb und mir schickte:

Gott schützt mich über Nacht,
Gott hilft mir jeden Kampf gewinnen,
Ich weiß, Gott ist allgegenwärtig,
Ich weiß, ich brauche keine Furcht zu haben,
Gott wird mir Tag um Tag den Weg weisen,
Wenn ich ihm nachfolge.

Ich klage weder Gott noch die Götter an, daß es Timmy nicht vergönnt war, seinen letzten tapferen Kampf zu bestehen, aber sein Tod hat eine Lücke gerissen, die zeit meines Lebens nicht gefüllt wurde und auch nicht mehr gefüllt werden kann.

Nach Mailand zurückgekehrt, fand ich Trost bei Paul jr., Gail und Paul III. Immer noch außer mir vor Kummer über Timmys Tod tat es mir wohl, in dieses Familienleben einzutauchen.
»27. August: Im Taxi mit Paul zum Essen in seiner Wohnung. Baby Paul lief herein, um uns zu begrüßen. Ganz munter und sehr putzig. Kann noch nicht sprechen. Gail bereitete ein ausgesprochen schmackhaftes Mahl für uns.«
»14. September: Gail besucht mich mit dem kleinen Paul. Er war sehr drollig, aktiv und munter.«
»17. September: Klein-Paul hat Fieber. Bin in Sorge. Holte mir bei meinem Londoner Kinderarzt Rat.«
»18. September: Dem Kleinen geht es besser . . .«
»19. September: Klein-Paul ist gesund . . .«
Timmys Tod und das nahe Zusammenleben mit Paul III hatten aus mir das Muster des übermäßig besorgten, fast hysterischen Großvaters gemacht.

Die Verwaltung von Golfo wurde bald darauf nach Rom verlegt und der Firmenname geändert in Getty Oil Italiana, SpA.
Nachdem ich Paul jr. monatelang bei der Arbeit beobachtet hatte, glaubte ich, ihm größere Verantwortung übertragen zu können, und da ihn und Gail der Gedanke entzückte, künftig in Rom zu leben, führte ich ein längeres Gespräch mit ihm.
»Du wirst hier fortan allein auf dich gestellt sein«, sagte ich zu Paul. »Glaubst du, daß du zurecht kommst?«
»Ich werde mein Bestes tun«, entgegnete er.
Das genügte mir.

17

In den nun folgenden Jahren war ich häufig mit Paul jr. und Gail zusammen. Sie hatten drei weitere Kinder. Paul war als Geschäftsmann nicht gerade ein Übermensch, doch alles in allem machte er seine Sache in Rom befriedigend, und es schien, als führte er mit Gail eine sehr glückliche Ehe.
Dann jedoch, praktisch über Nacht, fing alles an schiefzugehen. Paul jr.

verlor das Interesse an Getty Oil Italiana und an den Geschäften überhaupt. Dank seines Einkommens aus der Stiftung konnte er auch ohne Gehalt leben.
In Einzelheiten brauche ich hier nicht zu gehen, die Weltpresse hat alles über den »Sohn und Namensvetter des reichsten Mannes der Welt« genügend ausgewalzt. Die *paparazzi* Roms machten Aufnahmen von Paul jr. mit langem Haar, Vollbart und »in einem Samtanzug, um den ihn jeder echte Hippie beneiden würde«, wie es unter einem Foto von UPI heißt, und die Skandalblätter der ganzen Welt berichteten über ihn.
Paul jr. also schied aus dem Familienunternehmen aus. 1966 wurde die Ehe zwischen ihm und Gail geschieden, wobei Gail das Sorgerecht für die Kinder zugesprochen erhielt. Aus welchen Gründen die Ehe scheiterte, ist mir nicht bekannt. Ich habe keinen von beiden danach gefragt, das hätte mir mit meinen fünf Scheidungen nicht angestanden, im übrigen waren Paul jr. und Gail erwachsen und alt genug, um zu wissen, was sie taten. Sie durften über ihre persönlichen Motive schweigen.
Ich kann nur Vermutungen anstellen – auf die Gefahr hin, als Mitschuldiger dazustehen. Als Paul und Gail heirateten, waren beide jung und unerfahren, und daran änderte sich nicht viel in den folgenden Jahren. Nun ist Rom eine der dekadentesten Weltstädte, und während das Touristen und weltkundige Leute, die dort zeitweilig leben, nicht besonders berührt, kann die Wirkung auf verhältnismäßig naive und behütete Personen wie Paul jr. und Gail verhängnisvoll sein. Falls dies tatsächlich die Entwicklung verursachte, war es ein schwerer Fehler gewesen, daß ich Paul jr. mit dem Posten in Rom betraut hatte.
Paul heiratete erneut kurz nach seiner Scheidung, Gail ebenso. Pauls zweite Frau war die in Holland geborene Schauspielerin Talitha Pol, Tochter des Künstlers William Pol, Stief-Enkelin des berühmten englischen Malers Augustus John. Im Juli 1971 starb Talitha, angeblich nach Einnahme einer Überdosis Drogen. Gail heiratete einen in Rom ansässigen Schauspieler, die Ehe endete mit einer Trennung. Danach blieb Gail mit ihren vier Kindern in Rom.

1967 kam es endlich zur Fusion zwischen der Tidewater Oil Company und der Getty Oil Company. Welche Arbeit die Fusionierung zweier Gesellschaften mit jeweils Tausenden von Aktionären bedeutet, kann nur beurteilen, wer selbst damit zu tun gehabt hat. Die Fusion gelang durch die Mithilfe vieler leitender Angestellter und anderer Mitarbeiter beider

Gesellschaften, und ich möchte an dieser Stelle zwei Männern besonders danken, die sich dabei hervortaten: David S. Hecht, jahrzehntelang mein Rechtsberater, mein enger Freund und meine rechte Hand, und C. Lansing Hays jr., der seit 1967 die von Hecht gegründete Anwaltsfirma leitet.

Es war mein Sohn George F. Getty II, der die Fusion plante, ausführte, überwachte und koordinierte, der nie die Übersicht verlor und doch das kleinste Detail im Auge behielt. Damit hatte George seine Sporen endgültig verdient. Die neue Stellung als geschäftsführender Prokurist und Leiter der Produktion bei der Getty Oil Company kam ihm Rechtens zu.

Getty Oil dehnte ihre Operationen aus und machte bedeutende Fortschritte in den Jahren, als George an der Spitze stand. Seine Leistungen machten mich sehr stolz und erfüllten mich mit größtem Vertrauen. Ich war gewiß, daß das von meinem Vater gegründete und von mir ausgebaute Unternehmen in die kräftigsten und fähigsten Hände übergehen würde.

1973 brach jedoch ein weiterer Teil meiner Welt zusammen.

Am Abend des 6. Juni war ich Gast bei einem Diner, das die Herzogin von Argyll veranstaltete, meine liebe und langjährige Freundin. Man rief mich von der Tafel, meine Sekretärin, Mrs. Barbara Wallace, und ihr Gatte Al – der im Auftrag von Getty die Ölsuche in der Nordsee leitet – wünschten mich zu sprechen. Ich begab mich völlig konsterniert in ein kleines Empfangszimmer, wo die beiden mich mit ernsten Gesichtern erwarteten.

»Stuart Evey versucht aus Los Angeles,mit Ihnen zu telefonieren«, sagte Barbara. Evey ist einer der Prokuristen von Getty Oil, und es war ungewöhnlich, daß er um diese Stunde bei mir anrief, noch ungewöhnlicher aber, daß Barbara und Al Wallace eigens aus Cobham, wo sie wohnten, nach London gefahren kamen, um mir das zu sagen.

»Barbara hat veranlaßt, daß das Gespräch nach hier durchgestellt wird, sie braucht nur das Fernamt anzurufen«, sagte Al und fügte leise hinzu: »Machen Sie sich auf Schlimmes gefaßt, Mr. Getty.«

Ich weiß nicht mehr, woran ich in den Minuten dachte, bis Stuart Evey an den Apparat kam und ich seine unsichere, gequetschte Stimme hörte. Ich erinnere mich nur der wichtigsten Satzfragmente:

». . . George hat einen Schlag erlitten . . . Er liegt bewußtlos im Krankenhaus.«

Ich konnte ihn nur bitten, mich auf dem laufenden zu halten: keine zwei Stunden später rief er wieder an. »Eben ist George gestorben . . .«
Ich erinnere mich nicht mehr genau an meine damaligen Gefühle und Reaktionen, ich weiß nur noch, daß mich darauf mein treuer Freund und Rechtsberater Hays aus New York anrief, kaum weniger betroffen von dieser Neuigkeit als ich, denn er und George waren eng befreundet und arbeiteten oft Hand in Hand. Er nahm mir alles ab, was sofort zu erledigen war, und blieb die ganze Nacht mit mir in Verbindung. Margaret Argyll, Penelope Kitson und ihre Tochter Jessica, Barbara und Al Wallace und andere Freunde erzählten mir später, ich hätte stundenlang schweigend dagesessen und ins Leere gestarrt. Ich war schwer getroffen und weiß nur noch, daß ich dachte: es ist nicht wahr, das ist unmöglich. Stets hatte ich geglaubt, mein ältester Sohn George werde mindestens 35 Jahre älter werden als ich. Nie werde ich vergessen, wieviel Dank ich allen Freunden schulde für die grenzenlose Hilfe und den Trost, den sie mir spendeten.
Tags darauf entnahm ich den Zeitungen, dem Fernsehen und dem Radio, was Stuart Evey mir verschwiegen hatte. George war nicht an einem Schlag gestorben, sondern an der tödlichen Mischung von Alkohol und Schlafmitteln. Nicht, daß er betrunken gewesen wäre, keine Rede davon.
Im Bericht des Leichenbeschauers von Los Angeles County, Thomas Noguchi, heißt es, eine Blutuntersuchung »ergab 0.06 Prozent Blutalkoholgehalt, und erst bei 0.10 Prozent Blutalkoholgehalt gilt der Untersuchte als berauscht«, also erst bei der doppelten Quantität. George hatte aber auch Barbiturate genommen, und diese wirken manchmal in Verbindung mit geringen Mengen Alkohol tödlich. Noguchi sagte denn auch vor der Presse: »Diese Mischung ist die schlimmste, die man sich vorstellen kann, und es sterben mehr und mehr Menschen daran.«
In den USA und anderen Ländern werden Barbiturate anstandslos als sogenannte Beruhigungsmittel verschrieben. Die Hersteller warnen die Ärzte, daß solche Präparate mit auch nur geringen Mengen Alkohols zusammen eingenommen, eine Gefahr sind; die Ärzte geben diese Warnung, wie man hoffen muß, an ihre Patienten weiter, aber viele achten nicht darauf, vor allem wenn sie müde sind und unter Druck stehen.
Norris Bramlett, mein Hauptbuchhalter und ein Mitarbeiter, zu dem ich größtes Vertrauen habe, stellte auf meine Bitte selber Nachforschungen in Los Angeles an, wo er sich damals gerade aufhielt.

»Ich habe nicht den geringsten Zweifel, daß es sich um einen Unfall handelt«, erklärte Norris nach eingehender Prüfung. Ich glaube ihm das, so wie ich ihm immer alles geglaubt habe, in mehr als dreißig Jahren.
In meinem Tagebuch heißt es unter dem 9. Juni 1973: »Um zehn Uhr vormittags, 18 Uhr englischer Zeit, wurde George in Malibu bestattet. Um 18 Uhr ging ich zur Kirche und sprach für meinen liebsten Sohn ein Gebet . . .«
Eine Frage wird mir bis zum Ende meines Lebens keine Ruhe lassen. Ich habe die Gespräche mit Randolph Churchill nicht vergessen und weiß, daß nur allzu viele Geschäftsleute und leitende Angestellte sich Abends ein paar Drinks oder Barbiturate leisten, um die Spannung zu lockern, die Arbeit und Verantwortung in ihnen erzeugen. Könnte es sein, daß George unter besonders großer Spannung stand, weil er sich allzusehr bemühte, den Vorbildern seines Großvaters und seines Vaters nachzueifern?

Es verging nur wenig mehr als ein Monat nach Georges Tod, als die Familie Getty ein weiterer schwerer Schlag traf.
»12. Juli: Nachricht von Paul jr. über Gordon, daß Paul III entführt worden ist.«
»13. Juli: Paul III in den Schlagzeilen. Ich hoffe, daß der Bericht über die Entführung nicht zutrifft, daß er nur von daheim wegging, ohne seiner Mutter Bescheid zu sagen, und bald zurückkommt.«
Seit Gail von Paul jr. geschieden war, hatte ich mit der Mutter von Paul III nur hin und wieder Kontakt gehabt. In dieser Zeit war aus Paul Getty III, meinem ältesten Enkelsohn, aus dem anbetungswürdigen rothaarigen Kind, mit dem ich 1958 gespielt hatte, ein Jugendlicher von siebzehn Jahren geworden, der einen ganz eigenen Lebensstil entwickelt hatte. Die italienischen Zeitungen und auch andere nannten ihn »den Goldenen Hippie« und »den Liebling der römischen Hippiekolonie«. Ich hatte kein Recht, mich einzumischen oder auch nur Kritik zu üben, selbst wenn ich es gewollt hätte. Gail hatte das Sorgerecht für Paul III und die drei anderen Kinder aus ihrer Ehe mit meinem Sohn Paul jr. und war wieder verheiratet. Immerhin, Paul III war mein Enkel.
Es vergingen einige Tage, ohne daß etwas geschah. Und dann: »26. Juli: Die Polizeiwache Guilford hat für mich eine Anfrage der römischen Polizei – ob ich bereit sei, für die Rückgabe von Paul III ein Lösegeld zu zahlen . . .«

Ich verneinte, und dieser Entschluß beruhte auf zwei Überlegungen. Die erste war, daß ich noch weitere vierzehn Enkel habe. Erklärte ich mich sogleich damit einverstanden, einen dieser Enkel auszulösen, hieße das, auch alle anderen Enkel der Gefahr einer Entführung aussetzen. Ich dachte hierbei vor allem an Gails andere Kinder, die bei ihr in Rom lebten. Zwischen 1960 und 1973 waren in Italien 320 Entführungen mit Lösegeldforderungen bekanntgeworden. Manche Quellen wollten wissen, mindestens die doppelte Zahl sei der Polizei nicht gemeldet worden, die Familien der Opfer hätten insgeheim mit den Entführern verhandelt und bezahlt. Jede Lösegeldzahlung mußte weitere Entführer anreizen. Der zweite Grund für meine Weigerung basierte auf Überlegungen allgemeinerer Art. Ich behaupte, den Forderungen von Verbrechern und Terroristen nachzugeben verbürgt geradezu weiteres Ansteigen und die Ausbreitung der Gesetzlosigkeit, der Gewalttätigkeit und solcher Missetaten wie Bombenanschläge, Flugzeugentführungen und die Abschlachtung von Geiseln, was alles unsere heutige Welt schon genug verpestet.

Meine Befürchtungen der römischen Enkel wegen wurde mir später von meinem Freund Gianni Agnelli bestätigt, dem Chef der italienischen Fiatwerke, der sich in einem Interview mit *Newsweek* folgendermaßen äußerte:

Frage: »Man hört so viel über den Zusammenbruch von Gesetz und Ordnung in Italien, über Entführungen usw. Wie ernst sind diese Dinge tatsächlich zu nehmen?«

Antwort Giannis: »Sehr ernst, und die Lage verschlechtert sich laufend.«

Meine anfängliche Weigerung, Lösegeld zu zahlen, wurde in aller Welt publiziert und in den meisten Fällen abträglich kommentiert. Kurioserweise verschwieg man die Vorschläge, die etwa zur gleichen Zeit vom italienischen Innenminister Luigi Gui gemacht wurden; Gui befürwortete ein Gesetz, das die Entführer daran hindern sollte, Lösegeld zu kassieren. Er schlug vor, die italienische Regierung solle Vollmacht erhalten, das Vermögen der betroffenen Familie zu beschlagnahmen und sie so zu hindern, die Forderung der Entführer zu erfüllen.

Ich hätte noch viel über die Entführung Pauls III zu sagen, doch sind unterdessen mehrere Personen unter der Anschuldigung, an dem Verbrechen mitgewirkt zu haben, verhaftet worden, und während ich hier schreibe, ist der ganze Komplex *sub judice*. Würde ich gewisse Informationen preisgeben, könnte man mir vorwerfen, in ein laufendes Verfahren einzugreifen,und es wäre der Höhepunkt bitterster Ironie, wenn eine schuldige Person unter dem Vorgeben auf freien Fuß gesetzt würde, meine eigenen Äußerungen hätten die Geschworenen beeinflußt und verhindert, daß dieser Person ein gerechter Prozeß gemacht werden kann.

Veröffentlichte Tatsachen jedoch darf ich erwähnen. Nachdem die Entführer Paul III fast vier Monate gefangen gehalten hatten, schnitten sie ihm das rechte Ohr ab und schickten es an die Redaktion einer römischen Zeitung. Es war nicht mehr zu verkennen, daß die Entführer Ernst machen würden. Verbrecher, die ein Opfer derart grausam verstümmeln, zögern auch nicht, es zu töten.

Ich hielt mit meinen Söhnen Paul jr., Ronny und Gordon einen Familienrat. Die geforderte Lösegeldsumme war enorm – die in den Medien genannten Zahlen übertreiben allerdings beträchtlich. Die Familie Getty schloß ihre Reihen dicht, und die Entführer erhielten Nachricht, daß das Lösegeld bezahlt würde.

Es verging einige Zeit, bis die direkte Verbindung mit den Entführern aufgenommen und die Übergabe des Geldes vereinbart werden konnte. Es war für alle Angehörigen der Familie eine quälend lange Frist. Die Entführer ließen Paul III am 15. Dezember 1973 frei, zufällig an meinem 81. Geburtstag. Dies war das schönste, wunderbarste Geburtstagsgeschenk, das ich je erhalten habe.

Hier sind noch einige Bemerkungen angebracht.

Nicht lange nach seiner Freilassung durch die Entführer heiratete Paul III Miss Martine Zacher und zog mit ihr nach Kalifornien. Sie haben jetzt einen Sohn, J. Paul Getty IV. Paul hat während seiner Entführung traumatische Schocks erlitten und auch das Grauen, das die Abtrennung seines Ohres hinterlassen hat, ist nicht spurlos vorbeigegangen. Sein Großvater mütterlicherseits, US Bezirksrichter Harris, hielt es für klug, gewisse Schritte zu unternehmen, um Pauls Interessen zu wahren, bis er sich von den Nachwirkungen seiner Leiden erholt hat, und ich billigte selbstverständlich die Vorschläge des Richters.

Paul III besucht derzeit das Pepperdine College in Kalifornien, und ich höre zu meiner Freude, daß er offenbar erhebliches Talent als Maler an den Tag legt. Er hat auch schon Bilder ausgestellt, und mehrere Kritiker halten seine Arbeiten für vielversprechend.

Gail und die drei anderen Kinder, die sie von meinem Sohn Paul jr. hat, leben in England. Im Sommer 1975 haben die jungen Leute – Aileen, 15; Mark, 14; und Ariadne, 13 – mehrere Wochen bei mir in Sutton Place verbracht. Ich freute mich sehr darüber, ebenso genoß ich in diesem Sommer den Besuch meiner anderen Enkel. Es kamen meine Söhne Ronny und Gordon mit Frau und Kindern, und dann Georges Witwe Gloria mit ihren drei Töchtern.
Dieser Sommer hat dem Großvater J. Paul Getty wohlgetan. Es erwies sich, daß trotz allem – trotz Scheidung, Tragödien und den sonstigen zahllosen Mißhelligkeiten des Lebens – die Familie Getty eine Familie ist und auch bleiben wird. Ich sage das nicht um zu prahlen, sondern stelle nur glücklich und stolz eine Tatsache fest.

18

Die Entführung und Verstümmelung meines Enkels sind Symptome einer Krankheit, welche an den Fundamenten der westlichen Zivilisation nagt. Schon seit Ende der Dreißiger Jahre beobachtete ich mit bitterer Vorahnung das Zunehmen von Verbrechen und der Gewalttätigkeit. Damals nämlich setzte der Prozeß ein, der die Achtung vor den Grundprinzipien der Ordnung und des Rechtes zerstört.
Anfangs geschah dies vorsichtig und langsam, es war eine Art spont[illegible] Subversion unter dem Deckmantel einer Korrektur von Miß[illegible] und Ungerechtigkeiten. Ich bestreite nicht, daß es diese Dinge gab, d[illegible] es davon viel zu viel gab und daß Änderungen notwendig waren. Statt aber nun diese Änderungen auf dem höchsten Niveau makelloser Rechtspflege einzuleiten, begab man sich auf das denkbar niedrigste Niveau, auf das lascher und unerlaubter Duldsamkeit.
Nach und nach wurden Anschauungen und Grundsätze, die sich in Jahrtausenden bewährt hatten, auf den Müllhaufen geworfen. Wirrköpfige Gesellschaftstheoretiker und mildeblickende Wohltäter drängten sich in die Behörden des Strafvollzuges und das System der Rechtspflege ein. Dieser Trend verstärkte sich zunehmend, er band der Polizei die Hände, er verurteilte Richter und Gerichte praktisch zur Impotenz, und das in vielen Ländern, vor allem in den Vereinigten Staaten.
Mitte der Sechziger Jahre beobachtete ich eine fast totale Wandlung in

der Auslegung und Anwendung von Gesetzen, deren Zweck es war, Menschen zu bestrafen, die Verbrechen begehen. Der Verbrecher, selbst der immer wieder rückfällige Verbrecher, wurde Gegenstand von Anteilnahme und Mitgefühl; Schuld sei das Opfer, welches durch sein bloßes Vorhandensein den Verbrecher zu Raub, Überfall oder gar Mord reizte.

Die liberale, »aufgeklärte« Schule behauptet, der Kriminelle – ungeachtet seiner Lebensgeschichte, seiner Vorstrafen oder der Schwere seiner Verbrechen – müsse umerzogen, rehabilitiert, psychotherapeutisch behandelt werden. Die Gesellschaft müsse, kurz gesagt, alles tun, nur nicht strafen.

»Strafe ist keine Abschreckung«, lautet der Schlachtruf der wohlmeinenden Bruderschaft (und Schwesternschaft).

Dieser Schlachtruf tat eine hypnotische Wirkung, die Theorie fand ungeheuer viele Anhänger. Die Folge ist, daß immer weniger gestraft wird und die Verbrechen unaufhaltsam zunehmen.

Zwischen 1968 und 1973 ist die Zahl der Morde pro hunderttausend der Bevölkerung um 34.8 Prozent angestiegen. Im Jahre 1973, für welches mir noch amtliche Zahlen vorliegen, haben in den USA 19.510 Tötungsdelikte stattgefunden, mehr als 50 pro Tag. Dieses ist nur ein Teilstück des traurigen Gesamtbildes, wie es sich aus folgender Liste zusammensetzt:

Vergehen	Zahl für 1973
[illegible]	1019610
Vergewaltigung	51000
Raub	382680
Körperverletzung	416270
Schwerer Diebstahl	2540000
Leichter Diebstahl	4304000
Autodiebstahl	923600
Gesamt	8638400

Großbritannien steht im Ruf, ein gesetzesfürchtigeres Land zu sein als die Vereinigten Staaten, und das stimmt auch. Im August 1973 veröffentlichte der Bund der englischen Polizisten jedoch folgende angsterregende Verlautbarung:

»Die Zahl der bekanntgewordenen Verbrechen ist von 250000 jährlich

unmittelbar vor Beginn des Zweiten Weltkrieges auf mehr als 2 Millionen im vergangenen Jahr gestiegen.«
In anderen westlichen Ländern scheinen diese Dinge nicht weniger akut zu sein. Der Terminus »Recht und Ordnung« wird allgemein verhöhnt, es ist geradezu ein Schimpfwort daraus geworden.

Ich fürchte, der »Liberale«, dessen Herz für den Mörder, den Gewaltverbrecher jeder Spielart blutet, findet vor meinen Augen keine Gnade. Ich bin nicht dafür, dem mehrfachen Mörder oder dem Übeltäter, der Frauen vergewaltigt, mit einer Tasse Tee und tausend Therapien zu begegnen. Offensichtlich gibt es einen Zusammenhang zwischen der Auffassung, man müsse Verbrechern duldsam begegnen und ihnen verzeihen, und nach links tendierenden politischen Ansichten. Der objektive Beobachter kann darüber nur höhnisch lächeln.
Liberale in westlichen Demokratien, die nach links blicken, sehen das Leben auf der linken Seite des Zaunes oft nur in einem Zerrspiegel. Die Gerichte in den Volksdemokratien haben immer noch ein sehr genaues Gefühl dafür, daß niemand gern bestraft werden möchte und daß die meisten Mitmenschen sich große Mühe geben, einer Strafe zu entgehen, und sei es, indem sie die Gesetze achten.
Die Gerichte der Volksdemokratien zögern nicht, Übertretungen von Gesetzen zu ahnden, und die Folge ist, daß man in den Volksdemokratien verhältnismäßig viel weniger Gesetzesverbrecher findet. Wo der Kommissar herrscht, weiß man noch, daß Angst vor Strafe am besten von Verbrechen abhält. Ich habe noch nie gehört, daß vor einem Gericht im Osten ein pedantischer Psychiater oder ein seelenvoller Sozialarbeiter dem Richter vorschreiben will, welche Strafe er dem überführten Verbrecher zudiktieren darf.

Als Vizepräsident Rockefeller mich im Juli 1975 in Sutton Place besuchte, wurde er von Angehörigen des Secret Service in Zugstärke begleitet. »Sechsunddreißig Leute sind mir zugeteilt, damit jederzeit neun zur Verfügung stehen«, erklärte mir Rockefeller. Darüber hinaus entsandte die englische Polizei zwei Streifenwagen und vier Hundeführer zwecks Auffüllung der amerikanischen Leibwächter. Nelson fand nichts dabei. Die 36 amerikanischen »Gorillas« stellten das Minimum dessen dar, was man für die Sicherheit eines Vizepräsidenten tun mußte, und die Engländer wollten auch kein Risiko eingehen.

Daß solche Sicherheitskräfte für erforderlich gehalten werden, spricht Bände, besonders wenn man bedenkt, daß der Besuch Rockefellers vor den beiden Attentatsversuchen gegen Präsident Ford in den USA stattfand.
In unserer von Gewalttätigkeit beherrschten Welt sind politische Morde, Bombenanschläge, Flugzeugentführungen und Anschläge von Extremisten, die Geiseln nehmen und oft genug töten, zu vertrauten Erscheinungen geworden. Noch immer aber zeigen die westlichen Länder nicht die Neigung, Feuer mit Feuer zu bekämpfen.
Als Präsident Franklin D. Roosevelt sich im Zweiten Weltkrieg der Bedrohung durch die Achse gegenübersah, dieser größten kriminellen Verschwörung aller Zeiten, da zögerte er nicht, Stellung zu nehmen. »Wir werden der Macht mit größerer Macht begegnen, wir werden Gewalt mit größerer Gewalt beantworten«, erklärte er, und dies ist die einzige Sprache, die gewisse Leute verstehen, und die einzige Handlungsweise, die sie fürchten oder auch nur ernst nehmen. Die Neigung zu Verbrechen und Gewalttat wird und kann nur abnehmen, wenn jene, welche die Autorität besitzen, sich wieder dieser Tatsachen bewußt werden und entsprechend handeln.

Über meine eigenen Sicherheitsmaßnahmen, insbesondere in Sutton Place, ist viel geschrieben und gemunkelt worden. Manche Leute behaupten, der Landsitz mit dem Herrenhaus sei eine veritable Festung. Das ist unsinnig.
Das Gelände ist größtenteils von dem Zaun eingefaßt, den es schon gab, als der Herzog von Sutherland noch Eigentümer war, ja bereits als der Besitz Lord Northcliffe gehörte. Es gibt zwei Haupteingänge und beide sind, wenn man das so nennen will, mit Toren gesichert. Das Tor an der Straße nach Woking ist aus Holz, das nach Guilford hin aus Schmiedeeisen. Alle beide bilden kein ernsthaftes Hindernis.
Noch dazu sind beide Tore während des Tages meist geöffnet. In der Liberian Operations, Ldt., die unweit vom Haupthaus ein Bürogebäude hat, arbeiten einige Dutzend englische Angestellte. Die kutschieren tagsüber mit ihren Wagen hin und her, fahren zur Mittagspause, kommen zurück, verlassen das Gelände am Ende des Arbeitstages. Sind die Tore an Wochenenden geschlossen, so werden sie elektrisch von Pförtnern geöffnet, und zwar ohne Formalitäten und Verzögerungen. Sonntags und Feiertags sind die Tore weit geöffnet, um den Gläubigen den

Zutritt zu der Kirche zu ermöglichen, die sich auf dem Grundstück befindet.
Selbstverständlich gibt es in Sutton Place Wächter und die neuesten Systeme zur Bekämpfung von Feuer und Verhinderung von Einbrüchen. Die Wächter stellen aber keine Prätorianergarde dar. Ihre Aufgabe ist es nicht ausschließlich, ja nicht einmal hauptsächlich, für meinen persönlichen Schutz zu sorgen, obwohl sie, unbewaffnet wie sie sind, auch diesen übernommen haben. Das Haupthaus beherbergt Kunstschätze, Gemälde, Tapisserien, Orientteppiche, antike Möbel und Silber, die Millionen wert sind. Diese bedürfen des Schutzes. Ein großer Teil der Gehälter dieser Wächter wird an Versicherungsprämien eingespart, die dank dieser Wächter erheblich niedriger sind.
Journalisten, die mir »persönliche Leibwächter« andichten, vergessen offenbar, daß Industriespionage ein sehr großes und einträgliches Geschäft ist. Die Aktenschränke in Sutton Place enthalten Berichte, Dokumente, Vermessungsunterlagen der Ölfelder und anderes Material, für welches skrupellose Konkurrenten bereitwillig große Summen zahlen würden.
Die Wächter sind mit Schäferhunden ausgerüstet, und es gibt sogar Löwen in Sutton; doch wer diesen zu nahe kommen wollte, müßte sich mit einem Schweißgerät Zugang zu dem Stahlzwinger verschaffen, in dem sie wohnen.

Falls man Meinungsumfragen glauben darf, wird das Folgende bei 47,8 Prozent meiner Leser einen Entrüstungssturm hervorrufen. So groß ist angeblich der Anteil jener, die unter allen Umständen gegen die Anwendung der Todesstrafe sind. Ich bezweifele die Richtigkeit dieser Zahl, denn vermutlich befürworten sehr viel mehr Menschen mindestens für bestimmte Tötungsdelikte die Rückkehr zur Todesstrafe, als die Befragungen glauben machen. Das können wir jedoch außer Betracht lassen. Ich bin viel zu alt geworden, um eine Meinung nur deshalb für mich zu behalten, weil sie im Widerspruch steht zu einem erdrückenden Konsens.
Ich bin altmodisch – wenn man will: ein Erzreaktionär – und glaube, daß die Todesstrafe die einzige, wenigstens partielle Abschreckung vor Mord und einigen besonders verwerflichen Verbrechen darstellt. Ich weiß wohl, daß seit vielen Jahren ein erbitterter Streit darüber im Gange ist und daß sich die Richtigkeit des einen oder anderen Standpunktes

schlüssig nicht beweisen läßt. Der Beweis, der mich überzeugt, ist, das muß ich leider sagen, negativer Art. Wo immer die Todesstrafe abgeschafft wurde – oder wenn nicht abgeschafft, dann doch nicht mehr vollstreckt wird –, sind Tötungsdelikte stark angestiegen, häufig raketenhaft. So zum Beispiel hat sich die Zahl der jährlichen Morde in New York City mehr als verdreifacht, seit die Gefahr, auf den Elektrischen Stuhl zu kommen, den potentiellen Mörder nicht mehr abschreckt. Man hat einmal George Bernard Shaw gebeten, eine Petition für die Abschaffung der Todesstrafe zu unterschreiben. Er sagte: »Mit Vergnügen, wenn Sie die Mörder dazu bringen, zuerst zu unterschreiben.«

Die Todesstrafe für Mord ist unterdessen in den meisten westlichen Ländern abgeschafft worden, sei es *de jure*, sei es *de facto*. Als Höchststrafe wird meist lebenslang Gefängnis verhängt, was häufig ein Witz ist. In den USA wird der »Lebenslängliche« freigelassen oder seine Strafe wird herabgesetzt, wenn er im Durchschnitt acht bis zehn Jahre abgesessen hat. Daraus ergibt sich allerdings nicht automatisch, daß er sofort nach der Freilassung wieder einen Mord begeht.

Doch betrachten wir das Problem einmal realistisch. Die Furcht, hingerichtet zu werden, hat zweifellos viele potentielle Mörder von ihrer Tat abgehalten. (Hier kommt wieder der Negativbeweis zum Zuge: verschwindet diese Furcht, steigt die Zahl der Tötungsdelikte.) Die Aussicht, für höchstens acht oder zehn Jahre eingesperrt zu werden, hat nicht die gleiche Wirkung und kann sie nicht haben.

Nach meiner Meinung würden sich die rechtschaffenen Bewohner der westlichen Welt wohler fühlen, wenn die Todesstrafe wieder eingeführt und für folgende Delikte verbindlich vorgeschrieben würde:

1. Die Tötung eines Polizisten oder Gefängniswärters im Dienst.
2. Jede Tötung, die begangen wird von Personen bei der Ausübung eines Verbrechens.
3. Die Tötung einer Frau im Zuge der Vergewaltigung.
4. Mehrfacher Mord, es sei denn, der Mörder ist unzurechnungsfähig.
5. Tötung, begangen während einer Entführung von Personen oder Transportmitteln oder im Zuge politisch motivierter terroristischer Tätigkeit.
6. Tötung, hervorgerufen durch jeden beliebigen Terrorakt wie Bombenanschläge, wahlloses Schießen, Verwendung von Maschinengewehren und ähnliche Verbrechen.

Während ich dies schreibe, kommt mir eine neue Meinungsumfrage vor Augen, durchgeführt diesmal im Auftrag einer führenden Londoner Tageszeitung. Daraus geht hervor, daß nicht weniger als 75 Prozent der englischen Teenager für die Rückkehr zur Todesstrafe in bestimmten Fällen sind, insbesondere für Mordtaten von politischen Terroristen. Ich tröste mich mit dem Gedanken, daß ich vielleicht doch nicht so hoffnungslos altmodisch und hinter der Zeit her bin.

Ich bange um die Sicherheit und die Zukunft unserer Gesellschaft. In der Frist von etwas mehr als einem Jahrzehnt haben wir in den USA die Ermordung des Präsidenten Kennedy, von Malcolm, von Martin Luther King und von Senator Kennedy erlebt, und die Kugel eines Attentäters hat Gouverneur Wallace von Alabama lebenslang zum Krüppel gemacht. Zwischen 1964 und 1973 wurden 858 amerikanische Polizeibeamte in Ausübung des Dienstes umgebracht. Die Zahl der Massenmorde ist kaum zu zählen: im Staat Kalifornien hat es allein innerhalb von vier Jahren sechs derartige Fälle gegeben, darunter den der »Familie« von Charles Manson und das Massaker an neun Personen im Haus des Walter Parkin bei Lodi. In Texas haben zwei junge Leute gestanden, innerhalb von drei Jahren 27 Personen zu Tode gequält zu haben; verhaftet wurden sie 1973, in eben jenem Jahr, da man in den USA insgesamt 19510 Morde registrierte.
Kürzlich veröffentlichten Berichten zufolge sind in dem bis September 1975 abgelaufenen Jahr in einem einzigen Stadtteil von London zwanzig Morde begangen worden. Bombenanschlägen fielen in England mehr als 50 Personen zum Opfer. Vom Bund englischer Polizisten verlautet, daß im Jahre 1974 jeder zehnte Polizeibeamte im Dienst angegriffen wurde; dazu heißt es: »Es ist an der Tagesordnung, daß Verbrecher Schußwaffen benutzen, um zu töten, zu verwunden, zu überfallen und zu rauben. Die Gefährdung der öffentlichen Ordnung nimmt unverändert zu. In den Spitzen der Behörden und unter führenden Personen des Gemeinwesens sind einige bereit, die Übertretung von Gesetzen zu dulden, wenn nicht gar zu billigen; der gesetzestreue Bürger muß ihnen zu verstehen geben, daß die Zeit für eine Änderung gekommen ist.«

Präsident Theodore Roosevelt soll einmal bemerkt haben: »Im Schlagstock eines Polizisten steckt mehr Gerechtigkeit als in sämtlichen Gesetzestexten des Staates New York.« Es mag traurig sein, doch finden sich überall Anzeichen dafür, daß Teddy Roosevelt recht hatte. Verleihen wir dem Polizisten – und jedem Vollstrecker der Gesetze – nicht wieder Autorität und Achtung, wird die Flut der Verbrechen und der Gewalttätigkeit weiter steigen. Man muß die schlichte Tatsache zur Kenntnis nehmen, daß weiche Redensarten hartgesottene Verbrecher nicht entmutigen.

Kehrt sich der derzeitige Trend in den USA nicht um, wird uns Amerikanern nichts übrig bleiben, als in letzter Verzweiflung dem Beispiel der Kommunisten zu folgen. Wir werden dann genötigt sein, scharfe, ja drakonische Strafgesetze zu erlassen. Es kann sogar dahin kommen, daß wir das repressive und widerwärtige kommunistische System der Hauswarte übernehmen. Mir wäre das fatal, doch habe ich gesehen, wie die Achtung vor Recht und Gesetz nachließ, wie Verbrechen und Gewalttätigkeit zunahmen, bis wir schließlich jährlich in den USA 8,6 Millionen Verbrechen zu verzeichnen haben, davon mehr als 19500 Morde. Stellen wir uns dieser Entwicklung nicht entgegen, dann sind Sie und ich die Verlierer bei dem bevorstehenden Zusammenbruch; Chaos und Anarchie stehen uns sonst unvermeidlich bevor. Es ist tragisch, aber wahr, daß unsere westliche Zivilisation nächstens den Punkt erreicht, ab dem es keine Umkehr mehr gibt, ab dem es nur noch darum geht, wie man als Individuum überleben kann.

Dieser ganze Komplex wurde im Oktober 1975 von der angesehenen Pariser Zeitung *Le Figaro* zusammengefaßt. Frankreich kennt als eines der wenigen westlichen Länder die Todesstrafe noch. Als kürzlich ein grausamer junger Mörder zum Tod durch die Guillotine verurteilt wurde, gab es in Frankreich keinen öffentlichen Aufschrei, denn, wie es in einem Leitartikel von *Le Figaro* heißt: »Wir treten jetzt ins Zeitalter der gewalttätigen Individuen und Vereinigungen, denn wir befinden uns in der Ära schwacher Eltern und eines schwachen Staates. Wir betreten von neuem das Zeitalter der Hinrichtungen, denn wir befinden uns schon im Zeitalter der Mörder.«

Ich habe lange genug zugesehen, wie die demokratischen Länder in die Ära der Schwäche des Staates eintraten. Paradoxerweise ist der Staat in dem Maße schwächer und wirkungsloser geworden, wie er mächtiger zu werden schien, indem er auf unsere Lebensführung und unser Tun einen immer wachsenden Einfluß ausübt. Dieses Phänomen verdient näher betrachtet zu werden.

19

Die Jahre seit dem Zweiten Weltkrieg sind gekennzeichnet durch einen bedenklichen Verfall der gesellschaftlichen Struktur in den westlichen Demokratien. Die Völker sind beinahe unregierbar geworden. Ich jedenfalls fürchte, daß die demokratische Regierungsform möglicherweise zum Mißerfolg verurteilt ist, wenn nicht eingreifende Veränderungen, möglicherweise völlige Umkehrungen im etablierten Verhalten der Regierten wie der Regierenden stattfinden.
Eine demokratische Regierung kann locker umschrieben werden als eine, die mit Zustimmung der Mehrheit regiert. Zustimmung reicht aber nicht aus, um das Überleben der Demokratie zu garantieren. Die demokratische Regierung ist nur arbeitsfähig, wenn das Volk kooperiert. Umgekehrt gilt, daß das Volk nur kooperiert, wenn die Regierung führt, wenn sie Stärke und Mut beweist.
Wir befinden uns derzeit im Zeitalter des Großen Staatlichen Apparates. Größe mag Furcht einflößen, verbürgt aber noch nicht automatisch Mut, Kraft und Führungsfähigkeit, im Gegenteil, das Wachsen des Apparates hat häufig genug ein verhängnisvolles Schwinden dieser Eigenschaften bewirkt. Mut läßt sich nicht durch große Sprüche ersetzen, willkürliche und unkonsequente Ausübung der Macht zeugt nicht von Kraft, eher schon von fundamentaler Schwäche. Die Einmischung des Staates, sein Eingreifen auf jeder Ebene und in jedes Gebiet menschlichen Lebens und Strebens sind noch kein Beweis für die Fähigkeit zu führen.

Nancy, Lady Astor, die von 1919 bis 1945 dem englischen Unterhaus angehörte, war für ihren beißenden Witz berühmt. Anfang der fünfziger Jahre vertraute sie mir an, daß sie glücklich sei, nicht mehr im politischen Tageskampf zu stehen.
»Taschenspielertricks haben mir nie Spaß gemacht«, sagte Lady Astor. »Die Politik ist in die Hände von Scharlatanen geraten, die dem Publikum vormachen, daß Geschäftigkeit gleichbedeutend ist mit Taten.«
Daß Nancy Astor mit dieser Beurteilung recht hatte, ist unterdessen nur allzu deutlich geworden.
Die Bundesregierung der USA beschäftigt beinahe drei Millionen Zivil-

angestellte. Die Stadt New York beschäftigt 320000 städtische Angestellte, und etwa eine Million Wohlfahrtsempfänger stehen sozusagen in ihren Dienste. In Großbritannien werden fast 60 Prozent des Nationaleinkommens für soziale Leistungen aufgewendet. Das nennt man Geschäftigkeit.
Die USA kämpfen unterdessen mit einer Rezession, die Stadt New York ist praktisch bankerott, und Großbritannien hat die höchste Inflationsrate aller westlichen Länder.
Das sind Taten – besser gesagt, das Fehlen von Taten.

Arpad Plesch hat mir einmal ausführlich den Inhalt eines Science-fiction Films erzählt, den er sich angesehen hatte. Der handelte von einem geheimnisvollen Klumpen organischer Materie, der aus dem Weltraum auf die Erde gelangt war. Dieser anfangs kleine Klumpen begann sich auszudehnen, allen menschlichen Bemühungen, ihn zu zerstören, zum Trotz breitete er sich nach allen Richtungen aus, bis er ganze Großstädte unter sich begrub, in denen alles Lebendige erstickte.
»Na, eben die übliche Science-fiction«, sagte ich unbeeindruckt dazu.
»Aber gar nicht! Das ist eine großartige Allegorie. Betrachten Sie nur die Bürokratie, die sich nach allen Seiten ausdehnt und uns erstickt.«
Der klebrige Klumpen hat sich unterdessen in einen Ozean von Klebstoff verwandelt.
Da ich das achtzigste Lebensjahr hinter mir habe, kann ich mich noch der Zeit erinnern, als die Ausdrücke Civil Service und Cicil Servant das bezeichneten, was gemeint war. Der Civil Service und seine Angestellten waren vorhanden, um dem Bürger und Steuerzahler zu dienen. In den letzten Jahrzehnten ist es aber dahin gekommen, daß selbst Beamte von mittlerem Rang sich einer Machtfülle erfreuen wie mittelalterliche Feudalherren oder persische Satrapen.
Steuerzahlende Bürger (ihre Arbeitgeber) haben sich dem heutigen Beamten demütig mit dem Hut in der Hand zu nähern. Im Big Government bestimmt der Beamte darüber, ob ein Bürger sich auf seinem Besitz ein Haus bauen darf und wo, ob er einen Laden an der Ecke aufmachen, ob er auf seinem eigenen Grund und Boden Porree pflanzen darf oder nicht vielmehr Sojabohnen.

Rinder nähren sich von Gras. Viele Vogelarten ernähren sich von Würmern. In demokratischen Ländern lebt der Politiker von Stimmen. Frü-

her einmal zahlten gewissenlose Politiker, denen es an Stimmen fehlte, aus eigener Tasche dafür, daß Wähler ihnen ihre Stimen gaben. Diese krasse und für den Politiker kostspielige Praxis ist weitgehend außer Gebrauch gekommen; statt dessen kauft der heutige Kandidat die Stimmen im Großen, aber nicht von seinem eigenen Geld, sondern von dem der Steuerzahler.
Die Zustimmung eines Abgeordneten zum Bau etwa eines völlig überflüssigen Kanals kann die Bundesregierung 50 Millionen Dollar kosten, doch dem Abgeordneten, der seinen Wählern einen solchen Kanal verspricht, bringt das Tausende von Stimmen ein. Der Bewerber für einen Senatssitz, der feierlich gelobt, die Wohlfahrtsunterstützungen durch Staatszuschüsse in Milliardenhöhe ergiebiger zu machen, gewinnt damit ungeheuere Kaufkraft; 100 000 oder 500 000 berufliche Fürsorgeempfänger werden seinen Namen auf dem Stimmzettel ankreuzen. Ein gutes Geschäft macht eben jeder gern.

Es ist nicht ganz fair, den Verfall unserer Sozialstrukturen ausschließlich den Politikern anzulasten. Schon Theodore Roosevelt bemerkte: »Der erfolgreichste Politiker ist jener, der am häufigsten und am lautesten ausspricht, was alle Welt denkt.«
Wer sich um ein öffentliches Amt bewirbt, nimmt selbstverständlich Rücksicht auf das Publikum und versucht das meiste (für sich) aus dem herauszuholen, was die Menge denkt. Wenn er seine Wahlreden donnert, vermittelt er die Illusion, eine Führergestalt zu sein. Meistens jedoch führt er nicht, sondern trabt nur hinterher. Seine Gerissenheit sagt ihm, was die Menge will, nicht nur hören sondern haben will.
»Gesetz und Ordnung« sind da ein gutes Beispiel. Ich glaube nicht, daß die wachsende Mißachtung dieser Grundsätze ursprünglich das Werk von Politikern war, vielmehr deuten die vorhandenen Beweise eher darauf, daß dieser Trend seinen Ursprung in der Familie hatte, daß er völlig verständlichen emotionalen Reaktionen entstammt.
Während der Jahre der Wirtschaftskrise lernten Millionen Menschen Entbehrungen und Elend kennen. Diese waren entschlossen, daß ihre Kinder es »einmal besser haben sollten«. Ihr Entschluß schlug sich darin nieder, daß sie ihren Kindern mehr Freiheit und Privilegien gewährten. Als nächste traten die Befürworter der progressiven Erziehung auf, die behaupteten, die Schulen und die Lehrmethoden seien zu starr, zu streng. Kinder, so meinten sie, sollten spielend lernen, und wenn sie

nichts lernten und sich keine Wertbegriffe aneigneten, nun, dann hatten sie doch wenigstens ihren Spaß gehabt, während sie nichts lernten.
Diese Denkweise, wenn man eine so schmeichelhafte Bezeichnung überhaupt zulassen will, wurde noch verstärkt durch die permissiven Lehren des berühmten Kinderarztes Spock. Dieser wollte nicht nur den Rohrstock verbannt sehen, sondern mißbilligte auch milden Tadel. Hänschen mochte ruhig sein Spielzeug zerbrechen – oder auch die Fensterscheiben oder das teure Porzellan. Alles war besser, als daß er »seine normalen, gesunden Aggressionen unterdrückt«.
Disziplin wurde zum übelsten Wort in unserer Sprache.
Diese »liberale Haltung« verbreitete sich wie der klebrige Klumpen aus dem Film meines Freundes Arpad Plesch von den Elfenbeintürmen herab über Wohnungen, Schulen und schließlich die Gerichte. Die Politiker mit ihrem Gespür für die Stimmung des Volkes überboten sich darin, so oft und so laut wie möglich auszusprechen, was die große Menge dachte, und fütterten die Mühlen der Gesetzgebung mit ganzen Bergen von Straferleichterungen.
Plötzlich gab es dank einem geradezu wunderbaren Einvernehmen keine bösen Knaben und Mädchen mehr. Taschendiebe, Räuber und sadistische Mörder waren plötzlich schlecht angepaßte Jugendliche, solange sie noch keine achtzehn Jahre zählten. Als unfehlbare Wundermittel für die Resozialisierung wurden freundliche Beratung, Kurse im Korbflechten und Lederbearbeitung angepriesen, auch Schauspielunterricht.
Es stand nur zu erwarten, daß die Übeltäter über 18 Jahre nun ihrerseits behaupteten, Opfer der Diskriminierung zu sein, und daß sie verlangten, nicht mehr für Übeltäter zu gelten, sondern ebenfalls für Unangepaßte.
Die USA können sich rühmen, 8,6 Millionen Verbrechen im Jahr aufzuweisen. Ein Zyniker könnte daraus schließen, daß die kriminelle Bevölkerung (oder die potentiell kriminelle Bevölkerung) ein bedeutendes Wählerreservoir darstellt, und ein Ultrazyniker könnte hierin sogar die Erklärung dafür sehen, warum ultraliberale Politiker so eifrig für eine weitere Lockerung der Gesetze eintreten. Diese Theorie ist aber gewiß unbegründet. Immerhin, auf die eine oder andere Weise ist der Rechtsstaat laxer geworden, und die Gerichte scheuen mehr und mehr davor zurück, die Gesetze anzuwenden.
An den Universitäten veranstalten die Studenten Aufruhr, sie vergreifen sich an Hochschullehrern und zerstören ganze Gebäude; die Universi-

tätsverwaltung setzt sich mit den Rädelsführern an einen Tisch und erfüllt demütig deren Forderungen. Die Behörden von Bund, Bundesstaaten und Städten beauftragen Sozialarbeiter, zwischen Banden zu vermitteln, von denen bekannt ist, daß ihre Mitglieder gemordet, geplündert und unzählige andere Verbrechen begangen haben. Verurteilte Verbrecher greifen Gefängnispersonal an und setzen Gefängnisse in Brand; erhabene Gremien treten zusammen, um die Klagen der Strafgefangenen entgegenzunehmen und Abhilfe zu schaffen.

Tötet ein Scharfschütze des FBI einen schwerbewaffneten Flugzeugentführer, der damit droht, ein Flugzeug samt Passagieren in die Luft zu sprengen, wirft man ihm (und den Strafverfolgungsbehörden im allgemeinen) »Überreaktion« vor. Als der damalige Gouverneur des Staates New York, Nelson Rockefeller, sich weigerte, seine von der Verfassung festgelegten Befugnisse zu überschreiten und in den Aufruhr im Zuchthaus Attica einzugreifen – was Sache der dortigen Behörden war –, beschimpften ihn die liberale Presse und irregeleitete sogenannte wohlmeinende Personen. Polizisten, die Räuber oder Mörder nach einer Verfolgung auf belebten Straßen endlich stellen, riskieren es, von angeblich gesetzesfürchtigen Passanten mit Abfall beworfen oder körperlich angegriffen zu werden.

Zu Nutz und Frommen eines Besuchers von einem anderen Planeten hier eine kurze Zusammenstellung von Begriffen: in unserer aufgeklärten amerikanischen Gesellschaft bedeutet Bulle einen Gesetzeshüter. Opfer sozialer Ungerechtigkeiten bedeutet einen Verbrecher. Bis zum Wahltag bedeutet der Normalbürger, der die Staatsausgaben finanzieren darf, eine Null; am Wahltag jedoch verwandelt er sich in den staunenden Zuschauer des Politikers, der als Taschenspieler auftritt. Der Geschäftsmann . . .

O ja, der Geschäftsmann.

Die Getty-Gruppe ist assoziiert mit Dr. Hammers Occidental Petroleum, Lord Thomsons of Fleet Thomson Scottish Associates und Allied Chemical in einem großen Explorations- und Bohrprojekt in der Nordsee. Vor kurzem nahmen Dr. Hammer, Lord Thomson und ich in London an einer Konferenz teil. Unter den Anwesenden war ein prominenter amerikanischer Unternehmer, dessen Namen ich verschweige, warum, wird man gleich verstehen. Dieser Mann, der Zehntausenden von Menschen Arbeit gibt, war vor Beginn der Konferenz vierzehn Tage in Washington gewesen. Als man ihn fragte, wie er das derzeitige politische Klima und

dessen Einfluß auf das Geschäftsleben in den Vereinigten Staaten beurteile, machte er ein finsteres Gesicht und lief rot an.
»Meine Herren, ich kann nur sagen: Gott behüte, daß ein Unternehmer sich öffentlich gegen das Ausspucken auf der Straße äußert. Falls er es tut, haben wir eine Woche später ein Gesetz, das vorschreibt, nirgendwo anders als auf der Straße auszuspucken.«
Es wurde gelacht, doch das Lachen war nervös und bitter. Dieses drastische Bild kam der Wahrheit zu nahe, als daß man von Herzen darüber hätte lachen können. Zwei Wochen später erschien ein unternehmungslustiger Journalist in Sutton Place, um mich zu interviewen.
»Sie sind reicher als der alte Rockefeller oder Zaharoff je gewesen sind«, sagte er und fragte dann: »Wie fühlt es sich an, so viel Macht zu haben?«
»Macht?« wiederholte ich. »Von welcher Macht sprechen Sie?«
»Nun, selbstverständlich von politischer Macht.«
Ich zwang mir ein Lächeln ab. »Lassen Sie mich nachdenken. Ich habe ein Fünfzehntausendstel der Macht aller Arbeitnehmer, die in den Gesellschaften tätig sind, die mir gehören oder von mir kontrolliert werden. Ich habe ein Millionstel der Macht aller Wohlfahrtsempfänger der Stadt New York. Ich habe . . .«
»Sie nehmen mich auf den Arm, Mr. Getty.«
»Meinen Sie?« erwiderte ich und sagte dann, ich beteiligte mich brieflich an den Präsidentschaftswahlen und an den Wahlen in Kalifornien, wo mein Wohnsitz ist. Mithin habe ich genau EINE Stimme. In meinen Unternehmen seien zirka 16.000 Menschen tätig, jeder mit einer Stimme. Die eine Million Wohlfahrtsempfänger hätten vermutlich gegen eine Million Stimmen.
»Sie können aber doch mit Ihrem Geld Wahlfeldzüge finanzieren.«
»Sehen Sie sich lieber mal die einschlägigen Gesetze an«, riet ich ihm, »und im übrigen kommen Unternehmer, die Politiker finanzieren, meist sehr schnell dahinter, daß ihr Geld zu ihrem eigenen Schaden benutzt wird.«
»Das verstehe ich nicht.«
»Kandidaten, die von Unternehmern finanziert werden, stimmen, sobald sie im Amt sind, häufig Vorlagen zu, mit denen die Unternehmer höhere Steuern aufgebrummt bekommen, oder die es auf andere Weise dem ehrlichen Geschäftsmann schwermachen, Profite zu erwirtschaften.«
Mein Interviewer ist wohl nicht bekehrt worden, als Engländer hat man

ihn aber gewiß auch nie aufgefordert, einen Wahlfeldzug finanzieren zu helfen oder sich an einer amerikanischen Wahl zu beteiligen. Und Geschäftsmann ist er gewiß auch nie gewesen.

20

Mit Miguel Aleman freundete ich mich 1940 an, als er als Minister der Regierung Camachos angehörte. (Miguel selber war von 1946 bis 1952 mexikanischer Staatspräsident.) 1941 kam Aleman nach Los Angeles, und wir waren damals häufig zusammen. Er war nicht nur ein erstklassiger Advokat und Rechtsgelehrter – er war am Appellationshof Richter gewesen –, sondern auch ein ausgesprochen kultivierter und feiner Mensch.

»12. Juli (1941): Traf Miguel Aleman um 12 Uhr 30. Lunch im Vista del Arroyo, danach in der Sammlung Huntington. Seine Kenntnisse und sein Geschmack überraschten mich und den Kurator, der uns führte. Später in Mocambo zum Essen.«

Ich erwähne das hier, weil ich mich an unser Gespräch bei Tisch erinnere. Aleman sagte, er und Präsident Camacho hätten kürzlich einen prominenten mexikanischen Politiker aus dem Amt gedrängt und dafür gesorgt, daß seine politische Laufbahn zu Ende sei. Das Vergehen dieses Mannes: Er hatte das seiner Behörde zugebilligte Budget um 50% überschritten.

»Hat er das Geld unterschlagen oder zu persönlichen Zwecken verwendet?« fragte ich.

»Keine Spur. Er hat es für Aufgaben der Behörde ausgegeben.«

»Warum haben Sie dann zu so drastischen Maßnahmen gegriffen?« wollte ich wissen.

Miguel Aleman antwortete mit den Worten, deren sich, manchen Historikern zufolge, Napoleon Bonaparte bediente, wenn er erklären wollte, warum er Soldaten für geringfügige Vergehen erschießen ließ: »Pour encourager les autres.«

Vermutlich besteht die einzige Möglichkeit, Behördenchefs zu zwingen, sich innerhalb der Grenzen des Budgets zu halten, in der rücksichtslosen Entfernung eines Kollegen aus dem Amt. Als Steuerzahler, der seit langem schmerzerfüllt mit ansehen muß, wie die Behörden mit dem Geld um sich werfen, habe ich jedenfalls nie gehört, daß eine andere Methode Erfolg gehabt hätte.

Im gleichen Maße, in dem die Bürokratie wächst, sind auch die Ausgaben der Behörden größer geworden – und die Summen, die sie einfach wegschenken. Ein Realist erkennt ohne weiteres, nach welchen Regeln das vor sich geht.

Wer im Amt ist, wirft das Geld mit vollen Händen unters Volk, weil er im Amt bleiben möchte. Wer sich um ein Amt bewirbt, weiß, wie man am besten Stimmen fängt, und verspricht, noch mehr auszugeben, sobald er gewählt ist. Wo diese Spirale mal ihr Ende findet, weiß kein Mensch, und niemand scheint sich darüber den Kopf zu zerbrechen.

Im Jahre 1900 gab die amerikanische Bundesregierung weniger als 500 Millionen Dollar aus; fünfzig Jahre später war man bereits an 50 Milliarden herangekommen – also dem hundertfachen. 1974 waren es mehr als 300 Milliarden Dollar, das SECHSHUNDERTFACHE dessen von 1900.

Man beachte, daß die Bevölkerung der USA sich in diesem Zeitraum nicht ganz verdreifachte, von 76 Millionen im Jahre 1900 auf geschätzte 212 Millionen im Jahre 1974. Die Ausgaben des Bundes stiegen also zweihundertmal schneller als die Zahl der Bewohner.

Unter den ersten von Amerikanern angefertigten Fahnen, hinter denen sie gegen den englischen König ins Feld zogen, war auch eine, die Oberst Gadsden entworfen hatte, der dem Continental Congress angehörte; sie zeigte eine angreifende Klapperschlange mit dem Motto »Tritt mich nicht«. Wäre diese Fahne zur Nationalflagge gewählt worden anstelle der Stars und Stripes, müßte man die Klapperschlange heute als Reifen darstellen, wie sie sich selber in den Schwanz beißt. Das wäre ein passendes Symbol für die Aufführung unserer derzeitigen Regierung, schlimmer noch, für alles, was wir Amerikaner uns nicht nur von unserem Staat gefallen lassen, nein, ihn förmlich tun heißen. Die wahnwitzige Ausgabenpolitik des Bundes, der Bundesstaaten und Kommunen verschlingt buchstäblich die Zukunft unserer Gesellschaft.

Mein Freund, der verstorbene Captain Ian Constable-Maxwell, war ein Experte des Glücksspiels (er hat den exclusiven Londoner Clermont Club mitbegründet). Ian sagte oft: »Jedes Kasino müßte bankerott gehen, wenn es für die Einsätze keine obere Grenze setzte.« Ohne eine solche Obergrenze könnten Spieler nämlich ihre Einsätze immer weiter ver-

doppeln, bis sie gewinnen, was irgendeinmal der Fall sein muß, einerlei wie lang ihre Pechsträhne ist.
Staaten sollten sich an solchen Spielhöllen ein Beispiel nehmen, doch sie tun es nicht. Sie verdoppeln ihre Ausgaben immer wieder und verschließen vor den wachsenden Schulden einfach die Augen. (Am Ende des Haushaltsjahres 1974 betrug die amerikanische Staatsschuld 476 Milliarden Dollar. Die Bundesstaaten waren mit weiteren 60 Milliarden verschuldet). Der Kongress setzt von Zeit zu Zeit für die Staatsausgaben zwar eine Obergrenze fest, in Form einer Höchstgrenze für die Staatsschuld, doch bedeutet das nichts. Diese Grenze wird immer weiter nach oben gerückt.
Diese astronomischen Zahlen sind deshalb so angsterregend, weil mit den Geldern Programme realisiert werden, die zur Folge haben, daß die Produktiven bestraft, die Faulkranken hingegen belohnt (und subventioniert) werden. Unvorstellbare Gelder – der Steuerzahler – dienen dazu, den Verlust der Initiative, des Selbstvertrauens und, was das schlimmste ist, der Selbstachtung unzähliger Amerikaner zu bewirken. In den auf den letzten Weltkrieg folgenden Jahrzehnten hat man Millionen daran gewöhnt, zu erwarten, ja, zu verlangen, daß der Staat für alles aufkommt, was sie brauchen oder sich wünschen.
Vor zwei Jahren wurde ein mir bekannter Schriftsteller beauftragt, einen größeren Artikel über die psychischen Folgen zu schreiben, die der Empfang von Unterstützungszahlungen auf die Wohlfahrtsempfänger und deren Familien hat. Man gab ihm eine Liste mit Namen und Adressen. Gleich an der ersten Adresse empfing ihn eine kräftige Vierzigerin, die, wie sie sagt, seit 12 Jahren von der Unterstützung lebte. Nein, sagte sie, gearbeitet hat sie derweil nicht, auch keine Arbeit gesucht. Sie besaß einen Sohn von neunzehn, eine Tochter von achtzehn Jahren – die beide nicht arbeiteten –, ferner einen Knaben von dreizehn Jahren. Dieser befand sich zuhause und antwortete auf die Frage, was er später werden wolle:
»Ich möchte selber Unterstützung kriegen.«
Ein Höhepunkt des Aberwitzes war vor einigen Jahren erreicht: Wenn man den Zeitungen glauben darf, streikten Wohlfahrtsempfänger in einer amerikanischen Großstadt. Sie verlangten unverzüglich Zulagen, andernfalls wollten sie daheim bleiben, ihre Unterstützung nicht abholen. Ein Streikkomitee bezeichnete diese Aktion als »starve-in« – eine Art Hungerstreik. Männer, Frauen und Kinder würden keinen Bissen

essen, bis ihre Forderungen erfüllt wären. Angeblich hat die Stadtverwaltung innerhalb 48 Stunden nachgegeben. Man kann nachlesen, daß Sozialarbeiter in gepanzerten Geldtransportern den Streikenden Bargeld überbrachten, dazu eine Notverordnung der Stadtverwaltung, in der ihnen weitere Leistungen zugesagt wurden.

Zeiten, die längst vergessen sind, brachten »Unterprivilegierte« vom Format meines guten Freundes Melville »Jack« Forrester hervor. In den tiefsten Slums von New York geboren, war er bereits mit zehn Jahren Halbwaise, denn sein Vater ließ die Mutter mit dem Kleinen sitzen. Mrs. Forrester ging auf Arbeit. Jack trug zu ihrem geringen Einkommen bei, indem er gegen Pfennige an Straßenecken tanzte. Während der Schulzeit ernährte er sich von eigener Arbeit, und mehr als die Grundschule besuchte er nicht. Seine Begabung als Tänzer verschaffte ihm Gelegenheit, während der Prohibition in Nachtklubs aufzutreten. Er fiel Maurice Chevalier auf, der gerade auf Besuch in den USA war und ihn für seine Revue im Casino de Paris engagierte. Jack war damals noch keine zwanzig und sprach kein Wort französisch, doch er ergriff die Chance, die sich ihm da bot, und hatte mit dieser Revue Erfolg. Bei Beginn der Wirtschaftskrise schloß das Casino. Nun tat er sich mit dem berühmten französischen Boxer George Carpentier* zusammen und sang, tanzte und boxte sich mit ihm durch Europas und Südamerikas Nachtklubs. Mitte der dreißiger Jahre waren die beiden wieder in Frankreich, und Forrester gründete eine Filmgesellschaft. Zu seinen bedeutenden Filmen gehört *J'accuse!* mit Harry Bauer. Einmal hatte er auch Marlene Dietrich unter Vertrag.
Als die Nazis Frankreich besetzten, verlor er alles. Ohne einen Pfennig in der Tasche kehrte er nach den USA zurück und verrichtete hier Gelegenheitsarbeiten, manchmal niedrigster Art. Als Amerika in den Krieg eintrat, war er einer der ersten, die sich für den Geheimdienst meldeten, er wurde als Agent ins besetzte Europa geschleust. Von einer Basis in den Pyrenäen aus gründete und lenkte er eine Einheit des Widerstandes. Als der Krieg endete, stand er neuerlich vor dem Nichts. Eine Weile bereiste er im Auftrag der Brüder Ryan – den Enkeln von Thomas Fortune Ryan – Europa und Asien auf der Suche nach günstigen Anlagemöglichkeiten. Dabei sammelte er ein bescheidenes Kapital und machte sich an-

* *Weltmeister im Mittelgewicht 1920–1922.*

schließend selbständig. Bald schon war er Präsident der World Commerce Corporation mit Sitz in Frankreich, und lange vor seinem frühzeitigen Ende im Jahre 1963 durfte er sich zu den Millionären zählen.

»Georges Carpentier machte es nichts aus, k. o. geschlagen zu werden«, erzählte mir Jack, »denn er wußte: irgendwann komme ich wieder auf die Beine. Und genau so sehe ich die Dinge auch.«

Jack Forrester und seine Mutter meisterten das Dasein ohne Familienberatung, Sozialarbeiter, Wohlfahrtsunterstützung und Arbeitslosenversicherung. Jack selber fand es nie entwürdigend oder verderblich für sein Ego, »geringgeachtete« Arbeiten auszuführen, wenn es keine anderen gab.

Die derzeit herrschenden Kräfte machen, wie ich fürchte, mit dieser Art zähen, nicht kleinzukriegenden Leuten kurzen Prozeß.

Am entgegengesetzten Ende der Skala finden sich mehr und mehr Individuen eines Typs, den ich hier beispielhaft vorführen und Warren Blair nennen möchte. Blair gehört einer anderen Generation an, er ist 25 Jahre jünger als Forrester, mithin Lichtjahre entfernt von diesem in Haltung und Anschauungen.

Bis vor zwei Jahren hat Blair als leitender Angestellter – einschließlich aller Prämien – gegen 50000 Dollar im Jahr verdient. Sein Arbeitgeber machte Bankerott. Er hat zwar Frau und zwei Kinder, eine hohe Hypothek auf dem Haus und auch andere Schulden, doch er arbeitet seither nicht mehr. Gewiß, er hätte sogleich nach dem Zusammenbruch der alten Firma eine andere Stelle antreten können, doch nicht mit dem gleichen Titel und nicht zu den gleichen Bedingungen. Ein Jahresgehalt von 30000 Dollar lehnte er glatt ab.

»Ich hatte meine Reputation zu bedenken und meinen Status«, erklärte er mir später, als er anfragte, ob ich »etwas Passendes« für ihn hätte. Nein, sagte ich, zu meinem Bedauern sei keine Stelle frei. Ich verschwieg, daß ich nicht daran dachte, verwöhnte, auf Prestige versessene Typen anzuheuern; egal, wie viel Gehalt sie verlangen. Die Warren Blairs sind in Menge ringsumher anzutreffen, in jeder sozialen Schicht. Sie sind Produkte eines Systems, das wild entschlossen scheint, eine Rasse verwöhnter Schwächlinge hervorzubringen, die keine Selbstdisziplin kennen und nicht bereit sind, selber die Verantwortung für ihr Leben zu übernehmen.

Die Arbeitslosenrate liegt in den USA bei über 7% und die letzten mir vorliegenden Statistiken lassen den Schluß zu, daß auf den Britischen Inseln anderthalb Millionen Menschen arbeitslos sind. Die Politiker, die sich hier wie dort am lautesten vernehmen lassen, sind wie gewöhnlich jene Alarmisten, die von der Regierung Ausgabenerhöhungen verlangen: Es sollen Notstandsarbeiten und ähnliche Projekte begonnen werden.

Auf beiden Seiten des Atlantiks stoßen Gewerkschaftler ins gleiche Horn und fordern vom Staat, er solle Arbeitsplätze schaffen.

Viele Unternehmer – englische wie amerikanische – greifen ihrerseits die Gewerkschaften an und verlangen ebenfalls staatliche Eingriffe – staatliche Kredite oder Subventionen.

Vor einigen Jahren wurde Seine Königliche Hoheit Prinz Philip, Herzog von Edinburgh, von Presse und Publikum empört gescholten, weil er öffentlich gesagt hatte, Englands wirtschaftliche Schwierigkeiten ließen sich zu einem großen Teil beheben, »wenn die Briten nur endlich mal den Finger aus der Nase nähmen«. Ich würde meinen eigenen Landsleuten, Politikern, Geschäftsleuten wie Gewerkschaftern genau den gleichen Rat geben. Anstatt sich zum Unterstützungsempfang vor der Behörde aufzustellen, sollten sie die Ärmel hochkrempeln, und zwar rasch.

Es gibt ohne Zweifel in den USA, Großbritannien und Westeuropa ernst zu nehmende Arbeitslosigkeit. Ich möchte aber wetten, daß Leute, die den Weltuntergang am lautesten prophezeien, nie den Versuch gemacht haben, ein Dienstmädchen zu bekommen oder einen Arbeiter, der den Zaun anpinselt oder den Hof säubert. Und gewiß haben sie nicht gezählt, wie viele freie Stellen es gibt, Stellen, die nicht zu füllen sind, weil keiner die Arbeit tun will.

Im Anzeigenteil der *Sunday Times* finden sich Woche um Woche spaltenweise Stellenangebote. Stellenvermittler im ganzen Lande berichten, daß sie offene Stellen haben, und Umfragen zeigen, daß manche Arbeitslose entweder nicht arbeiten wollen oder nur geneigt sind, Arbeiten anzunehmen, die ihrer Vorstellung (oder ihrer Laune) entsprechen.

»Ich hab's nicht eilig Arbeit zu finden; noch kriege ich Arbeitslosenunterstützung.«

»Entweder, Sie geben mir eine ebenso gute Arbeit, wie ich hatte, oder ich verzichte.«

Vor mir liegt eine Londoner Tageszeitung vom Freitag 17. Oktober

1975. Aneinandergehalten messen die Spalten der Stellenangebote mehr als drei Meter. Es handelt sich um Angebote für Arbeitskräfte mit einem Wochenlohn zwischen 35 bis 70 Pfund, gesucht werden auch jüngere und Leitende Angestellte mit einem Jahresgehalt bis 8000 Pfund.
Ich lese diese spezielle Zeitung regelmäßig, und dabei ist mir aufgefallen, daß manche Stellenanzeige Woche um Woche erscheint. Ich kann mir einfach nicht vorstellen, daß bei 1,5 Millionen Arbeitslosen in England alle diese Stellen durchaus nicht zu besetzen sein sollen. Man könnte in Ratlosigkeit versinken, bekäme man nicht hin und wieder die Erklärung des Phänomens zu Gesicht.
Man lese folgende Notiz, erschienen im Frühsommer 1975 im *Daily Telegraph:*
Weil Zahlungen aus der Arbeitslosenversicherung und weitere kurzfristige Zahlungen ähnlicher Art steuerfrei sind, geraten wir jetzt in die Lage, daß ein Verheirateter mit einem Wochenlohn von 55 Pfund auf die Dauer von 14 Wochen mehr Geld zur Verfügung hätte, wenn er arbeitslos würde. Ein Unverheirateter mit einem Wochenlohn von 40 Pfund stünde sich als Arbeitsloser besser. Verheiratete mit Kindern bekommen als vorübergehend Arbeitslose auch dann noch mehr, wenn sie bis dahin 60 Pfund in der Woche verdient haben. Diese Zahlen kamen gelegentlich einer Anfrage im Parlament zur Sprache.«

Präsident Ford kenne ich nicht persönlich, aber seinen Vizepräsidenten Nelson Rockefeller. Ich zweifle keinen Moment daran, daß die derzeitige Regierung sich bemüht, die Rezession zu beenden und zu einem hohen Beschäftigungsstand zurückzukehren.
In England hatte ich die Ehre und das Vergnügen, Mr. Harold Wilson kennenzulernen, damals Premierminister, sowie auch Denis Healey, den Schatzkanzler. Ich bin Gast in diesem Land und schulde es meinen Gastgebern, meine – gute, schlechte oder nicht vorhandene – Meinung über das Verdienst der politischen Parteien und Programme für mich zu behalten. Immerhin betrachte ich es nicht als Verstoß gegen diese Höflichkeitsregel, wenn ich sage, Mr. Wilson habe auf mich den Eindruck eines charmanten, klugen und fähigen Mannes gemacht. Auch Mr. Healey schätzte ich als einen sehr ansprechenden Charakter von großen Geistesgaben. Diese führenden englischen Politiker sind gewiß bestrebt, ihr Land und seine Wirtschaft fest auf die Füße zu stellen.

Präsident Ford, Vizepräsident Rockefeller, Premier Wilson und Schatzkanzler Healey können aber nicht über Nacht Wunder wirken. Man darf sie auch nicht für die gesellschaftlichen und wirtschaftlichen Mißstände verantwortlich machen, unter denen ihre Länder derzeit leiden. Die Wurzeln des Übels gehen weit zurück in die Vergangenheit, und nur wenn man sie aufdeckt, kann man hoffen, Mittel zu seiner Beseitigung zu finden.

21

Wie viele andere Menschen leide auch ich gelegentlich an Anfällen von Trübsinn, wie folgende Eintragungen in mein Tagebuch aus dem Jahre 1952 zeigen:

»11. April: Denke über den Kapitalismus nach. Es heißt, er sei im Absterben, und ich neige dazu, zuzustimmen. Kapitalisten beherrschen heute nichts mehr, nicht mal das eigene Unternehmen.«

»12. April: Ich weiß nicht, warum ich mich überhaupt noch mit Geschäften befasse. Wahrscheinlich reine Gewohnheit. Ich sollte alles verkaufen und in steuerfreien Wertpapieren anlegen.«

Solche Anwandlungen gehen immer bald vorüber, oder richtiger, bis vor ein paar Jahren war das noch so. Jetzt allerdings fällt es mir zunehmend schwerer, sie zu überwinden. Mit meinem Alter hat das nicht das geringste zu tun.

Mein Lexikon definiert Existentialismus als »Jede Doktrin, die der Philosophie den Zweck unterstellt, die konkrete Existenz zu analysieren und zu beschreiben. Existenz im Sinne von etwas, das sich selbst konstituiert, indem es sich Geltung verschafft.«

Dieser Definition zufolge wäre jeder Unternehmer ein Existentialist, und ich sehe mich als einen solchen.

Da liegt aber auch der Haken.

Jede Analyse und Beschreibung der konkreten Existenz um uns her zwingt zu der Einsicht, daß dem Unternehmer immer weniger Spielraum für seine Tätigkeit bleibt. Sein Beitrag zur Gesundheit der Volkswirtschaft wird verächtlich gemacht von jenen, die den Kapitalismus abschaffen wollen. Sein Bewegungsraum wird extrem eingeschränkt durch eine irrsinnige Steuerpolitik sowie durch staatliche Eingriffe aller Art.

Man hält ihn in weiten Kreisen für entbehrlich, obwohl noch niemand einen brauchbaren Ersatz für ihn erfunden hat.
Im Laufe meines Lebens als Unternehmer bin ich mit zahllosen Unternehmern geschäftlich und persönlich bekannt geworden, und das waren ausnahmslos Leute, die sich mit Leib und Seele dem Aufbau produktiver Unternehmungen verschrieben hatten. Sie kannten nichts anderes, als diese Unternehmungen zu vergrößern und in ihnen noch rationeller noch mehr und noch bessere Waren und Dienstleistungen für noch mehr Menschen herzustellen. Bei diesem Bemühen schufen sie unentwegt mehr Arbeitsplätze, wachsenden Wohlstand für alle, denn das Kennzeichen des Unternehmers ist ja, daß er seine Profite großenteils – meist größtenteils – wieder in seinen Betrieb investiert. Und er ist immer selbst beteiligt.
Onassis war dafür ein glänzendes Beispiel. Ich war gut mit ihm befreundet, und ihm bei der Arbeit zuzusehen, war faszinierend. Wie oft haben wir über die Geschäfte konferiert! Dabei begleitete mich häufig ein ganzes Gefolge, bestehend aus Assistenten, Leitenden Angestellten, Advokaten, Ingenieuren. Ari hingegen erschien zu solchen Besprechungen allein und war doch mühelos allen Themen gewachsen, die zur Sprache kamen. Jedes Unternehmen, das ihm gehörte oder das er beherrschte, war seines, er persönlich war dieses Unternehmen, und das Unternehmen war Aristoteles Onassis und sonst nichts.
Ich erinnere mich, daß seine erste Frau Tina vor ihrer Trennung von Onassis zu mir sagte: »Ari kann nur in großem Maßstab denken. Wäre er Künstler geworden, er hätte bestimmt nur riesige Wandflächen bemalt.«
Die angeborene Fähigkeit, im großen Maßstab zu denken, ist allen echten Unternehmern gemein. Unter denen, die ich kenne und die ich meine Freunde nennen darf, sind: Dr. Armand Hammer; Lord Thomson of Fleet; Paul Louis Weiller; David Rockefeller; Lord Beaverbrook; Jules Stein; Charles Hayden; Sir Charles Clore; Emile Bustani; Sir Isaac Wolfson – hätte ich mehr Platz, ich könnte noch viele weitere Namen anführen.
Diese Männer haben, seit sie sich den Geschäften zuwandten, nicht nur stets im Großen geplant, sie besaßen auch Phantasie und Unternehmungslust. Eine weitere gemeinsame Eigenschaft ist nämlich der Mut, große Risiken einzugehen, denen geringere Männer ausweichen, und enorme Summen aufs Spiel zu setzen. Hier möge Lord Thomson of Fleet

als Beispiel dienen. 1955 erfuhr er, daß niemand das Programm des Unabhängigen Schottischen Fernsehens finanzieren wollte. »Es hieß, keiner würde die Sache auch nur mit der Zange anfassen«, sagte mir der Lord. Es bedurfte einer ungewöhnlich großen Kapitalinvestition, und Lord Thomson forderte zahllose Unternehmer auf, sich mit ihm zu assoziieren – mich nicht, andernfalls hätte ich mich beteiligt, denn ich habe den größten Respekt vor seinem Unternehmerinstinkt. Die wenigsten machten mit, den meisten schien das Risiko zu groß. Lord Thomson unterzeichnete 1957 den Programmvertrag und stellte selber 80% des Kapitals. Er hat öffentlich vorgerechnet, daß unterdessen aus jeden damals gezeichneten 100 Pfund 22 000 Pfund geworden sind. Der Profit des Unternehmers Thomson darf also mit vielen Millionen beziffert werden. Und das war der gerechtfertigte Lohn für Voraussicht, Mut, harte Arbeit und die Bereitschaft, etwas zu wagen. Man sollte auch bedenken, daß die von ihm gegründete Programmgesellschaft Tausende von Arbeitsplätzen schuf und Millionen Menschen Zerstreuung liefert.

Vor einigen Jahren rief mich abends jemand aus Übersee an; die Telefonistin fragte aufgeregt, ob ich wirklich *der* J. Paul Getty sei und ob ich mit dem Beauftragten eines Rundfunksenders hinter dem Eisernen Vorhang sprechen wolle. (Aus bestimmten Gründen sage ich nicht, um welchen es sich handelte). Ich ließ mich verbinden. Gleich darauf hörte ich eine perfekt englisch sprechende Stimme mit kaum merkbarem Akzent, die mich fragte, ob ich vielleicht einige Fragen von Hörern aus jener Volksdemokratie beantworten wolle, aus der man mich anrief. Ja, sagte ich.

»Hier die erste Frage, Mr. Getty. Meinen Sie, Millionäre zu haben, sei einem Land dienlich?«

Ich antwortete, es sei für jedes Land nützlich, wenn gute Geschäfte gemacht würden, und mir wären noch keine guten Geschäfte bekannt geworden, die nicht Millionäre erzeugt hätten.

Nächste Frage: »Glauben Sie, daß es in 50 Jahren immer noch Millionäre geben wird?«

Ich antwortete, und dies war durchaus nicht nur scherzhaft gemeint: »Wenn ich mir ansehe, wie überall die Steuern erhöht werden und der Staat sich mehr und mehr ins Wirtschaftsleben einmischt, dann glaube ich nicht, daß in 50 Jahren überhaupt noch jemand Geld haben wird.«

Zunächst trat am anderen Ende völlige Stille ein, dann ließ sich die englische Stimme etwas unsicher vernehmen. »Wir danken Ihnen, Mr. Getty.« Damit war das Interview vorüber. Offenbar entsprachen meine Antworten nicht den Erwartungen des Interviewers – oder des Rundfunkkommissars.

Kein vernünftiger Mensch wird vorschlagen, die Steuern abzuschaffen. Doch wer auch nur die Spur von gesundem Menschenverstand besitzt, muß sehen, daß die Steuersysteme und die Steuerpolitik der westlichen Länder seit längerem ganz dringend eine Überholung benötigen. Als erstes muß der Staat eine andere Einstellung zur Besteuerung entwickeln und zu seiner eigenen Ausgabenpolitik.

Der Staat – das heißt die Politiker, die die Regierung bilden – überschätzen zumeist Kraft und finanzielle Ressourcen der Privatwirtschaft. Sie sehen in den Unternehmen ein nie versiegendes Füllhorn, aus dem man nach Belieben schöpfen kann.

Wenn der Mensch produktiv werden soll, braucht er Anreize dazu. Der Angestellte hat sein Gehalt, er hofft auf Beförderung und Zulagen, und das ist sein Anreiz. Der Unternehmer, der Geschäftsmann überhaupt, wird zum Investieren seines Kapitals angereizt durch die berechtigte Aussicht auf den Profit. Steuert man den Profit weg, ist auch der Anreiz weg, und es wird nicht mehr investiert. Wird nicht mehr investiert, siecht die Industrie dahin, früher oder später stirbt sie. Selbstverständlich kann der Staat Industrie und Wirtschaft übernehmen, nur hat das einen Nachteil: dadurch belebt die Wirtschaft sich nicht. Im großen und ganzen bewährt der Staat sich in der Führung von Wirtschaftsbetrieben alles andere als glänzend. Nicht bloß, daß die Profite sinken, die staatlichen Beauftragten erwirtschaften gemeinhin schwere Verluste. Diese werden dann wieder aus Steuermitteln ausgeglichen, was zu Steuererhöhungen führt.

Der Staat hat völlig vergessen, daß das Steueraufkommen dazu dienen soll, jene fundamentalen Aufgaben zu finanzieren, die die Verfassung der Regierung aufgegeben hat. Die Regierung der USA hat diesen Rahmen der Verfassung längst gesprengt, der Staat dringt wahllos in Lebensbereiche ein, wo die Gründerväter ihn nie geduldet hätten.

Wenn ich nicht irre, wird in den Handbüchern einiger Wohlfahrtsbehörden dem Sozialarbeiter ausdrücklich untersagt, den Unterstützungsempfänger zu fragen, warum er oder sie nicht arbeitet, obschon die Verfügbarkeit für den Arbeitsmarkt festgestellt ist. Das Handbuch

vermerkt, der Unterstützte empfinde solche Fragen als »erniedrigend«. In diesen Handbüchern werden die Rechte der Arbeitenden mit keinem Wort erwähnt, jener Menschen also, die mit ihren Steuern jene 57 oder 557 unterschiedliche Arten von »Wohlfahrt« finanzieren, die vom Staat nicht nur angeboten, sondern mit vollen Händen bedenkenlos ausgestreut werden. Steuern, Steuern und noch mehr Steuern.
Daß die Steuern nicht reichen, geht auch zurück auf die Art, in der Staatsbedienstete ihre Arbeit ausführen. Ich selber habe in mehr als 60 Berufsjahren nie einen Vertrag gebrochen. Schloß ich einen Vertrag, der mir Verluste brachte, dann war das eben mein Pech. Mit dem Verlust mußte ich mich irgendwie abfinden, mußte versuchen, ihn anderswo wieder einzubringen. Heute reichen im Auftrag der Behörden tätige Firmen Rechnungen für »Kostenüberschreitungen« von 50, 100 oder 200% ein, und man fragt sich, ob die Bürokraten, die da Gelder vergeben, überhaupt einen Blick in die Verträge werfen, bevor sie ihr GENEHMIGT aufstempeln.
Politiker und Bürokraten wissen, daß der Staat – anders als der Unternehmer und der Arbeitnehmer – nicht darauf zu sehen braucht, daß Ausgaben und Einnahmen sich ausgleichen. Wozu verfügt er denn über die Notenpresse? Mit der kann er ganze Gebirge von Banknoten drucken, »neues Geld«, gedeckt durch nichts als andere Banknoten, und mit zunehmender Menge verlieren sie allesamt an Wert.
Ich kann einfach nicht begreifen, daß es immer noch Leute gibt, die ratlos die Augen aufreißen, wenn die Rede auf die »galoppierende Inflation« kommt. Sie sehen zwar, daß die Inflation ihren Lohn verringert, daß die ganze Volkswirtschaft darunter leidet, und doch verstehen sie nicht, WARUM. Sie stottern irgendwas von »übermäßigen Lohnforderungen« oder »übertriebenem privatem Konsum«.
Das ist nun schlichter Unfug. Milton Friedman bemühte sich kürzlich, eine Spur von Vernunft in die Debatte einzuführen, indem er erklärte, daß man weder die Arbeitnehmer noch die Hausfrauen für die Inflation verantwortlich machen kann. Was wir erleben, so sagte er, ist die Inflation aus der Notenpresse.
Wann immer die beamteten Geldverschwender keine Banknoten mehr auszuteilen haben, dreht am Ufer des Potomac irgendwer einen Hebel, und schon laufen die Notenpressen mit höchster Drehzahl und spucken neue Milliarden aus.
Es gab mal eine Zeit, da hatte der amerikanische Dollar Golddeckung.

Paßte dem Bürger nicht, was der Staat tat, dann hatte er neben seiner Wahlstimme auch eine fiskalische Einflußmöglichkeit. Er konnte von jeder Bank verlangen, daß sie ihm für seine Banknoten Gold gab, und diese seine Macht – und die Drohung, die davon ausging – bewirkte, daß der Staat bei seinen Ausgaben behutsam war. Wenn der Bürger Papier in Gold wechselte, setzte er die Goldvorräte des Staates und damit dessen Kreditwürdigkeit herab. Als die Gold- und Silberdeckung für die amerikanische Währung abgeschafft wurde, verlor der Bürger damit auch jegliche Kontrolle über die Ausgabenfreudigkeit des Staates. Präsentiert er heute eine Banknote im Schatzamt zwecks Einwechslung, bekommt er dafür bloß ein anderes Stück Papier.
Theoretisch borgt der Staat jenes Geld, das er sich von der Notenpresse anfertigen läßt. Und er zahlt tatsächlich auch Zinsen dafür. Hinter dieser Theorie steht aber eine rein fiktive Buchführung. Kein vernünftiger Mensch wird glauben, daß der Staat seine Schulden, die sich unterdessen einer halben Billion nähern, je zurückzahlen wird. Vor einigen Jahren gab es einen Schlager, der fragte: »Wo sind all die Blumen hin?« Das war – sehr passend – ein Lied gegen den Krieg in Vietnam. Man könnte den Text abändern in »Wo sind all die Gelder hin?« Die Antwort wäre: in unzählige Rattenlöcher gestopft, darunter auch in das Rattenloch Vietnam. Doch das wahnwitzige Geldausgeben hält an, obschon der Krieg vorüber ist.

Ich glühe nicht vor Optimismus. Ich meine vielmehr, die Dinge werden sich noch einige Jahre verschlimmern – ein Jahrzehnt lang vielleicht oder auch zwei –, dann aber wird auch der kurzsichtige geldverschwendende Staat erkennen, daß der Tag der Abrechnung angebrochen ist. Ich stehe nicht an vorherzusagen (wenn auch ohne alle Schadenfreude), daß die dann fällig werdenden Eingriffe sich nicht mehr im Rahmen des demokratischen Verständnisses halten können und daß »drastisch« eine noch sehr milde Beschreibung ist für das, was dann geschehen muß. Man dürfte als erstes Zwangsumsiedlungen von ganzen Bevölkerungen ausführen, im wesentlichen wird man die unproduktiven Massen aus den Großstädten entfernen und in alle Winde zerstreuen. Berufsunterstützungsempfänger werden in abgelegenen ländlichen Gegenden angesiedelt, bekommen ein Dach gegen Regen, ein Stück Land, Werkzeug, Saat und Düngemittel zugeteilt. Jeder gesunde Mensch wird auf sich selber angewiesen sein. Von dieser Ebene der erzwungenen Arbeit in der Land-

wirtschaft und in primitiver Heimarbeit kann sich nur emporarbeiten, wer anstellig und fähig ist und für sich selber aufkommt.
Der nächste – vielleicht auch nebenher laufende Schritt – dürfte in der Verabschiedung von Gesetzen bestehen, die das Nullwachstum der Bevölkerung durchsetzen. Das passiert zu meiner Zeit wohl nicht mehr, doch sehe ich den Tag vorher, da potentielle Eltern die Erlaubnis haben müssen, Kinder zu zeugen. Und die bekommen zweifellos nur Leute, welche bestimmte Voraussetzungen erfüllen, und die erste Voraussetzung dürfte sein, daß beide Eltern sich als arbeitswillig ausweisen können. Wohlfahrtsempfänger, gewesene oder potentielle, bekommen keine Erlaubnis. Frauen, die sich ohne Erlaubnis schwängern lassen, müssen abtreiben.
Das sind nicht apokalyptische Visionen aus einem staubigen Winkel meines umdüsterten Bewußtseins. Verlautet ist bislang nichts, doch die Behörden arbeiten an der Vorbereitung solcher Maßnahmen. Bei einem Gespräch mit einem Wissenschaftler, der zum Stab eines führenden amerikanischen »Think Tank« gehört, eröffnete dieser mir düster, Computer hätten errechnet, daß in zehn bis zwanzig Jahren von unseren Großstädten nur leere Hülsen übrigbleiben, falls die derzeit zu beobachtenden Tendenzen anhalten. Unsere Metropolen werden dann bevölkert sein von indolenten Parasiten und Kriminellen und die daraus entstehende Anarchie würde nicht mehr in Grenzen zu halten sein, kaum mit dem Doppelten oder Dreifachen unseres derzeitigen Budgets.
Die kapitalistischen Demokratien können den völligen Kollaps vielleicht hinauszögern, indem sie sich an dem kommunistischen System in der Sowjetunion orientieren. Dort verweigert man unlustigen Arbeitsfähigen Unterkunft und Nahrung, während der sowjetische Arbeiter desto mehr verdient – auch an Ehren –, je produktiver er ist. Eben dieser Grundsatz hat ursprünglich das demokratische kapitalistische System stark gemacht.

22

Ich lebe nun fast seit fünfundzwanzig Jahren im Ausland und werde daher oft gefragt – hauptsächlich von Amerikanern –, ob ich mich denn noch als Amerikaner fühle?

Selbstverständlich tue ich das.
Ich bin amerikanischer Bürger von Geburt an. Ich habe meine Staatsbürgerschaft nie aufgegeben, es ist mir überhaupt nie in den Sinn gekommen, das zu tun. Mein eigentlicher Wohnsitz befindet sich im Staat Kalifornien, und wie schon gesagt, gebe ich mittels Briefwahl bei den Wahlen in Amerika meine Stimme ab.
Ich halte mich aber für einen *objektiven* Amerikaner. Ich lasse nicht zu, daß meine Liebe zu meinem Heimatland und meine Loyalität aus mir einen blinden Chauvinisten machen. Ich gebe mir Mühe, die Fehler und Schwächen meines Landes nicht weniger deutlich zu sehen als seine guten Seiten und seine Stärke. Wenn ich den Unterricht in Bürgerkunde nicht völlig mißverstanden habe, ist das nicht nur ein Recht des Bürgers, sondern auch seine Pflicht.
Als objektiver Beobachter finde ich den Anteil an leerem Gewäsch in der amerikanischen Politik nachgerade unglaublich. Der Kongress der Vereinigten Staaten verschließt sich seit langem der Einsicht, daß er nicht der ganzen Welt Gesetze zu diktieren hat. Von der Exekutive während einiger Amtszeiten darin unterstützt und gestärkt (oder irregeleitet), hat der Kongress sich eingebildet, die Vereinigten Staaten müßten sowohl den Wohltäter als auch den Polizisten für die ganze Welt spielen, und es ist daher kein Wunder, daß wir Amerikaner auf die Idee verfallen sind, wir seien die Gesalbten Gottes, an Weisheit und Rechtschaffenheit allen Staaten und Völkern überlegen.
Unsere fixe Idee besteht darin, daß wir glauben, das amerikanische System und unsere Form der Demokratie könnten in Kisten verpackt überallhin exportiert werden wie ein in Detroit gefertigtes Automobil oder ein in Grand Rapids getischlertes Schlafzimmer. Hören wir staunend, daß dieses Exportgut nicht überall mit offenen Armen und Freudenrufen empfangen wird, dann werden wir böse. Wir halten die Empfänger für undankbar, wollen es aber noch einmal mit ihnen probieren. Und dann versuchen wir, andere Länder durch Druck, Bestechung und, wie ich leider zugeben muß, durch Erpressung dahin zu bringen, daß sie »werden wie wir«. Auf diesem Felde haben wir unsere schlimmsten und kostspieligsten Fehler gemacht.
Amerika sollte endlich damit aufhören. Alle Staaten tun das, was ihnen angemessen ist, nicht alle gleichen der Schweiz oder Schweden oder den USA, und nicht alle wollen das. Jedes Volk mag unbeeinflußt von außen sich seine eigene Regierungsform aussuchen. Manchen würde etwas De-

mokratie gut bekommen, doch alle sollen finden, was ihnen paßt, und das auf ihre eigene Weise.

Was ich von Woodrow Wilson halte, habe ich früher schon gesagt: ein idealistischer Theoretiker, unfähig, seine Theorien in die Praxis umzusetzen; auch seine Innenpolitik war wirr und widersprüchlich.
Zugunsten seines Nachfolgers Warren G. Harding läßt sich kaum etwas anführen, höchstens: Er war so unfähig, daß man in ihm mehr ein Opfer als einen Bösewicht sehen muß. Calvin Coolidge war gerissener, als die meisten Historiker zugeben, doch hinkte er hinter der Zeit her, war ungeschickt und hatte keine Ausstrahlung. Man muß sich erinnern, daß der »stille Cal« der letzte amerikanische Präsident war, der noch einmal versuchte, den ausschließlich in die Richtung fremder Länder fließenden Strom amerikanischen Geldes umzupolen. Als seine Berater ihn drängten, die Kriegsschulden der Verbündeten zu annullieren, gab er die historische Antwort:
»Die haben sich doch das Geld geborgt, oder nicht?«
Mit Präsident Hoover war ich bekannt. Ich halte ihn für einen anständigen Menschen und behutsamen Präsidenten, aber für einen schlechten Politiker. Er gehört zu den ungerecht beurteilten Präsidenten der neueren amerikanischen Geschichte. Es heißt allgemein, daß er an der großen Depression von 1929 die Schuld trage, doch ist das ebenso unsinnig, als wollte man Präsident Ford für die wirtschaftlichen Verhältnisse verantwortlich machen, die heute in den meisten Teilen der Welt anzutreffen sind.
Die Wirtschaftskrise war schon unabwendbar geworden, als Herbert Hoover noch längst nicht im Amt war. Jeder konnte sie ahnen, der sich die Mühe machte, hinter die täglichen Börsenberichte zu schauen, die in den Zwanziger Jahren in den Tageszeitungen erschienen. Damals hatte die Bundesregierung nur geringe Möglichkeiten, in die Entwicklung einzugreifen, und Herbert Hoover befolgte nach dem Börsenkrach ein Prinzip, für das sehr vieles spricht. Er meinte, der Staat solle sich nicht unnötig in historische wirtschaftliche Abläufe einmischen. Dieser Grundsatz entstand mit einer Theorie, die nur darum niemals widerlegt ist, weil man sie nie ausprobiert hat, nämlich, daß eine kranke Wirtschaft sich selber heilt. Im Laufe der Zeit wird sie gesunden. Staatliche Eingriffe verschlimmern nur die Krankheit und verzögern die Heilung.
Franklin D. Roosevelt war anderer Ansicht. Er verlangte Taten, sofort,

und meistens geschah denn auch etwas. F. D. R. war nicht nur ein unendlich charmanter und fähiger Mensch, er war auch ein Meister der Politik. Für die damalige Zeit gab es keinen Besseren, und ich werde mich immer geehrt fühlen, weil ich mit ihm bekannt sein durfte und in einem gewissen Grade sein Vertrauen genoß. (Ich möchte hinzufügen, daß ich zu seinen beharrlichsten Anhängern gehörte und ihm bei jeder Wahl meine Stimme gab.)

Als der Krieg in Europa begann, blieb mein Vertrauen in F. D. R. ungebrochen, ja es erreichte einen neuen Höhepunkt. Hier einige Tagebucheintragungen aus dem Jahre 1939:

»10. Mai: Traf Mr. X, der um einen Beitrag für das America First Committee* bat. Ich blieb höflich, versprach aber keinen Pfennig. Ich persönlich bin ein Anhänger unseres F. D. R. und das Committee wird von mir nichts bekommen.«

Roosevelt kannte mich und vertraute mir, und der folgende Anruf ging auf seine Veranlassung zurück:

»26. Mai: Wayne Johnson ruft aus New York an und fragt, ob ich in Washington ein Amt übernehmen will.«

Daraus wurde dann nichts. Der Ausschuß, dem ich angehören sollte, wurde nicht gebildet.

Am 11. September 1941 erklärte Roosevelt in einer Radioansprache, die Regierung sei entschlossen, amerikanische Schiffe auf hoher See zu schützen. Ich sandte folgendes Telegramm:

»Ihre heutige Ansprache ist ein großes Dokument in der Geschichte Amerikas. Läßt man die Schiffe und U-Boote der Achse in ihrer augenblicklichen Kapertätigkeit gewähren, müßte es unausweichlich zum Krieg kommen . . . fahren sie in ihren Angriffshandlungen fort, wird die Nation einig hinter Ihnen stehen, falls Sie vorschlagen, den Krieg zu erklären. Gott möge Sie schützen und Ihnen Ihre große Verantwortung tragen helfen.«

Ich konnte natürlich nicht darauf zählen, daß das Telegramm dem Präsidenten vorgelegt würde, denn nach dieser Rede dürfte er Zehntausende ähnlichen Inhalts bekommen haben. Es erstaunte mich daher, wenige

---

* *Dieses Komitee war berüchtigt isolationistisch und hatte das Ziel, Amerikas Kriegseintritt zu verhindern. Von den Mitgliedern erwiesen sich später viele als Sympathisanten der Nazis. Mr. Getty verschweigt den Namen des Mannes, um ihm Peinlichkeiten zu ersparen.*

Tage später von J. F. T. O'Connor, einem gemeinsamen Freund von F. D. R. und mir, und von dem Vorsitzenden des Nationalkomitees der Demokraten Ed Flynn zu hören, daß der Präsident beide gebeten hatte, mir zu danken. Persönlich traf ich Präsident Roosevelt während der Kriegsjahre nur zwei Mal, und beide Male war er verbindlich und munter. Als er starb, gehörte ich zu den ungezählten Millionen auf der ganzen Welt, die um ihn trauerten wie um einen geliebten Freund.

Harry S. Truman lernte ich persönlich nicht kennen, empfand aber große Hochachtung für ihn. O'Connor zeigte mir einen Brief, den Truman am Todestag von F. D. R. geschrieben, aber erst am nächsten Tag abgeschickt hatte. Er hatte noch eilig folgende Nachschrift angefügt: »Gestern abend wurde die Last der Welt auf meine Schultern gelegt.« Leicht reizbar, aber mutig war er persönlich außerordentlich integer. Nach meiner Meinung war Harry Truman ein guter Präsident. Weil Politiker ihm vorwarfen, er sei dem Kommunismus gegenüber zu weich, vergessen viele Historiker, daß er jener Führer war, der gegen die Roten Stellung bezog. Seine entschlossene Handlungsweise brach die Berliner Blockade, und er zögerte auch nicht, der kommunistischen Aggression in Korea mit Gewalt zu begegnen.
Der Krieg in Korea fand leider in den Vereinigten Staaten keine allgemeine Unterstützung. Während dort Männer kämpften und starben, verhielt sich die Öffentlichkeit distanziert. Die amerikanischen Medien machten in der Berichterstattung viele Fehler, und nicht der kleinste davon war, daß sie es unterließen, die vielen Kontingente der Vereinten Nationen, die Seite an Seite mit den Amerikanern kämpften, gebührend zu erwähnen. Nur wenige Amerikaner wußten, daß die Truppen aus dem Britischen Commonwealth bis zu 25000 Mann zählten und daß eine der großen Heldentaten der Kriegsgeschichte dem Heroismus und den Opfern des Regiments Gloucestershire zu danken sind. Auch die französischen, griechischen, türkischen und anderen Kontingente, die außerordentlich tapfer kämpften und schwere Verluste hinzunehmen hatten, wurden nicht angemessen gewürdigt.
Trumans gravierendster Fehler im Koreakrieg war meiner Ansicht nach, daß er General MacArthurs Rat nicht folgte. Ich lernte den General näher kennen als Stabschef des Heeres, bevor er vor Ausbruch des Zweiten Weltkrieges auf die Philippinen versetzt wurde. MacArthur war nicht nur die geborene Führernatur, er gehörte auch zu den seltenen Berufs-

soldaten, die dank ihres Weitblicks zu großen Staatsmännern berufen sind – was er später in Japan bewies. Gewiß wäre MacArthur ein bedeutender amerikanischer Präsident geworden.
Von einem anderen General, dem Nachfolger Harry Trumans im Amt des Präsidenten, kann ich das leider nicht sagen. Eisenhower und seine graue Eminenz John Foster Dulles, der an Präsident Wilsons Gehilfen Oberst House denken ließ, gefährdeten den Weltfrieden auf haarsträubende Weise durch ihre Politik am Rande des Krieges. Die amerikanische Praxis endloser Einmischung in die inneren Angelegenheiten fremder Länder gedieh in den Jahren der Regierung Eisenhower-Dulles aufs prächtigste. Der Anblick eines unermüdlich die Welt bereisenden Dulles, der im Gewand des selbstgerechten Apostels bemüht war, auf jede Art den »American Way of Life« zu verkaufen, hatte etwas grauenhaft Deprimierendes.

Von der Familie Kennedy habe ich mehrere Mitglieder kennengelernt. Manche haben mich positiv beeindruckt, andere nicht. John F. Kennedy besaß etwas Blendendes – er machte das Wort Charisma zu einem Wort der Umgangssprache – und er verstand es wie wenige andere vor oder nach ihm, den Beifall der Zuschauer zu erregen; es war mir aber immer zweifelhaft, ob das Weiße Haus – das dem Wohnsitz des Herzogs von Leinster in Dublin nachgebildet ist –, sich architektonisch für eine Verwandlung in Camelot, die Festung des Königs Artus, eignete.
Mir will scheinen, daß Präsident Lyndon B. Johnson derjenige amerikanische Präsident ist, dessen man sich noch lange als eines Präsidenten von beschränkter Urteilsfähigkeit erinnern wird. Mit seinen als »Große Gesellschaft« deklarierten Hilfsprogrammen, von denen die meisten durchsichtige Versuche waren, sich populär zu machen, hat er viel zur Zerrüttung der amerikanischen Wirtschaft beigetragen. Solche Programme setzten nur üble Präzedenzfälle, denn jede bedeutende Erhöhung der Staatsausgaben verstärkt nur den Appetit auf öffentliche Gelder, der sich mehr und mehr zu einer unstillbaren Gier auswächst.
Johnsons größter Mißgriff war aber zweifellos, daß er die USA so stark in Vietnam engagierte. Das habe ich schon damals erklärt, nicht nur im Privatgespräch, sondern auch Abgeordneten und Senatoren gegenüber, die ich kannte und für kluge, vernünftige Leute hielt.
Amerika hätte sich mit Vietnam überhaupt nie einlassen dürfen, unsere Intervention war ein schrecklicher, ein gespenstischer Fehlgriff. Nach-

dem man sich aber einmal auf diesen Wahnwitz eingelassen hatte, hätte man nicht schwanken, nicht zurückweichen dürfen. Die Verlängerung des Krieges hat nur zum schmerzlichen Verlust unzähliger weiterer Menschen geführt und zur Verminderung des Ansehens und der Glaubwürdigkeit Amerikas.

Der Welt mag ein *fait accompli* mißfallen, doch sie versteht es und respektiert es. Für ein Land jedoch, das sich auf seine Stellung als Weltmacht etwas zugutetut, dann aber vor seiner beschworenen Verpflichtung zurückweicht und sein Ziel nicht erreicht, empfindet man nichts als Verachtung.

Richard M. Nixon kannte ich von den amerikanischen Präsidenten am besten. Ich weiß sehr wohl, daß es heute zum guten Ton gehört, Dick Nixon zu verurteilen und zu schmähen. Ich spiele da nicht mit; nicht nur, weil ich ihn für meinen persönlichen Freund halte, sondern weil ich behaupte, er war ein guter Präsident. Es mag paradox klingen, doch stelle ich Richard Nixon auf dieselbe Stufe wie Franklin D. Roosevelt. Zwar waren sie, was die politische Philosophie und die praktische Politik angeht, Welten voneinander entfernt, doch war jeder von ihnen zu seiner Zeit der richtige Mann. Es ist meine feste Überzeugung, daß die Geschichte Nixon rechtfertigen wird. Sieht man erst einmal seine echten Leistungen in der richtigen Perspektive und hat sich der Nebel der Beschuldigungen und Gerüchte verzogen, der seine Gestalt jetzt verdeckt, dann werden seine angeblichen Vergehen vergessen werden.

Ich vermute, daß der Richard Nixon, den die Öffentlichkeit kannte, großenteils von einer ihm feindlichen Presse hergestellt wurde. Der Dick Nixon, den ich einige Jahre hindurch kannte, war ein stets heiterer, lebenslustiger Mensch, der gerne Witze machte, das Piano spielte und mit Freunden plauderte. Nicht ein einziges Mal bemerkte ich an ihm jenes dumpfe Brüten, das angeblich eine seiner hervorstechenden Eigenschaften war. In jedem Gespräch bewies er einen raschen, kristallklaren Verstand und eine gründliche Kenntnis auch der feinsten Zusammenhänge der Weltpolitik.

Richard Nixon hat den Vereinigten Staaten viel von jenem Respekt zurückgewonnen, den seine Vorgänger verspielten. Wenn er sprach, horchten die Staatschefs fremder Länder auf. Seine Beiträge zur Sache des Weltfriedens waren zahlreich und bedeutend.

Watergate?

In Europa war man erstaunt, wie Amerika auf diese Affäre reagierte, die nicht größer war als ein Maulwurfshügel. Man belachte unsere Naivität und wunderte sich über unsere Bereitwilligkeit, das Land einer Zerreißprobe zu unterwerfen wegen einer Angelegenheit, die letzten Endes doch weiter nichts war als ein kleiner politischer Skandal. In der Amtszeit aller Präsidenten sind solche Skandale aufgedeckt und auch wieder vergessen worden, und ganz gewiß war die Regierung Nixon nicht die erste, die zu Abhörpraktiken gegriffen hat.
Man mag mich geteert und gefedert sehen wollen, meine Achtung und meine Sympathie für Richard M. Nixon lasse ich mir nicht nehmen. Sollte er je auf Besuch kommen wollen, würde ich ihn wärmstens willkommen heißen.

Wie die politische Entwicklung in Amerika weitergehen soll, läßt sich schwer prophezeien. Im Moment erholt sich die Nation noch von den Wirkungen des Vietnamkrieges und des Watergateskandals. Die wirtschaftlichen Zustände im Inland wie im Ausland werden sich deutlich bemerkbar machen – die Tendenz ist im Augenblick so gut wie unvorhersehbar.
Es gibt schwache Anzeichen dafür, daß die amerikanische Wirtschaft sich erholt. Das wird manche im Augenblick drückende Schwierigkeit erleichtern. Eine Nation wieder aufzurichten, die viele ihrer Wertbegriffe verloren und viele fundamentale Grundsätze über Bord geworfen hat, wird länger dauern und Maßnahmen erfordern, die sich nur eine starke, mutige Führung zutraut.
Als objektiver Amerikaner und Realist erwarte ich also keine Wunder. Mir ist klar, daß Präsident Ford zu den Lasten, die in jedem Fall einen neuen Präsidenten erwarten, unzählige weitere Bürden zu tragen hat. Die Präsidentschaftswahl von 1976 wird von größter Bedeutung sein, vielleicht ist sie wichtiger als je eine andere Wahl in Friedenszeiten. Während ich dies schreibe, sehe ich noch keinen starken Kandidaten der Demokraten auf der Bühne. Dies heißt nicht, daß nicht der eine oder andere noch erscheint, ehe dies Buch gedruckt vorliegt.
Man weiß noch nicht einmal, auf welchen Kandidaten die Republikaner sich einigen werden. Eins aber weiß ich: Sollte entweder Ford oder Rokkefeller kandidieren, dann bekommen sie meine Stimme. Beide sind kluge, dynamische Führer, erfahren in der Regierungskunst, und beide haben die Statur, daheim und im Ausland Achtung zu erwecken. Das

sind unabdingbare Eigenschaften für jeden, der am 20. Januar 1977 das Amt des Präsidenten der USA antritt, denn die folgenden vier Jahre werden entscheidend für die Festigung oder den Niedergang der sozialen, wirtschaftlichen und politischen Zukunft der USA sein.

23

Die Behauptung, ich sei ein objektiver Amerikaner, muß wohl eingeschränkt werden. Sehe ich zurück auf meine Jahre und meine Erlebnisse in den USA, dann werden zu viele Gefühle wach. Diese Erinnerungen sind größtenteils angenehm; der Lauf der Jahre färbt die Erinnerung an Menschen und Ereignisse oft ein wenig rosa.

Dies gilt insbesondere für die Zeit zwischen den Weltkriegen, die ich im Süden Kaliforniens verlebte. Damals, zwischen 1919 und 1939, berührten sich die Welten der kalifornischen Ölleute und der Filmemacher in Hollywood, und es bestand ein lebhafter Austauch zwischen ihnen.

Dafür gab es viele Gründe, voran den Umstand, daß der Film und das Öl die größten Industrien Kaliforniens waren, abgesehen von der Landwirtschaft. Ihnen dankte jene Gegend denn auch einen großen Teil ihres Wohlstandes. Erfolgreiche Ölindustrielle und Filmleute konnten sich leisten, in exklusiven Wohngegenden ihre Häuser zu bauen, den besten Klubs anzugehören und in teuren Restaurants zu speisen. Es ist also nicht überraschend, daß die Freundeskreise und die Bekanntschaften in beide Welten hineinreichten. Ferner hatten die Ölleute mit der Prominenz des Films die wichtige Eigenart gemein, daß sie, wenn sie arbeiteten, unweigerlich schwer arbeiteten. Fanden sie Gelegenheit sich zu amüsieren, dann verwandten sie auch darauf ihre ungeteilte Konzentration und Energie.

Und es gab noch eine Gemeinsamkeit: Ihr Schicksal hing ganz besonders vom unvorhersehbaren Walten des Zufalls ab.

Ein Ölmann, der eben noch seinen letzten Dollar ausgegeben hatte, war tags darauf Millionär, wenn eine seiner Bohrungen fündig wurde. Mittwoch noch Millionär, war er Donnerstag aber schon wieder total abgebrannt, wenn ein grandioses Bohrvorhaben sich als Fehlschlag erwies und aufgegeben werden mußte.

In der gleichen Weise verwandelten sich über Nacht völlig unbekannte

J. Paul Getty, 1961 ▸

und mittellose Komparsen in hochbezahlte Stars. Filmproduzenten, die ihre Pfennige zählten, konnten mit einem einzigen großen Erfolg in die Klasse der Mogule aufsteigen, und umgekehrt war den etablierten Stars immer bewußt, daß ein einziger Mißerfolg sie in arbeitslose und unerwünschte Schauspieler verwandeln konnte. Produzenten und Regisseure vergaßen nie, daß eine schlechte Rezension in der Fachpresse ihrer Laufbahn ein plötzliches Ende setzen konnte.
So entstand eine Kameraderie unter Leuten, die hohe Einsätze riskierten und die bereit waren, für die nächsten tausend Meter Film oder Bohrtiefe sehr viel, manchmal alles aufs Spiel zu setzen.
Als Nita Naldi eines Nachmittags zusammen mit anderen Leuten vom Film vor meinem Haus in Malibu in der Sonne lag, faßte sie das sehr treffend zusammen: »Für uns alle gilt: Pouf! Es geht aufwärts, oder Pouf! Es geht abwärts, und da gibt es dann keine weiteren *Pouffes*, die uns davor bewahren, die Knochen zu brechen.«
Auch John Gilbert vergaß nie, wie unberechenbar das Glück von Hollywood war. »Einen Portier darf man nie schlecht behandeln«, riet er uns trocken. »Wer sonst hebt einen auf, wenn man irgendwo rausgeschmissen wird?«

Die tragisch kurze Laufbahn von Rudolph Valentino, der mit 31 Jahren starb, verdeutlicht sehr gut die Launenhaftigkeit des Geschickes, das über die Filmindustrie herrscht und Glück und Fortkommen aller Mitwirkenden entscheidet. Ich freundete mich schon mit Valentino an, solange er noch als Tänzer in Nachtclubs auftrat und um die 50 Dollar wöchentlich verdiente. Er war ein guter Kamerad, ein vortrefflicher Gesellschafter und wir kamen vorzüglich miteinander aus und wurden oft gemeinsam eingeladen. So enttäuschend oder überraschend es für die Damen jener Generation klingen mag, die Valentino als Idol anbeteten, muß ich doch sagen, daß er im wirklichen Leben völlig anders war, als er später auf der Leinwand erschien.
Rudy war schüchtern, beinahe gehemmt im Umgang mit Frauen, und seine Freunde, darunter ich, waren höchst verblüfft über seinen Erfolg als der größte Liebhaber der Leinwand, als das männliche Sexsymbol schlechthin, wußten wir doch noch, wie oft man Rudy buchstäblich mit Gewalt dazu bringen mußte, eine schöne Frau anzusprechen, die auf einer Party sein Gefallen erregt hatte. Und der Erfolg verdarb ihn nicht, er blieb im wesentlichen ein bescheidener gutmütiger Mensch, hielt

loyal zu seinen alten Freunden und verlor nicht seinen Humor und einen gesunden Sinn für Proportionen.
»Sie sind nun eine der größten Berühmtheiten«, sagte ich zu ihm, als »Blood and Sand« alle Kassenrekorde brach. »Wie fühlt man sich denn dann?«
»Schmierig«, sagte Rudy und zog eine Grimasse. Er strich mit der Hand übers Haar und zeigte seine Handfläche. Sie war klebrig von Haaröl. »Das Atelier zwingt mich dazu, ganze Flaschen von diesem Zeug zu verwenden. Ich finde es scheußlich.«

Selbstverständlich gab es auch Schwindler und Betrüger. Gewissenlose Ölmakler wollten reiche Produzenten, Direktoren und Stars überreden, große Summen in zweifelhafte – oder nicht vorhandene – Vorhaben zu stecken, und ebenso gab es Filmproduzenten, die gerade die Ölleute für die geeigneten Opfer hielten, denen man Geld für dubiose Filmprojekte abschwatzen konnte. Meistens hatten die Aasgeier beider Spielarten kein großes Glück. Gelegentlich kam auch mal das Umgekehrte vor, und bei solch einer Gelegenheit bin ich mächtig reingefallen. 1920 bedrängten mich mehrere sehr geldstarke Leute – darunter auch welche vom Film –, die »bei Öl einsteigen« wollten. Ich sträubte mich, denn der Preis für Rohöl war im Moment zwar hoch, doch stand ein Preiseinbruch zu erwarten. Man wollte nicht auf mich hören, also gab ich entgegen besserem Wissen nach und wir gründeten eine Gesellschaft mit einem Aktienkapital von 5 Millionen. Gebohrt wurde in Oklahoma und in Kalifornien, anfangs mit einigem Erfolg. Meine Gesellschafter, die nichts vom Ölgeschäft verstanden, schäumten vor Wut, als sie nicht wöchentlich (oder täglich) Millionen einstreichen konnten, und meine Geduld war bald erschöpft. Ich kaufte 99% der Aktien und ließ die Gesellschaft eingehen. Dann schwor ich mir – und habe den Schwur gehalten –, nie wieder mit Leuten etwas in Öl anzufangen, die vom Ölgeschäft nichts verstehen. Die führenden Leute im Filmgeschäft von Hollywood dachten übrigens, was den Film angeht, ähnlich. Sie suchten sich als Geschäftspartner möglichst Sachkenner. Dies gilt in besonderem Maße von einem Mann wie Joseph Schenck, der nicht nur mit mir befreundet, sondern in Malibu Beach auch mein Nachbar war. Joe Schenck gründete die Filmgesellschaft United Artists mit Douglas Fairbanks, Mary Pickford und Charlie Chaplin. Später tat sich dann Schenck mit Darryl Zanuck zusammen und machte noch aufsehenerregendere Geschäfte in der Filmbranche.

Einer meiner nächsten Freunde war damals Jesse L. Lasky. Wir lernten uns im Strandklub von Santa Monica kennen, dem wir beide angehörten, fanden einander auf der Stelle sympathisch, und ich kam bald dahinter, daß er ein sehr beschlagener Mann war, der über einen ausgeprägten Humor – manchmal einer recht stachligen Art – verfügte. Er gehörte zu den Pionieren der Filmbranche und konnte Anekdoten erzählen, über die man sich schier kaputtlachte; es scherte ihn nicht, wenn die Pointe auf seine Kosten ging.

Auch Clara Bow war eng mit mir befreundet. Als ich einmal selber die Arbeiten an einer Bohrstelle unweit Long Beach beaufsichtigte, fuhr plötzlich eine ganze Karawane von blinkenden Limousinen aufs Ölfeld. Clara hatte impulsiv beschlossen, dort zu picknicken und sich und ihren Freunden vorführen zu lassen, wie man Öl erbohrt.

Den Limousinen entstiegen nun Clara Bow, Pauline Frederick, John Gilbert, Dorothy Gish, David Mdivani und weitere Zelebritäten. Chauffeure in Livree packten Speisen, Getränke und Gedecke aus. Das Essen war vorzüglich, doch das eigentliche Bohren nach Öl bekamen meine Besucher nicht zu sehen, denn meine Bohrmannschaften hatten bei ihrem Erscheinen schlagartig alle Arbeiten eingestellt. Anfangs glotzten sie bloß, dann wurden sie von Clara aufgefordert, zuzulangen und die Berge von Delikatessen abzutragen, die mitgebracht worden waren. Meine Leute aßen mit Appetit und sammelten ungeahnte Mengen Autogramme, wobei einer der Driller, ein besonderer Fan von Clara Bow, den Vogel abschoß.

»Bitte, machen Sie ein Autogramm auf meinen Wagen, Miss Bow.«

»Gern, aber der erste Regen wird es wegwaschen, meinen Sie nicht?«

»Keine Spur, Madame«, versicherte der Driller und holte einen neu geschärften Kaltmeißel aus der Tasche. »Kratzen Sie Ihren Namen in die Motorhaube ein – da, nahe bei der Windschutzscheibe an der Fahrerseite, damit ich ihn immer sehe beim Fahren.«

Clara ergriff lachend den Meißel. Die Geschichte endete damit, daß dieser Driller Claras Autogramm galvanisieren ließ und somit vor Rost schützte.

Mit vielen anderen Persönlichkeiten in der Filmkolonie schloß ich dauerhafte Freundschaften und amüsierte mich glänzend. Zu den reizendsten, schönsten Frauen, die ich je kennenlernte, zählten Pola Negri, Janet Gaynor, Norma Shearer, Gloria Swanson, Joan Crawford, Vivian Leigh,

Jean Harlow und Mary Pickfords Schwester Lottie. Männer wie Rudy Valee, Louis B. Mayer, Cecil B. de Mille, Sam Goldwyn, Douglas Fairbanks, Bruce Cabot, Cary Grant und Tyrone Power, Stars oder Großproduzenten, sie alle waren kluge, lebhafte Leute, wunderbare Gastgeber, selber vortreffliche Gäste, und die Freundschaften, die zustande kamen, bedeuteten für mich sehr viel.

Stravinsky und der Pianist Arthur Rubinstein gehörten ebenfalls zur Prominenz von Hollywood, doch besaßen beide eine ganz eigene Persönlichkeit, die sogar in Hollywood als ungewöhnlich auffiel. Stravinsky – brillant, mitteilsam und ungewöhnlich temperamentvoll – veranstaltete in seinem Haus üppige Einladungen, bei denen man nie wußte, was Igor als nächstes anstellen würde. Einmal machte ein Star, der etwas zuviel getrunken hatte, den schlimmen Fehler, sein Glas auf Igors Flügel abzustellen. »Du Bauer!« schrie Igor, stürzte ins Haus nach einem Feuerlöscher und bespritzte den Schauspieler von oben bis unten. Ein andermal sagte er mir, er bedaure sehr, daß es noch keine Komposition gäbe, die die Suche nach Öl und die Erbohrung einer Quelle darstelle. »Das hat damit zu tun, daß man nur schwer das geeignete Papier bekommt, auf dem solch eine Komposition aufgezeichnet werden müßte«, sagte er augenzwinkernd. »Nicht einmal Beethoven könnte sich dazu inspiriert fühlen, wenn er die Noten nicht auf Tausenddollarscheine schreiben darf.«

Nur wenige Ehepaare waren so gastfrei und standen so glänzend miteinander wie Arthur und Nela Rubinstein. Einmal verriet Arthur einem engeren Kreis eine Geschichte, die bis dahin offenbar ein Geheimnis gewesen war. Als er vor dem Ersten Weltkrieg in Warschau ein Konzert gab, verliebte er sich in die Tochter des Direktors der Warschauer Oper. »Ich machte ihr einen Heiratsantrag, und sie willigte ein. Die Vorbereitungen für eine große Hochzeit, die in der Oper stattfinden sollte, wurden getroffen. Am festgesetzten Tage fanden sich Familie und Gäste dort ein – alle, außer mir. Ich saß im Zug und reiste ins Ausland. Ich hatte nicht nur kalte Füße bekommen, sondern regelrechte Eisbeine. Der Direktor der Warschauer Oper hätte mich bei erster Gelegenheit umgebracht.«

Wie die Geschichte weiterging, ist bekannt. Nela, die Tochter des Warschauer Operndirektors, und Arthur begegneten einander Jahre später wieder, und diesmal wurde geheiratet.

»Meine Füße hatten sich endlich erwärmt«, schloß Rubinstein.

Nela hatte schweigend zugehört und lachte nun. »Nicht ganz«, sagte sie.

»In der Hochzeitsnacht waren sie immer noch kalt. Ich erinnere mich genau, auch wenn Arthur es vergessen hat.«

In den 20er Jahren war es in Hollywood ein beliebter Scherz, zu allen möglichen und unmöglichen Zeiten bei anderen Leuten einzudringen. In den frühen Morgenstunden kamen die Gäste einer Party gern auf den Gedanken, irgendwen zu beglücken, einen Filmstar oder Regisseur, von dem man wußte, daß er daheim war und schlief. Man bestieg also die Autos, jagte wie eine wilde Meute zum Haus des Opfers und klingelte, bis sich jemand zeigte, Herrschaft oder Personal. Sodann überschwemmte die ausgelassene Horde das Haus.
»Wir dachten, wir kommen noch auf ein Glas vorbei«, wurde dem völlig benommenen Gastgeber oder der Gastgeberin seelenruhig mitgeteilt. Es gab zu diesem Thema zahllose Variationen; am beliebtesten war, solche Exkursionen zusammen mit einer Band auszuführen, möglichst einer Blaskapelle. Die schleppte man mit zum Haus des Opfers, und sobald die Tür geöffnet wurde, stürzten sich die Musiker mit allen Instrumenten ins Haus. Aus vollem Hals blasend veranstaltete sie eine Polonaise durch sämtliche Zimmer und schmetterten Märsche, bis die Trommelfelle platzten.
Es versteht sich, daß man auf solche nächtlichen Überfälle mit Haltung reagieren mußte. Das war aber nicht immer leicht. So geschah es – ich war übrigens nicht dabei –, daß etwa 40 Witzbolde, begleitet von 15 Bläsern, in das Haus einer verheirateten Diva eindrangen, deren Mann gerade in New York weilte. Ein (ebenfalls verheirateter) männlicher Filmstar sah sich, als er die Humoristen kommen hörte, genötigt, aus dem Fenster des Oberstocks zu springen, und brach den Knöchel.
Meine Freunde Phil Connors und David Mdivani veranstalteten auch auf mein Haus am Strand von Malibu einen solchen Überfall. Es war kurz nach vier Uhr früh, zum Glück war ich allein in meinem Schlafzimmer. Mein Diener Mac zögerte lange genug mit dem Öffnen der Tür, so daß ich Gelegenheit fand, mich anzukleiden – bis auf den Schlips, den ich in die Tasche steckte – und zur Hintertür hinauszuschlüpfen. Die Meute ergoß sich ins Haus, die Musikanten marschierten zu meinem Schlafzimmer.
Ich band unterdessen meinen Schlips, wartete noch einige Minuten, gab den Invasoren genügend Zeit, ihre Enttäuschung auszukosten, weil sie mich nicht im Schlaf hatten stören können, und schlenderte sodann läs-

sig pfeifend zum Haus herein. Ich erstarrte beim Anblick der vielen Gesichter, die sich mir zuwandten, und rief mit scheinbarem Entsetzen aus: »Gütiger Himmel, habe ich denn alles verwechselt? Ich dachte, die Party ist erst morgen.«

Phil Connors meinte später, mein Auftritt könnte auf einer von eins bis zehn reichenden Skala etwa mit 5 bewertet werden – reines Mittelmaß. Die Palme an diesen Wettkämpfen wurde Männern wie jenem europäischen Regisseur zuerkannt, der den eindringenden Horden splitternackt entgegentrat, lässig eine mächtige Havannah schmauchend, oder auch jenem Mann von Warner Brothers, der während einer solchen Invasion ungerührt eine geschlagene Stunde lang eine Patience legte, ohne mit der Wimper zu zucken. Tags darauf schickte er jedem Eindringling das gleiche Telegramm: HABEN UNS LANGE NICHT MEHR GESEHEN STOP WANN TREFFEN WIR UNS ZUM FRÜHSTÜCK?

Meine Beziehung zu Charlie Chaplin hat reichlichen Anlaß zu Klatsch gegeben; also will ich die Gelegenheit wahrnehmen, die Dinge zurechtzurücken – oder zumindesten meine Version der Geschichte zu liefern.

Ich lernte Charlie 1918 oder 1919 kennen. Er gefiel mir sehr, er war ein guter Gesellschafter. Er hatte jedoch Gründe – glaubte mindestens, welche zu haben –, mir im Zusammenhang mit einigen ihm befreundeten Damen zu mißtrauen. Das begann mit Edna Purviance, der Hauptdarstellerin in Charlies frühen Lustspielen. Charlie mutmaßte, sie habe mehr Interesse an mir als an ihm. In den 30er Jahren wiederholte sich das mit einer jungen Dame, die ich als »Lorraine« kennenlernte. Und bei Joan Barry und Paulette Goddard auch.

Nun sind Paulette und ich seit je gute Freunde, sie hat mir gerade erst geschrieben, bevor ich an diesem Buch hier begann. Selbstverständlich war ich auch mit Erich Maria Remarque, ihrem verstorbenen Mann, befreundet. In die Brüche gegangen – und zwar für drei Jahrzehnte – ist meine Freundschaft mit Charlie Chaplin aber wegen Joan Barry.

Die angehende Schauspielerin Joan Barry war mit mir für eine kurze (aber zugegebenermaßen recht hektische) Zeitspanne befreundet gewesen; später richtete sie ihre Aufmerksamkeit auf Charlie. In seiner Autobiographie beschreibt er die Auseinandersetzungen mit ihr sehr anschaulich und detailliert.

Allgemein bekannt ist, daß Miss Barry schwanger wurde, ein Kind gebar und Charlie Chaplin als den Vater bezeichnete. Sie strengte eine Vater-

schaftsklage gegen ihn an und es kam zu einem außergerichtlichen Vergleich. Sodann wurde eine – nach meiner Meinung völlig überflüssige – staatsanwaltschaftliche Untersuchung gegen Charlie eingeleitet, ein Ableger der Affaire Barry. Ich wurde als Zeuge vorgeladen und mußte im Zeugenstand die mir gestellten Fragen beantworten. Es ging dabei um so triviale Angelegenheiten, daß ich nicht recht begriff, weshalb man mich dazu überhaupt befragte. Als die Geschworenen Charlie von allen Beschuldigungen freisprachen, freute ich mich über diesen Triumph der Gerechtigkeit. Um so größer meine Enttäuschung und mein Unverständnis, als ich feststellte, daß gerade diese Verhandlung den endgültigen Bruch unserer Freundschaft bedeutete. Zur allgemeinen Verblüffung wurde der Vaterschaftsprozeß im Falle Barry später neu aufgenommen und die Geschworenen fanden Chaplin schuldig, obschon Blutuntersuchungen bewiesen, daß er nicht der Vater sein konnte.
Erst als wir uns 1971 auf einer Party in London begegneten, wurde der Bruch zwischen Charlie und mir geheilt. Wir grüßten einander verbindlich und sonderten uns bei Gelegenheit von den übrigen Gästen ab. Charlie war damals 83, ich 79. Wir meinten beide, Männer in unserem Alter machten sich lächerlich, wenn sie verfeindet blieben wegen Frauen, die sie vor dreißig oder mehr Jahren mal gekannt hatten. Wir schüttelten einander die Hände. Charlie lächelte sein weltberühmtes Lächeln, und ich war sehr glücklich – ich bin es immer noch. Ich hoffe sehr, Sir Charles Chaplin hat dies begriffen und schätzte unser Zusammentreffen und unsere Versöhnung so sehr wie ich.

24

Ich habe schon erwähnt, daß ich in den Jahren von 1927 bis 1939 einen bestimmten Reisefahrplan einhielt. Sieben Monate des Jahres verbrachte ich in den USA, fünf in Europa. 1940 mußte ich diese Einteilung aufgeben, erst 1949 konnte ich sie wieder aufnehmen; im späten Frühjahr schiffte ich mich in New York nach Frankreich ein. In meinem Tagebuch heißt es:
»Ging zu meiner alten Wohnung rue St. Didier 12. Erinnerungen fallen über mich her. Was für wunderbare Tage waren das (1927–1928). Wie hat sich Paris, wie hat sich die Welt seither verändert!«

Zu meinen bevorzugten Freunden gehörten Charles und Elsie Mendl, die ihre Zeit teils in Hollywood, teils in Versailles verbrachten. Im Sommer 1949 hielten sie sich in Frankreich auf, und ich war viel mit ihnen zusammen. Freilich stießen mir in ihrer Gesellschaft aus unerklärlichen Gründen die sonderbarsten Sachen zu – oder ich tat sonderbare Dinge und fand mich in sonderbaren Situationen.
Elsie und Charles werden durch zwei Anekdoten gut charakterisiert, die ich von Elsie habe.
Elsie de Wolfe war eine erfolgreiche und sehr reiche Frau, wie man weiß. Sir Charles Mendl gehörte zur Presseabteilung des Foreign Office, beide lebten in den 20er Jahren in Frankreich und waren miteinander befreundet. Charles, einige Jahre jünger als Elsie, wandte sich gelegentlich an sie um Rat. 1926 verbrachten beide mit einer Menge Bekannter das Wochenende in Deauville, und am ersten Abend dort fragte Charles, ob er sich mit Elsie mal so recht aussprechen dürfe. Man unternahm einen Spaziergang am Strand.
»Ich habe die Absicht, zu heiraten«, sagte Charles, »es wird langsam Zeit und läßt sich nicht umgehen.« Sodann nannte er den Namen der jungen Dame, der er einen Antrag zu machen beabsichtigte.
»Unmöglich!« protestierte Elsie. »Die paßt überhaupt nicht zu Ihnen!«
Mendl stammelte betroffen: »Nun, wenn Sie meinen . . . Sie verstehen sich gewiß auf Frauen. Aber wen schlagen Sie denn vor?«
»Mich,« entgegnete Elsie de Wolfe gelassen.
Charles blieb überrascht stehen und starrte sie an. »Daran habe ich nie gedacht, Elsie.«
»Und weshalb nicht?«
»Weil Sie so reich sind. Und ich habe keinen Pfennig.« Sein Jahreseinkommen betrug gegen 11000 Dollar.
»Wenn ich mich daran nicht stoße, sollten Sie es auch nicht tun, Charles.« Und damit, so berichtete Elsie, waren sie verlobt.
Die Verlobung wurde ausgiebig kommentiert, das Datum der Hochzeit festgesetzt, die Einladungen waren verschickt, als Charles seiner Braut etwa eine Woche vor der Heirat eröffnete: »Ich habe mehrere Mätressen, die ich eigentlich nicht aufgeben möchte, bloß weil wir heiraten.«
Ich lachte, als Elsie mir das erzählte, und fragte: »Wie haben Sie das aufgenommen?«
»Was sollte ich machen? Alle Vorbereitungen waren getroffen, und man

kann doch wegen einiger Mätressen keine Hochzeit absagen!« Sie wedelte lässig mit der Hand. »Eine oder zwei waren übrigens ganz reizend, ich habe sie Charles genehmigt.«

Zurück ins Jahr 1949, nach Frankreich, zu meinem Besuch bei Mendls. Eines Abends brachte ich zum Essen zwei junge Damen mit in die Villa im Petit Trianon in Versailles, nach dem Essen wurde im Vorführraum ein Film gezeigt. Da ich ihn schon kannte und müde war, nachdem ich drei Nächte hintereinander kaum ein Auge zugemacht hatte, verdrückte ich mich nach oben, wo Elsie mir zum allfälligen Gebrauch ein Zimmer reserviert hielt. Ich legte mich auf ein Bett, das ich für mein Gastbett hielt, und wachte erst am folgenden Morgen auf. Elsie schimpfte mich aus.
»Nach der Vorführung haben wir erst entdeckt, daß Sie nicht da waren, und keiner wußte, wo Sie stecken. Die jungen Damen, die Sie eingeschleppt hatten, waren schön wütend und ich auch. Von Ian Campbell nicht zu reden.«
Jemand hatte die jungen Damen heimbringen müssen, und Elsie beauftragte damit eben Ian Campbell, den späteren Herzog von Argyll, der, wie sie wußte, mit mir befreundet war. Es war mir richtig peinlich, mit anhören zu müsssen, wie sie Ian zu diesem Kavaliersdienst gepreßt hatte. Eine der Damen wohnte 20 Meilen nördlich von Paris, die andere noch weiter außerhalb, aber in südlicher Richtung. Stunden war der arme Ian unterwegs, verständlicherweis ließ er keine Gelegenheit aus, mich mit dieser Geschichte zu necken, während die Damen mich wochenlang schnitten.
Als ich vierzehn Tage später wieder bei Mendls in Versailles eingeladen war, traf ich dort Greta Garbo, die ich aus Hollywood gut kannte. Unter Freunden merkt man Greta nie etwas von jener fluchtbereiten Scheu an, die ihr Zeitungen und Filmmagazine andichten, im Gegenteil, sie ist liebenswürdig und amüsant, sie lacht gern und geht aus sich heraus.
Eines Morgens lagen Greta und ich bequem hingestreckt auf Liegestühlen an Mendls Schwimmbassin; ich bot, hager und unrasiert, einen scheußlichen Anblick, doch Greta plauderte ungerührt, bis Elsie plötzlich auftauchte.
»Paul«, sagte sie scharf, »ich schäme mich für Sie! Wie können Sie sich hier so vor Greta sehen lassen!«
Ich errötete verlegen, Greta aber hob nur eine Braue. »Was für unkleid-

same Farben Sie heute morgen tragen, Elsie«, bemerkte sie sanft, und das war wohl eines der wenigen Male, daß Elsie de Wolfe in ihrem Leben ausgestochen wurde. Sie gönnte mir keinen Blick mehr, sondern flüchtete. Mittags hatte sie Greta und mir vergeben.

Es folgte aber ein Nachspiel.

Etliche Tage später fragte mich Greta, die abreisen wollte, ob ich ihr im New Yorker Hotel Pierre, das damals der Getty-Gruppe gehörte, eine Suite reservieren lassen könne. Ich versicherte ihr, ich würde alles veranlassen, und kabelte an Frank Paget, den Manager des Pierre. Das Kabel noch eigens durch einen Brief zu bestätigen, sah ich keinen Anlaß. Einige Wochen später reiste ich in die Staaten zurück.

Wieder in New York wohnte ich im Pierre. Selbstverständlich erkundigte ich mich beiläufig im Gespräch mit Paget, ob es Greta Garbo im Hotel gefallen habe.

»Komisch, daß Sie fragen, Mr. Getty. Miss Garbo kam Ende Juli und behauptete, es sei eine Suite für sie reserviert. Es war aber nichts vorbestellt, und das Hotel war ausgebucht. Ziemlich beleidigt ist sie dann ins Plaza gezogen.«

Ich war höchst betreten. Offenbar war mein Kabel unterwegs verlorengegangen. Da ich annahm, Greta sei unterdessen nach Hollywood weitergereist, tröstete ich mich mit dem Gedanken, genügend Zeit zu haben, um die Scharte auszuwetzen, begegnete ihr aber schon am nächsten Vormittag auf der Fifth Avenue. Von Angst gepackt, flüchtete ich in den nächsten Laden, ausgerechnet ein Wäschegeschäft.

»Guten Morgen, Paul.«

Ich erstarrte. Greta war hinter mir hereingekommen. Ich war gefangen, ohne Zweifel der einzige Mensch, der je versucht hat, absichtlich Greta Garbo aus dem Weg zu gehen, die doch selber jeder Begegnung auszuweichen suchte. Ich stammelte eine Entschuldigung, und Greta verzieh mir nach kurzem Überlegen.

Die »jährliche Europareise«, die dann dazu führte, daß ich fast 25 Jahre blieb, fand erst 1951 statt. Wie schon gesagt, erzwangen geschäftliche Gründe diese ausgedehnten Auslandsaufenthalte. England und das europäische Festland sind die geeignete Zentrale für den Unternehmer, der in allen Erdteilen wichtige Interessen zu wahren hat. Ich hatte das schon 1938 so empfunden, als die Getty-Gruppe im Ausland erst unbedeutende Interessen besaß. Dazu eine Tagebucheintragung aus dem Jahr, die ich in Frankreich machte:

»16. Oktober. Habe mir einen herrlischen Landsitz in Chantilly angesehen. Steht zu einem akzeptablen Preis zum Verkauf und wäre geeignet als Firmensitz für Auslandsoperationen von Getty.«
Nein, gekauft habe ich ihn nicht. Damals verschlechterte sich die politische Lage in Europa täglich. Ich spürte, der Krieg war unvermeidlich und kurz vor dem Ausbruch. Getty hatte in einigen Ländern Europas mit den Schmiermitteln der Marke Veedol Fuß gefaßt, doch das äußerste, was man erhoffen konnte, war, daß wir nicht restlos weggefegt werden würden; Pläne für eine künftige Expansion mußten vorderhand in die Schublade kommen.
1951 sah die Lage sehr anders aus. Nun waren unsere Gesellschaften in beiden Hemisphären tätig oder wurden jedenfalls in Dutzenden von Ländern beider Hemisphären begründet, und ich war überzeugt, daß ich nur von Europa aus die Ausdehnung selber beaufsichtigen konnte. Hier war der zentrale Ort, was die Geschäfte im Weltmaßstab betraf.
In den folgenden neun Jahren führte ich eine abartige, nomadenhafte Existenz, und es verwundert nicht, daß viele mich für einen Exzentriker hielten. Ich besaß die schönsten Häuser in Kalifornien, Oklahoma und New York City, ich hätte mir ohne weiteres noch weitere kaufen können, und reiste doch unentwegt in der östlichen Welthälfte umher, wohnte in Hotels und trug meine Habe und geschäftlichen Unterlagen mit mir herum. Mein Büro war etabliert, sobald meine Sekretärin oder ich den abgestoßenen braunen Koffer aufklappten, in dem sich die DRINGEND gestempelten Eingänge befanden.
Immer sollte der jüngste Schritt der letzte sein (»Jetzt muß ich noch einmal nach München, aber dann ist endgültig Schluß mit dem Herumgereise«), danach sollte es endlich nach Hause gehen, nach Amerika. Und immer kamen neue Entwicklungen, neue Chancen, neue Krisen dazwischen.
Der zwölfstündige Arbeitstag war das übliche, vierzehn Stunden bedeuteten nichts Ungewöhnliches. Und doch wurde der braune Kofffer nie leer. Es kam mir vor, als strömte eine endlose Flut von Telegrammen, Briefen, Berichten aus allen Ecken der Welt zu mir her; dazwischen kamen pausenlos Anrufe; Ingenieure, Buchhalter, Advokaten und alle möglichen anderen Leute mußten persönlich empfangen werden. Mich verblüfft, daß ich bei alledem doch noch hin und wieder ein bißchen Zeit für mein Privatleben fand.
Aufs Geratewohl herausgegriffene Tagebucheintragungen von 1952 er-

lauben einen Einblick in meine Lebens- und Arbeitsgewohnheiten und vermitteln Gedanken und Reflexionen, die mich damals beschäftigten.
Rom: »14. Februar: Ich besuche den Raum, in dem Teddy und ich 1939 getraut wurden. Eine Flut von Erinnerungen.«
»12. April: Ich weiß nicht, warum ich mich immer noch den Geschäften widme. Wahrscheinlich Gewohnheitssache. Ich sollte lieber alles verkaufen und in steuerfreien Wertpapieren anlegen.«
»13. April: Den ganzen Tag im Hotel mit Berichten und Korrespondenzen beschäftigt. Anruf aus New York wegen Tidewater. Schwierigkeiten bei der Ölsuche in Dscheddah. Mußte für morgen drei Verabredungen treffen. Immer noch Berge von Korrespondenz abzutragen. Dabei habe ich den heutigen Posteingang noch gar nicht geöffnet.«
Athen:
»19. Mai: Den ganzen Tag Besprechungen mit unserem Handelsattaché und griechischen Kabinettsmitgliedern wegen griechischen Öls.«
»20. Mai: Heute dasselbe, bis neun Uhr abends. Bis drei Uhr früh Post und Berichte gelesen.«
Côte d'Azur:
»27. August: André Dubonnet erweist sich als guter Freund und Gesellschafter. Zum Essen in seiner traumhaft modernen Luxusvilla unmittelbar am Wasser. Ich muß meine Geschäfte hier unbedingt erledigen, damit ich heimfahren und mein eigenes Haus genießen kann.«
»6. November: Zum Essen beim Herzog und der Herzogin von Windsor. Es stimmt mich traurig, die Fünfziger hinter mir zu lassen, denn Sechzig kommt mir alt vor, während ich mich in den Fünfzigern viel jünger fühlen konnte.«
Am 25. Dezember gab ich mir das feierliche Versprechen:
»Dies soll das letzte Weihnachten fern von zu Hause sein. Ich bin entschlossen, vor dem nächsten Fest heimzufahren.«
Am 9. Januar 1953 schrieb ich jedoch:
»Ich hoffe, in diesem Jahr in der Neutralen Zone Öl und Gas in genügender Menge zu finden.«
Diese Hoffnung vom 9. Januar blieb unerfüllt, so daß ich das Versprechen nicht halten konnte. Anfang 1954 bereitete ich mich darauf vor, nach Saudi-Arabien zu übersiedeln und selbst die Arbeiten in der Neutralen Zone zu beaufsichtigen; eine Ermunterung durch den Chef schien mir angebracht.

25

Als Geschäftsmann habe ich nicht wenige Fehler gemacht, darunter einige recht saftige. An erster Stelle rangiert da eine verpaßte Gelegenheit des Jahres 1932. Damals verhandelten in meinem Auftrag einige Bevollmächtigte in Bagdad um die Erteilung einer Ölkonzession im Irak. Man stand kurz vor einer Vereinbarung, die meinen Gesellschaften das Recht eingeräumt hätte, in einem sehr großen Gebiet Öl zu suchen und zu fördern. Die Anfangskosten wären minimal gewesen, nicht mehr als einige zehntausend Dollar.

Gerade damals jedoch brach der amerikanische Rohölpreis zusammen. Die großen Ölfelder im östlichen Texas waren erschlossen worden, und der Barrel Rohöl ging für zehn Cent weg, manchmal auch für weniger. Die amerikanische Ölförderbranche geriet in eine wahre Panik, und ich war gegen die Ansteckung nicht immun. Unter solchen Umständen mochte ich mich nicht im Nahen Osten engagieren und ordnete den Abbruch der Verhandlungen an. Wie groß die Verluste sind, die Getty durch meine vorschnelle Entscheidung entstanden, läßt sich überhaupt nicht beziffern.

Als der Zweite Weltkrieg zuende ging, war mir klar, daß meine Gesellschaften unbedingt im ölreichen Nahen Osten Fuß fassen mußten. Ich wußte, das war nicht einfach. Ölgesellschaften aller Nationen rissen sich um Konzessionen im Nahen Osten, und meist erhielten die Branchenriesen den Zuschlag, die über viel größere finanzielle Hilfsmittel verfügten als Getty. Als das Jahr 1948 ins Land zog, hatte sich der Staub etwas gelegt, und aus einem mir völlig unverständlichen Grund war ein vielversprechendes Territorium von den Giganten außer acht gelassen worden.

Dies war die Neutrale Zone, etwa 1 500 Quadratmeilen Ödland, zwischen dem Königreich Saudi-Arabien und dem Scheichtum Kuwait gelegen, die auf Grund eines Vertrages gemeinsam das Recht auf Erschließung von Bodenschätzen hatten. Kuwait übertrug seine Hälfte der Anrechte auf Öl und Erdgasvorkommen an die American Independent Oil Company, AMINOIL, ein Konsortium bestehend aus zehn US Ölgesellschaften. Der halbe Anteil Saudi-Arabiens war jedoch nicht vergeben. Ich erkannte hier eine Gelegenheit, die Scharte von 1932 auszuwetzen, und beauftragte Dr. Paul Walton mit einer Erkundung der Neutralen Zone.

Dr. Walton, ohne Zweifel einer der besten Geologen, die ich je kennenlernte, machte Luftaufnahmen und schickte mir folgendes knappe Kabel:

STRUKTUR LÄSST ÖL VERMUTEN UNTERSCHRIFT WALTON.

Paul Walton irrte sich so gut wie nie. Sein Gutachten reichte aus, um Verhandlungen mit der Regierung von Saudi-Arabien zu eröffnen. Es wurden rasche Fortschritte gemacht, doch die Zeit, da Ölkonzessionen zu Spottpreisen gehandelt wurden, war längst vorbei. Am 20. Februar 1949 unterzeichnete Rechtsanwalt Barnabas Hadfield, Seniorpartner der Anwaltskanzlei, die Getty vertrat, in Riad ein langes kompliziertes Abkommen. Darin erwarb die Pacific Western Oil (später Getty Oil) die Konzession auf Öl und Erdgas in der gesamten Saudi-Arabien gehörenden Hälfte der Neutralen Zone. Es war vorgesehen, daß PacWest sogleich eine Barzahlung von 10500000 Dollar an die saudi-arabische Regierung leistete. Des weiteren wurde unter anderem vereinbart, daß Pacific Western

. . . jährlich eine Million Dollar auf die mit 55 Cent pro Barrel für die gesamte Ölförderung festgelegten Lizenzgebühren vorauszahlte;

. . . 25 Prozent des Nettogewinnes an die Regierung von Saudi-Arabien überwies;

. . . eine Raffinerie errichtete mit einer Tageskapazität von 12000 Barrel und Vorratslager mit einer Kapazität von 150000 Barrel raffinierten Erdöls;

. . . der Regierung Saudi-Arabiens jährlich 100000 Gallonen Benzin und 50000 Gallonen Kerosen lieferte;

. . . die Gehälter für Inspektoren der saudischen Regierung und anderes Personal übernahm (etwa Polizei, Zoll und Quarantäne-Inspektoren), soweit diese mit Angelegenheiten der Gesellschaft befaßt waren;

. . . einen Pensionsfonds, Versicherungen und weitere Leistungen für die saudi-arabischen Angestellten der Gesellschaft einrichtete (die überdies auf kostenlosen Gesundheitsdienst und Krankenhausbehandlung Anspruch hatten);

. . . für die Kinder der saudi-arabischen Arbeitnehmer Einrichtungen der Schul- und Berufsausbildung bereitstellte;

. . . Unterkunft und Büroraum für das Personal errichtete, dazu Telefon und Telegraph, eine Moschee, Straßen, ein Postamt und ausreichende Wasserversorgung.

Und das war noch nicht alles. Andere im Nahen Osten tätige Gesellschaften fanden diese Zugeständnisse viel zu liberal, sogar »empörend«. In weiten Kreisen wurde vorhergesagt, daß »Paul Getty sich endlich übernommen habe und im Nahen Osten das letzte Hemd verlieren werde«. Ich beachtete solche Prophezeiungen nicht, denn meiner Ansicht nach war diese Vereinbarung für beide Seiten gerecht und vertretbar; die Getty-Gruppe gestand nicht mehr zu, als worauf die Saudi-Araber Anspruch hatten, nachdem sie uns eine Konzession auf Bodenschätze eingeräumt hatten, die ihren nationalen Reichtum verkörperten. Ich werde im nächsten Kapitel zeigen, warum dieser Standpunkt richtig war und warum so viele westliche Ölgesellschaften und Regierungen in ihren Verhandlungen mit ölproduzierenden Ländern des Nahen Ostens und anderswo Schiffbruch erlitten.

Nach Unterzeichnung des Abkommens konnte mit der Exploration und den Bohrarbeiten begonnen werden. Nun meldete sich AMINOIL zu Wort mit dem Hinweis auf ältere Rechte in der Zone, weil sie als erste die Konzession von Kuwait erworben habe. Die Leitung von AMINOIL behauptete, es sei unsinnig, daß ihre Gesellschaft und Pazific Western Explorationen und Bohrarbeiten getrennt durchführten; das hätte nur die Verdoppelung des Aufwandes zur Folge und würde für beide Gesellschaften die Kosten steigern.

Unseligerweise ließ ich mir ausreden, PacWest unabhängig explorieren und bohren zu lassen. Es blieb nur das nötigste Personal von PacWest im Nahen Osten zurück, und die eigentlichen Arbeiten an Ort und Stelle führte AMINOIL durch – PacWest beteiligte sich natürlich zur Hälfte an den Kosten.

1949 wurde kein Öl gefunden, auch nicht 1950, 1951 oder 1952. Die erste Bohrung wurde 1953 fündig, und zwar in über 1000 Meter Tiefe. Nun war uns zwar jede Entdeckung willkommen, doch die Geschäftsleitung von Getty, die Geologen und ich hielten daran fest, daß die wirklich ertragreichen Vorkommen in anderen Teilen der Zone und in anderer Tiefe lagen.

Mein ältester Sohn, George F. Getty II, war schon 1949 in die Zone abgereist, und er verlangte am lautesten eine Änderung unserer Politik, vor allem eine totale Revision der explorativen und der Bohrverfahren. Es dürften wohl einige jener Erbanlagen auf George übergegangen sein, denen sein Großvater – mein Vater – den bemerkenswerten Instinkt verdankte, immer am richtigen Platz zu bohren.

»Die Gegend dort schwimmt praktisch auf Öl, »beharrte George. »Doch die Leute, die da draußen den Ton angeben, bohren unentwegt an den verkehrten Stellen. Ich habe mich schon heiser geredet, aber es nützt alles nichts.«
George zeigte mir eine Karte der Zone, auf der die unergiebigen Bohrlöcher mit kleinen roten Kreisen bezeichnet waren. Etwa eine Meile westlich des am weitesten westlich gedrillten unergiebigen Bohrlochs hatte George ein blaues X angebracht.
»Dort gibt es Öl, darauf will ich wetten«, sagte er.
Als die Getty-Gruppe später selbst zu explorieren und zu bohren begann, förderte eine an dieser Stelle angesetzte Bohrung eine unerhört ergiebige Quelle zutage. Bevor es aber dahin kam, hatte ich selbst schon den Entschluß gefaßt, mit eigenen Augen zu sehen, was, zum Teufel, eigentlich in der Neutralen Zone vorging.

Für die Reise in den Nahen Osten traf ich nur eine einzige ungewöhnliche Vorbereitung. Dank meiner Reisen und meines Aufenthaltes in vielen Ländern sprach ich französisch, deutsch, spanisch, russisch und auch einigermaßen italienisch. Ich schloß mich jetzt in mein Hotelzimmer ein und lernte intensiv Arabisch. Dies machte mich zwar nicht zum Arabisten, doch genügte es für eine gewöhnliche Unterhaltung auf arabisch.
Am 18. Februar 1954 bestieg ich in Venedig den Orientexpress nach Istanbul. Den Rest der Reise legte ich in langsamen Etappen zurück, weil ich die Gelegenheit benutzen wollte, historische Denkmäler zu besichtigen und das Land zu sehen. Erst am 2. März kam ich in Kuwait an. Nach einem raschen Überblick über die Neutrale Zone reiste ich weiter nach Riad.
Als ich, wie das Protokoll anordnete, meinen Antrittsbesuch bei Vertretern der saudi-arabischen Regierung machte, forderte man mich auf, Kronprinz Faisal aufzusuchen, den Halbbruder König Sauds, der später selbst König wurde. Der Empfang, der mir von Seiner Königlichen Hoheit zuteil wurde, übertraf alle meine Erwartungen. Eine Ehrenwache eskortierte mich in den Palasthof, wo dreißig Personen seines Gefolges, jeder mit einem Falken auf dem Arm, sich zu einer symbolischen Begrüßung versammelt hatten. Prinz Faisal selbst hieß mich höchst gnädig und liebenswürdig willkommen. Wir plauderten fast eine Stunde lang. Es war nicht zu verkennen, daß er einen scharfen Verstand und schon damals große Weisheit besaß, welche Eigenschaften ihn in späteren Jahren

zu einem hervorragenden Herrscher machten. Ein weiteres denkwürdiges Ereignis war ein Diner bei seiner Majestät König Saud. In meinem Tagebuch heißt es:
»6. März: Seine Majestät ist groß, würdig und angenehm. Nach kurzer Unterhaltung begeben wir uns zum riesigen Speisesaal. Bei Tisch etwa 60 Personen. Ich sitze zur Rechten des Königs, der türkische Gesandte sitzt zwischen uns. Gegessen wird nach europäischer Manier, mit Messer, Gabel und Löffel. Die Diener tragen weiße Handschuhe. Seine Majestät zeigt sich als höchst liebenswürdiger Gastgeber. Nach einem Diner von acht Gängen begeben wir uns in einen großen Salon, wo der Kaffee gereicht wird.«
Ich konversierte mit seiner Majestät auf arabisch, was ihm angenehm war. Er hatte einen starken Sinn für Humor und sagte im Lauf der Unterhaltung auf englisch – das er sehr gut sprach –, er wolle meine arabischen Kenntnisse prüfen.
»*Wain zwait, wain buluns?*« fragte er mich (wo ist das Öl, wo ist das Geld?)
Ich erwiderte, wir würden gewiß sehr bald Öl in großen Mengen finden und fördern, entsprechend müßten die Einnahmen für seine Regierung sehr bald fließen.
Seine Majestät lachte gedämpft.
»Man muß Ihnen gratulieren, Sie haben die arabischen Handelswörter gut gelernt.« Er sah mich lange und freundlich an. »Sie wissen wohl, was Ihr Präsident Franklin Roosevelt zu meinem Vater gesagt hat?«
Ich nickte und wiederholte F. D. R.s Worte, die ja historisch geworden sind: »Im Grunde bin ich ein Geschäftsmann, und als Geschäftsmann interessiert mich Saudi-Arabien sehr.«
»Auch Sie sind ein Geschäftsmann«, bemerkte König Saud, und die Art, wie er es sagte, zeigte, daß er mir damit ein großes Kompliment machte. Er fragte dann, wie ich das Potential der Neutralen Zone einschätze, und ich erwiderte, ich hielte es für unerhört groß, und erklärte auch weshalb.
»Sie sind so voller Lob für die Neutrale Zone, daß ich Lust habe, sie mir selber anzusehen«, erklärte seine Majestät und fügte hinzu, er reise möglichst wenig, »weil die Leute so viel Aufhebens machen, wenn ich komme.«
Dies war aufrichtig gemeint und beeindruckte mich tief. Das Protokoll und die Sitte nötigten den Herrscher, in einem wahrhaft königlichen Stil

zu leben, im Herzen jedoch war er bemerkenswert menschlich.
Als ich 1956 noch einmal für vier Monate in die Neutrale Zone kam, trafen wir einander wieder. Getty hatte nun bereits die Arbeiten in der Neutralen Zone selbst übernommen, machte eigene Funde auf der Grundlage eigener Explorationen und Bohrprogramme, und von »*Wain zwait, wain buluns*« konnte nicht mehr die Rede sein.
Für Seine Majestät König Saud, Seine Königliche Hoheit den Scheich von Kuwait und mich wurde ein Fest veranstaltet wie aus Tausend und einer Nacht. Es fand an Bord eines Hochseeschiffes statt, das zur Königlichen Yacht umgebaut worden war. Meine Gehilfen brachten Landkarten von der Neutralen Zone mit, und diese wurden auf den unbezahlbaren Teppichen ausgebreitet, welche das Deck schmückten. Es war an mir, die Fortschritte und die geologischen Gegebenheiten der Region zu erläutern.
»Sehen Sie mal«, sagte der König zum Emir. »Der kann uns auf arabisch sagen, wo das Öl ist.«

Die Tätigkeit der Getty Oil Company in der Neutralen Zone wurde von Erfolg gekrönt. 1974 erreichte die Rohölproduktion dort etwa 82000 Barrel täglich. Dieser Erfolg ist nicht zum kleinsten Teil dem Umstand zu danken, daß Getty Oil fair und korrekt arbeitet. Die Gesellschaft, ihre Leitung und das amerikanische Personal empfinden große Achtung vor den Völkern Saudi-Arabiens und Kuwaits und sind ausnahmslos bestrebt, Getty Oil zu einem willkommenen Gast zu machen.
Ich meine, es ist hier der richtige Ort, einige Bemerkungen über Länder des Nahen Ostens und andere Länder zumachen, die der OPEC angehören, der oft geschmähten Organisation petroleumexportierender Länder. Obwohl ich selbst in der Ölbranche tätig bin, gebe ich bereitwillig zu, daß die OPEC ein Recht auf ihre eigene Version der Ereignisse hat, und ich glaube, sie verdient angehört und objektiv gewürdigt zu werden.

26

Die von den Ländern der OPEC vorgenommenen Erhöhungen des Ölpreises trafen die hochindustrialisierten Länder, die Öl importieren, wie ein Schock. Diejenigen aber, die am lautesten die Politik der OPEC be-

jammern, haben es meist fertiggebracht, vor einigen Grundtatsachen des Lebens, der Wirtschaft und der Geschichte die Augen zu verschließen.
Die OPEC-Länder steigerten den Ölpreis auf ein Niveau, das die konkurrierende Energie mit ihren Preisen bereits erreicht hatte. Nehmen wir Kohle als Beispiel. Eine Tonne Kohle liefert etwa die gleiche Menge Energie wie vier Barrel Rohöl. Zahlt man für die Tonne Kohle ab Halde 40 Dollar, und kostet Öl ab Bohrloch 10 Dollar, dann ist der Preis für die gleiche Menge Energie etwa gleich. Damit sind wir aber erst ganz am Anfang der Geschichte und der Begründung für das Vorgehen der OPEC.
Leider sind die Petroleumindustrie auf der ganzen Welt und die Industrienationen manchmal ihr eigener Feind. Bis vor kurzem waren sie in einer unangreifbaren Stellung und hielten den Ölpreis, wie er den jetzt in der OPEC vereinten Ländern bezahlt wurde, künstlich niedrig. Zur selben Zeit stiegen aber die Preise, welche die Industrienationen für ihre Fertigwaren verlangten, unaufhaltsam an.
Für die meisten Länder der OPEC ist Öl die Haupteinnahmequelle und die Hauptexportware, in manchen Fällen die einzige. Und diese Länder erkannten, daß ihre Ölreserven nicht unerschöpflich sind, sondern mit jedem geförderten Barrel Öl geringer werden. Da diese Länder selbst nicht industrialisiert sind, mußten sie praktisch alles und jedes im Ausland kaufen, vom Automobil bis zum Reißverschluß. Was lag näher, als den Preis für Importwaren in Barrel Öl zu messen? Der Erlös aus jedem Barrel Rohöl blieb mehr oder weniger konstant und niedrig, während die Preise für alles, was sie kauften, stiegen und stiegen. Unter diesen Umständen überrascht es nicht, daß die OPEC-Länder den Versuch machten, die Kaufkraft ihres Öls dem weltweiten Preisanstieg anzupassen.
Und jetzt brach ein großes Protestgeschrei los.
Es war und bleibt paradox.
Man betrachte, was in den USA, in England, Frankreich, Westdeutschland, Italien und anderen Industrienationen während der vergangenen fünfzehn Jahre vorgegangen ist:
– Meinten die organisierten Arbeitnehmer, daß steigende Preise die Kaufkraft der Löhne minderten, so verlangten sie höhere Löhne und erhielten sie meist auch.
– Wenn Unternehmer sahen, daß die Kosten stiegen und die Profite gefährlich sanken, erhöhten sie die Preise für Güter und Dienstleistungen.

– Wenn Regierungen – regionale oder nationale – mehr Steuern einzunehmen wünschten, setzten sie die alten Steuern herauf oder verordneten neue.
So gut wie alle Industrienationen machten diese Karussellfahrt der Anhebung von Löhnen, Preisen und Steuern mit. Darüber wurde nicht laut gejammert, denn »bei uns zuhause« nahm jeder am Wohlstand teil und genoß, was er für immer mehr Geld kaufen konnte, auch bei steigenden Preisen.
Als die OPEC-Länder die festgesetzten Preise für Rohöl heraufsetzten, war das etwas ganz anderes. OPEC-Länder gehörten nicht zu dem Teil der Welt, den man »bei uns zuhause« nannte, sie zählten zu den abgelegenen, sehr fernen und fremden Teilen der Welt. Typisch war die Reaktion der Amerikaner. Arbeiter, die höhere Löhne forderten, Unternehmer, die die Preise steigen ließen, und Politiker, die höhere Steuern verlangten, scheuten sich nicht, einen Chor zu bilden, der der OPEC Erpressung, Raub und Plünderung vorwarf. Es waren sogar Stimmen zu hören, die verlangten: »Schickt die Kriegsschiffe!«

Algerien, Ecuador, Indonesien, Nigeria, Saudi-Arabien, Venezuela . . .
Der welterfahrene Zyniker braucht nur einen Blick auf diese Liste der OPEC-Länder zu werfen, und schon steigt ein finsterer Verdacht in ihm auf. Er fragt sich, wieviel von dieser Wut, die sich auf die Länder der OPEC richtet, seine Wurzel in Überresten imperialistischer Haltungen hat, die im kollektiven Unbewußten westlicher Völker schlummern. Ist es denkbar, daß die braven Bürger hochindustrialisierter Demokratien in Wahrheit kleine, entlegene Völker ausbeuten möchten?
Es stimmt, Algerien war einmal französische Kolonie, Indonesien gehörte den Holländern, Lawrence war der ungekrönte König Arabiens, und für Uncle Sam waren die lateinamerikanischen Länder »Bananen-Republiken«. Aber liebe Leute, diese Tage sind längst dahin.
Die Völker der OPEC-Länder sind stolz und unabhängig, und sie leiden immer noch darunter, daß man sie als Kolonialvölker und als minderwertige, unterentwickelte Länder behandelte. Der gebildete Saudi-Araber oder Nigerianer ist dem gebildeten Amerikaner, Engländer oder Franzosen ebenbürtig, vielleicht sogar in mancher Hinsicht mehr als ebenbürtig, weil er stärker motiviert wird. In den Ländern der OPEC werden schnell große gesellschaftliche Fortschritte erzielt. Zum Beispiel

gibt es in Kuwait ein kostenloses Bildungswesen, das auch die Universität und die nachuniversitäre Ausbildung umfaßt, für alle, die dafür befähigt sind.

In dem Drama zwischen der OPEC und den ölimportierenden Ländern wird meist den arabischen Ländern die Rolle des Hauptbösewichts zugeteilt. Besonders erbittert reagierte man im Westen, als die Araber ein Ölembargo verhängten.
Verläßlichen Quellen in Washington zufolge soll es Pläne gegeben haben, dieses Embargo nach klassischem Vorbild mit der Kriegsmarine zu brechen. Wenn dies stimmt, müssen wir alle dankbar sein, daß kühle Köpfe sich durchgesetzt haben. Jede militärische Aktion hätte nach meiner wohlerwogenen Meinung zu einer Katastrophe unberechenbaren Ausmaßes geführt.
Es wirft ein trauriges Licht auf den Zustand der westlichen Zivilisation, daß sich immer noch Leute finden, die eine militärische Intervention für die richtige Lösung halten. Noch betrüblicher – weil noch weiter verbreitet – ist, daß Amerikaner und andere Westler die Anwendung politischen Drucks zwecks Erzielung ökonomischer Wirkungen mit jeweils unterschiedlicher Elle messen. Setzt »unsere Seite« irgendwen unter Druck, so applaudieren wir unserer Führung und nennen sie staatsmännisch. Ergreift »die andere Seite« Maßnahmen, die uns wehtun, dann schreien wir laut »Pfui!«
Die Araber sehen keinen Grund dafür, sich wegen des Ölembargos zu entschuldigen. Warum sollten sie auch? Sie haben erkannt, daß sie im Besitz einer mächtigen Waffe sind, und sie machten Gebrauch davon, ganz so wie die USA und andere westliche Länder je nach Gutdünken die ihnen zur Verfügung stehenden wirtschaftlichen Waffen einsetzten (und einsetzen).
In den arabischen Ländern gibt es einen altüberlieferten, sehr strengen Ehrbegriff – *sharaf*. Die Araber meinen, der Staat Israel sei aus ihnen gehörendem Territorium entstanden und fürchten – zu Recht oder Unrecht bleibe dahingestellt –, Israel könnte auf Annektionskurs gehen und ihnen noch mehr Land wegnehmen. Wenn es sich um Öl handelt, empfinden die Araber wie jeder andere normale Mensch, gleichgültig welcher Rasse, Religion oder Nationalität, der entdeckt, daß man ihm das Fell über die Ohren gezogen hat. Die Araber wissen, daß die von den westlichen Mächten willkürlich festgesetzten Ölpreise unangemessen

niedrig waren und daß man sie jahrzehntelang künstlich niedrig gehalten hat. Sie wissen ferner, daß angesichts der Abhängigkeit des Westens das in ihren Ländern geförderte Rohöl jeden Pfennig wert ist, den sie dafür verlangen.

Nicht die OPEC-Länder, arabische oder andere, trifft die Schuld an der bedenklichen Lage unserer Energieversorgung. Man hat mich während der »Energiekrise«, die durch das arabische Ölembargo noch verschärft wurde, mehrfach interviewt, weil die Ansicht herrschte, meine jahrelange Erfahrung in der Branche befähige mich zu irgendwelchen Wundertaten. »Es muß doch einen Ausweg geben,« beharrte einer der Journalisten. »Bislang haben wir immer jede Menge Öl zur Verfügung gehabt. Das ist doch nicht von einem Tag zum anderen versiegt!«

Da konnte ich nur stöhnen. Man glaubte offenbar, alle Ölproduzenten hätten sich in einer finsteren Verschwörung zusammengefunden mit dem Ziel, sämtliche Öl- und Gashähne abzudrehen. Solche Verschwörungen gab es aber nicht. Es kann sie nicht geben. Die Ölbranche war und ist von erbitterter Konkurrenz gekennzeichnet. Es mögen zwar jede Menge Ölgesellschaften in Fragen der feinen Küche oder der Anordnung von Blumen übereinstimmen, es ist aber ausgeschlossen, sie zu einem gemeinsamen Vorgehen bei der Suche nach und Produktion von Öl zu bringen, selbst wenn sie in kleinerem Verband sich hin und wieder zusammenfinden, um Kosten und Risiken zu verteilen. Die innere Einstellung der Ölleute basiert auf der naturrechtlichen Auffassung, wer findet, darf behalten. Demnach rangiert Öl auf gleicher Stufe wie, sagen wir, eine Jagdbeute, und wer als erster Hand daran legt, dem gehört es. Ich will das etwas näher ausführen.

In den USA findet man Ölvorkommen unter Gelände, das im Eigentum mehrerer Personen steht oder auch von einer Vielzahl Personen gepachtet ist – seien das nun natürliche oder juristische Personen. Das Öl nun wandert, und sobald ein Eigentümer oder Pächter auf seinem Stück fündig geworden ist, beeilen sich die Nachbarn, ebenfalls das Vorkommen anzustechen. Wer Öl fördert, fördert aus dem gleichen Vorkommen wie die anderen, aus dem »pool«. Und jeder wird sich bemühen, so viel Öl wie möglich zu entnehmen, bevor das Vorkommen erschöpft ist. Mithin sind die Produzenten unentwegt im Wettstreit miteinander, und das befördert nicht geheime Absprachen.

Es stimmt zwar in etwa, daß die Welt in der Vergangenheit immer die benötigten Ölmengen zur Verfügung hatte, doch ist in den letzten Jahren die Nachfrage nach Öl und Erdgas erheblich rascher gestiegen, als das Angebot gesteigert werden konnte. In den USA hat die Nachfrage nach Energie in den letzten 20 Jahren um 100% zugenommen, und bis 1985 wird sie um weitere 100% zunehmen. Im großen und ganzen hat die Petroleumindustrie die steigende Nachfrage gedeckt, soweit das möglich war. Seit ich 1914 in der Branche angefangen habe, hat es stets ein geringes Überangebot von Rohöl gegeben – bis zum Zweiten Weltkrieg.

Davor war es sehr viel leichter, Öl zu »finden«, denn damals lagen nur wenige tausend Fuß unterhalb der Erdoberfläche riesige unangezapfte Vorkommen. Diese wurden nach und nach erschöpft, und man mußte die Suche in entlegenere Gegenden ausdehnen und tiefer bohren. Gelegentlich kam es schon zu Mangelerscheinungen, die sich denn auch sogleich im Markt spiegelten. 1920 konnte man z. B. gutes Oklahomaöl für 5 Dollar den Barrel verkaufen, sogar für 5.20 oder gar für 5.50. Dazu muß man sich die damalige Kaufkraft des Dollar ins Gedächtnis rufen, die ja drei-, viermal größer war als heute. Man könnte also sagen, nach heutigen Preisen kostete der Barrel damals 15 bis 20 Dollar. Ich erinnere mich aber nicht, daß deshalb damals Empörung geherrscht und man von den Produzenten verlangt hätte, die Preise zurückzunehmen. Anders ausgedrückt, vor 55 Jahren gab es in Amerika eine Ölknappheit, doch war die nicht von langer Dauer. Die Dynamik des Marktes schuf einen Ausgleich, wie noch immer. Die hohen Preise bewirkten eine verstärkte Suche nach Öl, die wiederum zu steigender Produktion führte und zum Fallen der Preise.

Betrachten wir einmal die ökonomische Seite der Ölproduktion. 1914 konnte ich eine Bohrung in Oklahoma für 2500 Dollar niederbringen und produktionsreif machen. Heute kostet eine durchschnittliche Bohrung auf dem amerikanischen Festland mindestens 75000 Dollar. Verglichen mit den Kosten einer Bohrung vor der Küste ist das allerdings nur Wechselgeld, etwa die Portokasse. Getty ist mit Occidental Oil, Allied Chemical und Thomson Scottish Associates bei einem gemeinsamen Bohrvorhaben in der Nordsee tätig, und es kostet täglich 50000 Dollar, das eigentliche Bohren am Ort zu betreiben; die Bohrausrüstung allein hat einen Wert von 50 Millionen Dollar.

In der Presse hat man jüngst von »übermäßigen« Profiten der Ölgesellschaften lesen können. Ich fürchte, die Phantasie der Journalisten wird dabei von den uralten Skandalen aus den Anfängen der Ölbranche angeregt. Es stimmt: einige Ölleute verdienen gut, aber doch erst nachdem sie Unsummen ihres Kapitals riskiert haben. Von 100 in bisher nicht erschlossenem Terrain niedergebrachten Bohrungen werden nur neun fündig, und von diesen neun können wiederum nur ZWEI rentabel ausgebeutet werden. Das heißt: der Unternehmer setzt sein Kapital auf Chancen, die 50 zu 1 gegen ihn stehen.

1972 betrugen die Bruttoerträge bei den dreißig führenden US-Ölgesellschaften 106,3 Milliarden Dollar, der Nettoertrag aber ganze 6,9 Milliarden, das bedeutet eine kümmerliche Rendite von 6,5 %. Und gerade in diesem Jahr wurden die wirklichen Dimensionen der Ölknappheit und die Energiekrise sichtbar. Die Ölbranche erkannte, was uns bevorstand, man ersuchte um die Erlaubnis, die Preise anzuheben, man bat um Mittel für Sofortprogramme zwecks Abwendung der Krise. Doch die Warnungen und Ersuchen blieben meist vergeblich.

Dann traf ein, was die Ölleute vorhergesagt hatten, und man verurteilte die Ölbranche, weil sie nicht rechtzeitig Vorkehrungen getroffen habe. Es war leicht genug, solche Vorwürfe zu erheben, nicht aber, sie auch zu begründen. John Loftis von der Exxon bemerkte denn auch trocken: »Man darf von der Industrie nicht erwarten, daß sie ihren eigenen Bankerott plant. Kostensteigerungen können nicht mit konstanten Preisen aufgefangen werden.«

Man warf den Ölleuten auch vor, sie hätten nicht genug Raffineriekapazität geschaffen, um mit der steigenden Nachfrage Schritt zu halten. Stimmt. In den USA fehlte es seit langem an Raffineriekapazität, aber warum? Zum einen, weil die Baukosten für Raffinerien astronomisch geworden waren. Setzen wir die Baukosten von 1964 mit 100 an, so waren 1972 die Materialkosten bei 278.2, die Löhne bei 545.7 angelangt. Im gleichen Zeitraum waren aber die Preise, die eine Raffinerie für ihre Produkte verlangen konnte, um ganze 18 bis 20% gestiegen. Und Kosten waren nicht das einzige Hindernis.

Ich persönlich schätze saubere Luft und saubere Landschaft gewiß ebenso sehr wie meine Mitmenschen, doch die Umweltschützer haben meiner Meinung nach übertrieben. Den Bemühungen dieser wohlmeinenden Streiter ist es gelungen, die Errichtung von Raffinerien nicht nur zu verlangsamen, sondern ganz zu stoppen. Man kann heute praktisch nirgendwo in den USA mehr eine Raffinerie bauen, ohne zuvor jahrelang zu prozessieren, sich mit Bürgerinitiativen herumzuschlagen und mit den Hindernissen, die eine übereilte Gesetzgebung errichtet hat.

Zum Glück sehe ich in dieser Finsternis einige Lichtflecke. Der Markt gibt erste schwache Anzeichen einer Erholung von sich. Der derzeitige Preis für neues Rohöl ist zwar nicht hoch, verglichen mit der Kaufkraft des Erlöses in der Vergangenheit, doch reizt er die Produzenten zu neuen Explorationen. Auch sind Quellen aufgemacht worden, die zuvor als unrentabel verschlossen worden waren. Und schließlich bohrt man in Gegenden, die für die alten Preise nicht attraktiv waren, für die neuen aber verlockend erscheinen.

Jetzt dreht sich jedes Bohrgestänge, und Kontraktoren müssen Aufträge zurückweisen, weil sie alle Hände voll zu tun haben. Eine höhere Rendite auf die Investitionen erlaubt es den Gesellschaften, ihre Operationen auszudehnen. Die Budgets für Explorationen weisen Steigerungen in Milliardenhöhe auf – doch diese Budgets werden von der Inflation angenagt, man kann damit immer weniger Material und Arbeitsstunden kaufen.

Allein für das Jahr 1974 betrug der Kapitalbedarf bei der Getty Oil 450 Millionen Dollar, und das ist nur der berühmte Tropfen auf dem heißen Stein, wie meine Kompagnons und ich nur allzu gut wissen. Die Geschichte und meine eigene Erfahrung zeigen, daß die durch Knappheit bedingten höheren Preise am Ende zu mehr Exploration und Produktion führen, was wiederum das Angebot erhöht und auf die Preise drückt. Wie stark, hängt hauptsächlich von der dann gängigen Inflationsrate ab.

Unterdessen sind Energie und Ölversorgung in die Hände der Staaten übergegangen. Verlangt der Staat mehr Öl oder Energie in irgendeiner anderen Form für die Bevölkerung, darf er die Branche nicht hindern, sondern muß vielmehr behilflich sein, die Produktion zu steigern. Darf die Branche glauben, daß man auch nur im geringsten auf ihre Interessen Rücksicht nimmt, daß man ihr wenigstens die Möglichkeit gibt, einen fairen Profit an dem hochriskanten Kapitaleinsatz zu machen, dann wird sie sich regen. Das war immer so und wird auch so bleiben. Das ist unsere Art.

Sollte der Staat hingegen übermäßige Steuern erheben, einschränkende Gesetze erlassen und die Petroleumindustrie zum Prügelknaben erklären, dann dürfte die Zukunft finster werden. Man sagt seit je, niemand sei so ängstlich wie die Ölleute. Und wirklich bekommen sie es mit der Angst, wenn sie annehmen müssen, der Staat gönne ihnen keine angemessenen Erträge auf ihre zu Odds von 50 zu 1 riskierten Millionen, ja

Milliarden, und das nach all der Mühe, die sie sich gegeben haben. Dann allerdings bringen sie ihr Kapital lieber auf die Sparkasse. Es würde dort zwar nicht einen einzigen weiteren Barrel Öl erbringen, hätte aber keine solchen Odds gegen sich.

27

Die Reise in den Nahen Osten nötigte mich 1954 auch, alle Pläne einer Heimkehr in die USA zurückzustellen. Das Potential der Neutralen Zone war augenscheinlich bedeutend, seine Entwicklung wie auch die notwendigen Zulieferungen machten meine Anwesenheit in Europa notwendig.

Wieder in Paris, bezog ich wie üblich meine Suite im Hotel George V. und widmete mich den Geschäften. Aus der Eintragung vom 1. Juli 1954 läßt sich recht gut ersehen, wie ich die Zeit verbrachte und wie vorteilhaft es für mich war, in Europa zu wohnen.

»Die Abmachung wegen der Tanker mit Ari Onassis durchgearbeitet. Mit Charles Wrightsman und Percy Ebbott von der Chase National gegessen.«

Onassis besaß damals angeblich ein Monopol auf den Schiffstransport alles in Saudi-Arabien (einschließlich der Neutralen Zone) geförderten Öls, und die Ölgesellschaften regten sich fürchterlich auf darüber, denn sie hatten ja selber Tankschiffe oder ganze Tankerflotten gechartert.

Die Getty-Gruppe war dabei, Großtanker bauen zu lassen, weil man jeden Moment mit der Aufnahme der Ölförderung in der Neutralen Zone rechnete. Ein Monopol von Onassis hätte das Ende dieser Pläne und vieler anderen Planungen bei Getty bedeutet. Indessen, Ari und ich waren Freunde, wir vertrauten einander, und wie immer, wenn wir beide uns zusammensetzten, waren alle Hindernisse im Handumdrehen beseitigt. Unser Gespräch verlief gut und endete mit einem Handschlag – für Ari soviel wie die Unterschrift unter einem Vertrag.

Was Wrightsman angeht, mit dem ich speiste, so waren wir seit Jahren befreundet. Er war schon 1920 ein unabhängiger Ölproduzent, ein Mann, der auf eigene Faust nach Öl suchte, begabt nicht nur mit einem (gelegentlich rabelaisischen) Humor, sondern auch ein feinsinniger Kunstkenner.

Vor Jahren war es Charlies größtes Vergnügen gewesen, Parties zu veranstalten, und als mehrfacher Millionär konnte er sich leisten, üppige Gastereien zu geben und stets schöne junge Frauen unter seinen Gästen zu haben. Auch erinnere ich mich, daß er bedruckte Karten an seine Gäste verteilte, auf denen zu lesen stand: »Mr. Charles Wrightsman beehrt sich, Ihnen mitzuteilen, daß alles, was er Ihnen im Laufe dieses Abends sagen wird, im Scherz gemeint ist, es sei denn, er bestätigt es morgen schriftlich.«

Später wurde Charlie wegen seiner prachtvollen Sammlung bekannt. Damals, im Juli 1954 in Paris, endete unsere Mahlzeit damit, daß wir ein gemeinsames Explorations- und Bohrprojekt verabredeten. Im übrigen war jede Stunde, die man mit Charles verbrachte, gut angelegt, weil er immer guter Stimmung und bereit war, mit einem Freund durch dick und dünn zu gehen.

Solche Absprachen wären wahrscheinlich nicht zustande gekommen, hätte ich in den 50er Jahren, der großen Zeit der Unternehmer, anderswo und nicht in Europa gelebt.

Da ich gerade bei Paris und den Unternehmern bin, will ich einem ganz besonders guten Freund meinen Tribut entrichten, Paul Louis Weiller. Ich teile die Menschen seit langem schon in solche ein, die lebensverlängernd auf mich wirken, und in andere, die im Gegenteil jedem, dem sie begegnen, die Lebenslust mindern.

Nun war es mein großes Glück, mit vielen Personen der ersten Kategorie bekannt zu werden, Männern wie Frauen, und viele habe ich hier bereits erwähnt. Doch nur wenige reichen in diesem Zusammenhang an Paul Louis Weiller heran. Paul Louis ist nicht nur ein verdientermaßen sehr erfolgreicher Unternehmer, sondern gleichzeitig der denkbar gerissenste Geschäftsmann und gütigste, rücksichtsvollste Mensch, ein Mann von unfehlbarem Geschmack und untadeligen Manieren, dabei ohne eine Spur von Snobismus oder Vorurteilen.

Er ist ferner von einer unendlich taktvollen Großzügigkeit, was sehr deutlich in der zartfühlenden Güte zum Ausdruck kommt, die er gegen Sir Charles und Lady Elsie Mendl an den Tag legte. Im Laufe einer unglaublich brillanten Karriere als Innenarchitektin hatte die frühere Elsie de Wolfe ein Vermögen verdient und ausgegeben. Als sie nach Ende des Zweiten Weltkrieges nach Frankreich zurückkehrte, nahm sie das alte bunte Leben wieder auf, das sie und Sir Charles zu so bekannten Gestalten in der europäischen Gesellschaft machte.

Dann wurde Elsie krank; ihre Vitalität schwand, zugleich verschlechterte sich die Finanzlage des Paares bedrohlich. Nun besaß Elsie eine wunderschöne Kette echter Perlen, die zu ihrer Zeit ein Vermögen gekostet, seit Aufkommen der Zuchtperlen jedoch viel von ihrem Wert verloren hatte. Elsie, jetzt über neunzig, begriff das nicht recht und erklärte, ihre Situation durch den Verkauf der Perlen stabilisieren zu wollen. Weder Sir Charles noch sonstwer von ihrem zahlreichen Hofstaat wagte, ihr die Wahrheit zu sagen.

Paul Louis Weiller hörte die Schreckenskunde und kam zu Besuch. Er stellte sich betrübt, und Elsie fragte nach dem Grund.

»Ich brauche für eine sehr anspruchsvolle Bekannte ein ganz besonderes Geschenk und finde es nirgendwo«, erklärte er. »Es muß eine Kette aus echten Perlen sein, man bekommt aber nirgendwo schöne, echte Perlen.«

Elsie Mendl ließ ihre Kette bringen und Weiller zeigen; sie argwöhnte nichts. Weiller riß die Augen auf. »Die ist ja perfekt! Genau, was ich suche. Aber Sie werden mir die Kette gewiß nicht verkaufen, Elsie?« Er bot ihr wesentlich mehr, als sie ursprünglich bezahlt hatte, und natürlich viel mehr, als sie jetzt wert war. Elsie akzeptierte und hat nie die Wahrheit hinter dieser Transaktion erfahren.

Ludwig Bemmelmans hat berichtet, wie Paul Louis Weiller die Villa von Mendls in Versailles zu einem exorbitanten Preis kaufte, als Elsies Gesundheit und Finanzen sich noch weiter verschlimmerten. So war es Elsie möglich, fortan in Luxus zu leben – noch dazu mietfrei in ihrem alten Haus.

Wann immer ich in Paris war, hat Paul Louis Weiller sich als großzügiger Gastgeber gezeigt. Ich kann nicht zählen, wie oft er seinen Terminkalender mißachtet hat, um sich meinen Terminen anzupassen oder mir einen Wunsch zu erfüllen, den ich beiläufig geäußert haben mag. Er besitzt mehrere prachtvolle Häuser, und mir stehen sie allesamt zur Verfügung, als wären es meine eigenen. Er hat mir zu Ehren glänzende Parties und Empfänge veranstaltet, und doch hat er sich erst ein einziges Mal als mein Gast in Sutton Place blicken lassen.

Seinen eigentlichen Lebenszweck, seine größte Befriedigung sieht Paul Louis darin, anderen seine Zeit, seine Kraft, seine Aufmerksamkeit und seine Freundschaft zuzuwenden. Die knabenhafte Scheu, die ihn hindert, von anderen etwas anzunehmen oder um die geringste Gefälligkeit zu bitten oder irgendwelche Ansprüche zu stellen, hat etwas Bezauberndes an sich.

Einer der wenigen, die ich als geschätzten Freund mit Paul Louis auf eine Stufe stelle, ist Heinrich »Heinie« Thyssen. Ursprünglich trafen wir uns in unserem gemeinsamen Interesse an Kunstgegenständen; die Sammlung Thyssen unweit Lugano gehört ja zu den berühmtesten Privatgalerien in Europa, ja, in der Welt.
Als Heinie und ich einander besser kennenlernten, stellte sich heraus, daß wir viele gemeinsame Freunde besitzen und über viele Dinge gleicher Meinung sind. Heinie war mal als Playboy bekannt, er ist auch heute noch sehr weltgewandt, zugleich aber eine Persönlichkeit von bemerkenswerter Tiefe. In seiner Gesellschaft vergehen Stunden wie Minuten, und bei einer Gelegenheit fiel nicht ich allein ihm zur Last, sondern schleppte ihm Dutzende von durchreisenden Besuchern ins Haus.
Ich war zu einem Aufenthalt von zwei bis drei Tagen zu ihm in seine Villa gekommen – so vermuteten wir beide gleicherweise. Doch kaum war ich eingetroffen, ereignete sich eine geschäftliche Krise, und Thyssens Telefone standen nicht mehr still, denn ich wurde unentwegt aus Amerika, dem Nahen Osten und Europa angerufen. Das war mir peinlich, wie sich denken läßt.
»Es wird alles immer schlimmer, Heinie«, sagte ich zu ihm. »Ich ziehe lieber gleich ins Hotel.«
»Kein Wort davon!« wehrte Heinie ab.
»Aber es kommen gleich Leute aus einem halben Dutzend Ländern angeflogen, ich muß Besprechungen abhalten, bis in die späte Nacht. Es wird hier fürchterlicher zugehen als auf einem Bahnhof.«
»Soll es.«
Alles kam, wie von mir vorhergesagt – und dieses Chaos währte mehr als eine Woche. Heinie Thyssen blieb während dieser Zeit unfehlbar ein heiterer, generöser Gastgeber. Ich glaube, ich habe mich nie zuvor und nie seither irgendwo so zu Hause gefühlt, und ich werde Heinie seine Güte und seine Gastfreundschaft nie entgelten können, die weit über alles hinausgingen, worauf Freundschaft Anspruch machen darf. Ich werde auch nicht vergessen, daß Heinie Thyssen sich beim Tod meines geliebten Sohnes George unverzüglich erbot, »alles, aber auch alles zu tun«, was in seinen Kräften stand. Er hätte von seiner Zeit und seinen Kräften gegeben, was ich verlangte; solche Beweise echter Freundschaft vergißt man nicht.

1956 unternahm ich also eine zweite Reise in den Nahen Osten und die Neutrale Zone und blieb vier Monate. Danach befaßte ich mich mit der Überlegung, ob es nicht geboten sei, eine Verbindungsstelle der Getty-Gruppe in Europa zu etablieren. Nein, einen Firmensitz im üblichen Sinn des Wortes wollte ich nicht errichten, mir schwebte vielmehr etwas in der Art eines geräumigen Wohnhauses vor, das eben nicht nach Büro aussah. Die Verbindungsstelle sollte ein Ort sein, an dem leitende Angestellte der Getty-Gruppe aus aller Welt sich in einer lockeren Atmosphäre und in angenehmer Umgebung treffen konnten, ihre Gedanken austauschen, aber nicht eigentlich Geschäfte abwickeln sollten.
Aus solchen Zusammenkünften würden selbstverständlich Projekte hervorgehen, aber die damit verbundene Schreibtischarbeit, die mochte später und in den dazu geeigneten Vorstandsetagen gemacht werden. Mir schwebte für meine Zwecke ein großes Landhaus in einem weiträumigen Park nahe einer europäischen Hauptstadt vor.
Anfangs dachte ich an Italien. Schon am 24. Februar 1952 heißt es in meinem Tagebuch: »Prüfe die italienische Wirtschaftslage. Besser hier als in Frankreich. Italien ist jetzt konkurrenzfähig. Hinsichtlich seiner wirtschaftlichen Aussichten kommt es gleich nach Deutschland.«
(Getty kaufte 1958 eine italienische Ölgesellschaft samt Raffinerie, doch geschah dies völlig unabhängig von dem Plan, eine Verbindungsstelle für die Getty-Gruppe zu schaffen. Auch daß ich in Italien zwei Häuser kaufte – davon später mehr –, hatte damit nichts zu tun.)
1957 tendierte ich wieder mehr zu Frankreich, und zwar aus mehreren Gründen. Paris wird vom Luftverkehr besser bedient als Mailand oder Rom – und im Gegensatz zu mir reisen die meisten Geschäftsleute mit dem Flugzeug. Ferner wurde für Grundbesitz, wie er mir vorschwebte, innerhalb einer vertretbaren Entfernung von Rom oder Mailand zu viel Geld verlangt, oder waren aufwendige Reparaturen notwendig. In bequemer Entfernung von Paris jedoch bot man große Besitztümer reichlich an, und das zu vernünftigen Preisen.
Gute Freunde wie Paul Louis Weiller, Jack Forrester, Mrs. Penelope Kitson und Mme. Mary Tessier trugen ihre Hilfe an, fragten nach, fanden brauchbare Grundstücke und machten Besichtigungstermine für mich aus. Oft begleiteten sie mich auf solche Ausflüge und wiesen mich auf Mängel hin, die mir sonst entgangen wären.
So verstrichen Monate. Ich konnte mich nicht entschließen und suchte weiter. Nun begann ich zu spüren, daß auch Paris nicht ideal sei. In den

Vororten kauften Spekulanten große Grundstücke auf, die Stadt dehnte sich immer mehr aus, was jetzt eine friedliche Oase bildete, würde binnen kurzem von Wohnsilos oder Bürotürmen eingekreist sein. Im Mai 1958 verschlechterte sich die politische Lage in Frankreich so, daß mit dem Ausbruch des Bürgerkriegs gerechnet werden mußte, eine Katastrophe, die nur die Machtübernahme de Gaulles abwendete. Im September nahm das französische Wahlvolk mit erdrückender Mehrheit eine Verfassung an, welche die Befugnisse der Exekutive stärkte. Kluge und erfahrene Köpfe sahen eine Veränderung vorher: Künftig würden ausländische Unternehmer in Frankreich weniger gern gesehen sein.

Unterdessen hatte mich mit dem Tod von Timothy, meinem jüngsten Sohn, ein schwerer Schlag getroffen und ich befand mich in Italien. Wir übernahmen Golfo, jene italienische Ölgesellschaft mit ihrer Raffinerie in Gaeta südlich Neapel. Als der Firmensitz der Golfo nach Rom verlegt wurde, sah ich mich von neuem in der Umgebung nach einem geeigneten Objekt um – vergeblich.

Nun richtete sich meine Aufmerksamkeit auf England. Hier herrschten stabile Verhältnisse, das politische System funktionierte weniger gestört als in den meisten anderen europäischen Ländern, und London war nach wie vor das Zentrum von Finanz, Handel, Versicherung und Schiffahrt in der östlichen Welthälfte. Und schließlich kannte ich Land und Leute seit 1912.

Es ist merkwürdig, daß ich bei einem Aufenthalt in England am 26. Juni 1951 in meinem Tagebuch vermerkte:

»Allein nach Sutton Place gefahren. Noch ein prächtiger Landsitz. Manche Räume sind mehr als 30 Meter lang . . . im Salon hängt ein schöner Holbein.«

Vier Jahre später fand ich wieder Gelegenheit zu einem Besuch in Sutton Place, diesmal begleitet von Mitchell Samuels, auf Einladung des Herzogspaares von Sutherland. Dann dachte ich erst 1959 wieder an Sutton Place, als ich aus Rom kommend in London eintraf und meine Suite im Ritz bezog. Zufällig kam im Juni auch Paul Louis Weiller geschäftlich nach London und besuchte mich im Ritz.

»Wir sind morgen zum Essen beim Herzog von Sutherland eingeladen«, eröffnete er mir. »Ich komme vorbei und hole Sie ab.«

Der folgende Tagebucheintrag stammt vom 27. Juni 1959, genau acht Jahre und einen Tag nach meinem ersten Besuch in Sutton Place.

»Morgens bei meinem Schuhmacher Lobb, dann zu meinem Schneider Kilgour, French and Stanbury. Abends mit Paul Louis Weiller in seinem Rolls nach Sutton Place zum Diner mit Herzog und Herzogin von Sutherland. Wir waren 18 bei Tisch. Der Herzog erzählte, 1917 habe er für den Besitz 120000 Pfund gezahlt und wolle jetzt gern verkaufen. Nach dem Essen schöner Kriegsfilm im herzoglichen Filmtheater. Mit Paul Louis zurück nach London.«

Einige Tage später wurde mir plötzlich klar, daß ich für Getty gefunden hatte, was wir brauchten. Ich stellte Erkundigungen an. Geordie Sutherland war bereit, das prachtvolle Herrenhaus mit seinen 72 Zimmern – das als schönstes erhaltenes Beispiel von Tudor-Architektur gilt – um einen Preis wegzugeben, den ich vorsichtig auf ein Zwanzigstel der Gestehungskosten schätzte. Eingeschlossen im Preis waren rund 375 Hektar Land, durch Zukauf wurden später mehr als 500 Hektar daraus.
Sutton Place, etwa 30 Meilen von London entfernt im Grüngürtel von Surrey, war nicht nur ein guter Kauf, es war in jeder Hinsicht für unsere Zwecke geeignet und überdies eine sehr gute Geldanlage.
Der Kauf wurde in einem Rekordtempo abgewickelt. Das Jahr 1959 war noch nicht abgelaufen, da nahm Getty bereits in Besitz, was einmal die Verbindungsstelle in der östlichen Hemisphäre werden sollte. Hier konnten sich künftig unsere Bevollmächtigten und andere Geschäftsleute treffen, Erfahrungen austauschen und in einer ruhigen, angenehmen und luxuriösen Atmosphäre, die konstruktive Gedanken begünstigte, wirtschaftliche Entwicklungen und Probleme erörtern.
Niemand, am allerwenigsten ich selber, vermutete damals, daß die Entwicklung mich nötigen würde, den größten Teil der folgenden 16 Jahre in Sutton Place zu verbringen.

28

Das Herrenhaus von Sutton wird im englischen Reichsgrundbuch als Sudtone erwähnt. König Eduard der Bekenner (1042–1062) besaß hier eine Jagdhütte unweit der Stelle, wo jetzt die Kirche St. Edward steht, eine Viertelmeile vom Herrenhaus in Sutton Park.
1521 belehnte Heinrich VIII. seinen Günstling Sir Richard Weston mit

Sutton. Sir Richard begann sogleich ein Haus aufzuführen, was fünf Jahre dauerte. In den darauf folgenden 400 Jahren wurde weder innen noch außen viel am Haus geändert.
Sutton Place gehörte zu den ältesten englischen Landhäusern, die von Anfang an nur zu Wohnzwecken gedacht waren und keine Verteidigungsanlagen besaßen. Sir Richard Weston begleitete mehrfach Delegationen an den Hof des französischen Königs François I. und lernte dabei einen stark von italienischen Einflüssen geprägten Baustil kennen. Zweifellos geht es darauf zurück, daß die Verzierungen an den Mauern von Sutton Place nicht in Stein, sondern in Terracota ausgeführt wurden. In der Tudor-Zeit wurde Terracota in England zu solchen Zwecken kaum verwendet, man darf daher vermuten, daß Sir Richard diese Arbeiten von italienischen Handwerkern ausführen ließ.
Sir Richard Weston erfreute sich einer langen und ehrenvollen Laufbahn im Dienste Heinrichs VIII. 1518 wurde er Ritter des Bathordens, später Kammerherr, Kommandeur der Palastwache, Schatzmeister von Calais und Unterschatzmeister von England. Nach Fertigstellung des Hauses war Heinrich VIII. hier häufig zu Gast, und die Annahme ist begründet, daß er hier Anne Boleyn kennenlernte, die 1532 seine zweite Königin wurde. Sir Richards Sohn Francis wurde mit 21 Jahren anläßlich der Krönung von Anne Boleyn Ritter des Bathordens. Vier Jahre später wurde er im Tower geköpft, im Prozeß gegen die Königin, der mit deren Verurteilung zum Tode endete, als einer ihrer Liebhaber überführt.
Was Sir Richard Weston über die Enthauptung seines einzigen Sohnes dachte, weiß man nicht. Die Gunst des Königs blieb ihm erhalten, und es ist verbürgt, daß er an vielen Hofzeremonien teilnahm, so am Begräbnis von Jane Seymour, der Taufe Edwards VI. und dem Empfang von Anna von Cleve im Jahre 1539.
Sir Richard starb 1542, und seine Hinterlassenschaft fiel an den damals sieben Jahre alten Enkel Henry Weston. Henry heiratete 1559 Dorothy, die Tochter von Sir Thomas Wardour of Arundel, einem Vetter der Königin Elisabeth I. Die Familie Weston blieb auch nach der Reformation katholisch und trat im öffentlichen Leben kaum in Erscheinung. Der Urenkel des Erbauers von Sutton Place, der dritte Sir Richard Weston, geboren 1591, wurde berühmt als Landwirt und führte auf seinen Besitzungen zahllose Versuche aus. Er veröffentlichte ein Buch über den Akkerbau, das als klassisches Werk auf diesem Gebiet gilt.
Bis zum Ende des 19. Jahrhunderts blieb Sutton Place im Besitz der Fa-

milie Weston, dann wurde es von Alfred Charles William Harmsworth, dem Viscount Northcliffe, gepachtet und bewohnt. Dies war jener berühmte Zeitungsmagnat, der die *Daily Mail* und den *Daily Mirror* begründet und später *The Times* erwarb. 1918 kaufte der Herzog von Sutherland Sutton Place, von dem ich es 1959 für meine Gesellschaften übernahm.

Viel Arbeit war erforderlich und viel Geld mußte aufgewendet werden, um Sutton Place für den Zweck herzurichten, dem es fortan dienen sollte. Das große Herrenhaus, wie ein Juwel von Rasenflächen und Gärten eingefaßt, besaß mehr als ein Dutzend Empfangsräume, vierzehn Schlafzimmer und zehn Badezimmer, ungerechnet die Bedientenzimmer, die Küche, die Pantry und viele andere Räume, die besonderen Zwecken dienten.
Die Hauptarbeit bestand in Renovierung, Modernisierung – etwa dem Einbau einer modernen Küche – und Neudekoration. Mit solchen Dingen konnte ich mich nicht abgeben, ich hatte meine eigenen Arbeiten zu erledigen und tat das nach wie vor in meiner Suite im Ritz. Die Verantwortung und die Aufsicht über die Arbeiten in Sutton Place übertrug ich großenteils den höchst kompetenten und sehr begabten Händen meiner lieben Freundin Mrs. Penelope Kitson. Sie verbindet eine bemerkenswerte Gabe für Dekoration und Entwurf mit organisatorischem Talent und der Fähigkeit, Schwierigkeiten aus dem Weg zu räumen. Übrigens erwarb sie sich einen beneidenswerten Ruf bei den Schiffbauern dank ihrer schönen Entwürfe für die Inneneinrichtung der Offiziers- und Mannschaftsunterkünfte auf den für Getty gebauten Tankern und Supertankern.
Wie Pen es fertigbrachte, während der nächsten Monate auch noch ihre eigenen Angelegenheiten zu erledigen, ja, überhaupt nur zu essen und zu schlafen, ahne ich nicht; ich habe sie nicht gefragt, und gewiß hätte sie nicht Zeit gefunden, mir zu antworten. Ich fürchte, daß ich Penelope Kitson keine Hilfe war. Warum ich es unterließ, mich mit ihr zu besprechen, bevor ich mit meinen leitenden Angestellten beschloß, nach Abschluß der Arbeiten in Sutton Place einen großen Eröffnungsempfang zu geben, weiß ich nicht mehr. Ich beauftragte einfach meine Sekretärin nachzusehen, wann alle Bauarbeiten beendet sein sollten, was zwischen dem 30. April und dem 15. Mai vorgesehen war.
»Dann haben wir reichlich Zeit, wenn wir am 30. Juni den Empfang ge-

ben«, sagte ich. »Man soll schon einmal die Gästeliste vorbereiten.« Diese Liste war lang, es standen mehr als 1200 Personen aus aller Welt darauf, und erst als die Einladungen gedruckt und adressiert waren, fiel mir ein, Penelope ins Bild zu setzen, die beinahe einen Schock erlitt. »Um Gottes willen«, ächzte sie.

Obwohl Pen nach Kräften versucht hatte, alle Lieferanten zur Einhaltung ihrer Termine zu zwingen, waren einige im Verzug. Gewisse Bestellungen waren auch mit dem Vorbehalt, die Lieferung könne sich verzögern, angenommen worden.

»Soll das etwa heißen, daß wir den Termin für den Empfang nicht einhalten können?« fragte ich.

Penelope schien der Frage ausweichen zu wollen. »Ich möchte Sie erwürgen, Paul, buchstäblich erwürgen, und zwar mit eigener Hand«, murmelte sie mit zusammengebissenen Zähnen. Dann lächelte sie. »Der Termin muß wohl eingehalten werden, nicht wahr?«

Penelope Kitson brachte, wie alle anderen, die jetzt die Ärmel aufkrempelten, Wunder zustande. Zwar war nicht alles bis ins letzte Detail perfekt, doch zeigte sich Sutton Place am 30. Juni bereit, die Gäste willkommen zu heißen. Der Empfang wurde ein großer Erfolg. 1200 Gäste waren geladen worden, und es kamen mehr als 2500: viele in Begleitung von eingeladenen Bekannten, viele drängten sich auch einfach uneingeladen herein. Es wurden fast ebenso viele Flaschen Champagner, Wein und Cognac geleert, ebensoviel Portionen Kaviar, Hummer und Erdbeeren mit Schlagsahne verzehrt, und man tanzte bis zum nächsten Morgen zur Musik von drei Orchestern. Für Donnerstag, 30. Juni, lautet meine Tagebucheintragung:

»Den ganzen Tag im Haus. Alle schuften wie die Verrückten, um fertig zu werden. Um 20:20 Uhr erscheine ich unten im Frack und treffe dort Ian Constable-Maxwell und Jack Forrester. Beim Anziehen sah ich ein gut aussehendes Paar in Abendkleidung über den Rasen zum Haus gehen. Es waren Alan Mead und seine Frau. Um 20:50 Uhr wurde im Speisesaal und den Salons aufgetragen. An meinem Tisch im Speisesaal saßen 54 Gäste an kleinen Tischen.

Mein Tisch und die Beistelltische blitzten von Silber und Porzellan. Weil ich die schöne Rüsterplatte des Refektoriumtisches zur Wirkung kommen lassen wollte, lag kein Tischtuch auf. Der Eindruck war gut. Es gab Kaviar, klare Brühe, Kalbsbraten und Fraises de bois – der Hummer wurde zu einem späten Nachtmahl serviert.

Zu meiner Rechten saß die Gattin des venezolanischen Gesandten; zu meiner Linken Mary, Herzogin von Roxburgh. Pamela Mountbatton Hicks und Gatte David waren auch an meinem Tisch, ferner Lloyd und Margeret Gilmour, die eigens zum Empfang mit dem Flugzeug aus Amerika gekommen waren und morgen früh zurückfliegen, weil sie am Abend in New York selbst einen Empfang geben. Um 22:30 Uhr hob ich die Tafel auf und gesellte mich in der großen Halle zu Ian Constable-Maxwell und seiner Tochter Jeanette, um die Gäste zu begrüßen, die zum Ball erschienen. Wir standen zu dritt anderthalb Stunden dort, schüttelten Hunderte von Händen, sagten viele hundert Mal ›Wie geht es Ihnen‹ oder ›Guten Abend‹. Um 23:30 Uhr dürften erheblich mehr als 2000 Personen im Haus gewesen sein.
In der Großen Halle und auf der Treppe herrschte ein solches Gedränge, daß es mir beim ersten Anlauf nicht gelang, in die Lange Galerie vorzudringen. Der am Bassin aufgebaute Tanzboden quoll über von tanzenden Paaren. Es gab eine Milchbar, eine sehr schöne, sanfte Kuh wanderte umher und fühlte sich am Schwimmbassin offenbar wohl. Dieses zutrauliche Tier machte dann später zum allgemeinen Vergnügen noch einen Abstecher in die Große Halle.
Im Salon wurde ebenfalls getanzt. Um 6:15 Uhr spielte immer noch ein vierzehnköpfiges Orchester und in der Langen Galerie ließ sich ein Chansonnier vernehmen, die Menge hatte sich aber verlaufen. Nur wenige Gäste tanzten noch. Ich tanzte mit Pen, der der Erfolg dieses Abends zum großen Teil zu danken ist, und damit war dieser denkwürdige Empfang vorüber.«
Einen weiteren Eintrag weist mein Tagebuch noch auf:
»Ich hatte mich gerade hingelegt, als Pen mir von unten telefonisch meldete, daß aus dem Speisesaal eine Zuckerdose von Lamerie fehlte.«
Das war eine bedenkliche Nachricht. Ich hatte zwei Zuckerdosen für zusammen 14000 Pfund erworben, Meisterwerke von Paul Lamerie. Zum Glück bekam ich die fehlende wieder. Ein Gast hatte sie als Andenken mitgenommen im Glauben, es wäre ein billiges Stück, das der Party-Service geliefert habe. Als er in der Zeitung las, welchen Wert es besaß, meldete er sich anonym bei der Polizei, gestand seinen Fehler ein und vereinbarte, er werde die Dose in einer bestimmten Telefonzelle hinterlegen. So geschah es, und die Polizei fand die Dose dort, unbeschädigt, abgesehen von einer kleinen Delle, die später ausgebessert wurde.

Am 2. Juli, zwei Tage nach dem Empfang, vermerkte ich:
»210 Reporter wollten über den Empfang berichten. 31 ließen wir zu, außerdem etwa 10 Fotografen. Gestern und heute waren die Zeitungen voll von Berichten über den Empfang und den Ball, dazu zahllose Fotos. Die Presse ist in ihren Schilderungen und Kommentaren sehr freundlich.«
Besonders erquickend war die Ausgabe des *Tattler* vom 13. Juli 1960. Sie brachte viele Fotos meiner Freunde, denen anzusehen war, wie sie sich amüsierten, sowohl beim Essen wie beim Ball. Darunter befanden sich: Sir Victor und Lady Sassoon, Prince William of Gloucester, Baron Elie de Rothschild, der Herzog von Rutland, Mr. Duncan Sandys, englischer Luftfahrtminister*, Mr. Brian Sweeney, (Sohn von Margaret, der Herzogin von Argyll, und Mr. Charles Sweeny, beide meine nahen und alten Freunde), Huntington Hartford und der Earl und Gräfin Beatty. Die Kosten für diesen Empfang waren zugegebenermaßen groß und wurden, das möchte ich ausdrücklich sagen, von mir persönlich getragen, doch die weltweite Publizität machte sich für die Getty-Gruppe und alle Aktionäre bezahlt. Der in diesen Dingen sehr kluge Jack Forrester meinte dazu: »Billiger hätten Sie es nicht kriegen könne, Paul. Annoncen vom gleichem Umfang hätten Sie mindestens 50 Millionen Dollar gekostet.«

Sonntag, den 3. Juli, kam ich mir gleichwohl vor wie Aschenputtel nach dem Ball.
»Ich packe jetzt meine Papiere aus. In den letzten Tagen hat sich die Korrespondenz zu Bergen gehäuft, für die kommende Woche sind mehrere Besprechungen angesetzt. Ich darf nicht mehr an Empfänge denken, sondern muß wieder an die Arbeit.«

29

Zeitungen und Zeitschriften, die sich mit mir beschäftigt haben, entnehme ich, daß recht falsche Vorstellungen verbreitet sind über Sutton Place, die Eigentumsverhältnisse daran und meine Rolle bei alledem.

---

* *Später Lord Duncan-Sandys*

Sutton Place ist nicht mein persönliches Eigentum. Es wurde, wie schon gesagt, als Verbindungsstelle der Getty-Gruppe für geschäftliche Zwecke erworben. Eigentümer ist eine Tochtergesellschaft von Getty Oil. Die auf mich entfallenden Kosten für den Unterhalt von Haus und Gründstück trage ich selbst; sie sind nicht gering. Ich bin zahlender Gast, wenn man so will. Man könnte sogar sagen, daß ich doppelt bis dreifach bezahle, denn ich bestreite nicht nur anteilmäßig meine Unkosten, sondern ich habe in die Möblierung und Verbesserung des Hauses persönlich eine Menge Geld gesteckt.
Abgesehen hiervon muß festgehalten werden, daß die von Getty Oil in Sutton Place getätigte Investition sehr vorteilhaft ist. Der Wert des Grundbesitzes ist erheblich gestiegen, die Gesellschaft profitiert davon, und mit ihr alle Aktionäre.
Daß Sutton Place der Getty Oil gehört, bringt zahllose weitere Vorteile mit sich. Unweit vom Herrenhaus wurde ein zweistöckiges Bürogebäude errichtet, das der Liberian Operations, Ltd. (England) als Firmensitz dient. LibOps ist ebenfalls eine Tochtergesellschaft von Getty Oil und befaßt sich mit der Befrachtung von Tankern; sie bietet etwa 60 Engländern beiderlei Geschlechts einen Arbeitsplatz.
Der für mich bedeutendste und wichtigste Vorteil, den Getty Oil mit dem Erwerb von Sutton Place gewonnen hat, läßt sich jedoch nicht in Dollar oder Pfund ausdrücken. Es ist das nämlich der Umstand, daß wir dazu beitragen, zwischen den Vereinigten Staaten und Großbritannien gute Beziehungen zu knüpfen. Einer der großen historischen englischen Landsitze ist vollkommen restauriert worden und wird von einer privaten Kapitalgesellschaft optimal instand gehalten, ohne daß es die Steuerzahler einen Pfennig kostet. Ferner ist Sutton Place vielen Organisationen dienstbar, die Gelder für Wohltätigkeit und andere gute Zwecke sammeln.
Ein Teil solcher Gelder kommt dadurch ein, daß man Haus und Grundstück für Besucher öffnet, wobei die jeweils tätige Organisation den Eintrittspreis festsetzt und selbstverständlich alle Einnahmen für sich behält. Die letzten vom Verwalter von Sutton Place, Albert Thurgood, vorgelegten Zahlen zeigen, daß durch diese Besucher in den vergangenen Jahren etwa 25000 Pfund eingegangen sind. Andere Organisationen haben in Sutton Place zu Wohltätigkeitszwecken Konzerte und sogar Modeschauen veranstaltet. Auch dabei sind erhebliche Summen eingekommen. So profitierten unter anderen: das englische Rote Kreuz, der

englische Sprachverein, die nationale Gesellschaft zur Verhinderung von Kindsmißhandlung, die Dr. Barnardos-Heime, die Gesellschaft zur Unterstützung verarmter Adliger, OXFAM, die Hilfsaktion für verkrüppelte Kinder, die Königliche Lebensrettungsgesellschaft.
Meine Lieblingsveranstaltung ist die jährliche Einladung der Waisenkinder von Guilford in der Weihnachtszeit. Dabei lege ich die letzten Reste des steifen, nüchternen Geschäftsmanns ab, setzte mir eine Beatleperücke auf oder eine Papiermütze. Die Kinder und ich amüsieren uns großartig, was die Behauptung stützt, daß allezeit ein Kind in uns verborgen ist. Eins der schönsten Komplimente, die ich je erhalten habe, machte mir meine liebe Freundin Lady Ursula d'Abo, nachdem sie mich bei einer solchen Veranstaltung mit den Kindern hatte umhertollen sehen.
»Ich hätte es nicht für möglich gehalten«, sagte sie lachend, »aber Sie sahen so aus, als hätten die Kinder Ihnen diese Party gegeben.«
In gewisser Weise war es wohl auch so, und es ist auch noch jedes Jahr so.

Ein denkwürdiges Ereignis anderer Art war ein Konzert am 17. Juli 1969 in Sutton Place unter der Schirmherrschaft Ihrer Königlichen Hoheit der Königinmutter Elizabeth aus Anlaß des Goldenen Jubiläums des Zentralrates für die Versehrten, dem der Herzog von Devonshire vorsteht. Es war mir eine große Ehre, diese Veranstaltung ausrichten zu dürfen, die unter dem Motto »Geigenklang am Sommerabend« stand.
Der große Geiger Yehudi Menuhin wurde am Klavier von seiner ebenfalls unerhört begabten Schwester Hepzibah begleitet, und wenn ich sagen wollte, ihrer beider Auftritt war großartig, dann sagte ich zu wenig. Nach dem Konzert begaben sich viele der Anwesenden in den Salon. Ihre Majestät ehrte mich noch mehr, indem sie mich aufforderte, neben ihr Platz zu nehmen. Ich hatte die seltene Gelegenheit, mit dieser großen, wunderbaren Dame zu plaudern, in der sich alle Eigenschaften versammeln, die man als Ideale einer konstitutionellen Monarchie bezeichnen kann. Ihre Majestät war in der Zeit zwischen den Weltkriegen in Sutton Place gewesen, und ich freute mich riesig, als sie mich gnädigst zu dem Aussehen des Hauses beglückwünschte. Ich entdeckte bei dieser Gelegenheit, daß Ihre Majestät bedeutende Kenntnisse französischer Möbel und Kunstwerke des 18. Jahrhunderts besitzt.
Allerdings war sie im Zweifel, von wem die vergoldeten *appliques can-*

délabres zu beiden Seiten des Kamins stammten. Ich war für den Augenblick abgerufen worden, und Ihre Majestät wandte sich an Nicole, die Herzogin von Bedford (mit ihr und Ian, dem Herzog von Bedford, bin ich seit Jahrzehnten eng befreundet).
»Wissen Sie, wer die gemacht hat?« wollte Ihre Majestät von Nicole wissen.
»Ich vermute, Pierre Gouthière,« erwiderte Nicole und gestand später, sie habe nicht genau gewußt, ob es wirklich dieser berühmte französische Kunstschmied war. Ihre Majestät sah, daß ich zurückgekommen war, und fragte mich, ob die Auskunft zutreffe. Ich bejahte und sah Erleichterung auf Nicole Bedfords hübschem Gesicht.

Da ich gerade den Herzog und die Herzogin von Bedford erwähne, möchte ich hier einflechten, daß Ian und Nicole nicht nur gute Freunde sind, sondern auch ein höchst amüsantes und gastfreies Paar. Wir kennen uns schon lange, ich war bei ihnen zu Gast in Woburn Abbey, und sie wohnten bei mir in Sutton Place.
Oft lachen wir über das Gerücht, das vor einigen Jahren behauptete, ich hätte Ian Woburn Abbey abkaufen wollen. Daran ist kein wahres Wort. Nie wäre es mir beigekommen, ihm ein Angebot zu machen, selbst wenn ich Lust gehabt hätte, zu kaufen. Ich weiß zu genau, wie sehr er am Hause seiner Vorfahren hängt und daß er es nie fertigbringen würde, sich davon zu trennen.
Ian und Nicole haben mit Woburn Abbey Wunder vollbracht. Als ich dort war, haben mir alte Bedienstete mehrfach versichert, die Arbeit, die Liebe und das Geld, das Ian und Nicole an dieses große Haus wandten, habe es nicht nur vor dem Verfall gerettet, sondern es sei jetzt in einem Zustand wie seit hundert Jahren nicht mehr.
Ich will meine Abschweifung noch weiter treiben, nämlich auf das Gebiet der Gespenstergeschichten. Von Sutton Place heißt es wie von vielen alten englischen Landhäusern, es spuke dort. Genauer gesagt, ein Schlafzimmer, genannt das Rote Zimmer, werde vom Gespenst der glücklosen Anne Boleyn heimgesucht, die dort vor ihrer Hochzeit mit Heinrich VIII. als Gast von Richard Weston geschlafen hat. Ich selber glaube weder, daß es Gespenster gibt, noch daß es keine gibt, und meine Meinung von übernatürlichen Gegenständen läßt sich am besten so ausdrükken: Ich weiß, es gibt viele Dinge, die keine natürliche Erklärung haben. Ich fühle aber auch keine Neigung, mich intensiv damit zu beschäftigen,

weil ich mir sage: Wäre es beabsichtigt, daß wir davon wüßten, dann wüßten wir es auch. Anders ausgedrückt, ich bin ein bedächtiger Unentschiedener. Abergläubisch bin ich nicht, ich gebe mir aber auch keine besondere Mühe, gegen die Regeln des Aberglaubens zu verstoßen.

Zurück zu den Gespenstergeschichten. Das Gespenst der Anne Boleyn war mir nie begegnet, doch einige meiner Gäste, die im Roten Zimmer übernachtet hatten, behaupteten, »eine Gegenwart« oder »einen kalten Schauer« verspürt, auch sonderbare Geräusche während der Nacht gehört zu haben. Ich neige dazu, diese Dinge nicht zu beachten; falls es nämlich zu wirklich angsterregenden Manifestationen gekommen wäre, hätten sich die betreffenden Personen gewiß sogleich aus dem Zimmer geflüchtet.

Was den Spuk von Woburn Abbey angeht, so scheint mehr daran zu sein als pure Einbildung. Vor einigen Jahren waren Mrs. Kitson und ich mit einigen anderen Gästen über das Wochenende bei Ian und Nicole Bedford in Woburn. Penelope bekam ein Schlafzimmer im Ostflügel angewiesen, von dem es lange schon heißt, daß ein Gespenst darin umgeht. Penelope Kitson gehört zu den klugen und besonnenen Personen und neigt nicht die Spur zu Hysterie. In der ersten Nacht fand sie so gut wie keinen Schlaf. Zwei Türen führten in ihr Schlafzimmer, und als sie sich zu Bett gelegt hatte, öffneten sich alle beide. Aha, dachte Penelope, hier zieht es, ich habe wohl die Türen nicht richtig zugemacht. Sie stand auf und schloß nicht nur die Türen, sondern drehte auch den Schlüssel im Schloß. Dann ging sie wieder ins Bett. Wie sie sagt, war sie im Begriff einzuschlafen, als sich beide Türen wieder öffneten. Sie knipste das Licht an, machte die Türen wieder zu und drehte den Schlüssel um. Beide Türen waren fest zu, wovon sie sich überzeugte, indem sie die Klinken drückte und an den Türen rüttelte. Und doch wiederholte sich diese Erscheinung noch mehrmals im Laufe der Nacht. Am nächsten Morgen wirkte Pen weder so reizvoll noch so strahlend gesund wie sonst, sondern eher etwas mitgenommen. Sie berichtete dann den Bedfords, was geschehen war. Ian und Nicole wechselten einen Blick und entschuldigten sich umständlich. Eine Erklärung hatten sie nicht.

Penelopes Sachen wurden vom Personal in ein anderes Schlafzimmer geräumt, wo sie in der folgenden Nacht friedlich und ungestört schlummerte.

»An unserem Familienstammbaum hat es die absonderlichsten Triebe gegeben«, bemerkte Ian später. »Es könnte sein, daß ein Sproß eine Neigung hatte, Türschlösser zu öffnen. Aber warum sollte er das immer noch tun?«

Genug der Abschweifungen und zurück zum Thema: Sutton Place. Sein praktischer Wert läßt sich gut am Beispiel einer Cocktailparty erläutern, die dort am 6. März 1975 stattfand. Eine Verbindungsstelle dieser Art dient auf unvergleichliche Weise dazu, den freien und formlosen Austausch von Gedanken zu befördern. Zu dieser Party waren Diplomaten sowie führende Männer der Petroleumindustrie mit ihren Damen eingeladen, und es kamen mehr als 200. Ich lasse im folgenden eine gekürzte Gästeliste folgen, um den Maßstab der Veranstaltung zu unterstreichen. Der Leser mag selbst erkennen, wie wertvoll das Zusammentreffen solcher Persönlichkeiten für die Förderung der Völkerverständigung und des guten Willens aller Beteiligten ist:

S. E. Der Gesandte von Kuwait und Mrs. Hanan Al-Nakib
S. E. Der Gesandte Indonesiens und Mrs. Veronica Subono
S. E. Der Gesandte des Iran
S. E. Der Gesandte Perus und Senor de Montagne
S. E. Der Gesandte Saudi-Arabiens und Madame Al-Helaissi
Der Norwegische Handelsattaché und Mrs. Hoegh Henrichsen
S. E. Der Gesandte Thailands und Khunying Dootsdi Suphamongkorn
S. E. Der Gesandte Brasiliens und Mrs. R. Campos
S. E. Der Gesandte Portugals und Senhora Alda Noguiera
S. E. Der Gesandte der Elfenbeinküste und Madame Marcelle Aduka
S. E. Der Gesandte Marokkos und Madame Marie A. Chorfi
Lord und Lady Provost of Aberdeen
Mr. und Mrs. S. A. Atoniuk (Direktor, AMOCO Europe, Inc.)
Mr. R. R. Aune (Präsident AMOCO Europe, Inc.)
Mr. und Mrs. Charles H. Band (Präsident, U. K. Offshore Operators Association)
Mr. und Mrs. W. Michael Brown (Finanzdirektor, Thomson Organisation)
Sir David und Lady Barran (Direktor, Shell Petroleum)
Mr. und Mrs. T. E. Cottrell (Direktor, Texaco, Ltd.)
Mr. A. M. Dunnett (Direktor, Thomson Scottish Petroleum)
Mr. und Mrs A. L. Evans (General Manager, Hone Oil of Canada)
Mr. und Mrs. H. R. George (Energiebehörde)
Mr. und Mrs. K. R. Henshaw (Vorstand, Kuwait Oil Co.)

Dr. S. Iwasa (Londoner Vertreter der Japan Petroleum Development)
Mr. und Mrs. J. R. Kircheis (Direktor, Mobil Oil Ltd.)
Sir Peter Kent (Vorstand, Natural Environment Research Council)
Mr. und Mrs. M. Kaneko (Direktor, Mitsubishi, London)
Mr. und Mrs. N. A. Leslie (Vorstand, Petrofina (U. K.) Ltd.)
Mr. und Mrs. J. A. Molyneux (Energiebehörde)
Mr. S. Nori (Manager, Nissho Iwai Co.)
Dr. und Mrs. N. Pignatelli (Direktor, Gulf Eastern Hemisphere)
Mr. und Mrs. D. E. Rooke (Direktor, British Gas Corp.)
Mr. und Mrs. J. J. Reynolds (Vorstand, Conoco)
Sir Jack und Lady Rampton (Under Secretary, Energiebehörde)
Lord Strathcona (Thomson Organisation)
Mr. und Mrs. M. Seymour (Sunningdale Oil)
Mr. und Mrs. P. A. Taylor (Manager der Exploration und Produktion, British Gas Corp.)
Mr. und Mrs. J. M. Williams (Präsident, Texaco (U. K.) Ltd.)

Diese Gäste und die anderen Anwesenden hatte allesamt in irgendeiner Weise mit der weltweiten Energieversorgung zu tun. Bei Cocktails und Gebäck konnten sie entspannt miteinander plaudern, konnten sich über die Entwicklung ins Bild setzen, Fragen stellen, Vorschläge machen. Ich bin überzeugt, daß wir Kaufleute die Verpflichtung haben, die Beziehungen zwischen den Nationen und ihren Völkern zu verbessern. Ich halte es nicht für unangemessen, wenn ich vorschlage, gesellschaftliche Veranstaltungen wie diese Cocktailpartys als konstruktive Schritte in dieser Richtung zu betrachten; auf lange Sicht verbessern sie nicht nur die politischen und wirtchaftlichen Beziehungen zwischen den Ländern, sondern kommen Kreisen in allen Ländern zu gute.

30

Mein Aufenthalt in Sutton Place sollte nach Plan ein vorläufiger sein; sobald die dringendsten Arbeiten erledigt wären, wollte ich zurück nach Malibu Beach. In den letzten fünfzehneinhalb Jahren habe ich mir das auch immer wieder vorgenommen. Und ich beging den Fehler, anderen davon zu sprechen. Demzufolge hieß es in der Presse immer wieder, ich

sei im Begriff, in die USA abzureisen, das letzte Mal im Frühjahr 1975. Und wirklich, ich hatte jedes Mal die Absicht, doch jedes Mal wurde ich daran in letzter Minute durch Geschäfte gehindert.
Daß ich nach Kalifornien zurück möchte, besonders in den Wintermonaten, hat noch andere Gründe als ganz gewöhnliches Heimweh. Ich bin schließlich 83, und die englischen Winter sind hart. In den vergangenen drei Jahren habe ich unter Bronchitis gelitten, am schlimmsten im Winter 1974/75. Als ich wiederhergestellt war, schwor ich mir, die nächste Schlechtwettersaison im warmen Klima des Südens von Kalifornien zu verbringen; es ist ein wahres Glück, daß ich diesen Schwur nicht auf die Bibel ablegte, sonst stünde ich jetzt als Meineidiger da.
Der Winter mag bitter sein oder nicht, ein weiteres Jahr muß ich mindestens noch ausharren. Ob es stürmt oder schneit, ich bleibe der alte Ölmann, der Mann, der auf eigene Faust sein Glück sucht. Getty Oil ist erheblich beteiligt an den Erschließungen von Ölvorkommen in der Nordsee, und wenn wir auch mit den eigentlichen Bohrarbeiten nichts zu tun haben, so stecken doch hunderte Millionen von unseren Dollars in dem Projekt. Ich bringe es einfach nicht fertig, hier alles stehen und liegen zu lassen, bevor nicht Öl aus den Quellen vor der Küste fließt, an denen Getty Oil zu etwa einem Fünftel beteiligt ist.

Man soll daraus aber nicht schließen, daß es mir keinen Spaß bereitet hätte, Europa zu durchstreifen, oder daß ich bedauere, seit 1960 England zu meiner Operationsbasis gemacht zu haben. Ich habe deshalb nicht die Verbindung mit den USA oder meinen amerikanischen Freunden aufgegeben; überdies ist die lange Abwesenheit von daheim durch manches aufgewogen worden. Freundschaften, die ich in Europa und England geschlossen habe, waren eine reichliche Entschädigung. Ich hatte viel zu arbeiten, doch habe ich mich auch häufig amüsiert und das Leben genossen, wie eine willkürliche Auswahl aus meinen Tagebucheintragungen zeigt.
Im April 1952 war ich in Rom.
»26. April: Mit meinen lieben Freunden Lord David Beatty und seiner Gattin Adele bei Alfredo gegessen. Adele kannte ich schon als kleines Mädchen in Kalifornien, sie war die Nichte meines alten Freundes J. F. T. O'Connor. Drei Tage später speiste ich wiederum mit Beatty, und diesmal war Fay Emerson dabei, die ich ebenfalls aus Kalifornien kannte und gut leiden mochte.«

Andere Freunde waren auf der Durchreise: Bobo Rockefeller, Gregory Peck, Bruce Cabot, Ali Khan, Barbara Hutton, deren Vater ich gekannt hatte. Er brachte seine Freunde häufig zum Lachen, indem er zerknirscht sagte: »Ich weiß nicht, warum ich berühmt bin: weil ich die Erbin von Woolworth geheiratet habe oder weil ich der Vater von Barbara Hutton bin.« Als Barbara sich mit Cary Grant verheiratete, nannten ihre guten Freunde die beiden »Cash und Cary«, ein gutartiger Scherz, den sie ebenso belachten wie wir.

Als ich 1953 wieder in Italien war, wurde ich zu Bernhard Berenson eingeladen.
»1. März: Bei Bernhard Berenson in I Tatti. Berenson wie immer hervorragend angezogen. Er ist klein, wiegt nicht viel über einen Zentner und geht am Stock. Er ist jetzt 88, sieht aber aus wie 70 oder 75. Ich darf seine Bibliothek benutzen für meine Forschungen.«
Sechs Jahre später schrieb ich in mein Tagebuch:
»7. Oktober 1959: Bernhard Berenson mit 94 gestorben. Ein großer Mann und guter Freund.«
Während dieses Aufenthalts in Italien im Jahr 1953 sammelte ich den größten Teil jenes Materials, das ich in meinen Beiträgen für *Collectors Choice* verarbeitete, das meine Freundin Ethel »Bunny« Le Vane herausbrachte. Durch dieses Buch wurde ich mit dem angesehenen englischen Verleger Mark Goulden und seiner reizenden Frau Jane bekannt, der Ethel und mir gute Ratschläge gab und sich nicht scheute, uns seine Zeit und seinen Beistand zu leihen. Mark und sein Verlag brachten das Buch dann heraus, unsere Beziehung blieb aber keine rein geschäftliche.
Am 23. September 1953 rief ich mir ins Gedächtnis:
»Zum ersten Mal war ich 1909 mit meinen Eltern in Europa. Zum zweiten Mal dann 1912; da fuhr ich von New York mit der *Minnewaska* und blieb bis 1913 in Oxford. Dann bereiste ich Deutschland, Dänemark, Schweden, Finnland, Rußland, die Türkei, Griechenland, Ägypten, Österreich, Spanien und Frankreich. In Paris erwarteten mich die Eltern, und im September 1914 fuhren wir nach Hause. Zum dritten Mal überquerte ich den Atlantik im Jahre 1920 auf der *Berengaria.* Dann erst wieder 1925. Bis 1939 war ich dann aber jedes Jahr in Europa, und für die Reisen benutzte ich die Schiffe *Berengaria, Leviathan, Homeric, Normandie* und *Europa.*«

Als ich zehn Jahre darauf nach einem längeren Festlandsaufenthalt nach England zurückkehren wollte, belegte ich einen Platz von Le Havre nach Southhampton auf der *Libertée*, der früheren *Europa*.Eine kurze Reise, die gleichwohl melancholisch stimmte.

»12. Oktober: Speise an Bord. Abfahrt um 14:00 Uhr. Ein reizendes Schiff. M. Ollangnier, der *chef de reception*, weist mir die Suite *Rouen* an. Um 15:30 Uhr wird mir das Schiff gezeigt. Der leitende Ingenieur, M. Parouty, erklärt mir den Maschinenraum. Die Kessel sind noch die alten deutschen Kessel, nur die Rohrleitungen sind neu. Das Schiff macht noch zwischen 23 und 24 Knoten, die alte *Europa* schaffte 27 bis 28. Die Franzosen haben die Anlage zur Stromerzeugung und das Leitungsnetz erneuert, auch steht jetzt Süßwasser für Bäder und Duschen zur Verfügung. Die Wandmalereien der alten *Normandie* sieht man jetzt auf der *Libertée*, ein sonderbarer Anblick. Später sitze ich an meinem Lieblingsplatz mit Aussicht auf den Bug und betrachte das schöne Meer. Ich denke an viele Reisen vor dem Krieg, die ich auf diesem Schiff und auf der *Bremen* unternahm. Die *Bremen* gibt es seit 18 Jahren nicht mehr, die *Europa* – jetzt *Libertée* – und ich sind beide alt geworden. Das Schiff ist trotz seiner 33 Jahre noch unglaublich schön und eindrucksvoll. Es besitzt elegante Geräumigkeit, die sich auf modernen Schiffen einfach nicht findet. Traurig, daß in der ersten Klasse nur 190 Passagiere nach New York gebucht haben; vor wenigen Jahren noch hätte es eine Warteliste gegeben. Ozeandampfer dürften leider aussterben.

Um 21:15 Uhr steige ich auf den Tender über, und die *Libertée* ragt mit strahlenden Lichtern über uns auf. Der in Leuchtschrift ausgeführte Schiffsname ist meilenweit zu erkennen. Jetzt ist sie verschwunden, im Westen auf den Ozean hinausgefahren. Es ist ihre vorletzte Reise, dann soll sie abgewrackt, verschrottet werden. Man kann es nicht glauben. Ein elegantes, schnelles, behagliches Schiff, so vorzüglich im Stand. Aber vieles ändert sich, vieles ist schon verloren und geht noch verloren . . .«

Schnell vergingen die Jahre nach 1953. 1954 war ich im Nahen Osten und lernte auf der Rückfahrt in Beirut den Bruder des Schahs von Persien kennen, Prinz Mahmad Pahlavi. Da ich mit der Prinzessin Ashraf seit langem schon befreundet war, kam ich auch sehr schnell mit dem Prinzen Mahmad in engen Kontakt.

Auch andere Standespersonen kreuzten meinen Weg, daneben Freunde aller Nationalitäten: der Maharadschah von Baroda, Dorothy Spreckels,

Jacqueline de Ribes, Neil Vanderbilt, Baron Eugene Rothschild. Eines Tages stolperte ich buchstäblich über das Ehepaar Foy, und wir plauderten ausführlich bei einer Mahlzeit über alte Tage.

Byron Foy kannte ich aus Kalifornien, und seine Frau Thelma war mir noch als Thelma Chrysler bekannt. Sie lachte über die alte Geschichte, wie ich nach der Rückfahrt aus Europa 1930 von Reportern in New York über die Aussichten der Börse ausgefragt wurde.

»Es wird noch schlimmer, ehe es besser wird«, sagte ich damals. »Bevor Chrysleraktien nicht bei fünf Dollar stehen, ist der Tiefpunkt nicht erreicht.« Dieser Ausspruch wurde sogleich abgedruckt, und zwei Tage später rief mich Walter P. Chrysler an. »Was meinen Sie damit, daß unsere Aktien bald für fünf Dollar gehandelt werden?« wollte er wissen.

»Ich habe nur meine Meinung gesagt, Walter. Die Aktien von Chrysler sind ganz in Ordnung, doch bei der derzeitigen Tendenz fallen alle Aktien, auch die von Chrysler.«

Wirklich sank der Wert einer Chrysleraktie nach einigen Monaten auf fünf Dollar, aber gewiß nicht wegen meiner Prophezeiung.

Weder der Platz noch die Geduld meines Lesers erlauben mir, mein gesellschaftliches Leben Monat für Monat oder auch nur Jahr für Jahr hier zu schildern. Einige Höhepunkte jedoch dürften Interesse finden, ja belustigen. Manche erfüllen mich auch mit tiefer Trauer, selbst jetzt noch, wenn ich sie nachlese.

1958 (Paris)

»19. Januar: Endlich Maurice Chevalier kennengelernt. Er ist immer noch ein gut aussehender anziehender, sehr männlicher Mann. Freute mich rasend, denn ich bin seit mehr als 30 Jahren sein Fan. Beim Essen zeigte er sich entzückend unterhaltsam.«

»15. Februar: Sir Charles Mendel ist gestorben. Ich habe einen großartigen Freund verloren, den ich sehr bewunderte.«

»17. Februar: Bei der Bestattung von Sir Charles Mendel auf dem Friedhof Père-Lachaise. Ich mag es nicht, wenn jemand verbrannt wird, und der Gottesdienst war makaber.«

»2. März: Zu Gast in dem prächtigen Heim von Paul Louis Weiller in Neuilly.«

1958 (Rom)

»15. Juli: Aufregende Neuigkeit. Amerikanische Marinetruppen sind im Libanon gelandet. Was tun die Russen? Abends Spaziergang durch Rom, genieße die Altertümer und die glitzernde Pracht auf der Via Veneto. Ich

hoffe sehr, daß diese Bühne nicht in einem neuen Krieg zerstört wird.«
»2. August: Mit meinem alten Freund Fürst Troubetzkoy gegessen und mich köstlich amüsiert.«
1959 (Paris)
»28. März: Auf einen Drink beim Maharadschah von Baroda und seinem zweiten Sohn. Zum Essen bei Jacqueline de Ribes. Sie ist sehr attraktiv und sentimental. Eine liebliche, zauberhafte Frau.«
»22. April: Ich bedauere jetzt, daß ich 1909 und 1913–14, als ich in Paris war, die Bedeutung der Impressionisten nicht erkannte. 1938 mußte ich für meinen ersten Renoir, eine Paysage de Cagnes, 1800 Dollar zahlen. 1946 habe ich ihn für 14000 verkauft. Erst vor zwei Jahren habe ich wieder französische Impressionisten gekauft.«
1959 (England)
»16. Juni: Bei Margaret, Herzogin von Argyll gespeist. Anwesend unter anderem das Ehepaar Niarchos, Elsa Maxwell und Henry Tiarks.«
»31. August: Gast beim Herzog und der Herzogin von Gloucester und ihren Söhnen, den Prinzen William und Richard. Nachmittags auf der Jagd. Ich schieße aber nicht. Auf Ziele aus Papier und auch auf Tontauben schieße ich gern und gut, ein Tier kann ich aber nicht töten. Andererseits habe ich nichts gegen die Jäger. Es ist einfach Geschmackssache.«
»13. September: Zum Lunch auf dem Rasen vor der Woburn Abbey, unter den Gästen Roger Peyrefitte, Dominic Elves, Gina Lollobrigida und der Aga-Khan. Alles höchst reizend und unterhaltsam.«
»6. Oktober: Zum Lunch bei Nancy Astor und ihren Söhnen David Astor und Bobby Shaw am Eaton Square 100. Nancy ist achtzig und ganz unglaublich, sieht aus wie 45 und platzt vor Stolz auf ihren Heimatstaat Virginia.«
1960 (England)
»7. Februar: William F. Humphrey ist gestorben. Ein großer Verlust. Er war ein vortrefflicher, fähiger, außerordentlich fleißiger Unternehmer. Mit 75 Jahren lief er jeden Morgen um sechs noch seine Meile und schwamm vor dem Frühstück. Um acht Uhr früh saß er am Schreibtisch und beschäftigte zwei oder drei Sekretärinnen bis zum Abend. Als Präsident von Tidewater sehr tüchtig.«
»3. April: Zum Diner bei Lord Beaverbrook in Chertley. Er ist achtzig, aber sehr wach, ein guter Gesellschafter mit vortrefflichem Gedächtnis und viel Charme. Er sieht nicht älter aus als siebzig. Seit er 1911 Chertley gekauft hat, lebt er hier. Das Haus ist häßlich, im victorianischen Stil

erbaut, doch sehr behaglich und hat knapp 500 Hektar Land dabei. Zum Londoner Stadtzentrum sind es von hier 18 Meilen.«

»6. April: Diner bei Bindy Lambton, mit Guy de Rothschild, Graf und Gräfin Brandolini; sie ist die Schwester von Gianni Agnelli. Danach im Klub 400, wo ich Ari Onassis traf. Ich soll mit ihm nach Puerto Rico fliegen und dann auf seiner Yacht eine Kreuzfahrt machen. Wie immer lachte er über meine Angst vor dem Fliegen. ›Überlegen Sie, wie gut die Aussichten für uns wären, wenn wir zusammen flögen‹, sagte er. Ich fragte, was er meine. ›Daß uns beiden zusammen etwas passiert‹, antwortete er, ›dafür stehen die Chancen eins zu vielen Milliarden.‹ Alle, die zuhörten, lachten. Ich auch.«

»1. Juni: um 19:00 Uhr Cocktails bei Pamela und David Hicks in der Lowndes Street 24. Ein ganz reizendes, angenehmes junges Paar, die Wohnung sehr hell und modern. Um 20:45 im Dorchester, wo Bindy Lambton einen Tisch für 54 Personen bestellt hatte. Ich saß rechts von Lady Churchill . . . Nutzte die Gelegenheit, einige Fragen über den hochverehrten Sir Winston zu stellen. Er geht täglich eine Viertelmeile, hat Tag und Nacht seine Pflegerin, hört nichts mehr, ißt alles, was ihm schmeckt, reichlich Butter und Sahne . . .«

Während dieser Mahlzeit erzählte mir Mrs. Churchill eine mir bis dahin unbekannte Geschichte aus ihrer Verlobungszeit mit Winston.

»Niemand wußte von unserer Verbindung. Ich verbrachte das Wochenende bei Lord Portarlington auf der Insel Wight. Abends brachte jemand die Nachricht, in Burleigh seien bei einer Feuersbrunst einige Personen umgekommen. Ich wußte, daß Winston dort über das Wochenende war, und es hieß denn auch gleich, er wäre unter den Opfern. Ich war betrübt und ratlos. Auf keinen Fall durfte ich meine Aufregung zeigen, denn niemand wußte, wie nahe er mir stand.«

Mit der für die Engländer typischen Haltung überstand sie den Abend und verbrachte eine schlaflose Nacht. Als sie am nächsten Morgen in aller Frühe aus dem Haus schlich, stand plötzlich Lord Portarlington neben ihr. »Wohin so früh, Clementine?« »Ich will nur Luft schnappen und die Zeitung holen«, erwiderte sie, um eine beherrschte Stimme bemüht. »Ich will Sie begleiten.«

Als die Zeitungen gekauft waren, brachte Lady Churchill, wie sie sagte, es kaum über sich, einen Blick hineinzuwerfen, dann aber hätte sie gerne einen Luftsprung getan und vor Freude gejauchzt. Die neuesten Nachrichten aus Burleigh lauteten nämlich ganz anders, von den Gästen war keiner im Feuer umgekommen, nur einige hatten geringe Verletzungen erlitten.

»Ich konnte selbstverständlich meine Erleichterung und meine Beglükkung darüber, daß Winston nichts passiert war, nicht zeigen«, fuhr sie fort. »Ich heuchelte ein ganz normales Interesse, doch gewiß können Sie sich ausmalen, wie mir zumute war!«

Das konnte ich, und ich konnte mir auch den entsetzlichen Verlust für die zivilisierte Welt ausmalen, wäre Winston Churchill bei jenem Brand in Burleigh-on-the-Hill umgekommen.

»29. Juni: Endgültig aus meiner Suite im Ritz, Zimmer 611–612, ausgezogen. Ab jetzt lautet die Adresse Sutton Place, doch für wie lange? Ich sehne mich danach, in der Brandung vor Malibu Beach zu schwimmen.«

31

Auch nachdem ich mein Hauptquartier nach Sutton Place verlegt hatte, mußte ich noch oft aufs Festland reisen, doch da ich viel Zeit in England verbrachte, wuchs mein Freundeskreis dort. Es war auch für meine alten Freunde jetzt leichter, mich zu besuchen als früher, solange ich im Hotel wohnte.

»13. Juli 1960: Zum Lunch Lady Diana Cooper. Seit Jahrzehnten bin ich von ihrer Schönheit und ihrem Witz geblendet, und daß ich sie in Sutton bewirten kann, tut mir wohl. Als sie mich wegen der Verbesserungen lobte, die wir im Haus vorgenommen haben, das ihr ja gut bekannt ist, war ich sehr stolz.«

Vier Tage später kam Lord Beaverbrook auf Besuch – wir sind jetzt praktisch Nachbarn. Er ist faszinierend und für sein Alter – damals 81 – wirkte er jung. Er gedachte seiner Besuche in Sutton Place, als Lord Northcliffe hier noch Pächter war. »Ich war oft hier, meist einmal die Woche«, sagte Max und lächelte. »Northcliffe hätte nicht im Traum daran gedacht, daß ich mal sein Nachfolger würde.« Nun blickte er gedankenvoll drein. »Die Auflagen meiner Zeitungen sind zweieinhalb mal so hoch wie zu Zeiten von Northcliffe«, grübelte er laut, »und doch ist mein Einfluß viel geringer als seiner, denn zu seiner Zeit gab es kein anderes Medium als die Zeitung und die Presse formte die öffentliche Mei-

nung. Heute haben wir Rundfunk und Fernsehen . . .« Er verstummte. »Die Welt ändert sich«, murmelte er, »und wir stehen wohl erst am Anfang dieser Änderungen.«
Lord Beaverbrook verstand etwas von Geschäften, wir waren beide sehr interessiert an wirtschaftlicher Theorie und Praxis wie auch an der Politik. 1961 erklärte er, England sollte sich vom Gemeinsamen Markt fernhalten, dafür aber in Afrika bleiben. Er vertraute mir an, daß Sir Winston diese Meinung teile, doch sah Max voraus, daß er sich damit würde nicht durchsetzen können. »Neue Veränderungen, und immer mehr«, seufzte er.
1965 gab Lord Thomson of Fleet einen riesigen Empfang für Max an dessen 85. Geburtstag. Schauplatz war das Hotel Dorchester und es kamen mehr als 500 Gäste. Max hielt eine seiner üblichen witzigen Reden, und Roy Thomson sah, daß ich herzlich darüber lachte. »Für Sie gebe ich auch so eine Party, Paul«, sagte er. »Und zwar gleichfalls hier. Zu Ihrem Neunzigsten.«
Seit dem 15. Dezember 1975 brauche ich nurmehr sieben Jahre darauf zu warten, denn, wie man weiß, hat Roy Thomson noch immer alle seine Versprechungen gehalten.

Am 4. Februar 1961, einem Samstag, gab mir Albert Thurgood, der treffliche Verwalter von Sutton Place, einen Überblick über die Verbesserungen, die nach wie vor am Haus und auf dem Grundstück vorgenommen wurden. Ich sah mir seine Abrechnungen an und notierte abends in meinem Tagebuch:
»Ich frage mich, ob ich etwa versuche, mit William Randolph Hearst zu konkurrieren, tröste mich aber damit, daß ich in Kaufkraft umgerechnet nur Cents ausgebe, wo er Dollars hinlegte.«
Ich muß allerdings zugeben, daß ich gelegentlich Grund finde, mich mit Hearst zu vergleichen. Zwei Jahre nach der eben angeführten Tagebucheintragung machte mich der Majordomus von Sutton Place, Mr. Bullimore, freundlich darauf aufmerksam, daß die BBC abends einen Film über Hearst und San Simeon zeige. Was ich über diesen Film in mein Tagebuch schrieb, erlaubt einen guten Einblick in mein Wesen und meine Ansichten.
»Sah mir den Film der BBC über Hearst an. Der Titel *Megalo-Millionär* läßt schon erkennen daß Whicker einen Angriff auf Hearst startet. Er macht Hearsts Sensationsjournalismus verächtlich und erspart es sich

anzumerken, daß viele der zeitgenössischen Verleger nicht besser oder schlechter waren als Hearst.
Es gab Filme zu sehen, die in den Dreißiger Jahren in San Simeon aufgenommen waren, und ich erkannte zwei alte Freunde, die lachten und sich wohl fühlten. Der Gedanke, daß so viele nicht mehr am Leben sind, ist entsetzlich. Ich habe wohl viel mit Hearst gemein. Freilich habe ich mein Geld zu 95 Prozent und mehr immer wieder ins Geschäft gesteckt, während Hearst das Gegenteil tat. Er lebte wie ein römischer Kaiser. San Simeon erinnert mich an Hadrians Villa.
Hearsts Strandhaus in San Simeon hat 3 Millionen gekostet.* Ich war sein Nachbar. Mein Haus kostete 100000 Dollar. Daran zeigt sich deutlich, wie unterschiedlich wir über Geld dachten. 1935 war ich etwa ein Drittel so reich wie Hearst, 1950 dürfte ich doppelt so reich gewesen sein. Ich teile mit Hearst vielleicht die Vorliebe für Prachtentfaltung. Ich liebe eine palastartige Umgebung, edle Räume, lange Tische, altes Silber, schöne Möbel. Läge San Simeon näher an einer großen Stadt, ich hätte es 1950 erworben. Damals hätte man Haus und 500 Hektar Grund für ein Zehntel des Wertes haben können. Das wäre eine glänzende Investition gewesen, nachdem die Preise für Grund und Boden in den folgenden Jahren derart gestiegen sind.
Denke ich an San Simeon zurück, sehe ich, daß es auch Hadrians Villa in den Schatten stellte. Allein das Schwimmbecken innerhalb des Hauses maß 13 mal 28 Meter.«
Ich konnte nicht anders, ich mußte Sutton Place mit San Simeon vergleichen:
»Die Bassins in Sutton Place reichen an die in San Simeon nicht heran, und der Salon in Sutton Place nimmt es mit dem von Hearst nicht auf. Die Große Halle, die Bibliothek und die Lange Galerie können sich jedoch neben allem sehen lassen, was die *casa grande* des Verlegers aufzuweisen hat.«
Als ich das Pro und Contra abwog, kam ich zu folgendem Ergebnis:
»Sutton Place ist ein Landhaus, kein Palast.«
An vorderster Stelle meiner Interessen standen immer die Geschäfte. Hier eine typische Eintragung:
»Anruf aus New York: Angeblich brauchen wir Kredit, um wichtige Ak-

---

* *Siehe Kap. 6. Anderswo heißt es, Hearst habe mehr als 8 Millionen für das Haus aufgewendet, das er Marion Davis erbaute.*

tienkäufe zu tätigen. Ich hasse und fürchte es, zu borgen.« Man hat mich mit Recht in Wirtschaftsmagazinen so zitiert: »Ich habe immer gern ein gutes Finanzpolster unterm Gürtel.« In der Tat geht nichts über ausreichende Barmittel. Meist kommen die Leute in Schwulitäten – und jüngst in vielen Fällen zum Bankerott –, weil ihre Kapitaldecke zu dünn ist. Kredit hat im Wirtschaftsleben einen wichtigen Platz, doch bin ich immer davon ausgegangen, daß der Kaufmann, der möglichst wenig Kredit in Anspruch nimmt, es am weitesten bringt.
»Sonntag, 22. Januar: Mit Claus Bulow und Everett Skarda bis 1 Uhr früh an Sachen betreffend die Neutrale Zone gearbeitet. Beide nicht halb so alt wie ich und trotzdem am Ende ihrer Kräfte. Allein bis 3 Uhr weitergemacht.«
Der Chef hat keine feste Arbeitszeit. Gibt es Wichtiges zu bedenken, kann er nicht aufhören, bevor er zu Entscheidungen gelangt ist, andernfalls soll er sich lieber nicht für den Chef halten.
»29. Mai: Bis 4 Uhr 30 in Sachen Neutrale Zone geschuftet.«
Obwohl ich reich bin und über 83 Jahre, lege ich nichts aus der Hand, bevor ich es zu Ende gebracht habe, mindestens bis ich weiß, mehr kann ich nicht tun. Das bedeutet oft 24 Stunden Arbeit hintereinander. Ich bin nicht der einzige, längst nicht. Männer wie Onassis, Charlie Clore, David Rockefeller, Isaac Wolfson und viele andere Unternehmer halten keine festen Arbeitsstunden ein, sondern arbeiten, bis alles, was vorliegt, erledigt ist.

Aus den Jahren 1961 bis 1964 liegen weitere Eintragungen vor, die Einblick in andere Aspekte meines Lebens geben.
»Ich bin kein Redner. Ich finde, wer eine Rede hält, muß entweder beredt sein, oder er soll sich kurz fassen. Da ich auf Beredtheit keinen Anspruch machen darf, fasse ich mich stets kurz; ich achte darauf, nicht länger als 5 Minuten in der Öffentlichkeit zu sprechen, und das ist schon das äußerste.«
Im Oktober 1962:
»Kriegsgefahr wegen Kuba. Russische Schiffe auf dem Weg ins Sperrgebiet. Betrachte die Aussichten pessimistisch. Der längst erwartete Zusammenprall droht. Alle Leute denken an Atomkrieg. Bete zu Gott, er möge unterbleiben.«
Mein Pessimismus war unbegründet, Kennedys Politik am Abgrund machte sich bezahlt, die Russen kniffen im letzten Moment. Möglich,

daß man ihn vielerorts als »Sieger« in dieser Konfrontation feiert, ich tue es nicht. Ich bin nicht bereit zuzugeben, daß irgend etwas, sei es was es wolle, die Vernichtung Hunderter Millionen Menschen rechtfertigt oder die Vernichtung der Welt und der uns bekannten Zivilisation überhaupt. Nein, nicht weil ich vor Angst um mein Leben zittere, mein Leben hat lange gedauert, es war erfüllt und befriedigt. Ich denke vielmehr an meine Kinder und Enkel und die Kinder und Enkel aller meiner Mitmenschen.

Der Privatmann kann auf unterschiedliche Art geehrt werden. Für mich bestand eine spezielle Ehrung darin, daß der ehemalige König Umberto von Italien mich 1962 besuchte.

»Bullimore ließ das goldene Gedeck auflegen. Es gab Hummer, Fasan, Gemüse und Erdbeerpudding, hinterher *bon bons.*«

König Umberto machte großen Eindruck auf mich, er ist gut einen Meter achtzig groß, attraktiv und hält sich königlich. In Kunstdingen weiß er gut Bescheid und zeigt sich als liebenswürdiger, ganz entzückender Gesellschafter, obschon er gewiß die Erziehung genossen hat, die einem ursprünglich regierenden Herrscher zukam.

Gegen Ende dieses Jahres wurde mir eine weitere Ehrung, wenn auch sehr anderer Art, zuteil.

»4. Dezember 1962: Frankreich hat mich zum Offizier der Ehrenlegion ernannt – ich bin sehr geschmeichelt und erfreut.«

Ich habe seit je eine große Anhänglichkeit an Frankreich und seine Bewohner, und das wird so bleiben. Wann und wo immer in Frankreich ich auch gereist bin, stets spürte ich die gleiche freudige Erregung wie bei meinem ersten Besuch im Jahre 1909. Es ist schon so, wie mein Freund, der ehemalige G-Mann und seit Jahren in Frankreich ansässige Oberst Leon Turrou sagt: »Frankreich vereinigt alle Gegensätze, die man sich für sein Leben wünscht. Auf der einen Seite die Pracht und der prikkelnde Reiz von Paris, auf der anderen die behagliche Schönheit der Dordogne. Und dazwischen gibt es unzählige Übergänge . . .«

Am 14. September 1963 wurde ein für Getty Oil gebauter Tanker von 80000 Tonnen auf den Namen meiner geliebten Mutter Sarah Getty in Dünkirchen getauft. Ich hatte meine liebe Freundin Penelope Kitson gebeten, den ehrenvollen Platz der Taufpatin einzunehmen, und als das Schiff ins Wasser glitt, freute ich mich herzlich darüber, daß es auf einer französischen Werft entstanden war. Dieser Anlaß rief Erinnerungen an die Tage wach, die ich mit den Eltern in Frankreich verlebt hatte.

Ich mußte mir aber eingestehen, daß das Frankreich von 1963 nicht mehr das von damals war. Viele Restaurants, die ich früher so gern besucht hatte, gab es nicht mehr: Jimmy's, Carroll's, Big Ben, Florence, das Café de Paris, der Elephant Blanc existierten nicht mehr. Große Teile der Landschaft hatten sich (und wurden noch) in Wohngebiete oder Industriegelände verwandelt. Gleichwohl war Frankreich immer noch Frankreich und bleibt es auch. Französischer Geist, Optimismus und Elan, die unzähligen Eigenarten, die zusammen La Belle France ausmachen, sie sind beständig und bilden einen köstlichen, belebenden Trost in unserem Zeitalter des immer schnelleren Wandels.

32

Das weltweite Aufsehen, das der Artikel in *Fortune* machte, der mich als den reichsten Amerikaner bezeichnete, und der Umstand, daß ich mit Sutton Place endlich eine permanente Adresse hatte, verursachte der Post Ihrer Majestät nicht geringe Mühe. In den auf den Erwerb von Sutton Place folgenden Jahren gab es Monate, in denen ich nicht weniger als 3000 Briefe von mir total unbekannten Leuten erhielt. Solche Briefe kamen (und kommen, wenn auch weniger zahlreich) aus allen Weltgegenden, und die Absender sind Männer wie Frauen aus den verschiedensten Berufen. Die überwiegende Mehrzahl dieser Briefschreiber möchte, daß ich ihnen Geld schicke, denn sie haben gelesen, daß ich »Milliardär« bin.

Manche betteln. Andere fordern rundheraus. Einige möchten ein paar Dollar, andere ein paar hundert. Wieder andere verlangen Summen, die in die Zehntausende gehen oder noch höher. Am meisten verlangte ein Mann, der sich in seinem Brief im übrigen als ein Mensch von klarem Verstand zu erkennen gab; er wollte immerhin 200 Millionen haben. Allerdings kleidete er diesen Wunsch in die Form eines geschäftlichen Vorschlages. Er wollte mit diesem Geld einen Kanal bauen, der dem Panamakanal Konkurrenz machen sollte. Die Durchfahrtsgebühren wolle er mit mir teilen, bot er an. Und zwar bis zu »10% netto«.

Selbstverständlich bedürfte ich eines eigenen Apparates, um die Berechtigung auch nur solcher Bitten zu prüfen, die von anscheinend aufrichtigen Bittstellern vortragen werden. Überdies habe ich unter den or-

ganisierten, angesehenen Wohltätigkeitsvereinen meine Lieblinge. Und schließlich könnte nicht einmal ein Billionär alle diese Bitten nach Art eines Versandhauses erfüllen: In einem einzigen Monat sind insgesamt 75 Millionen erbeten worden, extreme Vorschläge wie der des Kanalbauers nicht mitgerechnet.
Am meisten verblüfft mich, daß viele dieser Bittsteller offen zugeben, nicht Not zu leiden. Sie erklären frei heraus, sie wendeten sich an mich, weil ich »so viel übrig habe«. Ein typisches Beispiel, aus den USA im Frühjahr 1975 stammend, lautet so:

Sehr geehrter Herr Getty:
Ich bin verheiratet, 35 Jahre alt und kinderlos. Ich habe eine recht gute Stellung und ein Nettojahreseinkommen von 9000 Dollar. Aber ich finde es blöde, meine schönsten Jahre mit Arbeit zu vertrödeln, denn das ist die Zeit, in der Mann und Frau ihr Leben genießen sollten.
Sie als mehrfach geschiedener Mann begreifen das sicher besser als andere, deshalb bezweifle ich nicht, daß Sie meiner Bitte Gehör schenken werden. Viel verlange ich nicht – nach Ihren Maßstäben das reinste Trinkgeld. Ich möchte gern zwei Jahre mit meiner Frau um die Welt bummeln. Nachfrage bei einem Reisebüro hat ergeben, daß man das für 70000 Dollar recht gut kann. Falls Sie also das Geld schicken, machen Sie zwei Menschen glücklich, die Ihnen das danken werden. Bestimmt können Ihre Buchhalter es so drehen, daß wir keine Steuern für das Geld zahlen müssen . . .

Die Flut dieser Briefe ist im Laufe der Jahre so angeschwollen, daß ich nur mittels vorgedruckter Briefe damit fertig werden kann. Schon vor Jahren habe ich zwei Fassungen entworfen, einen an Privatpersonen, den anderen an Organisationen, die mir völlig unbekannt sind, aber gleichwohl um Spenden bitten. Solche vorgedruckten Briefe gehen monatlich zu Hunderten heraus, und zwar auf englisch, französisch, deutsch, spanisch und italienisch. Hier der Brief an Privatpersonen:

Ich bedauere, Ihrem Brief nicht mehr Zeit und Aufmerksamkeit widmen zu können. Früher habe ich mich, wie wohl die meisten Menschen, über Post gefreut, und es galt als ein Unglückstag, wenn die Post mir einmal nichts ins Haus brachte. Das ist aber schon Jahre her.
In der internationalen Presse, im Radio und im Fernsehen war viel von

mir die Rede, fast immer im Hinblick auf meinen erworbenen Reichtum. In der Öffentlichkeit neigt man vorschnell zu der Annahme, mein Vermögen, oder doch ein großer Teil davon, wäre bares Geld. Man macht sich nicht klar, daß ich ein tätiger Kaufmann bin, mein Geld daher in Unternehmungen steckt und daß solche Unternehmen, auch die größten, immer wieder Geld borgen müssen. Große Unternehmen tun so etwas nicht, um zu beweisen, daß sie kreditwürdig sind, sondern weil sie bares Geld benötigen. Ich will damit nicht sagen, es fehle mir an Bargeld, um meine Rechnungen zu bezahlen oder ein neues Auto anzuschaffen, weil das alte nicht mehr fährt, sondern nur, daß ich keine größeren Summen Bargeld zur Verfügung habe, die ich nicht dringend für meine Geschäfte benötige.

Wie viele Leute bedenke ich entsprechend meinem Einkommen diejenigen der etablierten Wohlfahrtsorganisationen, für die ich besonderes Interesse habe und die ich bereits seit Jahren unterstütze. Wie die meisten tätigen Kaufleute bekomme ich täglich viel Geschäftspost und verwende im Durchschnitt mehrere Stunden des Tages darauf, sie zu lesen und zu beantworten. Unterließe ich dies, hieße das meine Geschäfte vernachlässigen, von denen viele Menschen abhängig sind.

Außer der üblichen Geschäftspost habe ich in den letzten Jahren Unmengen Post von allen möglichen Menschen erhalten, und zwar fast ausschließlich auf Grund der unerwünschten Publizität, die mir mein angeblicher Reichtum verschafft. Ich habe, wie die meisten Menschen, nichts gegen Publizität, solange sie von der richtigen Art ist und ein vernünftiges Maß nicht überschreitet; ich schätze es aber nicht, daß immer nur davon geredet wird, wieviel Geld ich angeblich habe. Ich finde diese Publizität langweilig, ordinär und noch dazu unzutreffend. Es gibt gewiß viele Menschen, die mehr Bargeld besitzen als ich.

Gleichwohl hat diese Publizität mich genötigt, Tausenden, ja Zehntausenden zu antworten, die aus 75 oder mehr Ländern an mich schreiben, und zwar von 50 bis 1000 Briefen täglich. Wie soll ich mit einer solchen Korrespondenz fertig werden? Viele davon sind fünf bis fünfzehn Seiten lang und kaum lesbar. Alle Briefschreiber wollen etwas von mir, Geschenke, Darlehen, Beiträge, Rat, ein persönliches Gespräch, Arbeit, sie wollen mir etwas verkaufen oder auch »Brieffreundschaften« anknüpfen. Könnte ich persönlich jeden dieser Briefe in vier Minuten beantworten, was sehr kurz wäre, brauchte ich doch für nur 15 Briefe eine ganze Stunde. Ich habe aber auch noch andres zu tun und könnte daher nur

einen Bruchteil der an mich gerichteten Briefe beantworten. Ich bedaure das, denn ich mag die Menschen, ich helfe auch gerne, wo ich kann, und versuche mein Bestes zu tun.
Einem meiner Bekannten, von dem es auch überall heißt, er sei sehr reich, schreiben ebenfalls Tausende von Leuten, die Rat, Hilfe, Arbeit brauchen oder die etwas verkaufen wollen. Dieser Mann hat es aufgegeben, darauf zu antworten; er wirft alle diese Briefe ins Feuer, weil ihm die Mühe einer Antwort zu groß ist. Ich hingegen meine, wenn irgend möglich sollte jedermann der Höflichkeit einer Antwort gewürdigt werden. Ich habe deshalb Hilfspersonal engagiert, das die an mich gerichteten Briefe dieser Art liest und so gut als möglich beantwortet. Einzelpersonen kann ich leider nicht helfen. Ich bezweifele nicht, daß alles, was sie schreiben, aufrichtig und wahr ist. Wären es weniger Briefe von solchen Leuten, könnte ich vielleicht helfen; da aber Hunderttausende solcher Ersuchen an mich ergehen, ist es unmöglich, jedes einzeln zu prüfen und in berechtigten Fällen zu helfen. Kein Privatvermögen wäre über längere Zeit einer solchen Inanspruchnahme gewachsen; selbst in der kurzen Weile, die es brauchte, bis der letzte Pfennig ausgegeben ist, bedürfte es eines riesigen Apparates, um die Verteilung vorzunehmen. Ich kann nur noch einmal sagen, daß ich bedaure, nicht helfen zu können. Sie sollen aber wissen, warum dies nicht geschehen kann.
J. Paul Getty

Organisationen, die sich auf gut Glück an mich wenden, erhalten folgende Antwort:

»Im Auftrag von Mr. J. Paul Getty danke ich Ihnen für Ihren Brief, den Sie im Auftrag Ihrer Organisation an ihn gerichtet haben.
Mr. Getty weiß es zu schätzen, daß Sie sich an ihn gewandt haben, bedauert jedoch, nicht behilflich sein zu können. Dies heißt nicht, daß er den Wert und die Ziele Ihrer Organisation in Zweifel zieht, sondern nur, daß er genötigt ist, seine Hilfe zu beschränken. Es wird Ihnen bewußt sein, daß er von Kirchen und anderen Organisationen in aller Welt zahlreiche Bittgesuche erhält, die er unmöglich alle erfüllen kann.
Da er es für ungerecht hält, den einen etwas zu geben, den anderen aber nicht, hat er sich genötigt gesehen, sein Interesse an religiöser Betätigung und an Bildungsprojekten auf genau bestimmte Weise zu realisie-

ren und seine Spenden auf jene Unternehmungen zu beschränken, die mit seinen Wohnorten verbunden sind.
Mr. Getty bedauert, Ihnen diese Antwort geben zu müssen, zweifelt aber nicht an Ihrem Verständnis.
Hochachtungsvoll
Sekretär

Heiratsanträge, die dutzend- und hundertweise eintreffen, werden nicht beantwortet, weder mit vorgedruckten Briefen noch anderswie. Die Damen, die es für angebracht halten, mir zu schreiben, tun das nicht um meiner schönen blauen Augen willen. Der Reiz, den ich auf sie ausübe, ist von anderer Farbe, nämlich von dem Grün der mir zugeschriebenen Banknoten. Eins muß man diesen Damen lassen: sie sind ungewöhnlich offen und geradeheraus, wie folgende romantische Epistel zeigt, die im Oktober 1975 in Kanada abgefaßt wurde:

Lieber Paul Getty:
Sie sollten wirklich nicht allein und als Junggeselle leben, schon gar nicht in Ihrem Alter und mit Ihrem Geld. Ich bin erst dreiundzwanzig, blond, gesund und kräftig. Ich könnte mich um Sie kümmern. Ich bin bereit, Sie für 100 000 Dollar bar bei Abschluß der Heirat und weitere 100 000 pro Jahr für den Rest Ihres Lebens zu heiraten. Schicken Sie mir ein Flugbillett Erster Klasse, sobald ich da bin, können wir uns über Ihr Testament unterhalten. Ich lege ein paar gute Aktfotos von mir bei, damit Sie sehen, was Sie bekommen . . .«

Als weitere Kostprobe ein Brief, der Anfang November von einer Dame in Pennsylvania an mich geschrieben wurde:

Lieber Mr. Getty:
Eben lese ich in der Zeitung, daß Sie fünf Mal verheiratet und geschieden sind. Warum probieren Sie es nicht noch einmal und machen das halbe Dutzend voll? Meine Tochter wird nächsten Monat achtzehn. Sie hat schon drei Schönheitswettbewerbe gewonnen und ist eine gute Tänzerin. Bestimmt wäre sie eine gute Ehefrau und sehr sexy. Dafür würde ich schon sorgen. Mit 10000 Dollar monatlich für sie und 5000 für mich wären wir bereits zufrieden. Mein Bruder ist Rechtsanwalt und würde den Ehevertrag zum Freundschaftspreis aufsetzen . . .«

Meine Gesellschaften und ich spenden jedes Jahr erhebliche Summen für gute Zwecke. Was ich selber spende und an wen, möchte ich hier nicht aufführen. Das geht nur die Empfänger und mich an. Folgendes mag genügen: Mein Interesse gilt zwei Universitäten, mehreren Organisationen – darunter der World Wildlife Fund – und noch weiteren Projekten. Und ich habe früher schon ausgeführt, daß mein persönliches Vermögen nach meinem Tode zum allergrößten Teil wohltätigen Zwecken zugeführt wird.
Ich möchte noch einige Bemerkungen im Zusammenhang mit wohltätigen Einrichtungen machen. Man glaubt gar nicht, wie hartnäckig manche Leute sind, die Spenden für bestimmte Gruppen oder Einrichtungen sammeln, und was für eine merkwürdige Denkart sie haben.
So wurde ich vor einigen Jahren gedrängt, einer Bildungseinrichtung – nicht einer der beiden Universitäten, die ich erwähnt habe – 100 000 Dollar zu spenden. Diese Institution befindet sich in den USA, und die beharrlichen Bittsteller hatten meine milde Gabe kaum erhalten, als sie auch schon glaubten, eine ergiebige Quelle angestochen zu haben. Ich kann mir vorstellen, daß ihre Reaktion etwa so war:
»Wir haben doch wirklich von Getty 100 000 bekommen, da ist gewiß noch mehr zu holen.«
»Bestimmt! Aber diesmal muß es etwas Großes sein.«
Und sie dachten sich wirklich etwas Großes aus. Nach einem Vierteljahr etwa erschien eine eindrucksvolle Delegation von vier Personen, jede von ihnen in angesehener Stellung innerhalb dieser Institution, und allesamt mit eindrucksvollen akademischen Titeln ausgestattet.
»Wir planen schon lange ein ehrgeiziges Bauprogramm«, so etwa ließe sich zusammenfassen, was sie vorschlugen. »Wir schätzen, daß es etwa zehn Millionen kosten wird, und haben Ihnen alle Unterlagen mitgebracht. Sie brauchen nur hier zu unterschreiben.«
Nicht nur weigerte ich mich, ich bedauerte nachträglich, ihnen auch nur 100 000 gegeben zu haben. Anderswo hätte das Geld sicher besseren Zwecken gedient. Ich brauchte mir nur auszurechnen, was die Flugkarten erster Klasse (Spendensammler reisen fast nie in der zweiten Klasse) die Hotelrechnungen und die Spesen dieser Delegation ausmachten. Zählte man noch dazu, was die Zusammenstellung der Unterlagen und das »Modell« gekostet hat, dann dürften 25 000 Dollar nicht zu hoch gegriffen sein. Anders ausgedrückt, wenigstens 25% der Summe, mit der ich dieser Bildungseinrichtung geholfen hatte, waren prompt dafür aus-

gegeben worden, mir noch mehr Geld aus der Tasche zu ziehen. Solche Vorfälle und Postsäcke voller Bettelbriefe sind mir bereits fatal genug, es gibt aber eine noch wesentlich ärgerlichere Spielart des Spendensammlers, nämlich den, der selbst eine hervorragende Position bekleidet und fast immer selbst sehr vermögend ist. Dieser Typ ist der hartnäckigste. Für sich selbst verlangen diese Leute nie etwas, sie wollen nur milde Gaben für Einrichtungen, die ihnen besonders am Herzen liegen, Kirchen, Krankenhäuser oder ähnliches. Ich mag gar nicht daran denken, wie viele dieser Typen, darunter Millionäre, deren Namen jedermann bekannt ist, das bei mir versucht haben. Der Eröffnungszug sieht meist folgendermaßen aus:

»Sie haben sicher gehört, Paul, daß ich der Ehrenvorsitzende eines Komitees bin, das sich zum Ziel gesetzt hat, 100 Millionen Dollar zusammenzubringen, um ein Institut für die Erforschung der Ursachen des Haarausfalles einzurichten . . .« Oder:

»Wie gut, daß wir uns gerade begegnen, alter Freund. Ich wollte schon lange mal mit Ihnen über eine Organisation sprechen, die großartige Erfolge bei der Heilung trunksüchtiger Fährbootkapitäne erzielt . . .« Oder:

»Sie werden es nicht glauben, aber die Universität . . ., die ich früher selbst besucht habe, möchte einen Flügel an die Bibliothek anbauen . . .«

Solche Leute sind einfach nicht abzuwimmeln, doch von mir bekommen sie so gut wie nie etwas. Ich stelle mich auf den Standpunkt, daß ich meine eigenen wohltätigen Zwecke verfolge. Ich selber sammle unter meinen Freunden *niemals* für meine karitativen Liebhabereien, weil ich davon ausgehe, daß auch sie ihre eigenen bevorzugten Einrichtungen nach besten Kräften bedenken.

Vor kurzem bat mich ein Bekannter – eine sehr bedeutende Persönlichkeit in Amerika –, einen Scheck über eine Million Dollar zu unterschreiben, von welchem Geld an einer Universität im Süden Kaliforniens ein Lehrstuhl für Kunst ausgestattet werden sollte. Ich schützte Armut vor, worauf dieser dilettantische Spendenjäger mich verächtlich anblickte. Ich verriet ihm nicht, daß ich gerade im Begriff war, für 17 Millionen Dollar ein Museum für die Bewohner eben jener Gegend zu errichten. Jeder Dollar dieser Summe kam aus meiner eigenen Tasche, und mit den Baukosten von 17 Millionen war das Ende der Ausgaben längst nicht erreicht. Ich war versucht, meine eigene Regel zu übertreten und diesem hausierenden Multimillionär lächelnd anzubieten, sich doch an meinen eigenen Ausgaben mit etlichen Millionen zu beteiligen, konnte mich aber gerade noch bremsen. Falls er dies hier liest, wird er sich des Vorfalls vielleicht erinnern, möglicherweise sogar etwas ärgerlich.

Da ich das Museum in Kalifornien erwähnt habe, möchte ich eines meiner Betätigungsfelder schildern, das für mich sehr wichtig und sehr befriedigend ist. Es handelt sich um meine Kunstsammlung und darum, wie sie zusammenkam. Diese Geschichte zieht sich durch Jahrzehnte, in deren Verlauf Millionen ausgegeben wurden; sie fing aber sehr bescheiden an.

33

Ich habe zu Beginn meines Berichtes nebenher erwähnt, daß ich 1912 Japan und China bereiste. Diese Reisen waren sehr fruchtbar. Die Bevölkerung Japans beeindruckte mich durch ihre Höflichkeit, ihre Emsigkeit und Gewissenhaftigkeit. Jahrzehnte später wirkte dieser Eindruck in die geschäftliche Realität ein, als die Getty-Gesellschaften Geschäftsverbindungen mit japanischen Firmen knüpften. Getty Oil erwarb etwa 49 Prozent der Anteile an der Mitsubishi Oil Company, und japanische Werften bauten Tanker für uns. Es gab noch viele weitere geschäftliche Transaktionen, und alle wickelten sich ungewöhnlich glatt ab. Ich schreibe dies großenteils der Tatsache zu, daß ich die Japaner kannte und, was wichtiger ist, daß sie mich kennengelernt hatten, meine Gesellschaften, meine Geschäftspraktiken und Ziele.
Mit China hat es vergleichbare geschäftliche Verbindungen nicht gegeben, doch mein Aufenthalt dort im Jahre 1912 war ebenfalls sehr gewinnbringend; ich verdanke ihm Einblicke in den Charakter der Chinesen. Zwar klaffte damals ein unerhörter Unterschied zwischen arm und reich, doch erkannte ich die dem chinesischen Volk eigentümlichen Qualitäten und Kräfte und bewunderte es dafür.
Vor einigen Jahren unterhielt ich mich mit Feldmarschall Lord Montgomery of Alamein bei einem Lunch in seinem Haus über China und die russisch-chinesischen Spannungen. Montgomery verglich die Chinesen mit den Russen, wie er sie selbst kennengelernt hatte, und schloß daran

eine Bemerkung, die meiner eigenen Ansicht über die Chinesen sehr nahe kam.
»Mit den Chinesen würde ich in den Dschungel gehen, mit den Russen weniger gern«, sagte der Feldmarschall.

Im Rückblick erkenne ich als den wertvollsten Gewinn der Reise von 1912 in den Fernen Osten die erste Regung des Verlangens, Kunstwerke zu besitzen. Stark angerührt von der Zartheit und der Eleganz orientalischer Kunst, kaufte ich Elfenbeinschnitzereien, Bronzen und Lackarbeiten. Die Erwerbungen waren bescheiden, ich besitze sie jedoch noch, und man kann sie in gewissem Sinne als das Fundament meiner Kunstsammlung betrachten.
Aber nur in einem sehr eng begrenzten Sinne.
Dieser latente Drang, Kunst zu sammeln, verfiel, nachdem er sich so flüchtig gerührt hatte, für die nächsten achtzehn Jahre in tiefen Schlummer. Ich vermute jedoch, die Liebe zur Kunst wächst im stillen, wenn sie sich nur überhaupt einmal geregt hat. Während meiner vielen Auslandsreisen zwischen 1912 und 1930 besuchte ich überall die großen Museen und Galerien, häufig mehrfach. Wahrscheinlich unbewußt nahm meine Liebe zu Kunstwerken stetig zu, es muß ein Prozeß visueller Osmose gewesen sein. Je mehr ich sah, desto mehr wollte ich sehen, und der Wunsch, zu betrachten, mag sich sehr wohl in den Wunsch verwandelt haben, zu besitzen. Diese Variante machte sich aber erst 1930 bemerkbar; da kaufte ich ein Gemälde von Jan Van Goyen für 1200 Dollar. Es folgte ein weiterer Winterschlaf, dann jedoch, nur wenige Jahre später, mußte ich feststellen, daß ich ein hingebungsvoller und ernster Sammler geworden war.
Ich hatte mir keinen Plan zurechtgelegt, ich kaufte, was mir gefiel, was meinem Geschmack entsprach und meinem ästhetischen Bedürfnis. Keinen Moment glaubte ich, eines Tages eine Sammlung zu besitzen, deren Umfang ein öffentliches Museum darum herum verlangte. Ich spezialisierte mich auch nicht, jedenfalls nicht am Anfang.
Als 1933 in der Galerie Anderson in New York die Sammlung Ryan zum Verkauf kam, erwarb ich zehn Gemälde des spanischen Impressionisten Joaquin Sorolla y Bastida. Man kann sich kaum einen größeren Gegensatz denken als den zwischen einem Van Goyen und einem Sorolla y Bastida, doch, wie schon gesagt, ich kaufte einfach, was mir gefiel.

Zugegeben, ich begann das Sammeln in einem günstigen Augenblick. Mitte und Ende der Zwanziger Jahre waren wenige wirklich gute Kunstwerke auf dem Markt. Die besten Stücke befanden sich in Museen, großen Privatsammlungen oder in Händen, die sie festhielten.
Die USA erfreuten sich in den Zwanziger Jahren großen Wohlstandes, und es gab in Amerika, Großbritannien und Europa sehr viele märchenhaft reiche Sammler, die erbittert miteinander um Objekte stritten, wobei Geld keine Rolle spielte. Stücke, die auf den Markt kamen, erzielten durch nichts gerechtfertigte Phantasiepreise.
Als Geschäftsmann war ich damals schon erfolgreich, gehörte aber, verglichen mit solchen Sammlern, zu den kleinen Fischen. Nicht entfernt verfügte ich über die Mittel, um gegen Sammler vom Kaliber Mellon, Rothschild, Schiff oder Hearst zu bieten. Ende der Zwanziger Jahre glaubte ich, offen gestanden, die Zeiten wären vorüber, da Einzelpersonen darangehen konnten, sich eine gute Sammlung zuzulegen. Männer, Familien und Dynastien, die ihre Millionen zusammengebracht hatten, längst ehe ich ins Wirtschaftsleben eintrat, ja ehe ich geboren wurde, besaßen ein offenbar nicht zu durchbrechendes Monopol auf Kunstwerke. Was in den vorangegangenen Jahrzehnten den Weg auf den Markt gefunden hatte und wert war, gekauft zu werden, hatten sie erworben.
In Europa besaß der Adel noch große Kunstschätze, diese Leute waren im allgemeinen jedoch finanziell gut gestellt, und falls doch einmal einer von ihnen ein Stück verkaufte, schnappte es sich ein etablierter superreicher Sammler und bezahlte viel und bar.
Diese Lage veränderte sich erschreckend plötzlich. Der Bankenkrach von 1929 und die darauf folgende Wirtschaftskrise wirkten sich nicht nur verheerend auf Finanzkreise aus, sondern auch auf die Kunstwelt. Wer vordem mit fester Hand die schönsten Kunstwerke gehalten hatte, sah sich häufig genötigt, seinen Griff zu lockern. Erlesene Stücke fanden nach und nach ihren Weg auf den Markt, und das zu Preisen, die zuvor nicht für möglich gehalten worden wären. Der künftige Sammler, der auch bloß über einige Mittel verfügte, um seine Wünsche – oder seine Leidenschaften – zu stillen, fand jetzt Gelegenheit, herrliche Kunstschätze zu erwerben.

»Die Kunstwerke, die ich besitze, sind für mich lebendig. Sie verkörpern ihre Schöpfer, sie spiegeln deren Hoffnungen, Träume und Enttäuschungen. Sie haben ein bewegtes Leben hinter sich; von den Adligen

wurden sie verwöhnt, von den Revolutionären geplündert, sie wurden angebetet und kaltblütig im Stich gelassen. Im Salon nahmen sie den Ehrenplatz ein, oder man verwies sie auf Dachböden. Sie haben viele Welten gesehen, und alle gingen vorüber. Die Welt, der sie entstammen, ist nicht mehr, sie aber leben fort und sind fast alle unverändert schön.«
Dieses Zitat entnehme ich dem Buch *Collector's Choice*, das ich zusammen mit Ethel Le Vane geschrieben habe. Der Verleger Mark Goulden, selbst ein kenntnisreicher Sammler, schmeichelte mir mit der Behauptung, in diesen sechs kurzen Sätzen sei alles ausgedrückt, wofür viele Sammler und Kunstkritiker ganze Bände brauchten. Ein Rezensent setzte diesem Kompliment mit folgenden Worten die Krone auf: »Diese wenigen Zeilen machen dem Leser begreiflich, was den Kunstsammler bewegt und ihn anregt . . .«
In unserem glattzüngigen, kurzlebigen Zeitalter mag es banal klingen, doch die Schönheit, die man in der Kunst findet, gehört zu den jammervoll wenigen Produkten menschlichen Strebens, die echt und von Dauer sind. Schönheit überdauert. Ein Kunstwerk lebt – ja, es lebt wirklich – durch Generationen und Jahrhunderte, und ihm verdanken wir wahrscheinlich das einzige Kontinuum in der menschlichen Geschichte.
Ich hatte Kunstbücher und kunstgeschichtliche Werke gelesen, bevor ich mir Museen und Galerien ansah, und fand es doch nicht ausreichend. Ich wandte mich an Persönlichkeiten, die nach Bildung, Ausbildung und Beruf als verläßliche Lehrer und Gutachter gelten konnten, und hatte dabei großes Glück. Mein eigenes Wissen und mein Geschmack verfeinerten sich dank der Hilfe von Männern wie Colin Agnew, Bernard Ashmole, Bernhard Berenson, John Brealey, Gerald Brockhurst, Jean Charbonneaux, Ludwig Curtius, Edward Fowles, Cecil Gould, Julius Held, Sir Philip Hendy, Leon Lacroix, Philip Pouncey, Stephen Rees Jones, Mitchell Samuels, Alfred Scharf, W. Valentiner, Pierre Verlet, Francis Wescher und Frederico Zeri.
Ganz besonderen Dank schulde ich Mrs. Frederick Guest. Als ich 1935 genötigt war, meine Geschäfte von New York City aus zu führen, mietete ich Mrs. Guests wunderschöne Penthousewohnung am Sutton Place 1 (ja, auch mir ist die Namensgleichheit zweier meiner Wohnsitze aufgefallen!)
Mrs. Guest hatte einen superben Geschmack. Die Wohnung war mit prachtvollen französischen und englischen Möbeln des 18. Jahrhunderts ausgestattet, und mein Aufenthalt dort reichte aus, mir begreiflich zu

machen, daß schöne Möbel keine geringeren Kunstwerke sind als Gemälde oder Skulpturen.

Ich beschloß dann, mich auf fünf Kategorien von Kunstwerken zu beschränken – auch wenn ich von dieser Regel mit wachsender Kenntnis und Erfahrung Ausnahmen machte –, die mir am besten gefielen:

1. Antike griechische und römische Plastiken, Bronzen, Mosaiken und Wandmalereien.
2. Renaissancegemälde.
3. Persische Teppiche des 16. Jahrhunderts.
4. Gobelins.
5. Französische Möbel und Tapisserien aus dem 18. Jahrhundert.

Ich wiederhole: Ich habe viele Ausnahmen gemacht und viele schöne Stücke gekauft, die nicht in diese Kategorie fallen.

Es versteht sich von selbst, daß ich wie jeder Sammler über den Erwerb meiner Stücke zahllose Anekdoten zum besten geben könnte. So etwa die bekannte vom Kauf eines Gemäldes, das ich für 200 Dollar bei Sotheby auf einer Auktion erstand und das sich später als »Madonna del Velo« von Raphael herausstellte und mehr als eine Million wert war.

Erwähnenswert wäre der Triumph, den es bedeutete, den berühmten »Herkules« aus der Sammlung Lansdowne zu erwerben. Diese Statue, 1790 in den Trümmern von Hadrians Villa außerhalb Roms aufgefunden, wurde vom Marquis von Lansdowne gekauft, der dieses Kunstwerk aus pentelischem Marmor nach England brachte. Es wurde hier immer berühmter und galt schließlich als das schönste und wertvollste Stück seiner großen Sammlung.

Adolf Michaelis, führender Kenner von antikem Marmor, nannte den »Herkules« von Lansdowne »vermutlich die bedeutendste klassische Statue in einer englischen Sammlung«.

Die Nachkommen des Marquis trennten sich nicht davon, und in Sammlerkreisen war man überzeugt, die Familie werde nie und um gar keinen Preis verkaufen. Als 1930 die Preise für Kunstwerke schon sehr gedrückt waren, hatte die Familie Lansdowne an John D. Rockefeller jr. für 140000 Dollar ein geringerwertiges Stück verkauft, die »Verwundete Amazone«.

1938 stöberte ich eines Nachmittags bei Christie herum und kam mit dem Geschäftsführer ins Gespräch; wir gingen gemeinsam ins Ritz zum Essen. Ich erwähnte, ich sei stets auf der Suche nach einer Marmorplastik von Museumsqualität.

»Sagen Sie nicht, von wem Sie es wissen«, murmelte mein Begleiter, »aber es heißt, dies und das sei aus der Sammlung Lansdowne zu haben. Meistens wird das über Spink & Sohn abgewickelt.«
Mehr brauchte ich nicht zu wissen. Ich begann behutsame und, wie sich herausstellte, langwierige Verhandlungen mit Spink und der Familie Lansdowne, die zu einem geradezu unglaublichen Ende führten: Ich erwarb den »Herkules« für etwa 30000 Dollar plus zehnprozentiger Kommission für Spink.
Ein weiterer märchenhafter Glücksfall war der Erwerb dreier Stücke der weltberühmten Elgin Marbles. Eines davon, »Myttion«, eine Grabstele aus dem vierten Jahrhundert vor Christus, darstellend ein junges Mädchen, gehört zu meinen Lieblingsskulpturen. Eben dieses Stück riß Bernhard Berenson zu solchen Beifallsäußerungen hin, als er das Foto sah. Ich habe schon berichtet, daß Berenson seinen Assistenten herbeirief und zu ihm sagte: »Das ist ein Stück, das ich selbst gern hätte.«
Von allen Meistern zähle ich Rembrandt zu den Größten, seine »Nachtwache« scheint mir das schönste Gemälde überhaupt. Jedenfalls ist es mein Lieblingsbild. Immer wieder habe ich ganze Stunden davor im Rijks Museum verbracht und mich in den Anblick verloren. Als ich kürzlich las, es sei von einem übergeschnappten Vandalen beschädigt worden, kam es mir vor, als wäre das Messer in mein eigenes Fleisch gedrungen, und ich meine das wörtlich.
1928 sah ich mir die große Rembrandtausstellung im Boymann-Museum in Rotterdam an, eine Stadt, die ich liebe, wie ich überhaupt Holland liebe. Dort erblickte ich zum ersten Mal das zweite von Rembrandt ausgeführte Auftragsportrait, das er 1632 mit 26 Jahren malte: »Marten Looten«. Dieses Bildnis war im Besitz des wohlhabenden und sehr patriotischen holländischen Sammlers Anton W. W. Mensing, der mehr als 300000 Dollar dafür bezahlt hatte, um es im Land zu halten.
Zehn Jahre später hörte ich, daß die große Sammlung Mensing aufgeteilt werden sollte, und setzte mich sofort mit dem Kunsthändler in Verbindung, der auch sonst für mich in den Niederlanden Ankäufe tätigte. Die Preise waren in Europa in Erwartung des bevorstehenden Krieges stark gefallen, ich ermächtigte den Händler jedoch, für »Marten Looten« bis zu 100000 Dollar zu bieten. Ich verlangte allerdings, er müsse meine Identität geheimhalten und dürfe nur von einem »anonymen amerikanischen Auftraggeber« sprechen.
Die Versteigerung der Sammlung Mensing wurde für die Besitzer eine

Enttäuschung, denn die Gebote blieben niedrig. Zu meiner Verblüffung wurde mir »Marten Looten« schon bei 65000 Dollar zugeschlagen, und damit löste ich unfreiwillig fast eine internationale Krise aus. Presse und Öffentlichkeit in Holland waren außer sich, daß eine so große nationale Kostbarkeit an einen »anonymen amerikanischen Auftraggeber« gefallen war und nach Amerika gehen sollte. Es wurde öffentlich Geld gesammelt, um meinen Preis zu überbieten, dabei kam aber nichts heraus. Ich ließ das Bild nach New York transportieren und auf der Weltausstellung zeigen, wo es im Pavillon der Künste von Hunderttausenden gesehen wurde. In Holland legte sich der Groll aber nicht, und es mußten zehn Jahre vergehen, bevor ich den Versuch machen konnte, die Holländer zu beschwichtigen.

Im August 1949 befand ich mich wiederum in Rotterdam und meldete mich bei Professor Van Dillen, einem holländischen Kunstkenner, der mit am lautesten den Verkauf von »Marten Looten« an den »ungenannten Amerikaner« verurteilt hatte. Als Kunstkritiker avisiert durfte ich zum Tee kommen. Wir sprachen über Kunst im allgemeinen und Rembrandt im besonderen, und er zeigte sich erstaunt darüber, daß ein Amerikaner über diesen großen holländischen Meister und sein Werk so gut Bescheid wußte. Ich gab mich schließlich zu erkennen und bekannte, daß ich damals »Marten Looten« gekauft hatte. »Sie dürfen nicht vergessen, Rembrandt bleibt trotzdem Holländer«, sagte ich. »Das Bild ist zwar in Amerika, es spielt dort aber die Rolle eines kulturellen Beauftragten Ihres Landes, seiner Geschichte und seines Erbes.«

So redete ich und redete, und das Gesicht von Professor Van Dillen wurde freundlicher.

»Sie haben Recht, und ich hatte Unrecht«, gab er schließlich zu.

Nicht nur war es mir gelungen, die Abneigung der Holländer gegen mich zu mindern, ich hatte auch einen Freund gewonnen. Professor Van Dillen redete seinen Kollegen gut zu, und in holländischen Kunstzeitschriften erschienen nach einer Weile Artikel zu meinen Gunsten. Schon nach sehr kurzer Zeit waren alle feindseligen Gefühle für alle Zeit ausgeräumt.

Noch zwei kuriose Anekdoten möche ich erzählen. Die erste betrifft den Ardabil-Teppich, der aus dem 16. Jahrhundert stammt und »so gut ist, daß man christlichen Augen nicht erlauben darf, ihn zu betrachten«, wie Moslems in Persien erklärten. 1890 fiel der Teppich jedoch einem englischen Händler in die Finger, der ihn an den amerikanischen Geldmagnaten Clarence Mackay verkaufte. James M. Whistler, der amerikanische Maler und Kupferstecher, schrieb, nachdem er den Teppich gesehen hatte: »Er ist so viel wert wie alle je gemalten Bilder zusammen.«

Der »Ardabil« wanderte durch drei große Sammlungen, die Sammlungen Mackay, Yerkes und De la Marr. Als die Sammlung De la Marr zum Verkauf kam, gab Lord Joseph Duveen seinen Teilhabern Erlaubnis, bis zu 250 000 Dollar für das prachtvolle persische Stück zu bieten. Die Gebote blieben niedrig, und zu seinem Entzücken erhielt der Lord den Teppich für 57000 Dollar zugeschlagen. Da ich mit ihm bekannt war, fragte ich ihn, ob er mir ihn verkaufen wolle, worauf er antwortete: »Niemand hat genug Geld, mir den ›Ardabil‹ abzukaufen.«

1938 standen wir erstmals unmittelbar vor Kriegsausbruch, und Lord Duveen, damals 68, ließ sich von der Angst anstecken. Er bot mir den Teppich für knapp 70000 an. Ich akzeptierte auf der Stelle. Um den Preis war er geradezu geschenkt.

Später fühlte man im Auftrag des Königs Farouk von Ägypten bei mir vor, ob ich willens sei, den berühmten Ardabil-Teppich zu verkaufen, den er seiner Schwester, der Prinzessin Fawzia, zum Geschenk machen wollte anläßlich ihrer Hochzeit mit dem Schah von Persien. Der König bot eine Viertelmillion Dollar. Ich lehnte ab und wies auch alle Versuche zurück, mich mit einem höheren Preis zu ködern.

Den »Ardabil« stiftete ich dem Los Angeles County Museum, und seine Schönheit kann von allen Augen betrachtet werden, von Moslems, Christen und Angehörigen jedwelcher Religion.

In ihrer kürzlich veröffentlichten Autobiographie *Vergißmeinnicht* berichtet meine sehr liebe Freundin Margaret, Herzogin von Argyll, wie der Herzog mich durch ganz Italien verfolgte, weil er mir einen unbezahlbaren französischen Schreibtisch aus dem 18. Jahrhundert verkaufen wollte. Ich erinnere mich an diesen Vorfall etwas anders, doch der Herzog mag ihr einen etwas gefärbten Bericht gegeben haben.

Es handelt sich um den berühmten »Gattentisch«, den Pierre Verlet, Kustode der Abteilung Möbel und Kunstgegenstände im Louvre, als das »am meisten hervorragende« Exemplar seiner Art bezeichnet hat. Angefertigt wurde er von einem aus Holland stammenden bedeutenden Kunsttischler, der seine Arbeiten Bv [oder u] RB zeichnete. Kunsthistoriker haben ihn als Bernard van Risenbourgh identifiziert.

Wie auch immer, wir schrieben das Jahr 1950, und ich speiste mit dem Herzog von Argyll bei White. Beim Kaffee bemerkte er nebenher, er habe »einige Möbelstücke aus dem 18. Jahrhundert« geerbt, darunter einen Schreibtisch, den er verkaufen wolle. »Falls es Sie interessiert, können Sie ihn sich in Inverary ansehen.« Inverary war das Schloß seiner Ahnen im Norden Schottlands.

Ein Ausflug dorthin lockte mich wenig, denn wir waren mitten im Winter. Ich wandte mich deshalb lieber an einen Bekannten, der angeblich über jedes bedeutende französische Möbelstück des 18. Jahrhunderts auf britischem Boden Bescheid wußte, und dieser Mann versicherte mir, der Herzog könne unmöglich wertvolle Stücke besitzen. Diese Autorität, möchte ich noch hinzufügen, war ein Kunsthändler, und das war vielleicht nicht ohne Einfluß auf das, was nun geschah.

Die »Autorität« begab sich bald darauf, ohne mir etwas davon zu sagen, nach Inverary, erkannte den vom Herzog erwähnten Tisch als den berühmten Gattentisch des bedeutenden BvRB und begriff, daß dieser ein Vermögen wert war. Ein Jahr später erfuhr ich, daß er sich in den Händen des Kunsthändlers in New York befand, und konnte den prachtvollen Doppeltisch dann endlich erwerben; freilich betrug der Preis das Vielfache dessen, was ich dem Herzog hätte zahlen müssen, wäre ich seiner Einladung nach Inverary gefolgt und hätte unmittelbar mit ihm verhandelt.

Jeder Sammler lernt bald, daß nicht jeder Kauf eine Occasion sein kann und daß mancher Erwerb einem Sieg gleichkommt, einerlei wie hoch der Preis war.

Nebenbei und als eine Art Fußnote möchte ich noch anfügen, daß die jüngste Forschung zu der Ansicht neigt, »Gattentisch« sei eine falsche Bezeichnung, vielmehr bestehe Grund zu der Annahme, der Tisch sei für die Zwillingstöchter von Ludwig XV. angefertigt worden, die Prinzessinnen Marie-Louise Elisabeth und Anne-Henriette, damit die Schwestern Schularbeiten und Korrespondenz gemeinsam erledigen konnten. Dokumentarische Beweise liegen dafür nicht vor, doch ob für einen Mann und seine Ehefrau oder für Zwillingsprinzessinnen angefertigt, der Doppeltisch gehört zu den schönsten französischen Möbelstücken aus dem 18. Jahrhundert, die wir besitzen.

34

In den Vierziger Jahren gab ich das Rauchen auf. Gelegentlich trinke ich ein Glas, Alkohol hat mir aber nie zu schaffen gemacht. Was Drogen betrifft, begnüge ich mich mit Aspirin und Antibiotika. Eine Sucht aber kann ich nicht bekämpfen, die Sucht, Kunst zu sammeln. Dem Rauschgiftsüchtigen sagt man nach, er trage einen Affen auf der Schulter, mir aber kommt es vor, als schleppte ich manchmal eine ganze Horde Gorillas mit mir herum.

Glauben Sie mir, ich habe alle Heilmittel erprobt. Ich habe mir gesagt, mit Willenskraft und Entschlossenheit mußt du es schaffen; ich habe mich von Galerien, Auktionssälen und Leuten ferngehalten, die ein besonders erlesenes Sück ihr eigen nannten und es privat zu verkaufen wünschten, und als das nichts half, versuchte ich es mit einer Schocktherapie, indem ich mir ausrechnete, was ich in einem bestimmten Zeitraum für Kunstgegenstände ausgegeben hatte. Wenn ich die siebenstellige Zahl anschaute, befiel mich wirklich der Schrecken, nur hielt er leider nicht an.

Auch völlige Enthaltsamkeit, der totale Entzug, den man im Jargon »die kalte Kunst« nennt, nutzte nichts. Ich brauchte nur zu hören, daß im Metropolitan Museum, in der Tate Galerie, im Louvre oder sonst in einem bedeutenden Museum ein Künstler ausgestellt wurde, dessen Werk mich interessierte, dann war ich nicht zu halten, jedenfalls nicht, wenn ich mich in der Nähe aufhielt. »Nur einmal ansehen«, nahm ich mir vor.

»Ansehen« erweckte die Sucht aber unfehlbar wieder zum Leben, und der nächste etablierte Händler, den der Süchtige selbstverständlich kennt, wohnt denn auch gleich in der Nähe des Museums oder der Galerie. Nur beschämt kann ich jene Eintragungen betrachten, die davon zeugen, wie rasch ich immer wieder rückfällig geworden bin.

»5. Oktober 1958: Kunst kaufe ich nicht mehr, höchstens noch ganz etwas Verlockendes.«

»19. März 1959: Mein Agent hat einen Averkamp, einen Canaletto, einen Degas und einen Renoir für mich gekauft. Die Bilder gefallen mir.«

Tags darauf heißt es schon:

»20. März: Mein Agent hat einen Corot aufgetrieben, einen Renoir, ei-

nen Vlaminck, einen Utrillo und eine Zeichnung von Valadon. Alles für die Sammlung. Der Renoir ist wunderschön.«
Einige Monate später:
»Ein schönes Porträt von Gainsborough gekauft für 34000 Pfund, plus Kommission von 10%.«
1960 war ich wieder fest entschlossen, mich zu bessern:
»15. Juli: Muß unbedingt aufhören, Bilder zu kaufen. Ich habe jetzt genug Geld reingesteckt. Auch antike Marmorstatuen und Bronzen brauche ich keine mehr. Und wozu französische Möbel! Mein Vorsatz ist gefaßt, ich ändere ihn nicht mehr.«
Doch erstens kommt es anders ...
Ausgerechnet in jenem Jahr kamen »Die Pantry« von Synders-Boeckhurst auf den Markt und Bonnards »Weiblicher Akt«. Vorsatz hin, Vorsatz her, da konnte ich nicht widerstehen. Im Jahr darauf wurde mir das atemberaubend leuchtende Bild »Diana und ihre Nymphen beim Aufbruch zur Jagd« von Peter Paul Rubens angeboten, und wieder konnte ich nicht widerstehen, obschon der Preis sechsstellig war, und zwar ziemlich weit oben. Im Jahr darauf konnten die Affen auf meinem Rücken sich vor Lachen kaum noch halten, als ich für den »Heiligen Bartholomäus« von Rembrandt eine halbe Million Dollar hinblätterte.
Hierauf nun trug am 2. August 1962 J. Paul (hoffnungsloser Fall) Getty ein neues feierliches Gelübde in sein Tagebuch ein:
»Genug Geld für Kunst ausgegeben. Es reicht jetzt endgültig, ich höre damit ein für allemal auf.«
Unnötig, die Liste der Gegenstände aufzuführen, die ich bis zum Jahr 1964 in Übertretung dieses Gebotes erwarb. Sie würde zu lang. 1965 griff ich zu einem neuen Mittel: Statt mich meinem Tagebuch anzuvertrauen, legte ich meine Schwüre in der Öffentlichkeit ab. In meinem Buch *The Joys of Collecting*, das im gleichen Jahr erschien, heißt es:
»Ich sammelte bis 1964, dann hörte ich so gut wie auf. Ich meinte, jetzt genug gerafft und eine Sammlung zusammengebracht zu haben, die sich zeigen kann; jetzt sei es Zeit, anderen das Feld zu überlassen.«
Ich sage das nicht gern, doch ich bin nicht nur süchtig, ich bin – wenn es um das Sammeln von Kunst geht, wie sich an meiner einschlägigen Tätigkeit in den Jahren 1965–1975 gezeigt hat – ein Mensch, den man nicht beim Wort nehmen darf. Ob ich mir nun selber verspreche, mit dem Sammeln aufhören zu wollen, oder einer breiten Öffentlichkeit: Halten kann ich ein solches Versprechen auf die Dauer eben nicht.

Jean Charbonneaux, Mitglied des Institut de France und Kustode der Antiquitäten im Louvre schreibt irgendwo:
»Allgemein läßt sich sagen, daß der Sammler sich auf eine bestimmte Epoche oder auf eine bestimmte Kategorie von Gegenständen beschränkt.« Das ist wohl zutreffend, jedenfalls habe ich das in vielen mir bekannten Privatsammlungen feststellen können. Irgendwann einmal – Gott allein weiß, wann – hat wohl irgendwer die Regel aufgestellt, der Sammler solle sich spezialisieren. Und an diese Regel haben sich die Privatsammler mit wenigen bemerkenswerten Ausnahmen gehalten.
Ich mag alles möglich sein, ein Konformist aber war ich nie, jedenfalls nicht in dem Sinne, daß ich überkommene Weistümer für unfehlbar halte. Im Gegenteil, oft genug mußte ich feststellen, daß nichts so anfechtbar und unzuverlässig ist wie diese. Und das gilt für alle Gebiete menschlichen Strebens, wie mir die Erfahrung zeigt. Zwar habe ich nie in der vorgefaßten Absicht gehandelt, gegen die Konvention zu verstoßen und Götzen zu zertrümmern, doch habe ich es auch nicht darum unterlassen, weil »man« so etwas nicht tut.
Und gleiches gilt für meine Kunstsammlung. Ich bin Eklektiker. Im wesentlichen habe ich zwar meine Energien und meine Mittel aufgewendet, um Gegenstände zu sammeln, die den fünf genannten Kategorien zugehören, doch leuchtete mir nie ein, warum eine Sammlung, in der Rembrandt und Rubens vorkommen, nicht auch einen Gauguin und einen Vlaminck enthalten soll. Eine Tapisserie von Boucher verträgt sich in einer Sammlung sehr gut mit einem persischen Teppich aus dem 16. Jahrhundert, und ein attischer Marmor geht sehr wohl mit einem etruskischen Bronzehelm zusammen, vorausgesetzt, der künstlerische Wert ist bei allen unzweifelhaft und sie haben Museumsqualität.
Als ich zu sammeln begann, kaufte ich, was mir gefiel, und kaufte nur für mich selber. Das heißt, was ich da mit Geld aus der eigenen Tasche erwarb, Gemälde, Skulpturen oder Möbel, war eben, was ich persönlich zu besitzen wünschte. Meist wurden sie in mein Haus in Malibu Beach geschickt, doch manches Stück stiftete ich selbstverständlich auch einem Museum oder lieh es aus. Die zehn Gemälde des spanischen Impressionisten Joaquin Sorolla y Bastida, die ich schon erwähnte, schmücken zum Beispiel in Malibu das Lanai-Zimmer.
Das war die Anfangsphase meines Sammlerdaseins, und die ihr zugrunde liegende Philosophie hielt nicht lange vor. Vor etwa einem Vierteljahrhundert wurde mir klar, daß meine Sammlung zu bedeutend ge-

worden war, als daß ich sie dem Publikum vorenthalten dürfte. Diese Sinnesänderung ist durchaus erklärlich, viele Privatsammler erleben ähnliches. Wenn man erst einmal eine Menge schöner Kunstgegenstände gesammelt hat, bekommt man Gewissensbisse, weil man sie für sich allein behält.

Der Unterschied zwischen dem Barbaren und dem vollgültigen Mitglied einer kultivierten Gesellschaft zeigt sich in der Haltung des Individuums zur Kunst. Liebt das betreffende Individuum Kunst, ist es kein Barbar. So einfach ist das meiner Meinung nach.

Es ist tragisch, doch 50% der Menschen, denen man auf der Straße begegnet, müssen nach diesem Maßstab als Barbaren eingestuft werden. Diese Personen hacken ungerührt Bäume um – einerlei, wie schön oder gesund ein Baum ist –, sie reißen schöne alte Gebäude ab, sie verwüsten wahllos Werke der Kunst und Architektur. Selbstverständlich tun sie das alles, wie sie beteuern, um des Fortschrittes, um der Modernisierung willen.

Man kann aus Barbaren des 20. Jahrhunderts keine kultivierten, zivilisierten Menschenwesen machen, bevor sie sich nicht Kunstverständnis und Liebe zur Kunst zugelegt haben. Und dazu braucht es, daß sie mit Kunst konfrontiert werden, daß sie Kunst sehen können, verstehen lernen, sie endlich begreifen und bestaunen.

Dies war neben vielen anderen die Überlegung, die dazu führte, daß die Sammlung Getty der Öffentlichkeit zugänglich gemacht wurde. Ich gründete in Kalifornien das J. Paul Getty Museum. An mein Haus in Malibu Beach wurde ein großer Flügel angebaut für die vielen Werke aus meiner Sammlung, die der Öffentlichkeit zugänglich gemacht wurden und die mir nicht mehr gehörten, weil ich sie dem Museum gestiftet hatte. Verglichen mit dem, was später daraus wurde, war das »Getty Museum« damals recht bescheiden. Immerhin stand es dem Publikum bei freiem Eintritt zur Verfügung, und Einheimische wie Touristen nahmen die Gelegenheit wahr, meine Kunstschätze zu bewundern, die in keinem Museum westlich des Mississippi ihresgleichen hatten.

Die Reaktion der Besucher bereitete mir und den Mitarbeitern im Museum große Befriedigung. War ihre Zahl schon anfangs überraschend hoch gewesen, so nahm sie Jahr um Jahr noch zu. Zugleich vergrößerte sich aber auch unaufhaltsam meine Sammlung. Bald stellte sich heraus, daß der Platz nicht ausreichte, alles zu zeigen; es wurde neuer Platz geschaffen, doch auch der genügte rasch nicht mehr.

Nun stand der Verwaltungsrat der Museumsstiftung vor einer schwierigen Entscheidung: Was war sinnvoller, anzubauen oder neu zu bauen? Da am Ende einzig ich persönlich die Rechnung bezahlen mußte, unterbreitete man mir die Angelegenheit und ich hörte mir an, was dafür sprach und was dagegen. »Lassen Sie Pläne für ein neues Gebäude machen«, ordnete ich an, machte aber die Einschränkung: »Für einen Betonbunker oder so ein Ding aus farbigem Glas und Stahlrippen, wie sie jetzt gerade Mode sind, gebe ich keinen Pfennig.«
Das war allen Beteiligten ungemein lieb, denn auch sie wünschten, daß das Museum selbst ein einzigartiges Kunstwerk sein sollte.

Manche Leute halten mich für einen gescheiten Geschäftsmann und gerissenen Unterhändler. Damit mag es stehen, wie es will, jedenfalls war nichts davon zu spüren, als ich einwilligte, die Baukosten des neuen Museums und die laufenden Betriebsausgaben dafür zu übernehmen.
Experten beziffern den Wert der von mir dem Museum gestifteten Sammlung auf mehr als 200 Millionen Dollar. Wäre ich wirklich so durchtrieben, wie man sagt, so hätte ich dem Beispiel von Joseph Hirschhorn folgen müssen, der 1964 seine Sammlung »Dem Volk der Vereinigten Staaten« stiftete, aber unter bestimmten Voraussetzungen. So etwa sollte das die Sammlung aufnehmende Gebäude und dessen Unterhaltung aus öffentlichen Mitteln bezahlt werden. Der Staat hatte für die Gehälter aller im Museum Beschäftigten aufzukommen. Geschähe dies nicht, so ließ Hirschhorn anklingen, würde er mit seiner Sammlung anderswohin gehen.
Die Sammlung Getty hätte leicht in 50 Städten der Welt eine Heimat finden können, und als kaltblütiger Unterhändler hätte ich die gleichen Bedingungen aushandeln können wie Hirschhorn. Ich hätte nur meine Bereitschaft verlautbaren müssen, einer Stadt meine Sammlung zu überlassen, die mindestens 5 Hektar Vorzugsland bereitstellt, ein Museum genau nach meinen Angaben baut und sämtliche Kosten, einschließlich der eines zeitlich begrenzten Unterhalts, übernimmt. Das wäre dann für mich auch finanziell von Vorteil gewesen. Indessen, mich bestimmten andere Überlegungen.
Meine Absicht war, dem Publikum freien Eintritt zu gewähren, und zwar einschließlich freien Parkens, und wenn das Museum städtisch oder staatlich beaufsichtigt würde, konnte derartiges nicht gewährleistet werden. Solche Museen werden zwar aus Steuergeldern subventioniert,

doch verlangen fast alle Eintritt, und nur vor wenigen kann man parken – umsonst gleich gar nicht.
Ich bin ein etwas altmodischer Mensch. In meiner Jugend lernte ich, daß ein Geschenk etwas ist, das man aus eigener Neigung macht, ohne Bedingungen daran zu knüpfen, einerlei ob man einem Menschen etwas schenkt oder der Allgemeinheit. Andernfalls ist es kein Geschenk, sondern eine geschäftliche Transaktion. Hätte ich mit meiner Sammlung ein Geschäft machen wollen, ich hätte sie zum Höchstpreis losgeschlagen. Dabei hätte ich einen großen Profit erzielt, denn so gut wie alle meine Stücke waren unterdessen im Wert gestiegen, einen Profit sogar nach Abzug der Kapitalertragsteuer.
Ein Gebäude, in dem man eine Kunstsammlung im Wert von 200 Millionen Dollar unterbringen will, baut man nicht billig. Der Bau des neuen J. Paul Getty Museums verschlang fast 17 Millionen, und seit es eröffnet ist, zahle ich jährlich mehr als 1 Million Dollar für den Unterhalt. Zwar habe ich das Museum bislang nicht mit eigenen Augen gesehen, doch bin ich überzeugt, daß das Geld gut angelegt wurde und wird, wie ich im folgenden Kapitel darzutun hoffe.

35

Griechische und römische Architektur haben mich seit langem schon außerordentlich gefesselt. Man darf das Entstehen dieser Neigung auf meine frühesten Aufenthalte in Italien und Griechenland datieren, damals sah ich Reste jener architektonischen Wunderwerke, welche längst vergangene Zivilisationen hervorgebracht hatten. Als ich zu bestimmen hatte, wie das neue J. Paul Getty Museum aussehen sollte, entschied ich mich dafür, meine Sammlung in der Replik einer römischen Villa unterzubringen.
Ich hielt es für lohnend, wenigstens ein Gebäude nach römischem Vorbild zu errichten. Die graeco-romanischen Bauwerke, die uns geblieben sind, haben in den vergangenen 2000 Jahren Schlimmes durchgemacht. Wohl 99,99% der Gebäude aus dem kaiserlichen Rom sind verschwunden, und die wenigen kostbaren Überbleibsel sind nicht vollständig. Die Zeit hat an ihnen genagt oder sie sind durch Vulkanausbrüche und Erdbeben beschädigt worden.

Zum Glück hat man dort in der Gegend einige Häuser ausgegraben. Und obwohl nicht eines vollständig ist, wissen wir nach dem Studium der Ruinen doch, wie eine römische Villa ausgesehen hat, wenn wir auch kein genaues Faksimile eines bestimmten Hauses herstellen können.
Als Vorbild für das neue Getty Museum diente die Villa »dei Papyri« in Herculaneum. Diese Villa wurde nicht ausgegraben, doch hat man sie glücklicherweise im 18. Jahrhundert mittels Anlage von Galerien jahrelang erforscht. Wir wissen also über die technischen Einzelheiten des von Säulengängen eingefaßten Gartens und über große Teile des Gebäudes eine ganze Menge. Ich könnte mir denken, der alte Römer, dem jene Villa gehörte, würde den Säulengarten des Museums sehr ähnlich seinem eigenen in Herculaneum finden. Zwar sind Veränderungen vorgenommen worden, doch auch den Grundriß des Hauptgeschosses dürfte er wiedererkennen. Das Folgende entnehme ich dem Führer durch das neue Getty Museum. Er erzählt die Entstehungsgeschichte.

Zu Beginn der Fünfziger Jahre begründete J. Paul Getty eine Stiftung zu Bildungszwecken, deren Verwaltungsrat seine Kunstsammlung übernehmen und der Allgemeinheit zugänglich machen sollte. Das ursprünglich errichtete Museum zog immer mehr Besucher an, und der Umfang der Sammlung nahm ständig zu. Es wurden zwar immer mehr Galerien eingerichtet, doch reichte der Raum bald nicht mehr aus.
Der Verwaltungsrat wünschte sich kein modernes Gebäude, von welchen es – in gutem wie in schlechtem Stil – schon viele gab, man war auch nicht mit dem herkömmlichen Konzept einverstanden, wobei das Gebäude nur den Hintergrund für das Ausstellungsgut abgibt, vielmehr wünschte man sich ein Museumsgebäude, das als solches eine Aussage zu machen hätte, das mehr sein sollte als nur ein harmonischer Rahmen für die Sammlung.
Ein Bau, der dem Grundriß der Villa »dei Papyri« entspräche, würde architektonisch etwas Besonderes sein, er würde auch ideal die Antikensammlung beherbergen, die zu den schönsten in den Vereinigten Staaten zählte . . .
Das verschüttete Herculaneum wurde erst 1709 entdeckt. Man unternahm zahlreiche Grabungen, hauptsächlich um die unter Lava begrabene Stadt ihrer unbezahlbaren Marmorblöcke und anderer Kunstgegenstände zu berauben.
Diese Mühen führten schließlich dazu, daß man ganz zufällig die Villa

»dei Papyri« entdeckte, ein großes Haus nahe dem Meer, das augenscheinlich einer sehr reichen römischen Patrizierfamilie gehörte. In den Jahren nach 1700 wurden unter der Aufsicht von Karl Weber, einem Schweizer Ingenieur, die Arbeiten an der Villa fortgeführt, zu welchem Zweck man mehr als 20 Meter tief ausschachten und waagrechte Stollen vortreiben mußte. Weber zeichnete einen detaillierten Plan des Gebäudes, fügte die Abmessungen hinzu und führte Tagebuch bei seiner Entdeckung, was für die damalige Zeit ganz neu war.
Mr. Getty persönlich entschied im Frühjahr 1970, als Basis für das neue Getty Museum die Villa »dei papyri« nachzubauen.
Es machte viel Mühe, Karl Webers Unterlagen in die Baupläne für ein modernes Gebäude einzuarbeiten. Man mußte viele Rücksichten nehmen, so auf den vorhandenen Baugrund, die praktischen Bedürfnisse eines Museums und seiner Besucher, die Notwendigkeit, heutige Arbeitskräfte und Geräte zu verwenden; auch galt es, die strengen Bauvorschriften zu beachten. Ferner war es nötig, das zu ergänzen, was in Webers Plänen fehlte: ganze Teile des Erdgeschosses und das ganze darüber befindliche Stockwerk. Glücklicherweise erklärte Dr. Norman Neuerburg sich bereit, bei diesem Projekt als Berater zu fungieren. Neuerburg ist ein Architekturhistoriker, der großes Wissen über antike Funde – er war an Forschungen und Ausgrabungen in Pompeii und Herculaneum beteiligt – mit einem ausgesprochenen Sinn für Design und Hochbau verbindet.
In dem nun beginnenden Jahr der Planung wurde besonderer Wert auf Treue gegenüber dem architektonischen Geist des Originals gelegt. Waren Abwandlungen erforderlich, hielt man sich an erhaltene Vorbilder, die in Herculaneum, Pompeii und Stabiae ausgegraben waren. Die historische Treue erstreckte sich auch auf den Garten des Museums und das übrige Grundstück; so wurden von Fachleuten die in der Vulkanasche enthaltenen Pflanzenwurzeln bestimmt und die Anordnung der römichen Gärten rekonstruiert.
Die eigentlichen Bauarbeiten am Museum begannen im Dezember 1970. Das alte Museum blieb der Allgemeinheit zugänglich, erst einige Monate vor Eröffnung des neuen Gebäudes wurde die Sammlung überführt und aufgebaut; viele Stücke waren ausgelagert, an andere Institute verliehen oder erst kürzlich erworben. Das neue J. Paul Getty Museum wurde offiziell am 15. Januar 1974 für das Publikum freigegeben.

Wer gegen hergebrachte Weisheiten verstößt und die Anpassung verweigert, geht manches Risiko ein. Dies gilt nirgends mehr als in der Welt der Kunst, die in manchen Bereichen sehr doktrinär und elitistisch ist. Dieses Wagnis hatte ich einkalkuliert und, dies sage ich bewußt mit einer gewissen Arroganz, nicht beachtet. Ich war also weder erschrocken noch überrascht, als gewisse Kritiker über das neue Museum anfangs die Nase rümpften. Das Bauwerk entsprach nicht den willkürlich gewählten Maßstäben des modernen »Museumsbaues«. Manche Leute meinten, es hätte konventioneller ausfallen müssen, womit sie wohl sagen wollten, es sollte jenen architektonischen Monstern gleichen, die man wohl am passendsten als »Moderne Zuchthausbauten« bezeichnet. Während der ersten acht Wochen etwa galt das J. Paul Getty Museum in der Kunstwelt (oder sollte ich sagen: der Welt des Kunstgewerbes?) für umstritten.
Ich besitze die unschätzbare Eigenschaft, mich nicht beirren zu lassen. Ich weiß aus Erfahrung in vielen Bereichen des Lebens, daß die lautesten Kritiker nicht unbedingt die besten Sachkenner – und selten die objektivsten – sind. Überdies ermatten sie bald, weil ihr Geschrei und Geheul ihnen bald die Luft ausgehen läßt.
Ich setzte mich also einfach hin und blätterte in aller Ruhe die Aufstellung der Ausgaben meiner Stiftung durch, die gewissenhaft von meinem guten, unerschütterlich loyalen Freund und Hauptbuchhalter Norris Bramlett zusammen gestellt worden waren:

Anlaufkosten	$ 185568
Bodenwert (gesch.)	300000
Baukosten	15819408
Ausstattung	353789
Summe	16658765

Wenn man noch die Nebenausgaben dazurechnete, erreichte die Gesamtsumme mehr als 17 Millionen. Alles vom Verwaltungsrat ausgegebene Geld stammte aus Mitteln, die ich dem Museum gestiftet hatte. Ich hielt das aber für einen vernünftigen, dem Wert der gestifteten Sammlung adäquaten Preis.
Ich war der Meinung, mit dem Museum hätten der Verwaltungsrat und ich für unser Geld bekommen, was wir wollten, und zweifelte nicht daran, daß Kritiker und Besucher sehr bald den wahren Wert erkennen würden. Ich brauchte auch nicht lange zu warten.

In einer Beurteilung des Museums und seiner Sammlung schrieb Henry J. Seldis in der *Los Angeles Times*:
»Hierzulande kann kein halbes Dutzend Museen Antiken aufweisen, die mit denen im Getty Museum zu vergleichen wären. Schönere römische Portraitskulpturen findet man in ganz Amerika nicht.«
Im *Smithsonian Magazin* vom Mai 1974 erschien ein siebzehn Seiten langer Artikel, reich mit Farbfotografien illustriert, über das Museum, und es hieß da unter anderem:
»Die riesige Kunstsammlung des Ölmilliardärs hat in Malibu ein luxuriöses neues Heim gefunden, das einer antiken Villa in Herculaneum nachempfunden wurde. Das umstrittene J. Paul Getty Museum . . . hat sich als überzeugende kulturelle Attraktion erwiesen . . .«
Ich hatte nie die Gewohnheit, auf das Wetter zu wetten. Es ist unvorhersehbar, es wechselt von Tag zu Tag. Ich setze auf das Klima, das Jahr um Jahr sein bestimmtes Muster hat und Jahrzehnt um Jahrzehnt beständig ist. Während kleinliche und hysterische Anbeter am Altar der Tradition (oder der Mode) ihre Proteste erschallen ließen, urteilten weniger verkrampfte Kritiker vernünftiger und ruhiger – und wirkten viel überzeugender. Seit Mai 1974 hört man über das Museum jedenfalls nur noch Lobsprüche.

Museen sind nicht einfach von heute auf morgen da, sie sind auch nicht das Werk eines einzelnen Menschen. Zur Errichtung und dem Erfolg des neuen Getty Museums haben viele Menschen mit ihren Gedanken, ihrer Zeit, mit Arbeit und Mühe beigetragen, vor allem aber mit Sachverstand und Begabung. Es ist leider unmöglich, sie alle namentlich zu nennen.
Der Plan hätte niemals gefaßt, geschweige denn verwirklicht werden können ohne die vorbehaltlose Mitarbeit und den Enthusiasmus des Verwaltungsrates. Das Bauwerk selbst wäre niemals entstanden ohne die Kenntnisse und die unermüdlichen Anstrengungen von Dr. Norman Neuerburg. Ich kann auch nicht genug betonen, wie dankbar ich dem stellvertretenden Direktor des Museums, Stephen Garett, bin und seinen drei Kuratoren: Jiri Frel (Antiken); Burton Fredericksen (Gemälde) und Mrs. Gillian Wilson (Dekorative Kunst). Es sind dies jüngere Menschen, vital und der Sache verbunden, voller Gelehrsamkeit und Begabung.
Woran erkennt man den »Erfolg« eines Museums?
Der ausschließliche Daseinszweck des J. Paul Getty Museums ist es, möglichst vielen Menschen schöne Kunstwerke zugänglich zu machen.

Ich nehme daher an, daß man die Reaktion des Publikums als einen brauchbaren Maßstab ansehen kann.
Das neue Getty Museum ist seit dem 15. Januar 1974 bei freiem Eintritt an fünf Tagen in der Woche von 10:00 Uhr bis 17:00 Uhr geöffnet. In den ersten fünfzig Wochen haben mehr als 360000 Menschen das Museum besucht, und im Jahr 1975 ist die Besucherzahl etwa gleich geblieben; sie wäre erheblich höher, hätten sich nicht einige kuriose Vorfälle ereignet, auf die ich später in diesem Kapitel zu sprechen komme.
Ich möchte jetzt eine Rechenstunde für Anfänger einschieben.
Das Museum beschäftigt etwa achtzig Personen. Deren Gehälter und die Betriebskosten kommen im Jahr auf 1,5 Millionen Dollar. Hätte ich diesen Betrag und die Bausumme in neunprozentigen Wertpapieren angelegt, würden sie mir jährlich eine Rendite von 1,5 Millionen eintragen. Man kann also sagen, daß das Museum mich jährlich 3 Millionen Dollar kostet.
Geht man, um eine runde Zahl zu nehmen, von jährlich 300 000 Besuchern aus, bedeutet dies, daß jeder Besucher mich 10 Dollar brutto kostet. Ich sage brutto, weil ich schließlich 70% Einkommensteuer bezahle. Die wirklichen Kosten, die mir entstehen, betragen also pro Besucher etwa 3 Dollar.
Ich nenne diese Zahlen nicht, um zu prahlen, vielmehr um dem Leser eine Vorstellung davon zu geben, wie teuer es ist, der Allgemeinheit Kunstwerke nahezubringen. Ich hoffe überdies, vermögende Personen nachdenklich zu stimmen, die ihre Sammlungen Museen vermachen, ohne jede Vorkehrungen für die durch Ausstellung, Instandhaltung, Versicherung und allgemein anfallenden Kosten zu treffen. Wohltäter dieser Art bürden dem Steuerzahler und dem Publikum eine schwere Kostenlast auf.
Ich hoffe ferner, meine Ausführungen bleiben nicht ohne Einfluß auf Gesetzgeber und andere Politiker, die als erstes die Ausgaben für kulturelle Zwecke beschneiden, wenn es notwendig wird, den Haushalt einzuschränken. (Von solchen Einschränkungen werden kaum je Projekte betroffen, die unverbesserliche Messerstecher rehabilitieren sollen oder Leuten goldene Uhren schenken, die 25 Jahre ununterbrochen von der Wohlfahrt leben.)
Gratisausflüge in das Land der Fürsorgeempfänger bringen Wählerstimmen ein; der freie Eintritt in öffentliche Kunstgalerien für Personen, die sinnvolle, produktive Arbeit leisten, tut das nicht. Dieser Glaube ist je-

denfalls weit verbreitet unter den Würdenträgern, welche über die Ausgaben – und die Verschwendung – der öffentlichen Gelder entscheiden. Sie bemühen sich nach Kräften, die Zahl der unter uns lebenden Barbaren zu vergrößern. Ich jedenfalls bin stolz darauf, daß von dem Profit, den ich in unserem immer noch irgendwie überlebenden kapitalistischen System habe machen können, ein guter Teil darauf verwendet wird, die Zahl der Barbaren in unserer Gesellschaft zu verringern.

Sonderbaren »Kulturpolitikern« kommen manchmal auch wohlmeinende (vielleicht auch unwissende) Teile der Öffentlichkeit zu Hilfe. Ich komme auf gewisse kuriose Dinge zurück, die mit der Besucherzahl des Museums zu tun haben.

Als ich beschloß, das neue Getty Museum zu bauen, übermachte ich der Stiftung auch ein fünf Hektar großes wertvolles Strandgrundstück. Davon wurde nur ein Teil für das Gebäude und die Gärten benötigt, den Rest bestimmte ich ausdrücklich zum gebührenfreien Parkplatz für Besucher.

Verkehrsingenieure und die Bauplanung hatten errechnet, daß auf diese Weise mehr als ausreichender Parkraum zur Verfügung stehen würde, doch stellte sich heraus, daß täglich zwischen 1500 und 2000 Besucher kamen, gelegentlich auch mehr. Da das Museum in Kalifornien steht, kamen die meisten im Auto, und wenn der Parkplatz voll war, stellten die Leute ihre Wagen eben in den nahe gelegenen Straßen ab. Schon beschwerten sich die Anlieger.

Die Gemeinde, der Landkreis, der Bundesstaat, vielleicht sogar die Vertretungen der Bundesregierung wurden mit Klagen überschwemmt: Stille Wohnstraßen würden plötzlich mit Autos voll gestellt und das Zuschlagen von Autotüren störe die öffentliche Ruhe empfindlich. Die jungen Leute könnten nicht mehr ungestört mit ihren Fahrrädern, Motorrollern oder Buggys auf den Fußwegen umherrasen, die würden nun von Fußgängern versperrt, die sämtlich auf dem Weg vom oder zum Museum seien.

Norris Bramlett, mein unermüdlicher Mann vor Ort, resümierte: »Man ist der Meinung, daß Sie, Mr. Getty, Ihr Geld lieber für etwas hätten anlegen sollen, was den Einheimischen nutzt, nicht aber Fremde anzieht.«

Manche Kämpfe kann man eben nicht gewinnen.

36

Die Reaktion meiner Nachbarn auf den Lärm des Getty Museums könnte mich enttäuschen und mir meine Illusionen rauben, wäre ich nicht schon recht abgebrüht und in mancher Hinsicht ein Zyniker. Man wird im Laufe der Zeit so. Wahrscheinlich geht es mir wie vielen, die, aus welchen Gründen auch immer, die Aufmerksamkeit der Öffentlichkeit auf sich gezogen haben: Meine Motive wurden mißdeutet, was ich sage, wird falsch zitiert, was ich tue, wird entstellt wiedergegeben.

Ich beklage mich nicht, vielmehr amüsiert mich das – schon seit langem –, und manchmal erstaunt es mich. So gehöre ich beispielsweise zu jenen Personen, deren Aufenthaltsort gerne falsch angegeben wird.

Ich war zwar seit 1951 nicht mehr in den USA, doch gibt es unzählige Zeitungsmeldungen, meistens aus New York City, die ungefähr so lauten:

»In einer dunklen Ecke des Cafés im Hotel Pierre (das ihm gehört) wurde heute der Ölmilliardär J. Paul Getty in Gesellschaft einer üppigen Rothaarigen mit einem sensationell ausgeschnittenen Kleid gesehen.« Ich will dem Reporter, der sich diese Köstlichkeit aus den Fingern sog, die Peinlichkeit ersparen, ihn hier zu nennen; die Meldung stammt aus einer New Yorker Tageszeitung irgendwann im Jahr 1956, als ich in der Neutralen Zone war und Bohrgestänge prüfte, nicht aber Händchen hielt und in sensationelle Decolletées spähte.

Auch Schriftsteller sehen mich an Plätzen, wo ich nicht war. In ihrer Biographie von Rose Fitzgerald Kennedy beschreibt Mrs. Gail Cameron ausführlich einen Ball, der im September 1967 in Venedig stattfand, und führt mich auf Seite 212 unter den anwesenden Gästen auf. Ich finde mich da zwischen Gian-Carlo Menotti und Richard Burton. Das ehrt mich natürlich. Menotti ist ein brillanter Komponist, und Richard Burton halte ich für einen ganz großen Schauspieler, außerdem ist er mein Freund, wie ich auch mit seiner prachtvollen, hochbegabten Frau, Elizabeth Taylor befreundet bin. Gail Camerons anschaulicher Bericht hat nur einen Fehler: Ich war nicht auf dem Ball, ich war nicht in Venedig, nicht einmal in Italien.

Zitieren ist auch eine Kunst. Zu einem bekannten Schriftsteller sagte ich einmal: »Ich bemängele an Büchern, Filmen, am Fernsehen und an der Reklame, daß sich alles immer um Sex dreht. Ich gebe gerne zu, daß Sex wichtig ist, ich finde aber, hier wird übertrieben. Bis zu einem gewissen Grade sollte Sex meiner Ansicht nach unbeobachtet bleiben.« Der Autor entnahm dieser Aussage ganze vier Wörter, in seinem Buch äußerte ich: »Alles dreht sich um Sex.«

Ob mich das geärgert hat? Möglich, doch gewiß nur flüchtig. Ich sagte mir, der Autor leidet vermutlich an einer weit verbreiteten Krankheit, dem sogenannten selektiven Gehör.

Ich selber habe mir die selektive Lektüre angewöhnt. Sonst litte ich bald an einer Identitätskrise, verursacht durch die zahllosen Märchen, die ich über mich lese. Gedruckten Angaben zufolge bin ich römisch katholisch, presbyterianisch, jüdisch und Anhänger der Christlichen Wissenschaft. Um 1949/50 hieß es, ich wäre, um mir die Konzession in der Neutralen Zone Saudi-Arabiens zu verschaffen, zum Islam übergetreten. In Wahrheit jedoch bin und war ich stets Methodist. Wer Genaueres über meine religiöse Haltung wissen möchte, dem sei gesagt:

1. Ich glaube an Gott und die christlichen Grundsätze.
2. Ich glaube an die Lehren der Bibel, bin aber kein Fundamentalist.
3. Gegen andere religiöse Bekenntnisse, seien sie christlicher oder anderer Art, hege ich kein Vorurteil.

Auch über meine Herkunft sind die unglaublichsten Geschichten erfunden worden. Die Vorfahren meines Vaters stammen aus dem County Londonderry in Nordirland, die meiner Mutter aus Schottland, doch die Vorfahren beider Elternteile wanderten im 18. Jahrhundert nach den USA aus, genauer gesagt, nach den Kolonien in Amerika.

Ich bin auch nicht französischer Herkunft, wie manche aus meinem Vornamen Jean Paul schließen. Auch sind meine Vorfahren keine Deutschen, wie andere glauben, vielleicht zu dieser Annahme verführt, weil Adolphine Helmle, meine dritte Frau, Deutsche war. Ich bin geborener amerikanischer Bürger mit Wohnsitz im Bundesstaat Kalifornien und im Besitz eines gewöhnlichen Reisepasses – nicht eines speziellen oder Diplomatenpasses, der mir von manchen Leuten zugeschrieben wird. Bevor mein Paß abläuft, gehe ich zum nächstgelegenen US-Konsulat und fülle dort wie jeder andere Bürger Formulare aus, um einen neuen zu bekommen.

Ferner erkläre ich mein Einkommen vor der Steuerbehörde des Bundes und Kaliforniens auf die gleiche Art wie jeder andere amerikanische Bürger mit Wohnsitz im Ausland. Ich darf ruhig behaupten, daß meine Einkommensteuererklärungen gewissenhafter und genauer abgefaßt werden als die so mancher anderer Individuen. Das muß auch sein. Mein Brutto-Einkommen ist so beschaffen, daß meine Steuererklärung automatisch von der Steuerbehörde überprüft wird.

Auch mein Gesundheitszustand regt zu Spekulationen und Kommentaren an. Vor nicht langer Zeit vertraute *Time Magazine* seinen Lesern an, daß ich an der Parkinsonschen Krankheit leide. Die Herren Journalisten vom Zeitungsimperium Luce halten sich offenbar für unübertreffliche Diagnostiker. Ich jedenfalls danke Gott dem Herrn demütig und aufrichtig dafür, daß diese Leute augenscheinlich an hypokratischen Wahnvorstellungen leiden.

Zum Glück kann ich mir die besten Ärzte leisten. Ich lasse mich regelmäßig untersuchen, denn ich bin schließlich 83. Bislang haben die gelehrtesten Spezialisten einhellig die Meinung geäußert, daß ich weder an Parkinsonscher Krankheit leide noch an Masern oder Mumps, und auch Migräne haben sie noch nicht festgestellt; darüber allerdings hätte ich klagen können. Letzten Berichten zufolge sind auch keine Merkmale der Schwangerschaft an mir wahrzunehmen.

Freilich kann ich nicht mehr Gewichte heben, stundenlang schwimmen oder fünf Meilen im gleichen Tempo zurücklegen – wie noch vor zehn Jahren. Indessen zeigt – trotz *Time Magazine* – für den 20. September 1975 mein Tagebuch:

»Habe ein Weilchen mit Marion Anderson Tennis gespielt.«

Seit mehr als zehn Jahren ist Dr. Clive Mackenzie mein Leibarzt. Er begnügt sich meist mit einer regelmäßigen Untersuchung, wobei er darüber klagt, daß er seine und meine Zeit damit verschwendet, und vor Eintreten der Grippezeit impft er mich. Dr. Mackenzie ist mein naher, guter Freund und fürchtet sich nicht davor, mir die niederschmetternde Wahrheit zu sagen: Ich leide an einer leichten Form von chronischer Hypochondrie.

Märchen über J. Paul Getty – wie viele gibt es nicht davon! Eines wußte zu berichten, Howard Hughes und ich wären enge Freunde gewesen und hätten gemeinsam bei vielen Geschäften operiert. Einige Spinner erklärten sogar, Howard Hughes wäre der Mann gewesen, der mir finanziell den Rücken gestärkt hätte, während andere wiederum das genaue Gegenteil behaupteten.

Nun kannte ich Howards Vater zwar recht gut, Howard selbst aber nur flüchtig. Ein einziges Mal waren wir einen ganzen Abend zusammen, und das war in den Zwanziger Jahren.

Ein weiteres Märchen berichtet, ich hätte einmal Jack Dempsey k. o. geschlagen; in der verbreitetsten Version heißt es, einer Frau wegen. Ich würde eine solche Tat gern bestätigen, kann es aber nicht. In dieser Geschichte findet sich immerhin ein Körnchen Wahrheit.

Mit Jack Dempsey freundete ich mich in den frühen Zwanziger Jahren an. Körperliches Training war immer schon eine Leidenschaft von mir, und besonders gern boxte ich. Jack trainierte 1923 für seinen Titelkampf gegen Luis Firpo in Saratoga Springs.

Ich muß an dieser Stelle einen Sprung bis 1973 machen, zu Jacks Besuch in Sutton Place. Fünfzig Jahre waren vergangen, und ein halbes Jahrhundert verwischt die Erinnerung. Als wir von Journalisten befragt wurden, wie jeder von uns die erste Begegnung in Erinnerung hatte, stimmten wir beide darüber überein, daß ich Jack in Saratoga Springs besuchte und mich ihm als Sparringspartner anbot. Von da an weichen unsere Erinnerungen voneinander ab. Jack lobte mich über die Maßen, indem er den Journalisten sagte:

»Paul boxte sehr gut. Bloß, ich hatte etwas mehr Druck dahinter, obwohl wir etwa gleich schwer waren. Ich benutzte ihn vor dem Weltmeisterschaftskampf als Sparringspartner, und er sagte, ich solle ruhig kräftig zuschlagen und keine Rücksicht nehmen. Das habe ich auch gemacht.«

Er fügte dann hinzu, ich hätte die erste Runde überstanden – will sagen, so lange hätte ich gegen ihn ausgehalten.

Meine Erinnerung ist leider anders. Soweit ich weiß, kletterte ich in den Ring und merkte gleich, daß Jack sich zurückhielt. Das kränkte mich, denn einige sehr hübsche junge Damen sahen uns zu. Nun wollte ich nicht nur meine Fähigkeit als Boxer prüfen, sondern mich auch bewähren, und wenn ich mich nicht irre, sagte ich: »Behandele mich wie jeden anderen berufsmäßigen Sparringspartner, Jack.« Als Dempsey noch immer zögerte, ließ ich es mir einfallen, ihn in der zweiten Runde zu reizen. Ich teilte linke und rechte Schwinger aus, Jack nahm einige Treffer hin, blockte die anderen Schläge ab und zog sich zwei, drei Schritte zurück.

»Na schön, Paul, wenn du darauf bestehst . . .«

Der erste Schlag traf mich schwer, der zweite streckte mich nieder. Sekunden später kam ich mühsam auf die Füße und schwor mir, hinfort beim Ölgeschäft zu bleiben.

Unsere Freundschaft überdauerte die kommenden Jahrzehnte, und als Jack 1969 nach Europa kam, veranstaltete ich zu Ehren seines 74. Geburtstages mit großem Vergnügen eine Party. Bei seinem Besuch in Sutton stellten wir uns für die Pressefotografen noch einmal in Positur, und ich muß sagen: ein Glück, daß Jack keinen Schwinger losließ. Auch nach fünfzig Jahren hätte der »Manassa Mauler« mich mit einer einzigen gut plazierten Geraden flachlegen können.

Weitere Märchen.
Man hat ausgestreut, Ende der Dreißiger Jahre wäre ich im Restaurant des Hotel Pierre in New York City über die schlechte Bedienung so ergrimmt gewesen, daß ich auf der Stelle das Hotel kaufte, nur um die Kellner rauswerfen zu können. Dies ist so offenkundig aberwitzig, daß man sich fragt, wie es geglaubt werden konnte.
Ein Luxushotel von 41 Stockwerken kann man nicht kaufen, indem man das Büro betritt und einen Scheck ausstellt. Eine solche Transaktion erstreckt sich über Monate, und man bedarf dazu ganzer Regimenter von Advokaten, Bankiers, Wirtschaftsprüfern und sonstiger Spezialisten. Es stimmt, daß ich das Hotel Pierre gekauft habe, doch erst nach langwierigen Verhandlungen und zu Investitionszwecken. Im übrigen hatte ich schon Monate vor Beginn der Verhandlungen in keinem der Restaurants dieses Hotels mehr gegessen. Nur ein wirtschaftlicher Analphabet kann auf den Gedanken kommen, ein Geschäftsmann kaufe Grundbesitz oder sonst etwas, weil er sich geärgert hat; er kauft, um Profit zu machen.
Ein weiterer Teil der Getty-Mythologie betrifft meine Essensgewohnheiten und meine Auswahl von Speisen. Es heißt, ich wäre ein Gesundheitsapostel, ein Vegetarier, ein wahlloser Vielfraß, ein mäkeliger Feinschmecker, dem nur die ausgefallensten Gerichte munden.
Mit Ihrer Erlaubnis möchte ich diese Einstufungen der Reihe nach beantworten.
»Ein »Gesundheitsapostel« bin ich insofern, als ich Weizenkeime für einen nützlichen Zusatz zu unseren Speisen halte. Ich esse sie gern mit jeder Art Zerealien und auf Pampelmusen, vorausgesetzt, ich speise daheim. Im Restaurant bestelle ich mir keine; ich erwarte auch keine Weizenkeime neben meinem Teller, wenn ich eingeladen bin.
Frisches Obst esse ich gern, gelegentlich sogar in Mengen, wie man weiß. Ferner halte ich es für bekömmlich, hin und wieder einen Fasten- oder Obsttag einzulegen. Vegetarier bin ich aber nicht.

Bullimore serviert mir ein leichtes Frühstück im Schlafzimmer, Obst oder Obstsaft, dazu Getreideflocken in Magermilch. Mittags und abends esse ich Fleisch, Geflügel, Gemüse, überhaupt alles, was auf den Tisch kommt. Ich esse herzhaft, vermeide aber als vernünftiger Mensch, mich zu überfressen.

Gelegentlich tue ich es trotzdem, besonders an meinen Leibspeisen. Hierzu gehören Entenbraten, Maiskolben (jawohl, ich besitze noch fast alle meine Zähne und kann die Körner säuberlich abknabbern), Erdbeertorte, für die ich nicht bloß eine Schwäche habe, sondern auf die ich süchtig bin. Vor dem Essen nehme ich meist einen Cocktail, hinterher ein Glas Portwein.

Zwei Speisefolgen aus dem Alltag von Sutton Place:

21. November 1975, Donnerstag. Abends:
Hummer bisque
Gebratenes Huhn
Frisches Gemüse
Sahneeis mit Syrup und Nüssen
Käseplatte mit frischem Stangensellerie
Obst
Kaffee (für die Gäste, ich trinke keinen)
Diverse Weine
Portwein

22. November 1975, Freitag. Mittag:
Avocado pear
Mixed Grill
Frische Gemüse
Kartoffelpüree mit Sahne
Sachertorte mit frischer Schlagsahne
Käseplatte mit frischem Stangensellerie
Obst
Kaffee
Diverse Weine
Portwein

Selbstverständlich habe ich auch an ausgefallenen Gerichten Freude, an Kaviar oder Hummer, andererseits bin ich auch ein unverbesserlicher

Anhänger typisch amerikanischer Speisen wie Hamburger oder Flapjack. An mein Schlafzimmer in Sutton Place schließt sich eine kleine Küche an, und da rühre ich gelegentlich den Teig für Flapjacks an, die ich dann noch mit schwarzem Walnußsyrup besprenkele, oder ich brate Hamburger. Dies ist ein heimliches Laster, dem ich mich hingebe, wenn ich noch arbeite oder lese, nachdem die fünf ständigen Mitglieder meines Haushaltes längst in tiefem Schlaf liegen. Ich sollte vielleicht anfügen, daß dieser Stab ergänzt wird durch vier weitere Angestellte, die täglich zur Arbeit ins Haus kommen. Bei diesen neun sind nicht mitgerechnet mein Wachpersonal, die Gärtner und andere, die man nicht eigentlich als Hauspersonal bezeichnen kann.

Im großen und ganzen gebe ich mir Mühe, mich an ein Rezept zu halten, das mir vor langen Jahren ein Vetter anvertraute: »Iß die Hälfte, trink ein Viertel und lache doppelt soviel.«

Das bringt mich auf ein weiteres Getty-Märchen, ich wäre sauertöpfisch und lachte nie. Das ist Unsinn.

Ich lache gern, wenn ich Anlaß finde zu lachen – und oft lache ich über mich selbst. Zugegeben, ich lache häufiger und bereitwilliger in Gesellschaft von Freunden als in der Öffentlichkeit, und nie habe ich gelernt, auf Kommando in Gelächter auszubrechen, bloß um einem Reporter oder Photographen zu beweisen, daß ich es fertigbringe zu lächeln.

Erfahrung hat mich vorsichtig werden lassen, sehr vorsichtig. Ich bleibe immer wachsam, außer ich befinde mich unter Menschen, denen ich vorbehaltlos vertrauen kann. Aus diesem Grunde habe ich oft starr in die Kamera geblickt, wenn Journalisten mich sozusagen mit dem Büchsenöffner ausfragen wollten. Ich mußte lernen, daß sich nie vorhersagen läßt, was unter einem Foto stehen wird, auf dem ich lächle. Gehorche ich dem Befehl des Photographen: »Lächeln Sie, Mr. Getty!« kann als Resultat eine Bildunterschrift herauskommen wie: »Schnappschuß eines Milliardärs, der grinsend seine Reichtümer zählt.« Oder da steht sinnigerweise: »Wen hat J. Paul Getty wohl jetzt wieder reingelegt, daß er so hämisch grinst?«

Unter Freunden hingegen kann ich mir das Lachen in allen Abstufungen leisten und darf offen zugeben, daß ich nichts so gern sehe wie Laurel und Hardy. Unzählige meiner Freunde sind humorvoll und lustig, sie können mich in wahre Lachkrämpfe versetzen. Zu diesen gehört Art Buchwald, den ich kenne, seit er in Paris bei der *Herald Tribune* war. Ob er etwas sagt oder etwas schreibt – sein Humor bringt mich unter den Tisch.

Auch Nubar Gulbenkian, der mich in Worten und Gebärden nachahmen kann, versteht es vortrefflich, mich herzhaft lachen zu lassen.
Es gibt noch viele andere Getty-Märchen, die ich im folgenden Kapitel aus einer anderen Ecke anzugehen gedenke. Jetzt will ich nur noch ein jüngst entstandenes Gerücht dementieren.
Ich habe nicht die geringste Absicht, Jacqueline Kennedy Onassis zu heiraten.
Wie aber, wenn sie mir einen Heiratsantrag machen sollte?
Hmmm, darüber würde ich nachdenken müssen. Und ich weiß, daß ich neuen Gerüchten Nahrung gebe, indem ich dies sage.

37

Es gibt genügend Anhaltspunkte dafür, daß ich auf der Liste der erjagenswerten männlichen Wesen ziemlich oben stehe. Wer kann das nach fünf Scheidungen in meinem Alter von sich behaupten? Nun, die Antwort, die meine Eitelkeit kein bißchen kränkt, lautet: eine ganze Menge Leute. Auf dieser Liste haben viele Platz. Wer darauf plaziert werden möchte, muß nur zwei Voraussetzungen erfüllen: Der Achtzigjähre (Neunzigjährige sind noch begehrter) muß Geld haben, und zwar je mehr, desto besser, und er darf nicht verheiratet sein.

Ich habe schon die eselhaften *Cash and Carry*-Anträge erwähnt, die man mir brieflich macht.
Die verlockenden Angebote üppiger Briefstellerinnen sind aber ein wahres Kinderspiel verglichen mit dem, was sich die Klatschspalten der Zeitungen leisten, oder der Klatsch überhaupt. Man verdirbt sich schier die Augen, um in Kristallkugeln oder Schafsgedärmen die sechste Frau für mich zu entdecken. Die Masse der Frauen, die ich angeblich im Begriffe war zu heiraten, oder es gerade bin, ist nicht zu zählen; ich selbst könnte es nicht, auch wenn ich wollte.
Immerhin stärkt es meinen Mannesstolz, wenn ich lese, daß ich »unmittelbar« vor der Trauung mit einer so wunderschönen Dame wie Margaret, Herzogin von Argyll, stehe; wenn ich Mrs. Penelope Kitson zu ehelichen gedenke, oder Zsa Zsa Gabor oder – die neueste Meldung – Lady Ursula d'Abo.

Diese vier köstlichen, zauberhaften, unerhört begehrenswerten Damen sind seit Jahren, wenn nicht Jahrzehnten eng mit mir befreundet, ich war oft ihr Gast, und sie waren oft meine Gäste. Mit einer jeden von ihnen habe ich mich bei gesellschaftlichen Anlässen aller Art sehen lassen. Gleichwohl muß ich anmerken, daß dies auch auf andere Damen zutrifft, mit denen ich ebenfalls seit langem befreundet bin, was meine Neigung und Bewunderung für die erstgenannten Damen nicht um ein Jota schmälern soll.

Zu Nutz und Frommen aller, die auf eine Hochzeit des Paul Getty warten – ob sie der Presse angehören oder der weiteren Allgemeinheit –, sei gesagt: ich habe keine Heiratspläne. (Jedenfalls im Moment nicht. Bleibt die im vorigen Kapitel erwähnte Möglichkeit. Könnte ich mir leisten, einen Antrag von Jacqueline Kennedy zu akzeptieren? Ich zweifle daran, ob mein Privatvermögen ausreicht, die Kosten des Museums und der Yacht *Christina* zu tragen.)

Also noch einmal: Trotz aller Gerüchte, Vermutungen, Klatschereien habe ich im Augenblick nicht die Absicht zu heiraten. Ein Mann, der fünf eheliche Bruchlandungen gemacht hat, muß keine Lust zu einem weiteren Versuchsflug zeigen.

Doch selbst diese Aussage hat ein Gerücht entstehen lassen, in das sich sogleich irgendwelche Zeitungsschreiber verbissen haben. Dann lese ich einen Artikel folgender Art:

»J. Paul Getty, der Ölmagnat, wird keine sechste Frau nehmen, weil eine Prophezeiung ihn davor gewarnt hat. Vor vielen Jahren wurde ihm vorhergesagt, er werde sechsmal heiraten und kurz nach der sechsten Eheschließung sterben.« Quatsch – um es höflich auszudrücken.

Ich erinnere den Leser daran, daß ich am 15. Dezember 1975 meinen 83. Geburtstag feierte. Für unsterblich halte ich mich nicht. Man befrage meine Anwälte. Sie wissen, daß ich schon Anfang der Zwanziger Jahre mein Testament machte und es seither immer wieder abändere. Mark Twain sagte einmal, es gäbe im Leben nur zwei absolut zuverlässige Termine: den Steuertermin und den Todestag. Ich zahle meine Steuern, und ich bin mir stets bewußt, daß ich eines Tages sterben muß – in mir mehr zusagende Worte gefaßt: mich der großen Mehrheit anschließen werde. Ob ich dann verheiratet bin oder ledig, das macht nicht den geringsten Unterschied.

Ich hoffe, damit können wir das Märchen von meinen Heiratsabsichten abtun.

Mrs. Roslyn Targ ist die überschäumende, unerhört tüchtige literarische Agentin, die es übernahm, dieses Buch den Verlegern auf der ganzen Welt anzubieten, und sie reiste eigens aus New York nach Sutton Place, um den Buchplan mit mir zu besprechen.

»Werden Sie auch über Ihre Beziehungen zu Frauen schreiben?« fragte Roslyn.

Als gewitzter Geschäftsmann spürte ich gleich, daß diese Frage mit den erwarteten Absatzziffern zu tun hatte, mußte aber verneinend den Kopf schütteln. Mir lag es nie, mein Ego aufzubauen, indem ich mit meinem Sexualleben protze oder mit meinen sexuellen Eroberungen prahle. Weil nun aber Roz Targ eine sehr ansehnliche Dame und viel jünger ist als ich, drängte es mich, etwas deutlicher zu werden.

»Sie gehören in die Siebziger Jahre«, sagte ich, »ich hingegen bin ein altmodischer Mann. Ich lehne es ab, aus Intimitäten Kapital zu schlagen, obschon ich genau weiß, daß das heute üblich, ja geradezu *de rigueur* ist.«

Roslyn versuchte es auf andere Weise.

»Sie wollen also die mit Ihnen befreundeten Frauen überhaupt nicht erwähnen?«

Ich versicherte ihr, ich werde so viele meiner Freunde – weibliche wie männliche – erwähnen, als sich im Text irgend unterbringen ließen, mit aller gebotener Rücksicht selbstverständlich.

»Machen Sie sich doch bitte klar«, ermahnte mich Roslyn, »daß die Leute ganz wild darauf sind zu erfahren, welche Frauen im Leben eines erfolgreichen Mannes eine Rolle gespielt haben.«

Ich tat, als dächte ich darüber nach, und sagte dann: »Nun, ich könnte Miss Kincaid erwähnen, meine Erdkundelehrerin, und Miss Mudge, die sich große Mühe mit meiner Handschrift machte . . .«

Mrs. Targ lachte. Sie verstand mich und meinte, ich solle es ruhig so machen, wie ich es für richtig hielte. Und das habe ich getan und werde auch im Rest des Buches so verfahren. Ich bin kein Voyeur und hechele nicht an anderer Leute Schlafzimmerschlüssellöchern. Und ich lade auch zu mir keine Zuschauer ein.

Einmal hätte ich einen Reporter beinahe geschlagen; es war ein Amerikaner, jetzt ist er tot, damals war er für seine Unverschämtheiten bekannt. Er fragte: »Welche von Ihren fünf Frauen war im Bett am besten?« Zum Glück konnte ich mich beherrschen, ballte die Fäuste in der Tasche, machte kehrt und stapfte davon.

Immerhin, ich muß zugeben, daß die Frauen im Leben eines Mannes, der aus welchen Gründen immer bei der Presse als ergiebiger Stoff gilt, ein morbides Interesse hervorrufen. Wer den Präsidenten ermordet, den Mount Everest besteigt, zum »reichsten Amerikaner« gekürt wird, muß damit rechnen, dem altem Rezept *cherchez la femme* unterworfen zu werden, besser noch einem *cherchez les femmes.*

Im Laufe der vergangenen sechzig Jahre ist mein Name mit vielen Frauen in einen »romantischen«, wie es so schön heißt, Zusammenhang gebracht worden. Solche Koppelungsmanöver haben mir erhebliche Peinlichkeiten beschert. Eine junge Dame – ich möchte ihren Namen nicht nennen – warf sich mir unter den Blitzlichtern der Pressefotografen in einem New Yorker Nachtklub an den Hals und küßte mich leidenschaftlich. Die Photos hat sie später in der Asphaltpresse untergebracht, sie gab sich für meine Verlobte aus und versuchte, daraufhin Kredit zu bekommen. Was soll's?

Mein langes Leben hat mich gelehrt, daß der weibliche Teil der Gattung Mensch nicht geldgieriger, bestechlicher und opportunistischer ist als der männliche. Aber es bleibt wahr, daß bestimmte Frauen stets auf dem Sprunge stehen, ihr Glück mittels eines Mannes zu machen. Das haben ich und viele andere Männer, die als reich gelten, lernen müssen – ein trauriger und deprimierender Lernprozeß.

Mehr als einige junge Damen haben mir zu verstehen gegeben, sie liebten mich sehr, ja inbrünstig und wünschten,mich um meiner selbst willen zu heiraten. Inbrunst und Heiratsdrang kühlten aber auf der Stelle ab, wenn sie erfuhren, daß meine Anwälte vor einer Heirat einen hieb- und stichfesten Güterrechtsvertrag aufsetzen würden. Solche Erlebnisse hinterlassen empfindliches Narbengewebe.

Zwischen den Weltkriegen – und zwischen zwei Ehen – reiste ich unter angenommenem Namen in Europa umher. »Wenn du dich als Versicherungsmakler ausgibst, wird niemand den Multimillionär in dir vermuten«, dachte ich, »und falls ein Mädchen sich in dich verliebt, so tut sie es nicht um deines Geldes willen.«

Es geschah nun, daß ich in Rom mit einer liebreizenden jungen Dame bekannt wurde, nennen wir sie Lucia Antonelli. Wir fühlten uns auf den ersten Blick zueinander hingezogen. Lucia – ich wiederhole: es ist ein erdachter Name! – besaß so gut wie alle Eigenschaften, die ich mir bei einer Frau wünschte: Sie war klug, bezaubernd, verständnisvoll, sehr

gebildet und nicht nur schön, sondern auch eine entzückende Gesellschafterin. Sie bewohnte eine kleine, sehr geschmackvoll eingerichtete Wohnung, nicht die Spur protzig. Ihre Kleider waren schlicht, aber elegant. Sie erklärte sich für eine Waise mit bescheidenem Vermögen.
Unsere Bekanntschaft durchlief alle Stadien, und ich hielt nachgerade Lucia Antonelli für die ideale Ehefrau. Eines Abends in Ostia schaute Lucia mich nach dem Essen eindringlich und wissend an.
»Sie sind kein Versicherungsmakler, sondern Sie heißen Paul Getty und haben mit Öl zu tun«, sagte sie.
Irgendwo in meinem Hirn fiel krachend eine Stahltür ins Schloß. Da haben wir es wieder, dachte ich und verlangte die Rechnung. Ich brachte Lucia heim, ging ins Hotel, packte und reiste am folgenden Morgen nach Paris.
Es dauerte zwei Jahre, bevor ich die Wahrheit erfuhr. Lucia Antonelli war es mit mir ebenso ernst gewesen wie mir mit ihr, nur war sie keine Waise, sondern die Tochter eines der reichsten Männer Italiens, ja Europas. Sie hatte sich ihrem Vater anvertraut, der diskret Erkundigungen einholte, weil er seine Tochter keinem Glücksritter in die Hände fallen lassen wollte. So wurde denn mein sorgfältig angelegter Plan zum Rohrkrepierer – und zu was für einem!
Lucia hätte sich aus meinem Geld nicht die Bohne gemacht, denn ihre Familie besaß damals mehr als ich, kurzum, meine Zweifel, die Scheu des mehrfach gebrannten Kindes und mein Mißtrauen brachten mich dazu, ausgerechnet jene Beziehung abzubrechen, die sehr wohl *die* Ehe meines Lebens hätte werden können. Als ich die Fakten endlich erfuhr, war es zu spät. Lucia Antonelli war mit einem wohlhabenden italienischen Adligen verheiratet und sie ist es immer noch.

Andere zärtliche Beziehungen, die man mir angedichtet hat, sind nur zum Lachen. Zur Feier meines 80. Geburtstages richtete Margaret, Herzogin von Argyll, im Hotel Dorchester für mich eine Feier aus. Diese große Geste der Freundschaft und Zuneigung rührte mich zutiefst. Mehr als hundert meiner Freunde waren von ihr geladen worden, darunter Tricia Nixon, die Tochter des damaligen Präsidenten, samt Gatten Edward Cox.
Als man die enorme, mit 80 brennenden Kerzen besteckte Torte hereingerollt hatte, blies ich die Kerzen aus, was eine erhebliche Leistung war, und bat Tricia, mit mir die Torte anzuschneiden. Von den Pressephoto-

graphen und Reportern wußte einer augenscheinlich nicht, wer Tricia war, denn während er uns auf die Linse nahm, hörte ich ihn zu seinem Kollegen sagen: »Tolle Biene da bei dem Getty. Der alte Knacker kann sie nicht jung genug haben, was?«
Wir alle, einschließlich Tricia, bogen uns vor Lachen.
Margaret Argyll engagierte übrigens zum Fest nicht nur eine Kapelle, sie ließ auch eigens einen »Geburtstagssong« für mich schreiben, der zu »You're the Top« von Cole Porter gesungen wurde. Die Kapelle trug ihn vor und sang den Text:

Du bist der Größte
Du bist J. Paul Getty
Du bist der Größte
Denn auch dein Kleingeld ist noch groß.
Hier ist ein Scheck ohne Deckung
Den ich gern in Zahlung gäbe
Und wenn du unterschreibst
Bist du der Größte.

Noch zwei schlichte Beispiele mögen erhellen, warum ich mich als abgebrühten Veteranen betrachten darf, was Märchen, Gerüchte und Klatsch angeht:
Im Dezember 1959 hieß es im *Evening Standard* etwa so:
»Der im Exil lebende amerikanische Ölmilliardär J. Paul Getty zeigte sich im Circus, begleitet von Mrs. Penelope Kitson, Miss Robina Lund, Miss Maggie Nolan und einer flotten deutschen Blondine in weißem Fuchspelz. Alle amüsierten sich glänzend, vor allem Mr. Getty, der viel lachte . . .« (Hier wurde immerhin erkannt, daß ich überhaupt lachen kann.) »Nur die hübsche Blondine wirkte verschnupft, vielleicht wegen der Anwesenheit von Mr. Gettys drei anderen Schönheiten.«
Eine kitzelnde, wenn auch nicht zutreffende Schilderung. Die »flotte Blondine« war die Baronesse Marianne von Alvensleben, eine meiner engen, sehr lieben Freundinnen, die die Idee für den gemeinsamen Circusbesuch hatte. Und Marianne war nicht »verschnupft«. Vielleicht schaute der Reporter gerade hin, als ein hinter ihr sitzender Idiot ihr klebriges Eis auf den Mantel tropfen ließ, der übrigens kein Fuchspelz war, sondern ein Nerz. Damit dürfte über die Beobachtungsgabe und Akkuratesse der Reporter genug gesagt sein.

Einige Jahre später luden mich der Herzog und die Herzogin von Bedford zum Kegeln ein. Im Tagebuch heißt es unter dem 8. November 1964: »Zum erstenmal seit 23 Jahren Kegeln. Gut werde ich nie darin, und das bißchen Erfahrung habe ich vergessen. Die drei Schritte Anlauf werden mir schwer, aber beim dritten Mal habe ich schon mit zwei Kugeln alle neune geschmissen.«

Nach dem Kegeln bewirteten Ian und Nicole vierzig Bewerberinnen um den Titel der Miss Welt und andere Gäste, darunter auch mich, in ihren Privatgemächern auf Woburn Abbey. Die vierzig jungen Frauen waren in der Tat bezaubernd und ansehnlich, und ich bin gern in Gesellschaft ansehnlicher, bezaubernder junger Frauen – welcher Mann meines Alters wäre das nicht? Es ist aber unwahr – und ich sage es mit Bedauern –, daß, wie verschiedentlich behauptet wurde, Miss Österreich oder Miss Belgien, Miss Canada oder irgendeine andere Miss meine Spielgefährtin wurde. Da ich mich schon so weit eingelassen habe, will ich bis zum Bodensatz der Getty-Legende vorstoßen.

38

Zeitungen und Zeitschriften sind sich darin einig, daß ich ein Einsiedler wäre und in Sutton Place als Eremit lebte. Ich zitiere aus einem neueren Artikel:

»J. Paul Getty, der in Amerika geborene Ölmagnat, dessen Vermögen auf über 500000000 Pfund geschätzt wird, macht einen traurigen Eindruck. Er lebt still für sich, seine letzten Jahre sind von Verlassenheit und Trübsinn gekennzeichnet. Sein Reichtum hat ihm nichts als Einsamkeit eingetragen.«

Wirklich faszinierend.

Und zum Platzen komisch.

Statt eines Kommentars lasse ich wahllos Eintragungen aus meinem Terminkalender und meinem Tagebuch für 1975 folgen.

Zuerst der Terminkalender:

»23. Juni: Vormittags Besprechung mit Norris Bramlett.

Nachmittags Besprechung mit Harold Berg, Prokurist von Sidney R. Peterson, Beauftragter für Raffinerie, Verteilung und Finanzen von Getty Oil.«

»24. Juni: Vormittags Besprechung mit Jack Denton, Präsident von Chemplex Co.
Nachmittags: Wieder mit Denton bis 16:00 Uhr.
18:30 Empfang in der Japanischen Botschaft in London.«
»25. Juni: Vormittags Besprechung mit David Rinne wegen des Getty Museums.
Nachmittags geschäftlich in London.«
26. Juni: Besprechung mit Fraser McKno, betreffend Getty Oil. Geschäftliche Besprechung mit Paul-Louis Weiller.
20:00 Uhr Diner (in Sutton Place) für den US Botschafter am Hof von St. James, den Ehrenwerten Elliott Richardson.«
27. Juni (Sonnabend): Zum Tee (in Sutton Place) Scheich Fahd Al-Khayyal, Scheich Khaer Herzallah, Mr. und Mrs. Zayyed und andere Gäste.

Daneben führe ich jeden Tag zahlreiche Telefongespräche, gerade auch nach Übersee, lese und beantworte Fernschreiben und Briefe, berede mich mit dem Stab, der ständig in Sutton anwesend ist, und ich plaudere mit nahen Freunden.
Als nächstes die Tagebucheintragungen, ebenfalls aus dem Jahre 1975.
»10. September: Ursula d'Abo fuhr mich zur Energiebehörde. Besprechung mit Regierungsvertretern über die Arbeiten in der Nordsee. Beginn 14:30 Uhr. Für die Regierung erschien Clarence Tuck samt drei Assistenten und einem Stenographen. In unserer Gruppe etwa ein Dutzend Mitarbeiter. Die Konferenz war sehr ergiebig und endete um 16:00 Uhr. Ursula fuhr mich nach Sutton Place zurück. Weil McKno und McCabe hier sind und die Besprechungen bis in die späte Nacht dauern, komme ich nicht zum Spazierengehen. Meine Lieblingslöwin Teresa* hat heute früh vier Junge geworfen.«
»11. September: Nachdem McCabe mit TWA nach Los Angeles gestartet war, fuhr Ursula mich zu Claridges. Ankunft 13:00 Uhr. Wurde zur Suite von Prinz Bernhard der Niederlande geführt und speiste mit ihm. Plauderten über den World Wildlife Fund und anderes. Er erzählte viel Interessantes aus seinem Leben. Kurze Unterbrechung durch Reporter und Fotografen vom *Daily Telegraph*, selbstverständlich mit Erlaubnis

---

* *Mr. Getty hält einen Löwen namens Nero und die Löwin Teresa in Sutton Place. Sie befinden sich in einem sehr großen Zwinger.*

des Prinzen und meiner Zustimmung. Der Prinz begleitete mich ans Auto. Ich stellte Ursula vor. Sie fuhr mich wieder nach Sutton. Ich erledigte meine Post. Dr. MacKenzie untersuchte mich und sagte, ich sei völlig gesund.«

»12. September: Gail Getty (Paul jr.'s geschiedene Frau) mit den drei Kindern Aileen, Ariadne und Mark zu Besuch. Freue mich wie immer, meine Enkel zu sehen. Auch Mary Tessier zu Besuch.«

»8. Oktober: 8:00 Uhr Abfahrt nach London. Besprechung wegen Nordseearbeiten im Hotel Carlton Tower. Jerry Williams brachte uns auf den neuesten Stand, dann prüften wir das Budget, das wegen der Inflation stark vergrößert werden muß. Abfahrt 16:00 Uhr . . .«

»9. Oktober: 10:50 Uhr Ankunft London, Konferenz mit Regierungsvertretern. Nordsee. Ich kam als erster und saß kaum, als der Regierungsbeauftragte Tuck erschien. Mr. Tuck ist ein sehr fähiger Unterhändler, er ist auch um Fairness bemüht. Ende der Konferenz 12:30 Uhr. Ich war zufrieden. Wurde in David Carritts Büro von Mr. Herzer erwartet. Von dort zu einem Kunsthändler in der Nähe, wo eine mit schwarzem Tuch verhangene Bronzestatue wartete.

Man nahm das Tuch weg, und ich betrachtete interessiert die Statue, von der ich viel gehört habe. Ein schönes Kunstwerk. Ursula gefiel es. Sie fuhr mich zum Ritz . . .«

Ein Einsiedlerleben? Dann bin ich der glücklichste Einsiedler auf Gottes Erdboden, umgeben von lieben Freunden und loyalen Geschäftspartnern.

Indessen scheint die Vorstellung, daß angeblich reiche Menschen unbedingt auch unglücklich sein müssen, zahllosen Seelen Trost zu spenden. Ob es leichter fällt, an die unbezahlte Hypothek oder den Ärger mit der Schwiegermutter zu denken, wenn man lesen darf, »der Millionär Paul Getty ist ein betrübter, einsamer Mann«?

Vielleicht stimmt wirklich, was Robert C. Binnig, ein führender Werbemann, sehr gescheit bemerkte: »Der Durchschnittsmensch beneidet den Reichen vielleicht, aber hassen kann er ihn nicht. Das liegt daran, daß die meisten Menschen hoffen, eines Tages selber reich zu sein. Den Neid müssen sie irgendwie kompensieren, und sie stellen sich deshalb vor, die Reichen wären unglücklich und man müßte sie bemitleiden. Sie reden sich ein, falls sie selber das viele Geld hätten, würden sie Besseres damit anfangen, würden sich viel mehr damit amüsieren.«

Wenn Binnig recht hat – und das scheint mir sehr wohl möglich –, dann verhelfe ich gern anderen Leuten zu ihrem Glück. Gleichwohl halte ich mein Bild als einsamer, trauriger Einsiedler für ungeheuer lächerlich.

39

Hätte ich mich darauf eingelassen, jedem Kapitel eine Überschrift zu geben, dann müßte das folgende Kapitel heißen: Variationen über das Thema meiner Geldgier.

Nur Gott und das lesende Publikum wissen, wie viele Variationen über dieses Thema mit großer Fingerfertigkeit gespielt worden sind. Einige haften in meinem Gedächtnis, weil die Leute nie davon genug bekommen können und sie für würdig befinden, unablässig wiederholt zu werden.

Diese tatsächlich klassischen Beispiele kann ich höchst amüsant finden in dem Sinne, daß mich die Schlußfolgerungen belustigen, die daraus gezogen werden.

Zu den bekannteren Anekdoten, die mir auf Anhieb einfallen, gehört der Spaziergang zwecks Ersparnis von 10 Schillingen. Ich soll einen Bekannten aufgefordert haben, mich zu einer Hundeausstellung, Kunstausstellung, Buchausstellung oder Blumenschau zu begleiten, man kann sich das aussuchen. Um 17:50 Uhr kamen wir vor dem Billettschalter an, wo uns ein Schild darauf aufmerksam machte, daß der Eintrittspreis ab 18:00 Uhr auf die Hälfte gesenkt würde, nämlich von zehn auf fünf Schillinge. Anders ausgedrückt, falls ich und mein Gast zehn Minuten warteten, würden wir für zehn Schillinge weniger eingelassen.

Es heißt nun, mein Begleiter hätte berichtet:

»Paul kam zurück und sagte, wir könnten noch einmal um den Block gehen, dann kämen wir zum halben Preis hinein. Und das taten wir auch, bloß um zehn Schillinge zu sparen.«

Die Anekdote soll selbstverständlich zeigen, wie sparsam ich bin; manche Erzähler ziehen auch das Wort geizig vor.

Ich gestehe mit Vergnügen, daß diese Anekdote im wesentlichen zutreffend ist. Wenn ich reichlich Zeit habe, wenn das Wetter angenehm ist und ich mit einem Spaziergang von zehn Minuten zehn Schillinge sparen kann, warum sollte ich das nicht tun? Dächten Sie nicht genauso und handelten entsprechend?

Betrachten wir die Situation mal von einer anderen Seite. Wie oft haben Sie, sagen wir, einen Haushaltsgegenstand für fünfzig Pfund gekauft, den Sie zwei Tage später irgendwo für 29,95 Pfund angeboten sahen? Ich möchte wetten, jedem, der das hier liest, ist derartiges schon begegnet, und ich möchte weiter wetten, daß jeder Betroffene sich, milde ausgedrückt, genarrt fühlte. Nun besteht zwar zwischen zehn Schillingen und 21,05 Pfund ein erheblicher Unterschied, das Prinzip ist aber das gleiche. Kein vernünftiger Mensch will zuviel bezahlen, schon gar nicht, wenn er gewarnt wird – so wie mich jenes Schild warnte.

Als nächstes steht auf der Liste meiner Lieblingsanekdoten die sensationelle Saga vom Münztelefon in Sutton Place. Mein Hang zum Surrealen fühlt sich immer angesprochen, wenn ich mir vorstelle, wieviel Druckerschwärze vergeudet wurde, um dem Publikum immer wieder mitzuteilen, daß der »geizige Ölmagnat Paul Getty in seinem Palast ein Münztelefon installieren ließ«.

Das ist nun wirklich eine herzerwärmende Geschichte für alle, die ein orgastischer Kitzel überkommt, wenn sie sich den reichen Mann als ungastlichen, ungehobelten Knauser vorstellen dürfen. Ich kann mich kaum dazu bringen, ihnen dieses Vergnügen zu rauben.

Ja, tatsächlich wurde in Sutton Place ein Münztelefon installiert, und zwar an der Wand eines kleinen, leicht zugänglichen Zimmers im Erdgeschoß. Und an der Tür zu diesem Zimmer wurde außen sogar ein emailliertes Schild mit der wenig schönen und ziemlich grellen Aufschrift »Öffentlicher Fernsprecher« angebracht. Und unbemerkt von der Presse, wie ich glaube, wurden die sechs oder acht überall im Haus verteilten Telefonapparate mit besonderen Schlössern versehen und die Schlüssel dazu bestimmten Angestellten und Bediensteten ausgehändigt; ich selber hatte natürlich auch einen.

Achtzehn Monate lang waren diese Schlösser und der Münzfernsprecher im Gebrauch, dann wurden sie endgültig – soweit ich das heute übersehe – beseitigt.

So die Tatsachen. Die Schlußfolgerungen, die man daraus gezogen hat, waren, milde gesagt, nicht ganz richtig.

Die Leute, die mit dieser Telefongeschichte hausieren gingen, unterließen es bequemlichkeitshalber, irgendwen in Sutton nach einer Erklärung dafür zu fragen. Jeder, ich nicht ausgenommen, hätte mit Vergnügen Auskunft über den Sachverhalt gegeben, nämlich:

1. Sutton Place gehört nicht mir persönlich, sondern einer Tochtergesellschaft von Getty Oil, mithin den Aktionären von Getty Oil.
2. Noch Monate nach dem Erwerb von Sutton Place kamen alle möglichen Leute ins Haus, darunter Lieferanten, Handwerker und Arbeiter, die mit der Renovierung und Ausstattung beschäftigt waren.
3. Die Telefonrechnungen von Sutton Place stiegen ins Ungemessene. Der Grund lag auf der Hand. Jeder einzelne Fernsprecher im Haus hatte eine Amtsleitung, war also an den Selbstwählverkehr angeschlossen und auch an den Überseeverkehr. Alle möglichen Leute machten sich diese Gelegenheit zunutze und sprachen von Apparaten in Sutton Place aus mit ihren Freundinnen in Genf und Georgia und mit entfernten Verwandten in Carracas und Kapstadt. Die Kosten für diese Anrufe summierten sich selbstverständlich auf der Telefonrechnung für Sutton Place, denn ein solches Gespräch kostete einmal 101 Pfund, und der Durchschnitt lag zwischen zehn und fünfzig Pfund.
Der Verwalter Albert Thurgood, zu dessen zahllosen Pflichten auch die Überwachung der Ausgaben gehört, lenkte meine Aufmerksamkeit auf diese Geschichte. Er, die Direktoren der Sutton Property Co. und ich waren der Meinung, wenn man nicht Tag und Nacht alle Telefone im Haus bewachen wollte, bliebe nur der Ausweg mit den Schlössern und dem »berühmtesten Münzfernsprecher der Welt«.
Später nahm der Publikumsverkehr in Sutton ein Ende, das Hauspersonal und mein Stab fanden ihren Arbeitsstil, daraufhin verschwand der Münzfernsprecher mitsamt dem Schild, und die Telefonapparate im ganzen Haus wurden von den Schlössern befreit.
Die Anekdote will aber nicht sterben. Sutton Place wird mehrmals im Jahr für die Allgemeinheit geöffnet, und zwar zugunsten von Wohltätigkeitsorganisationen, die ein geringes Eintrittsgeld erheben und dies für ihre Zwecke verwenden. Durch das Herrenhaus schlendern also jährlich Tausende von Besuchern, und meine Wächter berichten, daß jeder zehnte sich kaum für die Kunstwerke und die antiken Möbel interessiert, die im Haus zu besichtigen sind, sondern den Münzfernsprecher zu sehen verlangt.

Es ist ein verbreitetes Vorurteil, daß alle Reichen sich bei Trinkgeldern geizig erzeigen. Die Wurzeln dieser wilden und keineswegs richtigen Verallgemeinerung gehen vielleicht auf die Zeiten zurück, als Ivy Lee den Eindruck zu verbessern suchte, den John D. Rockefeller sen. auf die

Öffentlichkeit gemacht hatte. Lee verfiel auf den Gedanken, John D. sen. solle stets funkelnagelneue Zehncentstücke mit sich herumtragen und jedem, der ihm über den Weg lief, eins schenken.
Anfangs ließ sich das gut an. Die Leute nahmen die Münze und bewahrten sie als Andenken an ihre Begegnung mit John D. Rockefeller sen. auf. Dann schlug die Stimmung plötzlich um, da waren wohl berufsmäßige Rockefellerhasser am Werk. Die Verteilung von Münzen wurde nun nicht mehr als gelungener Reklametrick betrachtet, sondern als typisches Beispiel für die Knauserigkeit eines reichen Mannes. »Er hat Millionen, will sich aber mit lausigen Groschen Freunde kaufen!« schalten die Kritiker.
Ein ehrgeiziger junger Mann in Ivy Lees Büro soll dann vorgeschlagen haben, John D. sen. möge nicht mehr Groschen verteilen, sondern Zehndollarscheine. Lee konnte nach einer groben Berechnung diesem jungen Mann dann erklären: »Wenn John D. zehn Dollar statt eines Groschen verschenkte, wäre er nach genau 17 Monaten pleite.«
So nahm die Kampagne des Groschenverschenkens ein Ende, nicht aber das Märchen vom Millionär, der sich für Groschenstücke »Freunde kaufen« möchte.
In jüngster Zeit hieß es häufig, Aristoteles Onassis wäre ein »jämmerlicher Trinkgeldgeber« gewesen. In Wahrheit gab Ari großzügige Trinkgelder, es sei denn, die Bedienung war schlecht; dann gab er überhaupt keins und erklärte unumwunden, warum nicht.
Es wurde auch ausgestreut, ein anderer meiner Freunde, nämlich Nubar Gulbenkian, gäbe nie mehr als zwei Schillinge, einerlei wie hoch seine Rechnung im Hotel, im Restaurant oder Nachtklub gewesen sei. Eine solche Behauptung schändet Nubars Andenken und wird nur dadurch erträglich, daß er einen ausgeprägten Sinn für Humor hatte. Man erinnert sich, daß Nubar ein Londoner Taxi kaufte, mit dem er bei seinen England-Aufenthalten in der Stadt umherfuhr, und im Knopfloch stets eine große Orchidee trug.
Dieser Zwei-Schilling-Tip war einer von Gulbenkians üblichen Witzen. Er war ein splendider Gastgeber und lud meist viele Leute zum Essen oder in einen Nachtklub ein, und die Rechnung für einen Abend betrug oft hundert Pfund. Nachdem er bezahlt hatte, legte er auffällig zwei Schillinge auf den Tisch und sagte zur Bedienung: »Die dürfen Sie ganz allein für sich behalten.«
Wer Gulbenkian nicht kannte, sah verlegen oder gar entsetzt zu, seine

Freunde jedoch lachten, weil sie wußten, daß Nubar unweigerlich später ein richtiges Trinkgeld gab – wenn niemand dabei war. Diese Legende hat sich erhalten und wird wohl auch nicht sterben, solange sich jemand an Gulbenkian erinnert.

Damit komme ich zu meinen eigenen Gewohnheiten. Ich halte mich für einen durchschnittlichen Trinkgeldgeber. In den Restaurants, Hotels und Nachtklubs, die ich in den letzten 25 Jahren regelmäßig besucht habe, wird auf die Rechnung ein Posten »Service« gesetzt, der zwischen 10% und 18% des Rechnungsbetrages ausmacht.

Im allgemeinen lege ich eine Summe dazu, etwa die Hälfte bis zwei Drittel dieses Postens. War die Bedienung besonders gut oder haben meine Gäste oder ich an die Kellner besondere Ansprüche gestellt, kann es auch mehr sein.

Es ist eben so, wie ich es 1958 in einem Beitrag für eine Zeitschrift geschildert habe:

»Wer für einen Milliardär gehalten wird, läßt es sich gutgehen und erfreut sich unzähliger Privilegien und Annehmlichkeiten; rechtmachen kann er es aber keinem. Geht er großzügig mit seinem Geld um, nennt man ihn einen Verschwender, der seine Mitmenschen beeindrucken möchte. Hält er sich zurück und vermeidet er alle Protzerei, so nennt man ihn geizig und einen Knauser.

Das alles stimmt den wohlhabenden Menschen außerordentlich vorsichtig und macht ihn skeptisch. Es ist sehr schön, Geld zu haben, doch je mehr man hat, desto komplizierter wird es, mit anderen Menschen umzugehen und Beziehungen zu ihnen zu unterhalten.«

Darunter haben dann übrigens auch Personen zu leiden, mit denen man nur vorübergehend verkehrt. So hatte sich zum Beispiel vor einigen Jahren ein mir bekannter Schriftsteller mit mir in einem sehr teuren Restaurant verabredet. Als die Rechnung kam, bestand er darauf, für uns beide zu bezahlen. Dieser Vorfall gelangte in die Presse, vermutlich auf dem Umweg über den Kellner. Immerhin hielt *Newsweek* die Angelegenheit für so wichtig, daß ein Reporter diesen Schriftsteller aufsuchte, um zu fragen, ob ich ihn auf der Rechnung habe »sitzen lassen«.

»Wo denken Sie hin«, erwiderte mein Bekannter. »Ich habe sie ihm aus den Klauen gerissen! Es hat mir nämlich ungeheure Befriedigung verschafft, für jemand zu bezahlen, der für den reichsten Mann der Welt gilt.«

Newsweek brachte das Zitat wörtlich genau, und ich mußte lachen, als ich die Story las. Im Laufe der Jahre jedoch wurde sie mehr und mehr entstellt, bis man gelegentlich erfährt: »Der Milliardär J. Paul Getty läßt sich von Leuten zum Essen einladen, die ein Interview von ihm haben wollen.«

Man darf sagen, daß ich sorgsam mit Geld umgehe. Als ich jung war, galt Sparsamkeit noch als Tugend; die Gewohnheit, zehn Prozent anzuzahlen, die Kreditkarte zu zücken und nach dem Rezept »Kaufe jetzt – zahle später« zu verfahren, war unbekannt. Man lebte nicht über seine Verhältnisse, man sorgte für Notzeiten vor, man schluckte keine Beruhigungstabletten, und Magengeschwüre waren selten.
Ich muß gestehen, daß es auch in meinem Leben eine Zeit gab, als ich mich gebärdete wie der verlorene Sohn und mich bemühte, Banknoten so rasch loszuwerden, als würden sie sogleich außer Kurs gesetzt. Beispielsweise erlaubte ich mir eine Leidenschaft für Hochseeyachten, und das nicht zu knapp. 1920 fing ich mit der Dreißigmeteryacht *Sorbre las Olas* an. Die tauschte ich später gegen die Fünfzigmeteryacht *Jezebel* ein, und die wiederum gegen eine Neunzigmeteryacht von 1500 Tonnen, *Warrior.*
Diese Kähne dürften hauptsächlich Statussymbole gewesen sein, abgesehen davon, daß sie für ein buntes Gemisch von Leuten – die meisten berufsmäßige Parasiten – als märchenhafte Möglichkeit der Freizeitbetätigung dienten. Jedenfalls gab es nie Schwierigkeiten, Leute zu finden, die mir an Bord Gesellschaft leisten wollten.
Eines Tages wachte ich auf. Ich begriff, daß meine Geschäfte mich stets daran hindern würden, ausgedehnte Erholungsreisen auf meiner Yacht zu machen, und daß mich daher jeder einzelne der wenigen Tage, die ich selber an Bord der *Warrior* verbrachte, mehrere tausend Dollar kostete. Die Yacht hatte schließlich eine ständige Besatzung von 40 Mann. Meine Buchhalter sagten mir, es würde mich billiger kommen, wenn ich zum Privatgebrauch einen Ozeandampfer chartere, und 1936 verkaufte ich die *Warrior* an einen französischen Zeitungsmagnaten. Seither sind in meinem Leben Yachten nicht mehr vorgekommen.
Auch für Automobile hatte ich in jüngeren Jahren eine Schwäche. Als ich die erste Million »gemacht« hatte, besaß ich fast nur noch teure Luxuswagen, und zu Zeiten habe ich wirklich geglaubt, man müßte immer das neueste Modell haben, wie wenig benutzt der vorhandene Wagen auch war. Doch das ging vorüber.

Heute besitze ich zwei Cadillacs. Einer ist ein 67er Modell, der andere ein 60er. Der alte hat keine 50000 Kilometer auf dem Zähler und macht bestimmt noch weitere 50000. Beide Wagen sehen wie neu aus und sind in tadellosem Zustand. Welchen Vorteil hätte ich davon, sie für neue in Zahlung zu geben?
Für Bequemlichkeit und Luxus habe ich etwas übrig, sehr viel sogar, genau genommen, doch – und das soll dieses Thema abschließen – zum Zwecke der Selbstbestätigung brauche ich mich nicht in sinnlosen Extravaganzen zu ergehen und unnötige Ausgaben zu machen. Lieber gebe ich 17 Millionen für ein öffentliches Museum aus, als daß ich mit der gleichen Summe die erdenklich schönste Yacht finanziere. Ein neuer Cadillac mit Sonderausstattung dürfte gegen 10000 Dollar kosten; wenn ich in den vergangenen 15 Jahren jedes Jahr zwei neue Autos gekauft und die alten in Zahlung gegeben hätte, so wäre mich der Spaß auf 100000 Dollar gekommen.
Diese 100000 Dollar können besseren Zwecken dienen, sie entsprechen genau dem Wert von zwei Preisen zu je 50000 Dollar, die ich im Namen des World Wildlife Fund gestiftet habe. Eine Jury unter Vorsitz Seiner Königlichen Hoheit, des Prinzen Bernhard der Niederlande, verleiht diese Preise an Personen, die sich um die Erhaltung bedrohter Tierarten besonders verdient gemacht haben. 1974 ging der Preis an Senor Felipe Benavides, den Vorsitzenden von PRODENIA, wie diese Vereinigung in Peru genannt wird. Senor Benavides verdient diesen Preis mehr, als ich fünf neue Cadillacs brauche (oder verdiene).

40

Es ist halb elf Uhr abends, Donnerstag, den 27. November 1975.
Thanksgiving Day 1975.
Ich bin allein in meinem Arbeitszimmer, die Tür ist geschlossen. Bullimore hat ein Feuer aus großen Scheiten im Kamin gemacht, denn er weiß, ich werde hier eine oder zwei Stunden an dem Kapitel arbeiten, das ich morgen diktieren will.
Ich habe meine Notizen aus der Hand gelegt. Es ist Thanksgiving Day und mich überkommt eine nachdenkliche Stimmung der Selbstbetrachtung.

Wenn ich nun einfach den Faden meiner Erzählung abreissen ließe und diktierte, was mir so durch den Kopf geht?
Würden die Leser das tolerieren?
Das frage ich mich.
Man kann es immerhin versuchen.

Ich greife zu meinen Tagebüchern; ich nehme das früheste zur Hand, das ich als noch nicht Zwölfjähriger führte. Thanksgiving wird seit je am 4. Donnerstag im November gefeiert, und 1904 fiel der Feiertag auf den 24. Mein Eintrag zu diesem Tag lautet:
»Sehr schöner Tag für Thanksgiving. Das Essen war prima . . .«
Das Tagebuch ist ein Zauberstab, der aus Vergangenheit Gegenwart macht. Zwar schrieb ich diese Sätze vor 71 Jahren, doch erinnere ich mich jenes Festschmauses in Minneapolis so deutlich, als hätte ich ihn erst vor Stunden verzehrt.
Puterbraten samt Füllung, Kartoffelbrei, in Sahne gedämpfte Zwiebeln, Preiselbeerkompott, Kürbistorte . . .
Das Wasser läuft mir im Mund zusammen.
Ich sehe das Gesicht meiner Mutter, ich höre ihre Stimme. Mein Vater sitzt am oberen Ende des Tisches, er lacht, als ich zum dritten Mal um ein Stück Braten bitte. Meine Mutter droht mir lächelnd, ich würde von der Kürbistorte nichts mehr essen können . . .
Ich lese weiter.

»25. November: Schönes Wetter. Vormittags mit Mama ausgefahren. Nachmittags gespielt und gelesen. Abends mit Mama gespielt und Richard I. gelesen. Sehr spannend.«
»26. November: Schönes Wetter. Vormittags in der Stadt. Ich bekomme einen neuen Anzug. Nachmittags mit Mama im Theater, das Stück hieß: Der Milliardär.

Wie sonderbar, denke ich und starre ins Feuer; dieses Stück machte mir keinen Eindruck. Merkwürdiger noch: daß man mich jetzt, sieben Jahrzehnte später, einen Milliardär nennt, macht mir ebenfalls wenig Eindruck. Ich greife nach meinem derzeitigen Tagebuch und schlage die Eintragung von gestern auf, 26. November 1975:
»Bei dem Essen, das Lord Thompson für den Ministerpräsidenten gab. Harold Wilson saß rechts von Roy Thompson, und ich begrüßte ihn. Zur

Linken von Thompson saß Lord Gibson und mein Platz war neben ihm. Unter den geladenen 22 Gästen waren die leitenden Industriellen Englands gut vertreten. Nach dem Essen blieb Wilson noch sitzen und erklärte formlos etwa zwanzig Minuten lang seine Politik und machte deutlich, wie er die Dinge sah. Obwohl die Gäste politisch seine Meinung nicht teilten (ich glaube, die meisten waren Konservative), war die Stimmung freundlich. Wilson hat das sehr gut hingebracht.«

Für heute, den 27. November, Thanksgiving Day 1975, habe ich noch keine Eintragung gemacht.

Amerikanische Freunde, die in London wohnen, haben mich zu einem »richtigen« Thanksgiving-Mahl eingeladen, doch mußte ich absagen, und zwar aus eben dem Grunde, aus dem ich so vieles in meinem Leben getan oder nicht getan habe: Die Geschäfte verlangten den ganzen Tag über meine Anwesenheit in Sutton.

Das Tagebuch von 1904 scheint heute abend großen Reiz für mich zu haben. Noch einmal lese ich die Eintragung vom 26. November, wo es heißt, Mutter und ich hätten uns das Stück »Der Milliardär« angesehen.

Der Milliardär.

Natürlich wird man ungläubig und höhnisch lachen, wenn ich sage, daß mir nie sehr daran gelegen war, viel Geld anzuhäufen. Doch nie in meinem Leben habe ich den Wunsch gehabt, der reichste Mann der Welt zu sein.

Soll damit das Kapitel beginnen, das ich morgen früh diktieren werde?

Nein. Der Satz mag hier stehenbleiben als einer von vielen Gedanken, die mir so durch den Kopf gehen.

Soll ich fortfahren mit meinen Notizen? Ich bin nun schon so weit auf diesem Nebenweg vorangeschritten, warum also nicht weitergehen und sehen, wo er hinführt? Gut möglich, daß ich von mir selbst etwas lerne.

Meine erste Million verdiente ich schnell, rückblickend scheint es fast: über Nacht. Daß ich so viel Geld besaß, warf mich förmlich um. Ich glaubte, mehr als diese Summe brauchte ich nie, und hörte auf zu arbeiten.

Wenn ich allein mit mir in meinem Arbeitszimmer spät abends am Thanksgiving Day erkläre, daß es nicht Gier oder der Wunsch nach mehr Geld war, der mich im Alter von 26 Jahren dazu bewog, wieder mit der

Arbeit zu beginnen, dann ist das ganz aufrichtig gemeint. Ich schaue über die Jahre zurück, ich suche in meinem Gedächtnis und meinem Gewissen nach den Motiven, die mich damals trieben, und ich erinnere mich so deutlich an sie wie an das Festmahl am Thanksgivingtag 1904. Es langweilte mich einfach, müßig zu gehen und mich endlos zu amüsieren. Auch die Herausforderung, unentdeckte Ölvorkommen aufzuspüren, wirkte stark auf mich ein. Letztlich kam noch das Gefühl hinzu, daß ich meinem Vater gegenüber und auch gegenüber dem von ihm geschaffenen Familienunternehmen eine gewisse Verantwortung trug.
Was dann folgte, hat mich immer wieder mit Erstaunen erfüllt. Ich machte zwar als Unternehmer meine Erfahrungen, doch konnte ich es nur schwer fassen, daß mein Reichtum von Jahr zu Jahr wuchs. Ich weiß nur eine einzige Erklärung für dieses Phänomen, nämlich die, mit der Max Aitken, Lord Beaverbrook, seinen eigenen Erfolg erklärt: Ich hatte einen Logenplatz im Leben.
Man kann nicht sagen, ich hätte alles mir selbst zu verdanken. Diesen Logenplatz hätte ich nicht halten können ohne die loyale Mithilfe von vielen Freunden und Mitarbeitern.
Was meine eigenen Bemühungen angeht, so vergleiche ich mich vielleicht am besten mit einem Tennisspieler, der, einmal auf dem Platz, alles daransetzt, zu gewinnen. Ich habe mich stets bemüht, den Ball zurückzuschlagen, einerlei von wo und mit welcher Geschwindigkeit er auf meinem Teil des Spielfeldes landete.

Nostalgie führt häufig zu müßigen Betrachtungen.
Es ist zweifelhaft, ob ich mich für die Geschäfte entschieden hätte, wäre ich nicht der einzige Sohn, das einzige Kind gewesen. Auch heute noch bin ich davon überzeugt, daß ich einem Bruder oder meinen Brüdern die Ölgesellschaft meines Vaters überlassen hätte. Ich hätte dann vermutlich dem einen oder anderen jugendlichen Ehrgeiz nachgegeben, wäre in den Auswärtigen Dienst eingetreten, wäre Schriftsteller geworden oder Offizier der Kriegsmarine.
Hätte ich in diesen drei Berufen auch Erfolg gehabt?
Das läßt sich nicht beantworten. Ich hätte sicher in jedem anderen Beruf ebenso viel Energie aufgewandt wie als Unternehmer, und ich darf mir wohl schmeicheln, daß ich durch harte Arbeit, Konzentration der Kräfte und Entschlossenheit in jedem anderen Beruf mindestens einen bescheidenen Erfolg zu verzeichnen gehabt hätte.

Diese Notizen sollen mir morgen beim Diktat helfen. Der Umweg, auf den ich geraten bin, ist in Wirklichkeit gar keiner.
Wie könnte ich Thanksgiving besser begehen, als indem ich mir und aller Welt vorstelle, wie dankbar ich für die zahllosen Segnungen sein muß, die mir das Leben zuteil werden ließ.
O ja, auch der Reichtum gehört dazu, nicht aber der Reichtum als solcher.
Es war ein Glaubenssatz meines Vaters, daß man von Geld Gebrauch machen muß, daß es arbeiten, Güter und Dienstleistungen produzieren soll, daß es Arbeitsplätze schaffen und der Wohlfahrt unserer Gesellschaft dienen muß. Mein Vater hat nach diesem Leitsatz gelebt und gestrebt. Ich selbst kann nur hoffen, daß ich seinem Vorbild nachgeeifert habe. Bemüht habe ich mich.

Am 30. Mai 1975 erfuhr ich, daß die Kreditwürdigkeit der Getty-Ölgesellschaft mit der höchsten Note bewertet worden war. Standard & Poor, dieser angesehene Wirtschaftsdienst, führte dazu als Begründung an »die unerschütterliche finanzielle Basis der Gesellschaft, die sachverständige Führung, die starke Stellung auf dem heimischen Rohölmarkt und konservatives Wirtschaftsgebaren«.
Diese hohe Einstufung verdankt die Firma den Mitarbeitern aller Grade. Ich kann selbstverständlich nicht alle 12000 Männer und Frauen namentlich anführen, die auf den Lohnlisten von Getty stehen und nach besten Kräften bemüht sind, zum Wohl und Erfolg der Firma beizutragen.
An diesem Thanksgiving Day will ich immerhin dem Vorstand und dem Aufsichtsrat meinen Dank aussprechen, sozusagen stellvertretend für alle Mitarbeiter bei Getty Oil.
Der Vorstand besteht aus:
Harold E. Berg, Prokurist, Allgemeine Verwaltung
J. Earle Gray, Prokurist, Rohstoffvorkommen
Sidney R. Peterson, Prokurist, Raffinerien, Verteilung, Finanzen
Paul E. Carlton, Prokurist, Exploration und Förderung konzerneigener Rohstoffe
Ralph D. Copley jr. Prokurist, Justitiar, Sekretariat des Konzerns
Stuart W. Evey, Prokurist, Konzernverwaltung
Jack D. Jones, Prokurist, Herstellung und Absatz
John P. McCabe, Prokurist, Exploration und Förderung Ausland

Edward H. Shuler, Prokurist, Exploration und Förderung Kalifornien
George H. Turran, Prokurist, Exploration und Förderung zentrale Bundesstaaten
Bill E. Williams, Prokurist, Ausrüstung und Transport
Duane A. Bland, Rechnungswesen
Hugh M. Slawson, Schatzmeister.

Jetzt folgen die Aufsichtsratsmitglieder:
Harold E. Berg
Willard S. Boothby jr., Aufsichtsratsvorsitzender und Vorstandsmitglied von Blyth Eastman Dillon & Co, Inc., Investitionsbank
J. Earle Gray
C. Lansing Hays jr., Sozius der Anwaltsfirma Hays, Landsman & Head
Frederick G. Larkin jr., Aufsichtsratsvorsitzender und Vorstandsmitglied Security Pacific Corporation and Security Pacific National Bank, Handelsbank
Chauncey J. Medberry III, Aufsichtsratsvorsitzender Bankamerica Corporation and Bank of America NT&SA, Handelsbank
Sidney R. Peterson
John M. Schiff, Seniorpartner in Kuhn, Loeb & Co. Investitionsbank
Joseph A. Thomas, Direktor der Investitionsbank Gebrüder Lehman
Dr. Norman Topping, Kanzler der University of Southern California.

Präsident von Getty Oil bin selbstverständlich ich, und ich bin auch einer der Direktoren. Wenn man aber einen Vorstand und einen Aufsichtsrat mit so glänzenden, erwiesenermaßen tüchtigen Leuten hat, kann man getrost ein Schild mit der Aufschrift BIN ZUM ANGELN ins Schaufenster hängen und braucht sich keine Sorgen zu machen.
Es hat in meinem Leben Augenblicke gegeben, da ich mir genau dies wünschte: abhauen, alle Geschäfte vergessen.
Warum habe ich es nicht getan?
Verantwortungsgefühl? Der Wunsch, selbst dafür zu sorgen, daß das vom Vater überkommene Unternehmen fortbesteht? Vielleicht ist mir auch die Arbeit zur Gewohnheit geworden.
Auf jeden Fall bereue ich meine Wahl nicht. Mit Stolz nenne ich mich einen Realisten, und im übrigen wäre es jetzt auch für Reue ein wenig zu spät.

Ich kann mich des Gedankens nicht erwehren, daß man mit Geld zwar vieles kaufen oder möglich machen kann, daß es aber doch nicht genügend Geld auf dieser Welt gibt, um alle Wünsche damit zu verwirklichen.
Ich möchte nicht undankbar erscheinen, aber ich hätte manches tun wollen, was ich nicht tun konnte und wohl auch nie werde tun können.
Zeit meines Lebens bin ich viel gereist, doch es genügte nicht, um die Sucht zu stillen, alles aus erster Hand zu sehen und zu erfahren. Ich bedauere, nie Indien besucht zu haben, die berühmten Tempel und Hochebenen nicht zu kennen. Auch Persien wollte ich immer schon bereisen, doch habe ich von diesem Land nichts gesehen als die Ansicht, die sich von Basra im Irak über die Mündung des Euphrat hinweg bietet. Ein weiterer unerfüllt gebliebener Wunsch ist eine *Photo*-Safari in Afrika (*Photo* unterstreiche ich bewußt, denn ich könnte mich nie überwinden, Jagd auf Tiere zu machen, um sie zu töten.)
Ich war zwar stets ein gieriger Leser, doch gibt es noch Hunderte, was sage ich: Tausende Bücher, die ich gerne lesen würde, doch fehlt mir die Zeit dazu.
Ich habe die Gesellschaft unzähliger Menschen als höchst anregend empfunden und doch nicht die Zeit gehabt, mich mit ihnen zu befreunden, mindestens nicht in dem von mir gewünschten Maße.
Seit langem hege ich die Hoffnung . . .
Nein.
Die Scheite im Kamin sind heruntergebrannt. Thanksgiving Day 1975 ist beinahe vorüber. Jetzt ist nicht die Zeit zu wünschen, dies oder jenes möge anders ausgefallen sein, es ist Zeit, Dankbarkeit zu empfinden – für Unzähliges. Und das tue ich.
Ich mache mir einen Schlummertrunk zurecht, eine Mischung aus Meyers Rum und Coca-Cola, und genieße ihn in kleinen Schlucken.
Was ist das? Unwillkürlich stoße ich einen erstaunten Ruf aus. Der vertraute Geschmack von dunklem Rum und Coca-Cola verwandelt sich flüchtig in den von Puterbraten mit Preiselbeerkompott. Noch ein Schluck, und alles ist wieder beim alten. Meine Geschmacksnerven und ich haben die Nostalgie bezwungen. Wenn ich nachher ins Schlafzimmer hinaufgehe, werden meine Gedanken sich wieder mit der Arbeit beschäftigen, die mich morgen erwartet.

41

Vizepräsident Nelson A. Rockefeller meinte liebenswürdigerweise, mein Erfolg als Ölunternehmer stelle mich auf eine Stufe mit seinem Großvater John D. Rockefeller sen.
Ich bemerkte dazu, ebensogut könne er einen Spatzen mit einem Adler vergleichen. Das ist kein Zeichen von Bescheidenheit, sondern entspricht den Tatsachen.
Der alte Rockefeller begann als armer Mann, ein schlecht bezahlter Buchhalter, der sich nach oben arbeitete. Ich hingegen besaß vermögende Eltern, und als ich ins Geschäftsleben trat, half mir mein Vater finanziell. Ich habe zwar aus eigener Kraft Geld verdient, sogar ziemlich viel, ich bezweifle jedoch, daß es heute ein »Getty-Imperium« gäbe ohne die Übernahme der blühenden Firma nach dem Tod meines Vaters.
Falls ich mich überhaupt mit irgendwem aus der Familie Rockefeller vergleichen kann, dann schon eher mit Nelson und seinen Brüdern. Zwar sind sie nicht Söhne, sondern Enkel des Gründers der Dynastie, doch haben sie, ebenso wie ich, ihre Laufbahn auf der soliden Grundlage ererbten Vermögens begonnen.
Es ist nicht ohne Reiz, sich vorzustellen, welch unterschiedliche Wege die Enkel des alten Rockefeller gegangen sind. Nelson wurde Politiker. Man hat ihn oft mißverstanden und schlechtgemacht, doch ist er ein praktischer, durch und durch konservativer Mensch von großen Fähigkeiten.
Mit David Rockefeller habe ich mancherlei Geschäfte getätigt. David ist aggressiv und einfallsreich und hat zweifellos das unternehmerische Genie des Großvaters geerbt. Mit ihm zu verhandeln ist immer ein Vergnügen, ich würde es allerdings nicht riskieren, ihn hinters Licht führen zu wollen.
Winthrop kenne ich nur ganz oberflächlich, dafür bin ich mit seiner Frau Bobo eng befreundet.
John Rockefeller III und seine hinreißende Gattin Blanchette waren in Sutton Place oft meine Gäste. Sie sind liebenswürdige, warmherzige Menschen. Manchmal allerdings wird mir in ihrer Gegenwart etwas beklommen, denn sie widmen sich ausschließlich guten Werken. John D. III ist, wie man weiß, der älteste Bruder und hat ein stark ausgeprägtes, meiner Ansicht nach lobenswertes Gefühl für die Familientradition.

Man erzählt sich, daß er »sehr distanziert« sei, in Wahrheit aber ist er nur scheu, und diese Scheu verliert sich sogleich, wenn er mit Menschen zusammen ist, die er als seine Freunde betrachten darf.
Der Versuch das »Imperium Rockefeller« mit dem »Imperium Getty« zu vergleichen, ist in jedem Fall lachhaft. Der alte Rockefeller stieg ins Ölgeschäft ein, als in der amerikanischen Petroleumindustrie das Chaos herrschte. Was immer man ihm nachsagen mag, er hat dieses Chaos jedenfalls geordnet. Die herrschende Geschichtsauffassung sieht im Standard Oil Trust (oder Monopol) eine Art teuflischen Ränkespiels. John D. Rockefellers »Monopolisierung« mag viele Fehler gehabt haben, doch verhinderte sie den totalen Zerfall der amerikanischen Ölindustrie.
Die »Imperien« von Rockefeller und Getty kann man nur als Gegenbeispiele zitieren. So ist zum Beispiel die Exxon Corp. (früher Standard Oil of New Jersey) nur ein Teil des von Rockefeller kontrollierten »Standard Oil Monopols«, das von der Kartellbehörde zu Beginn dieses Jahrhunderts zerschlagen wurde. Die Exxon ist heute vom Umsatz wie von den Einnahmen her gesehen die zweitgrößte amerikanische Kapitalgesellschaft nach General Motors. 1973 war ihr *Nettogewinn* fast doppelt so hoch wie der gesamte *Umsatz* der Getty Oil Co. dieses Jahres – 2,4 Milliarden zu 1,4 Milliarden.

Gleichwohl fühle ich keine Bedenken, die Getty Oil Company mit einem »Imperium« zu vergleichen und mich mit einem »Caesar«. Ich gehe sogar noch weiter und behaupte, Getty Oil gleiche mehr einem »Imperium« als Exxon oder viele andere Ölgesellschaften, die größer sind als Getty Oil: weil es tatsächlich einen Getty gibt. Diese Tatsache ist jedem Mitarbeiter von Getty Oil, jedem Bürger des »Imperiums«, wenn man so will, bekannt, und jeder einzelne Arbeitnehmer bei Getty weiß, daß er oder sie sich in letzter Instanz unmittelbar an »Caesar« wenden kann, an ein Individuum namens Getty, der nicht nur Präsident der Gesellschaft ist, sondern dem auch die Aktienmehrheit gehört oder der sie kontrolliert.
Ich möchte klarmachen, daß die Getty Oil Company nicht eine unpersönliche, gesichtslose Kapitalgesellschaft in den Händen vieler weit verstreuter Eigentümer ist. Die Gesellschaft wird nicht von einem Vorstand geleitet, der sich immer wieder selbst wählt und dessen Mitglieder bestenfalls einen winzigen Aktienanteil besitzen. Ich kann den Verfassern von Lehrbüchern für das angehende Management und den Professoren

der Betriebswirtschaft versichern, daß Produktion und Betriebsklima bei einer solchen Konstruktion besser sind und daß wir mit den Arbeitnehmern weniger Schwierigkeiten haben als Leute, die sich auf anfeuernde Reden und ein System von außertariflichen Anreizen verlassen.
In einem gigantischen Unternehmen wie Exxon kann der Driller, der sich beschweren will, nicht ans Telefon gehen und einen »Mr. Exxon« anrufen, er kann bestenfalls bei einem Ausschuß vorstellig werden, der ein Beschwerdeformular anlegt und die Sache nach irgendwelchen Vorschriften behandelt.
Bei Getty Oil kann der Mann mich am Telefon verlangen, und wenn er schon länger bei mir ist, dann wird er mich wahrscheinlich mit einem Fluch begrüßen und mit »Paul« anreden. Und der Boß, »Cäsar« in Person, wird seinen Klagen Gehör schenken.
Es ist bedauerlich, es ist geradezu tragisch, daß das Zeitalter der Unternehmen, deren Mitarbeiter sich als Mitglieder einer Familie fühlen, rasch zu Ende geht, bedauerlich nicht nur für die Unternehmen selbst, sondern für die Gesellschaft als ganze. Man könnte sagen, es ist schon zu Ende.
Wir sind bereits im Zeitalter der Megakonzerne – durchstrukturierte, nach Organisationstafeln ausgerichtete, voll elektronisierte und von Komitees geleitete Kapitalgesellschaften, für die das Individuum durch die Sozialversicherungsnummer ersetzt ist. In vielen Ländern stellt sich das Bild noch trüber dar, und die Verstaatlichung klemmt selbst den Megakonzern zwischen bürokratischen Infrastrukturen und Superstrukturen ein (und zerquetscht ihn meist). Der hiervon ausgehende Druck verlangsamt die Produktion zum Schneckengang und, was schlimmer ist, vernichtet die Individualität aller Beteiligten.
Man betrachte Italien.

Bevor ich mein italienisches Thema angehe, noch einige Bemerkungen, denn es darf nicht so aussehen, als hätte ich mich grundlos von einem lieben alten Freund abgewandt und fiele nun über ihn her.
Ich habe Italien seit langem geliebt und liebe es immer noch. Dort habe ich viel Zeit und einige der schönsten Tage meines Leben verbracht, voll Ehrfurcht, hingerissen, ja, fast behext von Rom, Florenz, Venedig und anderen herrlichen Städten und der großartigen Landschaft. Und wie ich schon bemerkt habe, besaß die Getty-Gruppe jahrelang eine Ölgesellschaft und eine Raffinierie in Italien. Darüber hinaus war meine Liebe

zu Italien so groß und tief, daß ich mir dort zwei Häuser kaufte, die mir immer noch gehören.
Mitte der Sechziger Jahre erwarb ich eine ziemlich zerfallene Villa mit 55 Zimmern vom Fürsten Ladislao Odescalchi. Dieses als »Vecchia Posta« bekannte Bauwerk liegt am Strand von Ladispoli unweit von Rom. Es hat eine lange, bunte Geschichte; die Dokumente zeigen, daß es aus dem 15. Jahrhundert stammt und daß Raffael die Baupläne selbst gebilligt hat.
Die Renovierung der Villa, die jetzt passenderweise »Palo« heißt, sollte fünf Jahre in Anspruch nehmen. Bei Vorarbeiten kamen verborgene Kunstwerke ans Licht, darunter ein Mosaikboden aus dem 4. Jahrhundert in fast perfektem Erhaltungszustand. Ich brauche wohl kaum zu sagen, daß die Restaurierung des alten Hauses, der Einbau moderner Installationen, die Dekoration und die Einrichtung viel Geld verschlangen. Ich finde die Ausgaben jedoch angemessen – ich bezahlte jeden Pfennig selber –, und jedenfalls schafft es mir viel Befriedigung, daß ich eines der großen alten Baudenkmäler Italiens gerettet und wiederhergestellt habe.
Hin und wieder wohnen in dieser Villa Kapitäne der Tanker und Supertanker der Getty-Gruppe und Leitende Angestellte von Getty Oil, wenn sie in Italien Ferien machen. Auch viele meiner persönlichen Freunde verbringen ihre italienischen Ferien dort.
Etwa zur selben Zeit kaufte ich auch noch ein kleineres, pittoreskes Haus bei Gaiola von meinem Freund Gianni Agnelli. Es liegt unweit von Gaeta auf einer Insel vor der Küste. Die italienische Raffinerie, die damals der Getty-Gruppe gehörte, befand sich in Gaeta.
Bevor ich jedoch in »Palo« oder Gaiola heimisch werden konnte, verkaufte die Getty-Gruppe die italienische Ölgesellschaft und die Raffinerie mit gutem Gewinn. So steht das Haus in Gaiola leer, wenn ich es nicht Freunden leihe, die zu Besuch oder auf Urlaub in Italien sind.
Ich habe also keinerlei geschäftliche Interessen in Italien mehr, sondern besitze dort nur noch zwei Häuser. Leider muß ich sagen, ich bin über diese Entwicklung recht froh und es erleichtert mich ungeheuer, daß Getty seine italienische Ölgesellschaft Golfo damals abgestoßen hat.
Warum?
Weil Italien ein erschreckendes Lehrbeispiel dafür ist, was die Zukunft für viele westliche Länder bereithalten mag.
Wirtschaft und Wirtschaftsordnung Italiens sind in einem Dunst ir-

gendwo zwischen dem unpersönlichen Megakonzern und dem chimärischen Utopia des Sozialismus verschwunden. Noch gibt es in Italien freies Unternehmertum, doch kämpft es einen aussichtslosen Kampf. Im italienischen Wirtschaftssystem entwickeln sich stetig wachsende Staatsmonopole und Megakonzerne, die nicht Fisch und Fleisch sind, »parastatale« Organisationen, teils in Staatsbesitz, teils in Privathand.

In keinem Land Europas sind die wirtschaftlichen Bedingungen und Aussichten so düster und entmutigend wie in Italien. Abgesehen von Großbritannien hat keine westliche Demokratie eine so hohe Inflationsrate wie Italien. Die Arbeitslosigkeit nimmt ständig zu. Der Abstand zwischen dem Produktionspotential und der tatsächlichen Produktion beträgt mehr als zehn Prozent.

Ein prominenter, kühl und objektiv urteilender Mann mit internationaler Bankerfahrung bemerkte kürzlich: »Wirtschaftlich ist Italien ein Krüppel, und die Frage heißt, ob der Patient noch lange leben kann.«

Dabei hatte ich Anfang der Fünfziger Jahre Italien gleich hinter Deutschland als jenes europäische Land eingeschätzt, das sich am meisten für Investitionen und geschäftliche Betätigung anbiete!

Was hat sich zwischen damals und jetzt geändert?

Alle Unternehmer, Gewerkschaftsführer, Wirtschaftswissenschaftler, Politiker und Bürger jener Länder, in denen es noch Reste freien Unternehmertums gibt, sollten sich gründlich mit den Ursachen des Aufstieges und Unterganges der italienischen Volkswirtschaft befassen.

Anfangs wurde Italien seinen Versprechungen gerecht. Die Industrie expandierte, es gab einen Boom. Land und Bevölkerung wurden wohlhabend, doch dieser Wohlstand hatte schon bald Selbstzufriedenheit und Lustlosigkeit zur Folge, und alle setzten Fett an. Italienische Unternehmer machten große Profite, ohne genügend in ihre Betriebe zu reinvestieren. Der Lebensstandard der italienischen Arbeiter stieg merklich. Statt Fahrräder hatte man nun Motorroller, und die Vespa wurde bald in einen Fiat umgetauscht. Daraufhin fanden die italienischen Gewerkschaften, ihr Anteil am Kuchen wäre zu klein, und verlangten mehr.

Und die italienischen Regierungen? Wenn sie nicht gerade Däumchen drehten, suchten sie Stimmen zu gewinnen, indem sie alle Forderungen der Arbeiter erfüllten und die phantastischsten Wohlfahrtspläne entwarfen, die sie entweder mit geborgtem Geld finanzierten oder mit druckfrischen Banknoten. Zugleich schränkten sie den Spielraum der

Unternehmer ein und unterwarfen die riesigen »parastatalen« Giganten einer erstickenden bürokratischen Vormundschaft.
Der Staatshaushalt wurde immer defizitärer, die Preise von Waren und Dienstleistungen stiegen noch schneller. Militante Gewerkschaften verlangten Lohnerhöhungen und andere Zugeständnisse, die den Anstieg der Preise überholten. Wurden diese nicht augenblicklich und vollständig bewilligt, kam es zu Streiks und Langsamarbeit, die das Land Millionen verlorener Arbeitstage kosteten. Dadurch stiegen die Produktionskosten, und der Export ging zurück. Die Drucker, die Papiergeld herstellten, legten Überstunden ein.
Die Unternehmer waren daran nicht schuldlos, ganz gewiß nicht. Sie dachten nur an ihr eigenes Wohl, sie unterließen es nicht nur, ihre Profite zu reinvestieren, sondern verschoben ihr Geld ins Ausland. Damit entzogen sie der schwankenden italienischen Volkswirtschaft eine weitere Stütze.
Die Preise stiegen immer höher.
Die Bürokratie mischte sich immer mehr ein und richtete ein heilloses Durcheinander an.
Die Zahl der Konkurse stieg raketengleich. Streiks und Bummelstreiks wurden noch häufiger.

Ich möchte heute kein italienischer Unternehmer sein. Die Konzerne sind in schreckenerregendem Grade in den Händen von Bürokraten und Politikern und nicht von Geschäftsleuten. Dafür aber ist die italienische Regierung in ebenso erschreckendem Grade in den Händen von Männern, die mehr Geschäftemacher als Politiker sind, nämlich in dem Sinne, daß sie um Stimmen feilschen, statt durch gute Verwaltung die nationale Wirtschaft wieder zu beleben.
Dazu findet sich der Unternehmer durch häufig widersprüchliche Gesetze, Verordnungen, Vorschriften und sonstige bürokratische Hindernisse fast allen Spielraums beraubt. Klarsichtige Gewerkschaftsführer können sich mit vernünftigen Vorschlägen in dem Gebrüll der machtgierigen Agitatoren der extremen Linken, die offenbar auf die völlige Vernichtung der Wirtschaft hinarbeiten, kein Gehör verschaffen.
Dabei verliert das ganze Land, insbesondere der Durchschnittsbürger, der Arbeiter. Dieser Bürger und Arbeiter wird von Bürokraten, politisierenden Gewerkschaftlern und Politikern, die sich in Gewerkschaftsdinge mischen (gehören sie nun zur äußersten Linken oder äußersten Rechten)

nicht als Individuum betrachtet, nicht als menschliches Wesen, auf dessen Wohlfahrt Rücksicht zu nehmen ist. Für diese Leute ist der Bürger nichts als eine Nummer, ein Roboter, darauf programmiert, der einen oder anderen Seite, Gruppe, Fraktion oder Partei Gewinn abzuwerfen.
Mein geliebtes Italien bietet ein schlimmes Exempel. Ich hoffe von Herzen, daß der Niedergang der italienischen Volkswirtschaft aufgehalten werden kann, ehe er endgültig wird.
Man darf es den entmutigten Beobachtern und Kommentatoren, die dem italienischen Drama zusehen, aber nicht verübeln, wenn sie ängstlich gespannt auf den endgültigen Zusammenbruch horchen. Man kann nur beten, daß, wenn er erfolgt, keine Kettenreaktion eintritt.

42

»Der Optimist behauptet, wir lebten in der besten aller Welten; der Pessimist befürchtet, daß dies stimmt.« So schreibt James Branch Cabell. Wäre ich Beethoven oder Hoagy Carmichael, ich würde diesem Text Musik unterlegen, und das wäre dann mein Leitmotiv.

Ich erfreue mich eines außerordentlichen und ungewöhnlichen Vorteils: Ich kann mir leisten, zu sagen, was ich will.
Diese seltene und kostbare Wohltat wird mir nicht darum zuteil, weil ich reich bin, sondern sie geht mit dem Alter einher, das ich erreicht habe und in dem man darauf verzichten kann, auf die Reaktionen anderer Menschen zu achten, denn diese berührt einen nicht mehr. Dreiundachtzig Lebensjahre verleihen einem nicht automatisch Weisheit, aber immerhin das Gefühl der Unabhängigkeit und Freiheit.
Die Zeit ist die wahre Feuerprobe der Freundschaft, und ich habe mehr als ausreichend Gelegenheit gehabt, meine echten Freunde herauszufinden. Sie kennen meine Ansichten und Meinungen, meine Schwächen und Närrischkeiten viel zu gut, als daß sie über irgendeinen Satz oder Ausspruch erregt oder ärgerlich würden.
Wer sich noch nicht als wahrer Freund erwiesen hat, wird kaum Gelegenheit haben, die Zwanzigjahrprobe abzulegen, dazu bin ich zu alt. Wem nicht paßt, was ich sage, der mag meine Äußerungen meinethalben verwerfen oder sich darüber lustig machen.

In diesem Sinne bestreite ich nachdrücklich, ein geborener Zyniker und Pessimist zu sein. Es gibt sogar verläßliche Informanten – so jedenfalls würde es heißen, wenn dies ein Bericht aus Washington wäre –, die geschworen haben, ich sei ein heiteres und liebenswertes Baby gewesen, ein Kind von munterem Wesen und ein überschäumender Jüngling.

Ich behaupte, der eifrigste Verehrer von George Alfred Henty zu sein. Henty lebte von 1832 bis 1902 und hat über dreißig Bücher für Knaben verfaßt – »Rothaut und Cowboy«, »Unter Friedrich dem Großen« oder »Mit Roberts nach Pretoria«. Ich habe wohl schon als Knabe eine vollständige Sammlung seiner Bücher besessen und sie so oft gelesen, daß ich eigentlich alle auswendig hersagen könnte.

In Sutton Place steht meine Henty-Bücherei auf einem Regal, an dem ich jede Nacht auf dem Weg in mein Schlafzimmer, aus meinem Arbeitszimmer oder aus dem Salon vorüberkomme. Ein oder zwei Mal im Monat verharre ich davor, wähle einen Band aus und nehme ihn mit, um wieder darin zu lesen.

Ist das exzentrisch? Vielleicht. Ist das Eskapismus? Wenn man darunter versteht, daß ich mich in die Zeit zurückversetzen möchte, als die Werte und Maßstäbe noch etwas galten, die ich bewundere, dann lautet die Antwort vorbehaltlos JA.

G. A Henty ist kein literarisches Genie gewesen. Er zeichnete seine Charaktere in Schwarz und Weiß, da gab es Gute und Böse, Helden und Feiglinge, aufrechte Männer und moralisch Verkommene. Hentys Helden hielten sich an strenge Normen. Sie waren ehrenhaft, loyal, fair, unbestechlich. Selbstverständlich siegten sie stets über die Bösewichter, nicht ohne zuvor tapfer Gefahren zu bestehen, scheinbar unüberwindliche Hindernisse zu nehmen, Entbehrungen und Leid zu erdulden. Hentys Helden griffen oft zur List, doch hat nie ein Held in seinen Büchern gemein, kleinlich, verächtlich oder niederträchtig gehandelt.

Die Welt meiner Knabenzeit wurde selbstverständlich nicht ausschließlich von Helden à la Henty bewohnt. Die Guten blieben nicht immer Sieger über die Schlechten, und die Schlechten erhielten nicht immer die verdiente Strafe. Und doch gab es Anfang unseres Jahrhunderts vergleichsweise mehr Menschen, die sich an Hentys Moralkodex hielten als heute. Ich mußte mit Bitterkeit bemerken, daß sich im Laufe der Jahrzehnte der Sinn für Ehrenhaftigkeit und Anstand und das Bewußtsein von der Würde des Menschen ständig verringerten. Die Soziologen füh-

ren das auf die Wirkungen und Nachwirkungen von Kriegen, Revolutionen und Wirtschaftskrisen zurück (oder auf die Prohibition, den Wohlstand, die Atombombe oder die Überflußgesellschaft).
Der Versuch, Gründe und Erklärungen für diese Entwicklung zu finden, ist ebenso vergeblich wie die Trauer über vergangene Zeiten und eine nicht mehr beachtete Ethik. Immerhin, wenn ich heute die Zeitung gelesen und die Tagesschau im Fernsehen gesehen habe, wirkt die »Flucht« in ein Buch von Henty ebenso belebend auf mich wie das sprichwörtliche Glas kaltes Wasser an einem heißen Tag; ja mehr noch, diese Lektüre befähigt mich, für einige Wochen die Lektüre der Tageszeitungen und den Anblick der Tagesschau zu ertragen.
Solche Stärkungen brauche ich leider. Ich glaube fest, daß die Welt früher einmal – auch zu meinen Lebzeiten – besser war und noch besser hätte gemacht werden können. Die Menschen haben aber das Gute mehr und mehr von sich gewiesen, und ich fürchte, das Schlimmste steht uns noch bevor.

Die Architektin Jan Brenning-Frankian sagte kürzlich: »Abgesehen vom Staat verbringen ganze Horden von Versagern und Parasiten ihre Zeit damit, die Reichen auszubeuten. Kein Wunder, daß die Reichen jedes Lächeln, das ihnen gilt, für das Grinsen eines Haifisches halten.«
So ist es. Es gibt eine unwahrscheinliche Fülle von potentiellen Räubern, und ihr Einfallsreichtum kennt keine Grenzen.
Kaum war bekannt geworden, daß ich Kunst sammelte, wurden mir falsche Tizians und Rembrandts dutzendweise angeboten. Einer dieser Burschen drang bis zu meinem Sekretär vor und erfuhr, daß ich auf Reisen sei. Da brach er in Tränen aus. »Aber diesen Renoir habe ich doch eigens für ihn gemalt!« jammerte er.
Ich wähle sorgfältig die Geschäfte aus, in denen ich einkaufe, und werde dort Stammkunde. Es ist mir zu oft passiert, daß ein Verkäufer in einem Geschäft, wo ich einen Anzug oder einen Bleistift kaufen wollte, mich erkannte. Alle seine Kollegen fühlen sich dann selbstverständlich aufgerufen, mir auch noch den letzten Ladenhüter anzudrehen.
»Ich brauche aber keine Gießkanne aus massivem Gold«, pflegte ich zu protestieren, »auch keinen Zigarrenabschneider aus Platin und keine Hauspantoffeln mit Nerzeinlage.« Dann stierten mich die Verkäufer an, als wäre ich nicht nur irre, sondern hätte sie auch tödlich gekränkt.
Flüchtigste Bekannte, Leute, die ich zum ersten Mal sah, haben versucht,

große Summen von mir zu borgen oder mich zur Investition noch größerer Summen in »todsichere« Geschäfte zu überreden. Wieder andere (und diese sind sehr verbreitet) bitten mich um »Tips« für die Börse oder um Empfehlungen an wohlhabende oder prominente Personen, mit denen ich befreundet bin.

Eine andere Spielart wieder knöpft sich den erfolgreichen Unternehmer vor, um ihm gezielte Ratschläge zu entlocken, wie man auf kürzestem Wege zu Geld kommt. Solchen Personen zu erklären, daß es keine geheimnisvollen Formeln oder Zaubersprüche gibt, mit deren Hilfe man über Nacht Wunder vollbringen kann, ist zwecklos. »Ihr Millionäre seid einer wie der andere!« hat mich mal einer dieser Burschen angebrüllt. »Ihr habt geheime Tricks, die ihr niemandem verratet! Aber wartet nur, ihr kommt noch alle dran!«

Ich bedauerte aufrichtig, ihm keine Zauberformel offenbaren zu können, denn gerade diesem Typ hätte ich es gegönnt, daß er ein großes Vermögen erwarb und somit zu den ersten gehörte, die »dran kommen«.

Von Dr. Armand Hammer, dessen Freundschaft ich außerordentlich schätze und den ich sowohl als Menschen wie als Unternehmer sehr achte, erzählt man sich eine lustige Geschichte. Offenbar wurde auch Armand einmal von einem Menschen geplagt, der wissen wollte, wie man Millionen verdient. Armand runzelte die Stirn und antwortete: »Genau genommen ist es ganz einfach. Man wartet ab, bis in Rußland Revolution gemacht wird. Dann packt man seine warmen Sachen und fährt hin. Dort angekommen, geht man von einem Amt zum nächsten, das mit Handelsfragen beschäftigt ist, mit Einfuhr und Ausfuhr. Mehr als zwei- oder dreihundert gibt es dort nicht . . .«

Da entfernte sich der Novize, angeekelt murrend.

L'envoi

Meine erklärte Absicht war, in diesem Buch etwas von dem mitzuteilen, was ich beobachtet, erfahren und gelernt habe in meinen dreiundachtzig Lebensjahren und in mehr als sechzig Jahren, die ich aktiv im Wirtschaftsleben verbrachte. Ich habe Rückschau gehalten, habe versucht zu zeigen, wie die Gegenwart durch meine Augen gesehen erscheint, und einige wenige – hoffentlich zutreffende – Vermutungen über die künftige Entwicklung angestellt.

Man hat wahrscheinlich schon gemerkt, daß ich die Zukunft nicht übermäßig optimistisch betrachte. Ich fürchte, unsere Gesellschaft, ja unsere ganze Zivilisation zerfällt, wenn nicht in den philosophischen Grundlagen und in der täglichen Praxis des menschlichen Lebens insgesamt einschneidende Veränderungen stattfinden. Wir werden sonst zu Opfern unvorstellbarer Umstürze. Unsere Welt könnte sogar vollkommen zerstört werden – ich halte das durchaus für denkbar.

Selbst als Pessimist habe ich keineswegs alle Hoffnung verloren. Ungeachtet meines Alters beabsichtige ich, weiterzumachen wie bisher, mich auf die Jahre zu freuen, die vor mir liegen, und meinen Pessimismus auszuklammern, während ich die Geschäfte führe mit dem Ziel der Vergrößerung und Expansion.

Ich wiederhole noch einmal jene Abraham Lincoln zugeschriebenen Worte, mit denen das erste Kapitel meines Buches beginnt:

Es gibt keinen Wohlstand ohne Sparsamkeit. Man hilft dem Lohnarbeiter nicht, wenn man den Arbeitgeber herabsetzt. Die Brüderlichkeit unter den Menschen wird nicht dadurch gefördert, daß man den Klassenkampf predigt. Man hilft den Armen nicht, indem man die Reichen vernichtet. Wer mehr ausgibt, als er verdient, gerät unvermeidlich in Schwierigkeiten. Charakterfestigkeit und Mut kann nicht beweisen, wer

seiner Initiative beraubt wird. Man hilft auf die Dauer niemandem damit, daß man für ihn tut, was er selber für sich tun kann und soll.
So hat es Abraham Lincoln gesehen.
So sehe ich es.
Und ich hoffe, daß viele, viele Menschen es einmal wieder so sehen werden. Dann wird unsere Gesellschaft größere Aussichten haben, zu überleben und in eine friedliche, wohlhabende Zukunft hineinzuwachsen.
Die notwendigen Entscheidungen zu treffen und zu handeln, wie es geboten ist, bleibt jedem von uns überlassen. Wozu Sie sich auch entschließen, was Sie auch unternehmen, ich wünsche Ihnen und den Ihren dabei Glück, Gesundheit und Gelingen.

J. Paul Getty

Nachwort

J. Paul Getty hat berichtet, daß die Aktienmehrheit der Getty Oil Company von ihm kontrolliert wird oder sein Eigentum ist. Es mag ein Interesse daran bestehen, genauer zu erfahren, was dies in der Praxis bedeutet.

Zur Zeit der Drucklegung dieses Buches ist die neueste Bilanz der Getty Oil Company jene für das Kalenderjahr 1974. Daraus ist zu entnehmen, daß zu Getty Oil folgende Firmen gehören:

Getty Oil Company

Konzernmitglieder:
Mission Corporation (Nevada)
Skelly Oil Company (Delaware)
Nuclear Fuel Services, Inc. (Maryland)

Schwestergesellschaft:
Mitsubishi Oil Company, Limited (Japan)*

Tochtergesellschaften im Alleinbesitz der Getty Oil Co.
Associated Oil Company (California)
Eastern Gasoline Retailers, Inc. (Delaware)
Getty Iran, Ltd. (Delaware)
Getty Minerals Company, Limited (Canada)
Getty Mines, Limited (Canada)
Getty Mining Northeast, Limited (Canada)

---

* Getty Oil Co. besitzt etwa 49% der Anteile.

Getty Mining Northwest, Limited (Canada)
Getty Mining Pacific, Limited (Canada)
Getty Mining Proprietary Limited (Australia)
Getty Oil (Angola) Limited (Delaware)
Getty Oil (Arctic) Ltd. (Canada)
Getty Oil (Baffin Island) Ltd. (Canada)
Getty Oil (Canadian Operations) Ltd. (Canada)
Getty Oil (Congo) Inc. (Delaware)
Getty Oil (Eagle Basin) Ltd. (Alberta)
Getty Oil (Foothills) Ltd. (Canada)
Getty Oil (Guatemala) Inc. (Delaware)
Getty Oil (Ivory Coast) Inc. (Delaware)
Getty Oil (Mackenzie Delta) Ltd. (Canada)
Getty Oil (Maritime) Ltd. (Canada)
Getty Oil (Mossel Bay) Ltd. (Delaware)
Getty Oil (Netherlands) Ltd. (Delaware)
Getty Oil (North Star) Ltd. (Canada)
Getty Oil (Northwest Territories) Ltd. (Canada)
Getty Oil (Norway) A/S (Delaware)
Getty Oil (N. S.) Ltd. (Canada)
Getty Oil (Pacific) Ltd. (Canada)
Getty Oil (Peru) Inc. (Delaware)
Getty Oil (Philippines) Inc. (Philippines)
Getty Oil (Plains) Ltd. (Canada)
Getty Oil (Plateau) Ltd. (Canada)
Getty Oil (Sumatra) Inc. (Delaware)
Getty Oil (Trinidad and Tobago) Inc. (Delaware)
Getty Oil (United Kingdom) Ltd. (Delaware)
Getty Oil (Walvis Bay) Ltd. (Delaware)
Getty Oil Company (Eastern Operations) Inc. (Delaware)
Getty Oil Company, Ltd. (Alberta)
Getty Oil Company of Spain, S.A. (Delaware)
Getty Oil Development Company, Ltd. (Delaware)
Getty Oil International (Argentina) Inc. (Liberia)
Getty Oil International (England) Limited (United Kingdom)
Getty Oil International (Hebrides) Limited (United Kingdom)
Getty Oil International (Indonesia) Inc. (Liberia)
Getty Oil International (Irish Sea) Limited (United Kingdom)

Getty Oil International (North Sea) Limited (United Kingdom)
Getty Oil International (Scotland) Limited (United Kingdom)
Getty Oil International (Spain) S.A. (Delaware)
Getty Petroleum Company (Liberia)
Getty Pipe Company (Pennsylvania)
Getty Pipe Line Company (Texas)
Hemisphere Transportation Corporation (Liberia)
Industrial Royalties Company (California)
Liberian Operations, Inc. (Liberia)
Liberian Operations, Limited (England)
Minnehoma Corporation (Delaware)
Minnehoma Land and Farming Company (California)
Pacific Western Oil Corporation (Delaware)
Sutton Place Property Company, Limited (England)

---

* Nicht mehr tätige Tochtergesellschaften sind in der Liste nicht enthalten.